北京理工大学“双一流”建设精品出版工程

# Theories and Applications on Vehicle Structural Design Optimization

# 汽车结构优化设计理论及应用

白影春　李　超　陈潇凯 ◎ 编著



北京理工大学出版社
BEIJING INSTITUTE OF TECHNOLOGY PRESS

图书在版编目（CIP）数据

汽车结构优化设计理论及应用 / 白影春，李超，陈潇凯编著. --北京：北京理工大学出版社，2022.2
ISBN 978-7-5763-1082-5

Ⅰ. ①汽… Ⅱ. ①白… ②李… ③陈… Ⅲ. ①汽车-车体结构-结构设计-最优设计 Ⅳ. ①U463.82

中国版本图书馆 CIP 数据核字（2022）第 032544 号

出版发行 / 北京理工大学出版社有限责任公司
社　　址 / 北京市海淀区中关村南大街 5 号
邮　　编 / 100081
电　　话 /（010）68914775（总编室）
（010）82562903（教材售后服务热线）
（010）68944723（其他图书服务热线）
网　　址 / http://www.bitpress.com.cn
经　　销 / 全国各地新华书店
印　　刷 / 三河市华骏印务包装有限公司
开　　本 / 787 毫米×1092 毫米　1/16
印　　张 / 16.5
彩　　插 / 1
字　　数 / 388 千字
版　　次 / 2022 年 2 月第 1 版　2022 年 2 月第 1 次印刷
定　　价 / 72.00 元

责任编辑 / 封　雪
文案编辑 / 封　雪
责任校对 / 刘亚男
责任印制 / 李志强

图书出现印装质量问题，请拨打售后服务热线，本社负责调换

# 前言

经过多年的快速发展，我国的汽车产业由产销量持续增长向结构调整和转型升级转变，自主品牌汽车产品正向研发深度逐步加深。从技术发展趋势来讲，得益于材料、能源和信息技术的发展，汽车正朝向“动力电动化、功能智能化、出行共享化”方向发展。轻量化作为支撑汽车产业变革的共性关键技术，是通过采用科学的方法在保证综合性能指标的前提下降低产品质量，以达到节能减排的目的。结构优化技术作为重要的结构轻量化技术，是最为直接且成本较低的技术手段。

本书为笔者结合自身在汽车结构优化领域的学术及工业经历，同时参考了大量的国内外文献及最新研究成果编著而成。在编著过程中，紧密结合汽车结构优化行业应用现状，充分吸收与归纳汽车结构优化技术当前在理论和应用本身最新成果，重点突出兼顾理论性与实践性原则。在内容安排上，本书由浅入深，提供了翔实的算法、程序、软件介绍及具体的工程案例，重点遵循一般性与特殊性的原则。注重知识性与逻辑性的原则，引领读者在提升专业水平的同时，通过理论联系实际，来提高解决具体问题和开展汽车产品结构优化设计的能力。

本书主要围绕汽车结构优化设计展开，汽车结构优化技术涵盖拓扑优化、形状优化、尺寸优化、可靠性优化等，汽车结构性能涵盖刚度、强度、NVH、碰撞安全和疲劳耐久等内容。具体内容包括：汽车轻量化背景及关键技术介绍、结构优化基础知识、汽车结构优化设计、汽车典型工况建模与分析、结构拓扑优化设计、结构尺寸优化设计、结构可靠性优化设计、多材料拓扑优化设计等。本书可作为车辆工程及相关专业本科生和研究生的教材或教学参考用书，也可供企业及科研单位相关工程技术人员参考使用。

本书由白影春、李超、陈潇凯编著。全书共分八章，第 1、3～7 章由白影春编写，第 8 章由李超编写，第 2 章由陈潇凯编写。在本书的编写过程中，得到了北京理工大学电动车辆国家工程实验室和北京理工大学研究生院的大力支持。在全书的整理过程中，王普毅、王子祥、黄程翔、苏越、刘康、武勇等研究生参与了大量的编辑与整理工作。在此，一并表示感谢。同时，在本书的编写过程中，参考了大量的文献和网络资料，编者尽量在参考文献中做了说明，但是由于工作量较大，对没有说明的文献作者表示歉意和感谢。

由于作者水平有限，书中难免有不妥和错漏之处，恳请读者批评指正。

作　者

# 目 录
CONTENTS

# 第 1 章
# 汽车轻量化背景及关键技术介绍

## 1.1 汽车轻量化的必要性

汽车轻量化作为汽车产业发展节能减排的重要有效途径之一，既是国内外汽车企业应对能源环境挑战的共同选择，也是汽车产业可持续发展的必经之路。发展汽车轻量化技术，是我国汽车产业节能减排的需要，是我国汽车产业结构调整的需要，更是提升我国汽车产品国际竞争力和建设汽车强国的需要。

解决汽车节能减排问题主要通过以下三条途径：一是大力发展新能源汽车，通过推广使用电能和氢能，来减少对石油资源的依赖；二是大力发展先进发动机，通过一系列新技术，提升发动机效率，改善燃油经济性；三是大力发展汽车轻量化技术，在保证汽车性能的前提下，通过减轻整备质量，达到节能减排的目的。应该说明的是，近年来产业科技革命带来了新能源与智能网联汽车的快速发展。汽车与能源、通信等技术的全面且高度融合，电子信息、网络通信、人工智能、物联互通等技术赋予了汽车更多的功能和驾驶体验，但这些技术的运用也进一步增加了整车整备质量。

为了满足车辆安全性、经济性和智能化水平不断提升的要求，必须采用轻量化设计，有效控制整车整备质量，保持降重与成本增加的综合平衡。同时，轻量化不仅能对车辆节能做出贡献，也能影响车辆的加速性能、制动性能、操纵稳定性、平顺性和噪声振动水平等诸多车辆性能，合理的结构设计和高强度材料的应用将有效提升车辆的各项性能，科学合理的用材策略也将有效控制车辆的生产成本。实验数据表明：在传统燃油车领域，若汽车整车质量降低 10%，燃油效率可提高 6%～8%；汽车整备质量每减少 100 kg，百公里油耗可降低 0.3～0.6 L。随着全球汽车工业技术变革，以纯电动汽车为代表的新能源汽车逐渐成为汽车工业重要发展方向。与传统燃油车相比，纯电动车在取消发动机及部分附件的同时，增加了“三电系统”，按行业统计数据，其质量较传统车增加一般为 15%～40%，同比同类型传统燃油乘用车整备质量增加为 150～300 kg，同比同类型传统燃油大客车增加 2～3 t。其质量明显增加，对车辆电耗、续驶里程、动力性、制动性、被动安全、车辆可靠和耐久性均带来不利影响，而轻量化则是消除这些影响的重要应对手段之一。理论研究表明，电动车轻量化 10%，续航里程可增加 6%～8%，节约相应的电池成本，同时制动负荷下降 10%，且车辆的零部件载荷及疲劳等均有相应降低。相比于传统燃油车，纯电动汽车轻量化显得更为迫切。对于纯电动汽车，通过开展轻量化，一方面可以降低单位质量能耗，另一方面可在同样整备质量的情况下安装更大容量的动力电池，二者均可提升纯电动汽车的续驶里程。相关研究表明：新能源汽车整备质量每减少 100 kg，续航里程可提升 10%～11%。还可以减少 20%的电池成本以及

20%的日常损耗成本。因此，纯电动汽车轻量化作为核心技术，相继被列入《国家中长期科学与技术发展规划纲要（2006—2020 年）》《节能与新能源汽车发展规划（2012—2020 年）》等国家重大战略规划。

汽车轻量化在保证结构性能的基础上，通过减轻整车质量，实现降低能耗、提高续驶里程、改善制动性能、保持行驶安全的目的。实现轻量化的主要技术途径包括采用轻量化材料和优化汽车结构，前者在汽车结构中采用低密度高性能的材料，后者提高汽车结构中材料的使用率。与材料和结构相匹配，采用轻量化工艺可进一步提升汽车结构轻量化水平。总而言之，轻量化技术是汽车整车集成设计重要的关键技术，是集材料、结构、工艺、性能与成本等综合考虑的关键集成技术，如图 1－1 所示。从轻量化技术体系来看，材料是基础，结构是龙头，工艺是纽带。总体来说，汽车轻量化技术，是整车核心技术能力的重要体现，同时也是知名汽车企业关键技术能力的重要体现。

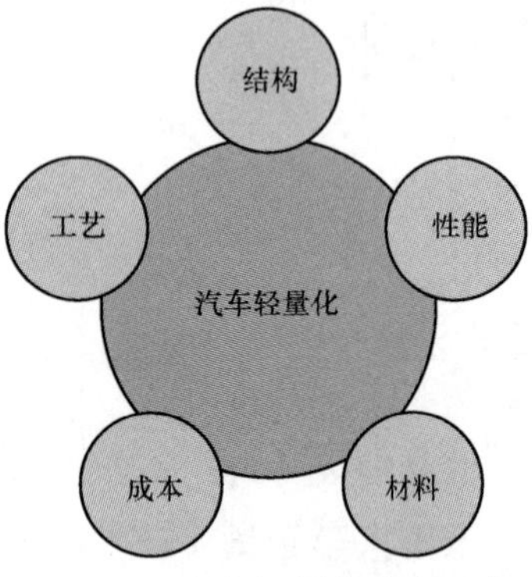

**图 1－1　汽车轻量化考虑因素**

## 1.2　汽车轻量化主要技术手段

汽车轻量化的主要技术手段包括：① 应用轻量化材料；② 采用轻量化工艺；③ 开展汽车结构优化。在轻量化设计过程中，通常综合采用这三种技术手段，以实现在保证性能的同时，最大限度地提升轻量化水平。如图 1－2 所示，为某车型车身开发过程中，综合应用多种轻质材料、多种轻质工艺和结构优化技术，满足产品的轻量化和高性能需求。以下将简要介绍轻量化材料、轻量化工艺和结构优化技术。

### 1.2.1　轻量化材料

随着汽车技术，特别是车身技术的发展，轻量化材料的应用比例呈上升趋势，以“将合适材料布置在合适位置”为理念的“多材料车身”逐步成为行业的发展趋势，如图 1－3 为 Volvo XC60 多材料轻量化车身。当前，在汽车结构上应用的轻质材料主要包括：高强度钢、铝合金、镁合金和复合材料等。表 1－1 给出 2017—2019 年 ECB 车型轻质材料的应用情况，可以发现近几年大部分车型仍以高强钢为主体，部分车型采用了全铝车身，镁合金和碳纤维的复合材料的应用比例较之前均有一定的提升。汽车结构中常用的轻质材料及其性能简要介绍如下。

**1. 高强度钢**

高强度钢能够有效兼顾汽车质量和碰撞安全的双重需要，目前从成本和性能角度来看，是满足轻量化和提高碰撞安全性的最佳选择。汽车车身高强度钢按照成型工艺，可分为冷成型钢和热压成型钢。冷成型钢强化机理主要有固溶强化、析出强化、相变强化等，在高强度钢设计过程中可应用一种或多种强化机理实现不同强度级别的目标。热压成型钢是为了适应热压成型工艺开发设计的一类产品，一般具有冷轧退火、镀铝硅等表面状态。汽车车身用高强钢的常用牌号主要包括：

1）冷成型钢：HC180P、HC140BH、HC300LA、HC250/450DP 等；

2）热压成型钢：PHS1200、PHS1500 等。

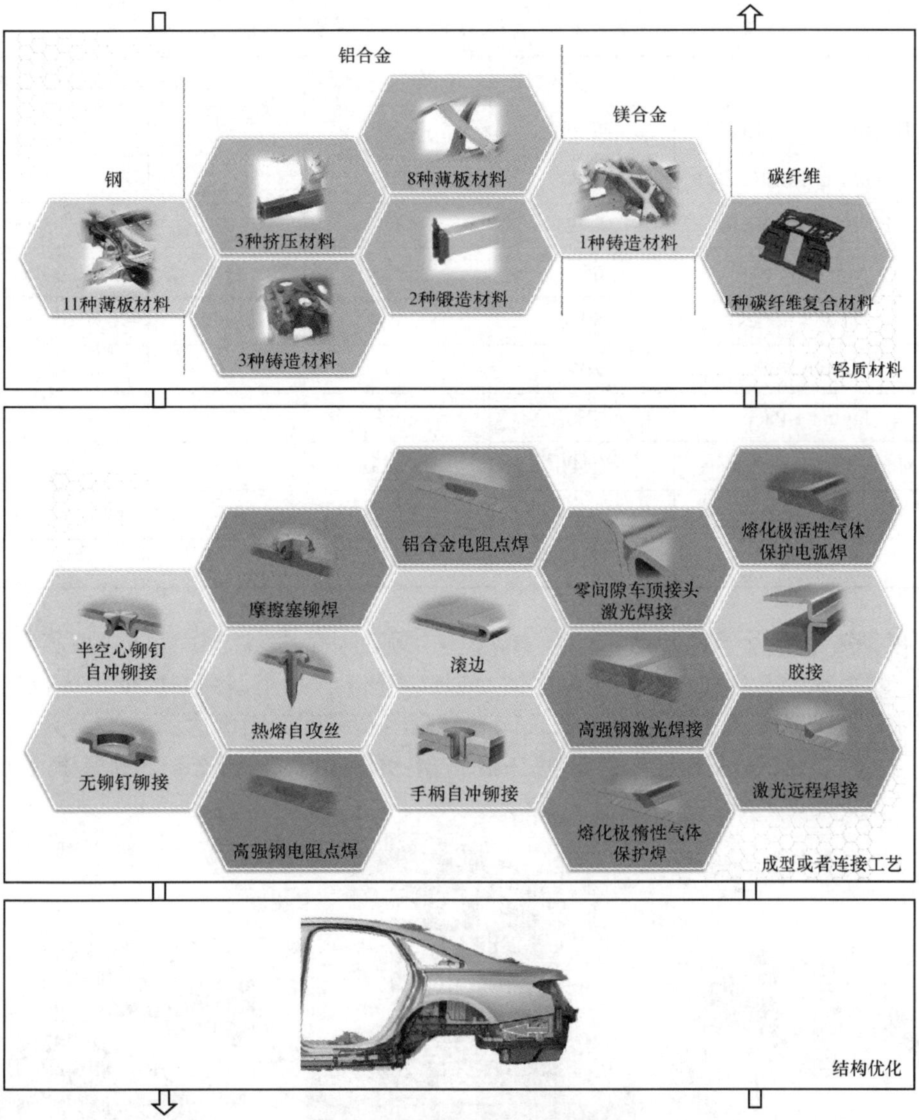


图 1－2　综合利用轻量化技术的某型车身结构开发

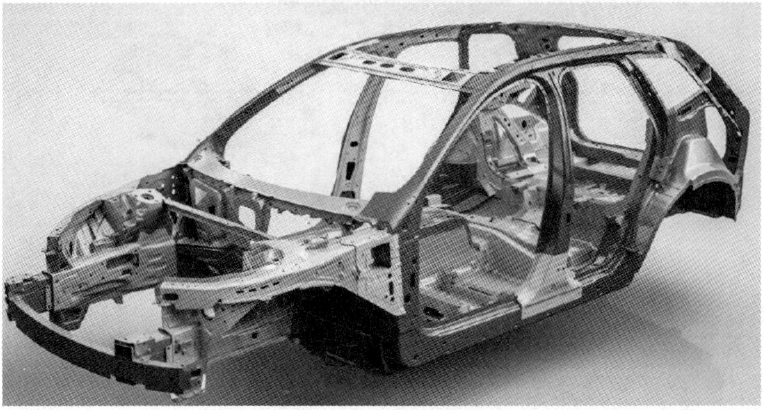

图 1－3　Volvo XC60 多材料车身

表 1-1　2017—2019 年 ECB 部分车型轻质材料应用情况

| 年度 | 车型 | 高强度钢占比 | 铝合金占比 | 镁合金占比 | 碳纤维复合材料占比 |
| --- | --- | --- | --- | --- | --- |
| 2017 | RENAULT KOLEOS | 47.2% | 1.7% | — | — |
| 2017 | SUBARU IMPREZA | 54% | 2% | — | — |
| 2017 | RANGE ROVER | 24.49% | 58% | 0.37% | 3.15% |
| 2017 | Volvo XC60 | 66% | 6% | — | — |
| 2017 | BMW 6 Series | 59% | 24% | — | — |
| 2018 | Volvo V60 | 70% | 25% | — | — |
| 2018 | Jaguar I-Pace | 7% | 84% | — | 9% |
| 2018 | Mercedes-Benz A class | 71.4% | 3.2% | — | — |
| 2019 | NIO ES8 | — | 91% | 1% | 3% |
| 2019 | LYNK | 74% | 2% | — | — |

高强度钢主要应用于前防撞梁，A、B、C 柱加强件，门槛梁，车门防撞梁和车顶横梁等关键部位，欧美部分车身高强度钢应用比例已超过 60%，日系车型高强度钢占比也超过 50%。图 1-4 为雪佛兰 Bolt 的车身用材示意。该车身应用高强度钢比例达到 68%，其中先进高强钢比例为 23%，超高强钢比例为 9%，热压成型钢比例为 12%，铝合金比例达到 14%。

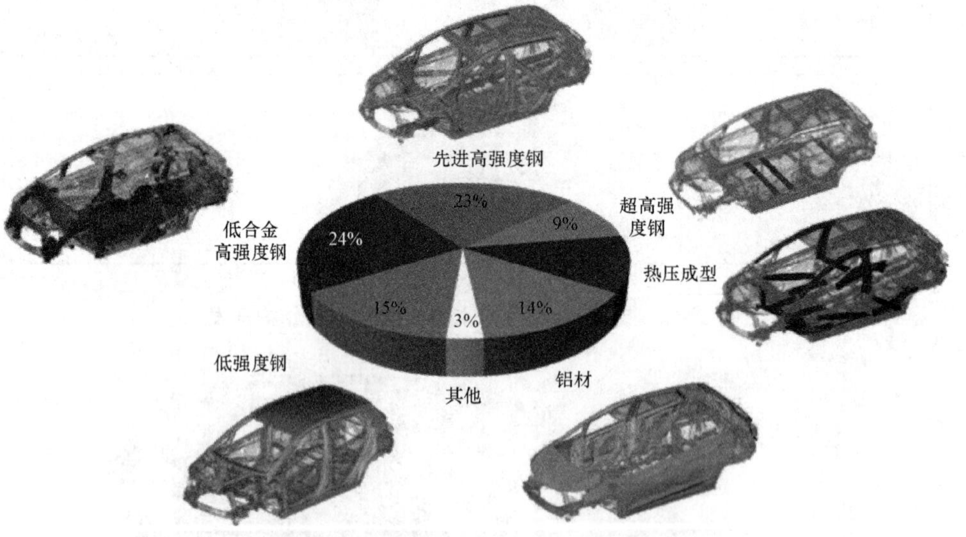


图 1-4　雪佛兰 Bolt 的车身高强度钢使用

## 2. 铝合金

铝合金主要分为铸造铝合金和变形铝合金。铸造铝合金是以熔融金属充填铸型，获得各种形状零件毛坯的铝合金，具有密度低、比强度较高、抗蚀性和铸造工艺性好、受零件结构设计限制小等优点。变形铝合金是通过冲压、弯曲、轧、挤压等工艺使组织、形状发生变化的铝合金。通过熔融法制锭，再经受金属塑性变形加工，制成各种形态的铝合金。

汽车覆盖件用铝合金，需要具备较高的表面质量、良好的成型性能、高强度及连接性能优异等特点，而结构件用铝合金需要良好的成型性能及足够的强度。在结构件中常用的铝合金通常具有优秀的成型能力，如 1050、3005、5052、5005、5182 等；用于覆盖件的铝合金的牌号主要包括：6016、6111、6181、6022、5182、5754 等。奥迪 A8、捷豹 XJ、特斯拉 MODEL S 等都采用了全铝车身。图 1－5 展示了蔚来 ES8 的全铝车身。

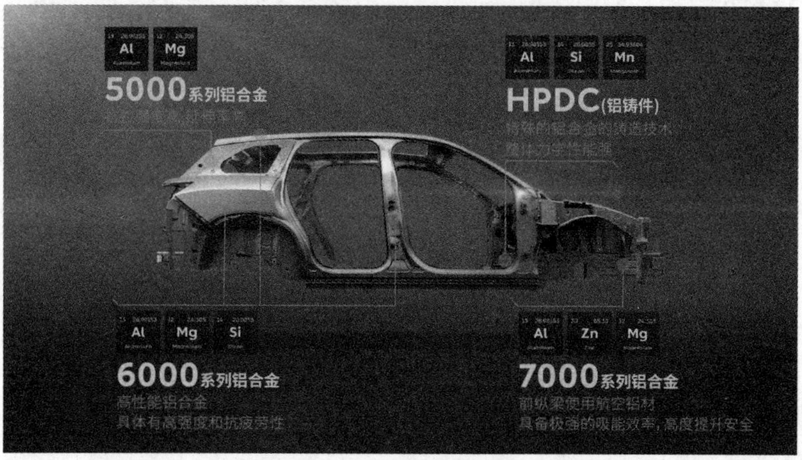


图 1－5　蔚来 ES8 白车身不同材质铝合金的分布

### 3. 镁合金

镁合金是以镁为基础，加入铝、锌、锰、稀土元素或其他元素而组成的合金，按照成型方法，主要有铸造镁合金和变形镁合金两大类。两者在成分、组织性能上存在很大差异。铸造镁合金主要用于方向盘骨架、仪表盘骨架、座椅骨架、转向支撑、传动系壳体等零部件上；变形镁合金主要用于薄板、挤压件和锻件等。图 1－6 为镁合金在汽车结构上的典型应用。

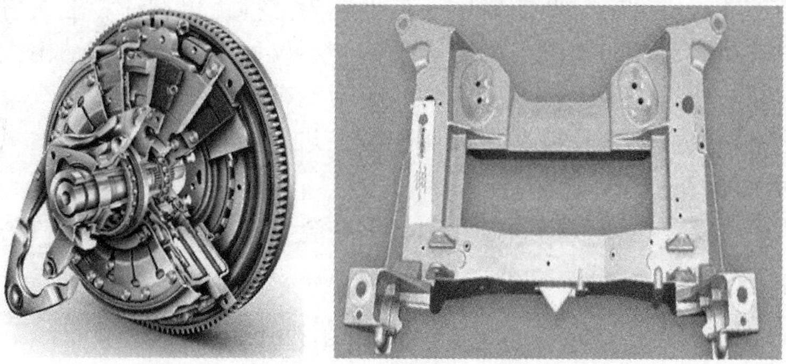

图 1－6　镁合金在汽车结构上的典型应用

### 4. 非金属材料

在汽车产品的发展历程中，非金属材料以其低密度、高比强度的优势在轻量化材料中占有非常重要的地位。非金属材料的分类方式很多，其中比较常见的是按化学组分划分，可分为有机材料和无机材料两大类。有机材料包含塑料、弹性体、复合材料等。复合材料根据增强体和基体材料不同分为多种类型增强基复合材料，如玻璃纤维增强复合材料、碳纤维增强复合材料等。复合材料具有的优势体现在：密度低、比强度高、比模量高；材料性能具有可设计性；

制品结构设计自由度大，易实现集成化、模块化设计；抗腐蚀性好、耐久性能好，隔声降噪；可采用多种成型工艺，模具成本低；A级表面，可免喷涂等工序；投资少，生产周期短。

玻璃纤维增强复合材料应用较为广泛，主要分布在乘用车车身空气导流板、前翼子板和前挡泥板延伸部件、发动机罩、装饰条、尾板等，以及商用车保险杠、翼子板、脚踏板、面罩等。碳纤维复合材料已由跑车、豪华车向中高端车和电动车应用扩展。近年来，碳纤维增强复合材料在汽车车身结构应用比例逐步增加，代表车型如宝马i3。图1－7为宝马i3的车身结构示意图。

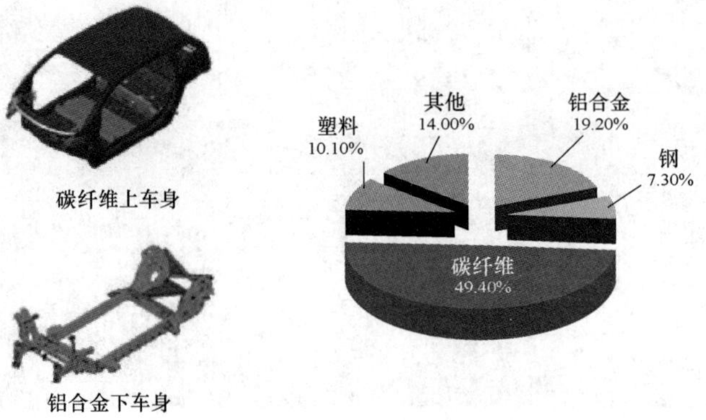


**图1－7　宝马i3车身结构示意图**

### 1.2.2　轻量化工艺

轻量化工艺与结构优化、轻质材料的使用，在实现汽车轻量化设计方面具有相辅相成的作用，主要表现在：在结构优化设计以使零部件轻量化时，通常旧的制造工艺已不能满足新设计的零部件的制造要求，而需要新工艺；同样，使用新材料制造零部件可能需要特殊的成型方式或者连接条件。反过来，新的轻质工艺也能为结构优化设计和轻质材料选用提供更大的平台。如果在产品的设计初期就考虑轻质工艺，不仅可以有更好的结构优化和轻质材料的选择余地，而且能够使结构优化和轻质材料的应用具有更好的可行性。汽车车身轻量化工艺主要包括轻量化材料成型工艺及轻量化材料连接工艺两方面。

**1. 轻量化材料成型工艺**

轻量化材料成型工艺主要包括高强度钢、铝合金、镁合金和复合材料的成型工艺。具体如表1－2所示。

**表1－2　轻量化材料成型工艺**

| 汽车用材 | 成型工艺 | 汽车结构示意 |
|---|---|---|
| 高强度钢成型工艺 | 1. 冲压成型<br>2. 激光拼焊成型<br>3. 液压成型技术 | 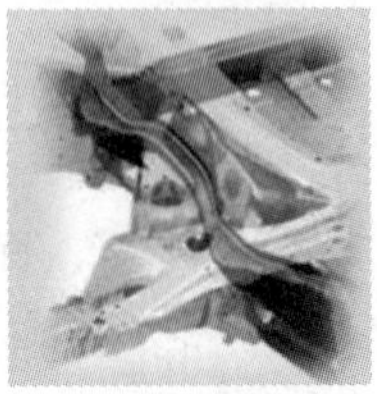 |

续表

| 汽车用材 | 成型工艺 | 汽车结构示意 |
|---|---|---|
| 铝合金成型工艺 | 1. 挤压成型<br>2. 压铸成型<br>3. 电磁成型<br>4. 新型吹塑成型<br>5. 其他 |     |
| 镁合金成型工艺 | 1. 铸造成型<br>2. 变形成型 |  |
| 复合材料成型工艺 | 1　热固性复合材料<br>1.1　喷射成型<br>1.2　层压成型<br>1.3　模压成型<br>1.4　拉挤成型<br>1.5　RTM 成型<br>1.6　反应注射成型<br>2　热塑性复合材料<br>2.1　冲压成型<br>2.2　拉挤成型<br>2.3　模压成型 |  |

此外，目前在金属材料方面，液压成型、发泡铝成型、零件轧制、半固态金属加工、喷射成型等新技术将推动汽车轻量化发展；在塑料和复合材料方面，推广塑料/金属复合材料、低压反映注射成型、气体辅助注射成型等技术以满足汽车轻量化。其中，液压成型及泡沫铝工艺在汽车轻量化中越来越得到广泛应用。

**2. 轻量化材料连接工艺**

汽车结构连接工艺主要包括机械连接、热连接、胶黏连接及复合连接等。主要的轻量化连接工艺如表 1－3 所示。

**表 1－3　主要的连接工艺**

| 连接类型 | 主要类型 | 部分示意图 | 具体应用示意 |
|---|---|---|---|
| 机械连接 | 栓接、铆接、翻边等 | 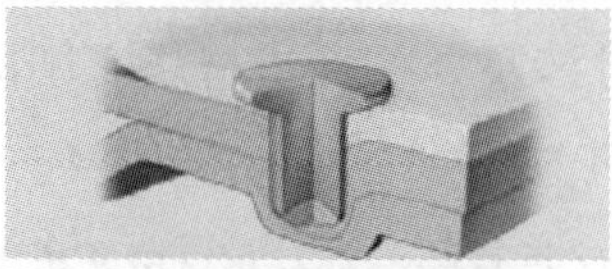 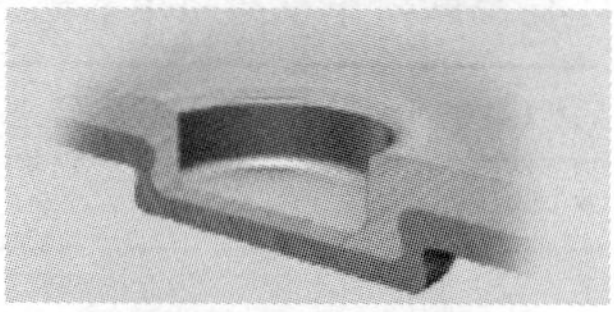  | 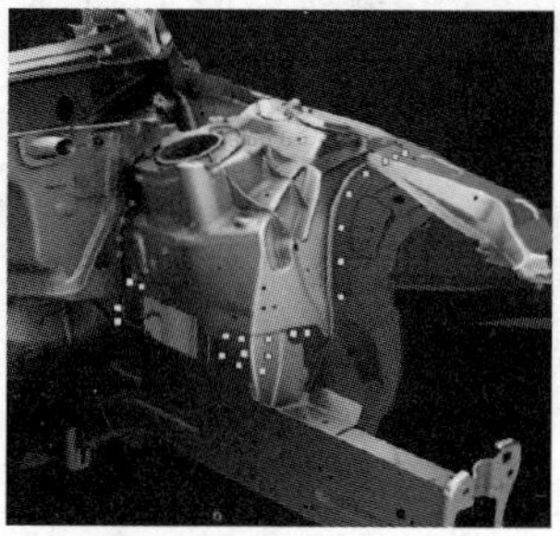 |

续表

| 连接类型 | 主要类型 | 部分示意图 | 具体应用示意 |
| --- | --- | --- | --- |
| 热连接 | 焊接、钎焊 | 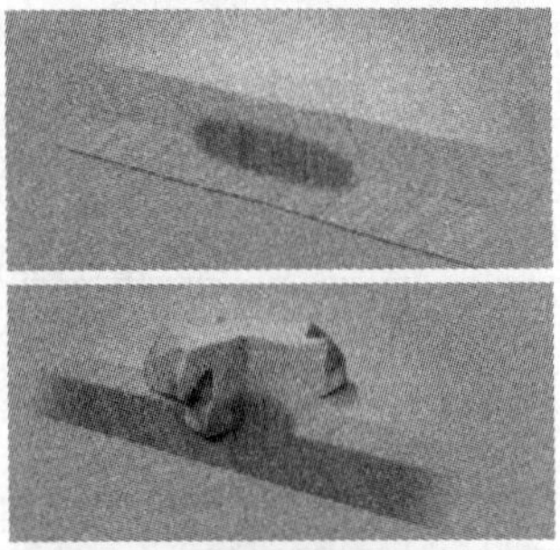 | 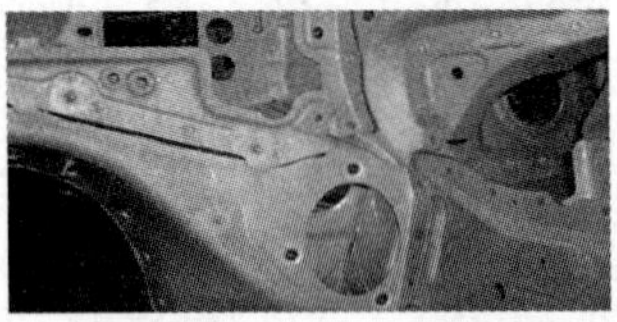 |
| 胶接 | 胶接 |  | 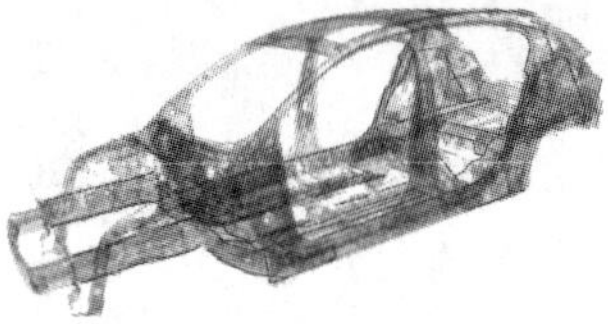 |

机械连接指利用紧固件将零件连接起来的过程和方法。通常在不同的连接工况，不同的连接强度、刚度、耐久可靠性、耐腐蚀性、工艺性和经济性等方面有较高要求时采用。热连接是将两块金属的连接接口处的金属熔化后以再凝固的方法连在一起的工艺。常见的焊接方法有弧焊、搅拌摩擦焊、激光焊接等。胶黏连接是利用胶黏剂在连接面上产生的机械结合力、物理吸附力和化学键合力而使两个胶接件连接起来的工艺方法，主要有非结构型和结构型两种形式。非结构胶接主要是指表面粘涂、密封和功能性粘接，而结构型胶接是将结构单元用胶黏剂牢固地固定在一起的粘接工艺，结构胶黏剂及其粘接点能够有效地传递结构应力，且在设计范围内不影响其结构的完整性及对环境的适应性。胶铆复合连接是指胶接与铆接的复合连接技术。采用胶铆连接一般是出于破损和安全的考虑，获得只有机械连接或只有胶接时更好的连接安全性和完整性。针对近年来汽车轻量化的需求以及复合材料的应用推广，胶铆复合连接技术因其较适合于非金属与金属以及非金属与非金属间的连接，可能会在未来展现出广阔的应用前景。

在汽车轻量化的趋势下，多材料车身或全铝车身市场比例越来越高，这种车身类型不仅涉及同种材质之间的连接，而且涉及异种轻质材料之间的连接，这对车身结构连接工艺提出了巨大的挑战。表 1－4 则列举了不同品牌的汽车车身采用的先进轻质连接工艺。

**表 1－4　不同品牌汽车车身采用的先进轻质连接工艺**

| 连接技术 | 奥迪 A8 | 凯迪拉克 CT6 | 特斯拉 MODEL S | 奇瑞捷豹路虎 XFL | 蔚来 ES8 |
| --- | --- | --- | --- | --- | --- |
| 电阻点焊 | √ | √ | √ |  | √ |
| 冷金属过渡焊 | √ | √ | √ |  | √ |
| 激光焊 | √ | √ | √ |  | √ |
| MIG 焊 | √ |  |  |  |  |
| 自冲铆 | √ | √ | √ | √ | √ |

续表

| 连接技术 | 奥迪 A8 | 凯迪拉克 CT6 | 特斯拉 MODEL S | 奇瑞捷豹路虎 XFL | 蔚来 ES8 |
|---|---|---|---|---|---|
| 无铆连接 | √ | | | | |
| 热熔自攻丝 | √ | √ | √ | | √ |
| 拉铆 | | | √ | | √ |
| 黏接 | √ | √ | √ | √ | √ |

### 1.2.3　结构优化技术

在汽车结构优化中，可以考虑车身结构刚度、强度、碰撞安全、NVH 和疲劳耐久等性能，同时也可以考虑质量、体积或者成本等，通过建立相应的结构优化设计模型，进而联合数值仿真和数值最优化方法进行求解，从而达到质量尽可能小、材料充分高效利用、结构尺寸和形状最优等目标。

结构优化设计是汽车轻量化的基础，是轻量化技术中最为直接且成本最低的手段之一。不论是传统材料汽车还是新型轻质材料汽车，都采用结构优化设计技术进一步优化性能或减轻重量；而先进制造工艺的运用也需要建立在车身结构确定的基础上。结构优化按照变量类型可分为拓扑优化、形状优化和尺寸优化三种类型（图 1－8）。其中，拓扑优化多用于概念设计阶段，形状和尺寸优化设计主要应用于详细设计阶段。

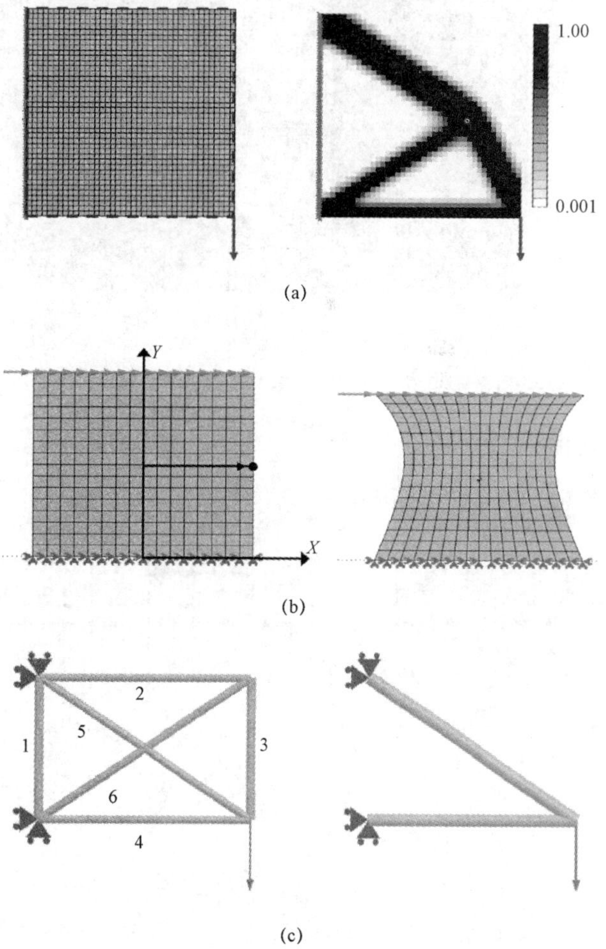


**图 1－8　三种类型的结构优化示意图**

（a）拓扑优化；（b）形状优化；（c）尺寸优化

**1. 拓扑优化**

拓扑优化是一种较为高级的结构优化技术，是指在一定的设计空间内，通过优化材料的分布，使结构性能达到规定要求的一种结构优化设计方法，是有限元分析和结构优化高度融合的一种设计方法。在进行拓扑优化时，需要知道该结构的一些基本动静态性能参数、承受的载荷等边界约束条件，还可以参考一些工程设计经验。拓扑优化的最大特点就是，在不知道应该怎样布置设计结构时，根据该结构需要具备的基本性能和承受的边界条件，就可以得到该结构最优的材料分布。由于拓扑优化具有较大的设计自由度，往往能提供创新设计构型，因此常应用于概念设计阶段。在结构拓扑优化领域，较为常用的是连续体拓扑优化方法，主要包括变密度法、渐进结构优化法和水平集方法等。图 1－9 示意某型车减震塔结构拓扑优化设计。

**2. 形状优化**

形状优化在保持结构的拓扑关系不变的情况下，优化结构设计域形状和内边界尺寸，直至获得性能最优的理想的结构几何形状。形状设计对边界形状的改变没有约束，与尺寸优化相比，其初始条件得到了一定的放宽，应用的范围也得到了进一步扩展。在形状优化中，其设计变量为边界点的坐标，为计及网格的变化，有基向量法和摄动向量法两种方法可以使用。在汽车车身结构优化中，主要用于接头形状优化设计。图 1－10 给出了车身某梁结构的形状优化设计。

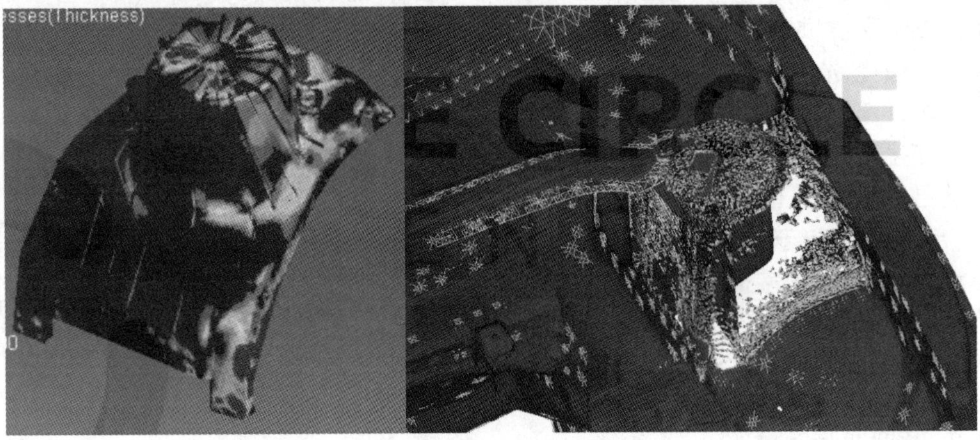


**图 1－9　某型车减震塔结构拓扑优化设计**

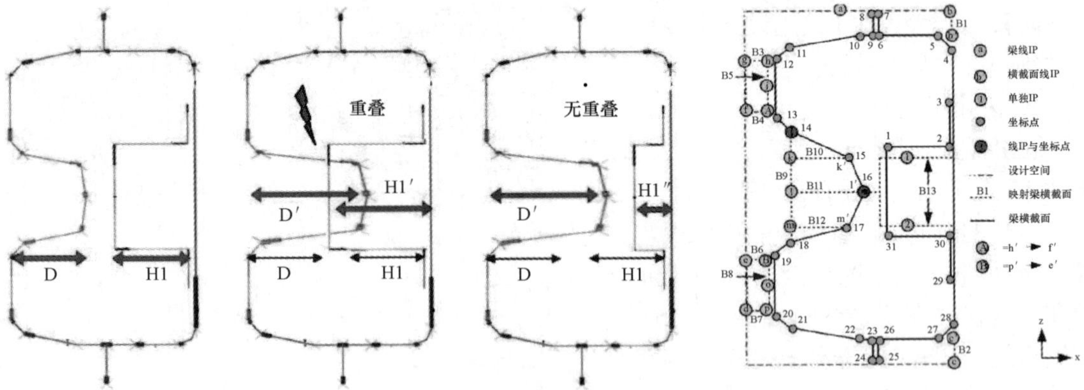


**图 1－10　车身某梁结构形状优化设计**

**3. 尺寸优化**

尺寸优化是在保持结构的形状和拓扑结构不变的情况下，优化部件截面尺寸或者最佳材料性能组合关系，从而实现结构性能最优。设计变量可以是杆的截面积、板材的厚度、复合材料分层厚度或者材料方向角度。由于该类型设计变量易于表达，在结构优化过程中有限元分析基本不需要重新划分网格，直接借助于灵敏度分析和相应的数值最优化方法即可完成尺寸优化。在尺寸优化建模中，质量和体积是最常见的目标函数，即实现结构的轻量化目标，其约束条件可以是单元应力约束、整体应变能约束、节点位移约束、整体加速度约束及模态约束等。图 1－11 所示为某碳纤维车轮铺层方向尺寸优化设计。

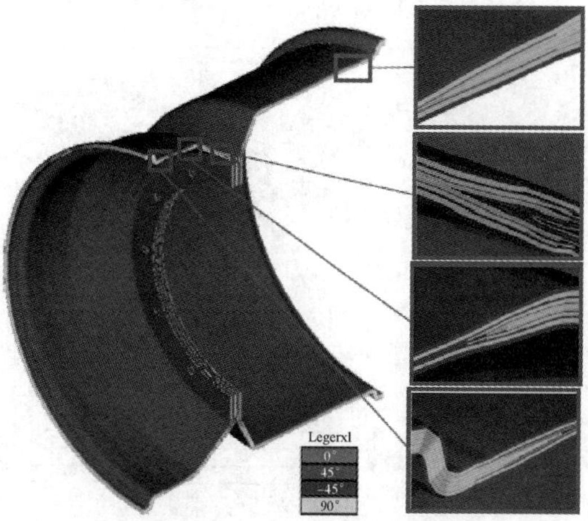

图 1－11　碳纤维车轮铺层方向尺寸优化设计

## 1.3　汽车结构优化技术应用现状

随着仿真技术与数值优化的不断融合，加之计算能力的不断提升，汽车结构优化有了强有力的理论基础和应用基础。以下将简要介绍汽车结构优化一般流程和现有工程应用现状。

### 1.3.1　汽车结构优化一般设计流程与软件平台

在车身结构开发的不同阶段，均可引入结构优化技术，从而达到提升性能和减轻重量的目的。不同汽车企业在产品开发中应用结构优化技术的顺序不尽一致。一般而言，汽车结构优化基本流程如图 1－12 所示。在优化过程中，针对当前的设计变量，通过数值仿真获取结构响应，并结合半解析的灵敏度，通过优化求解器中构造子优化问题进行求解，获取新的响应，直至收敛。在实际产品开发过程中，首先需要在项目初始阶段明确优化目标和约束条件，不同的目标和约束会得到完全不同的优化结果。其次，考虑各项约束条件并按重要性排序：如制造约束、性能约束、成本约束、设计空间约束等。最后，需要根据产品设计的阶段以及所要解决的问题，引入关键性约束，将所有约束条件全部引入阶段性的优化设计问题时，将大幅提升优化求解的效率和难度。在此基础上，设置相应的优化问题，建立优化流程，分析优化问题，从而获得工程化的最优结构。对于汽车结构优化，单次仿真的精度与效率保证是基础，关键是需依据工程实际建立合适的优化模型，核心在于兼顾设计效率和精度。值得一提的是，当前国内外知名汽车企业技术研发中心多数建有整车集成与优化中心，推动结构优化技术在整车和部件中的应用。

汽车结构优化设计的算法核心在于有限元分析和数值优化算法的效率、准确性和可操作性，目前已经形成较为典型的结构优化设计平台用于支撑汽车结构的研发。现有的结构优化设计平台可分为专门结构优化设计平台和通用型优化设计平台两类。其中，专门的结构优化设计平台在内核中直接嵌入典型结构性能与特定结构参量的灵敏度信息，并提供特定的几种梯度型数值优化方法，从而实现设计变量的更新直至设计问题收敛。通用型优化设计平台往往既包含梯度优化算法也包含智能优化算法，需要借助于第三方结构分析求解器或者代理模型，从而完成相应的设计过程。通用型优化设计平台能够用来处理汽车结构尺寸优化问题，然而对于拓扑优化问题处理起来较为烦琐，需要工程技术人员开发一定的程序接口。以下将简要介绍部分常用汽车结构优化设计平台：

（1）Altair Optistruct（专门结构优化平台）。能够提供的优化方法主要面向静态、模态、频响等结构性能优化，算法可支撑较大规模的设计变量，设计变量可为单元密度（拓扑变量）、

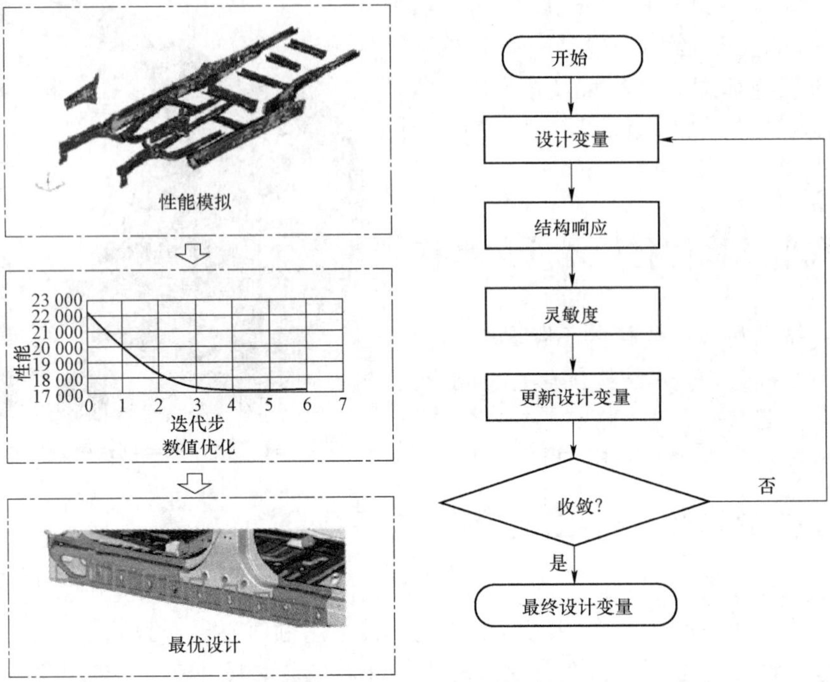


**图 1－12　汽车结构优化基本流程**

节点坐标（形状变量）和属性（板材厚度、形状尺寸、面积及惯性矩等）。具体的特点包括：包含多种设计变量以及合并的设计变量；强大的优化算法；多种工况下合并优化；多目标优化分析；可设置临界约束，加快优化计算效率；采用可调整的收敛精度；稀疏矩阵求解器，速度快，所需磁盘空间小；优化后模型可输出给 CAD 软件进行二次设计；多种制造加工约束定义；自动报告生成功能。

（2）Dassault Tosca（专门结构优化平台）。能够提供拓扑优化、形状优化、钣金加强筋优化、钣金厚度优化等优化设计求解器，并且兼容主流结构有限元软件、疲劳寿命分析软件等的求解器。具体的特点包括：优化过程对载荷和约束条件没有数量限制；被优化区域内支持实体、膜、板、壳等单元，非优化区域支持求解器所支持的所有单元类型；支持材料非线性、几何大变形和接触非线性优化分析；可以定义加工工艺约束，包括拔模、铸造、冲压、对称等约束；支持频率响应和热固耦合场的拓扑优化；可以对优化区域边界的外部及附近区域进行接触定义；支持并行计算求解等。

（3）Vrand Genesis（专门的结构优化设计平台）。能够提供丰富的优化设计功能，包括拓扑优化、形状优化，尺寸优化、形貌优化、自由尺寸优化和自由形状优化等，并支持混合优化。具体特点包括：相比其他软件，Genesis 只需很少的迭代次数，即可提供更好的优化效果；提供的 SMS 特征值求解器的求解速度是传统 Lanczos 方法的 2～10 倍，SMS 能够求解超过 2000 万自由度的问题；提供的 BIGDOT 优化算法，可以求解超过 300 万个设计变量的大规模优化模型；内置了快速、可靠、准确的有限元分析，优化效率更高。

（4）Altair Hyperstudy（通用型优化设计平台）。能够提供试验设计（DOE）、近似模型、优化设计、随机性研究等。具体特点包括：所有主流的 CAE 求解器，如 RADIOSS、ABAQUS、

Nastran、LS-Dyna、DesignLife 和 Fluent 等都可以同 Hyperstudy 进行优化。

（5）Dassault Isight（通用型优化设计平台）。能够提供数值优化、全局搜索法、启发式优化法和多目标多准则优化算法。具体特点包括：可以将数字技术、推理技术和设计探索技术有效融合，并把大量的需要人工完成的工作由软件实现自动化处理。

（6）Dassault SFE/Concept（汽车结构概念集成优化设计）。能够提供建立基于隐式全参数化拓扑描述方法模型的算法，内置自动刨分网格工具；可以进行尺寸、形状、拓扑优化的封闭式循环处理。具体特点包括：通过隐式关系可以实现一个变量来实现所有相关特征自适应变化，并保证相互连接关系仅需对影响点位置、线形、截面形状等参数进行局部的修改，与之相关联的所有部件都会随之自动更新，确保整个系统的拓扑完整性，即可非常快速地进行任意复杂的设计方案变更。

### 1.3.2　汽车结构优化工程应用现状

数值仿真与优化基础理论的发展，设计软件平台功能集成和硬件资源计算能力的提升，大大促进了结构优化技术在汽车领域的应用。同时，伴随着我国汽车工业的发展，正向开发能力大幅增强，结构优化技术被大规模地应用于汽车研发中，汽车结构优化工程应用现状主要表现在以下方面。

**1. 概念阶段拓扑优化应用比例持续上升**

整车结构尺寸优化设计仍占据主导地位，主要以车身覆盖件薄板厚度或碳纤维结构铺层厚度和方向等作为设计变量，在尺寸优化阶段考虑的性能涵盖刚度、强度、模态、NVH 和碰撞安全等。随着拓扑优化理论逐步成熟，以及计算资源大幅提升，近年来，国内外主要汽车技术中心，在整车研发阶段都大幅提升了拓扑优化的应用比例。图 1－13 为 Ford 在产品开发阶段应用了大量的拓扑优化，从而获得最优的传力路径和新颖的拓扑构型。

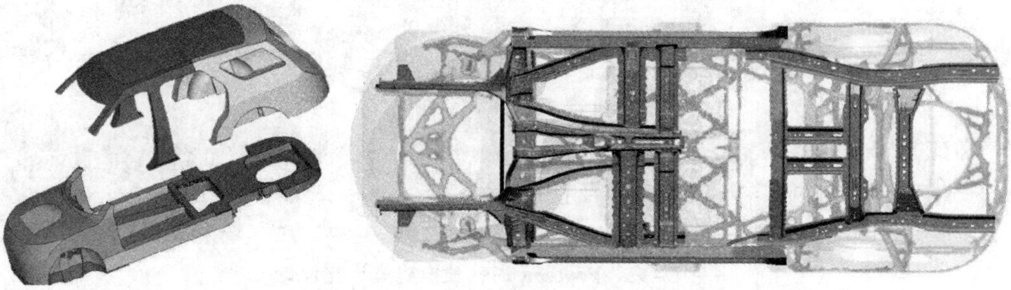

图 1－13　Ford 某型汽车车身拓扑优化设计

**2. 整车结构与部件结构协同优化应用增多**

近年来，整车与部件结构协同开发增多，使得整体集成设计和优化能力进一步增强，从而使得整车结构和部件结构在特定工况下交互影响，利于最大限度地实现集成化和优化设计。以电动车为例，在整车被动安全开发时，将整车车身与动力电池系统协同优化，建立整车参数化模型，实现车身结构和动力电池箱体的协同优化设计，最大限度地保护行人和动力电池。如图 1－14 为奥迪 e－tron 纯电动汽车的下车体与动力电池箱协同优化设计。

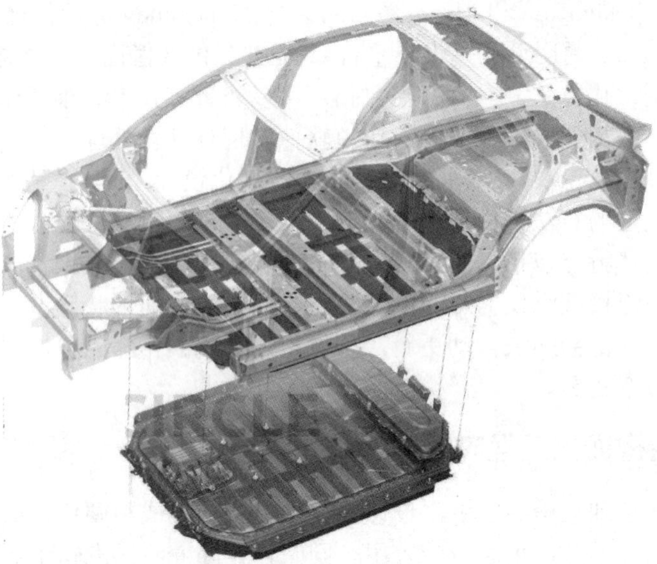

图 1－14　奥迪 e-tron 下车体与动力电池箱协同优化设计

**3. 从单一学科优化向多学科集成优化深入**

在整车研发的过程中，通常面临着刚度、强度、NVH、碰撞安全与疲劳、耐久等多学科性能。标准以单一学科为目标或约束开展优化设计，往往造成其他学科性能不满足。因此，国内外众多汽车企业在整车开发设计时开展多学科集成优化设计。此外，以轮毂电驱动系统为代表的关键系统的多学科集成优化设计近年来开展逐步增多，考虑电磁、热场与机械性能等多个学科下的系统性能与轻量化设计，如图 1－15 所示。

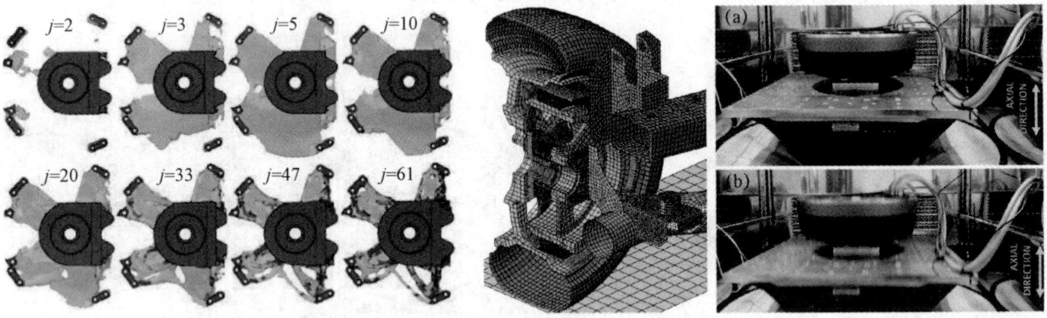


图 1－15　Protean 的轮毂电机集成化设计

## 参考文献

[1]《世界汽车车身技术及轻量化技术发展研究》编委会. 世界汽车车身技术及轻量化技术发展研究［M］. 北京：北京理工大学出版社，2019.

[2] 陈吉清，兰凤崇. 汽车结构轻量化设计与分析方法［M］. 北京：北京理工大学出版社，2017.

[3] 韩维建，张瑞杰，郑江，等. 汽车材料及轻量化趋势［M］. 北京：机械工业出版社，2017.

[4] 节能与新能源汽车技术路线图战略咨询委员会，中国汽车工程学会. 节能与新能源汽车技术路线图［M］. 北京：机械工业出版社，2016.
[5] 韩旭. 基于数值模拟的设计理论与方法［M］. 北京：科学出版社，2016.
[6] Bai Y C, Zhou H S, Lei F, et al. An improved numerically-stable static loads (ESLs) algorithm based on energy-scaling ratio for stiffness topology optimization under crash loads［J］. Structural and Multidisciplinary Optimization，2019，59：117－130.
[7] Lei F，Qiu R B，Bai Y C，et al. An integrated optimization for laminate design and manufacturing of a CFRP wheel hub based on structural performance［J］. Structural and Multidisciplinary Optimization，2018，57：2309－2321.
[8] 王宏雁，陈君毅. 汽车车身轻量化结构与轻质材料［M］. 北京：北京大学出版社，2009.
[9] Norberg E，Lövgren S. Topology optimization of vehicle body structure for improved ride & handling［D］. Linköping：Linköping University，2011.
[10] 杜善义. 先进复合材料与航空航天［J］. 复合材料学报，2007，24（1）：1－12.

# 第2章
# 结构优化基础知识

## 2.1 引言

结构优化设计指在给定约束条件下，以某种目标（如重量最轻、成本最低、刚度最大等）获得最好的设计方案为导向，通常可以描述为：对于已知的给定参数，求出满足全部约束条件并使目标函数取最小值的设计变量。结构优化设计是力学问题与数学规划的高度融合，涉及结构力学与数学规划等知识，为此，本章着重介绍相关的结构优化主要基础知识：有限元法基本原理、灵敏度分析和优化方法等。

有限元法是一种求解偏微分方程边值问题近似解的数值技术。在结构优化中，可用其求解结构在一定受力和边界条件下的结构响应，如位移、应力、应变、模态及加速度等。特别地，对于复杂结构，求解其结构响应的解析解往往十分困难，通常借助于有限元方法获取其数值解。

灵敏度分析是研究与分析一个系统（或模型）的状态或输出变化对系统参数或周围条件变化的敏感程度的方法。结构优化中的灵敏度分析指目标函数对设计变量的灵敏度，即设计变量的变化对目标函数变化的影响。灵敏度分析对于结构优化有着重要意义，通过灵敏度分析，可以确定目标函数对于设计变量的敏感性，找到目标函数变化对设计变量变化最敏感的方向，从而加速最优解的寻找，得到结构优化的最优解。

数值优化方法是在满足约束条件的情况下达到最优设计目标的求解算法。目前常用的优化方法包括：梯度优化方法和智能优化方法。梯度优化方法主要包括最速下降法、牛顿法、共轭梯度法、信赖域算法和序列二次规划（SQP）方法等。智能优化方法主要包括遗传算法、粒子群算法、模拟退火方法。通常而言，结构优化问题倾向于基于梯度法进行求解，从而保证效率；而对于一些梯度获取困难、单次仿真十分耗时或者多目标优化问题，可结合代理模型技术和智能优化方法进行优化问题的求解。

## 2.2 结构分析的有限元方法

### 2.2.1 弹性力学基础

实际工程中包含各类弹性体，如杆件、平面体、空间体、板壳和薄壁结构等。利用弹性力学的研究方法可获得较为精确的结构力学性能响应，即在结构域内严格考虑平衡方程、几何方程和物理方程，同时结合边界条件，从而求解获得精确解。

弹性力学的理论是以物体连续性、完全弹性、均匀性、各向同性和小变形假定为基础。如图 2-1 所示，在直角坐标系中，弹性体在力的作用下，体内任意一点的应力状态可由 6 个应力分量 $\sigma_x$，$\sigma_y$，$\sigma_z$，$\tau_{xy}$，$\tau_{yz}$，$\tau_{zx}$ 来表示，其中 $\sigma_x$，$\sigma_y$，$\sigma_z$ 为正应力，$\tau_{xy}$，$\tau_{yz}$，$\tau_{zx}$ 为切应力。

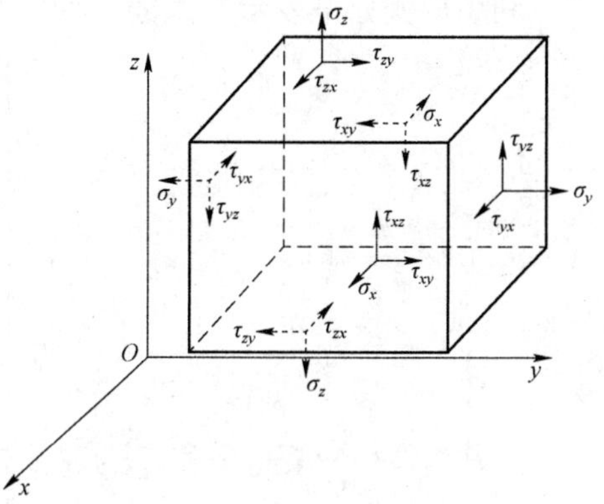


图 2-1　应力分量及其正方向

1）静力学平衡方程

$$\begin{cases}\dfrac{\partial\sigma_x}{\partial x}+\dfrac{\partial\tau_{yx}}{\partial y}+\dfrac{\partial\tau_{zx}}{\partial z}+f_x=0\\ \dfrac{\partial\tau_{xy}}{\partial x}+\dfrac{\partial\sigma_y}{\partial y}+\dfrac{\partial\tau_{zy}}{\partial z}+f_y=0\\ \dfrac{\partial\tau_{xz}}{\partial x}+\dfrac{\partial\tau_{yz}}{\partial y}+\dfrac{\partial\sigma_z}{\partial z}+f_z=0\end{cases}\tag{2-1}$$

式中，$f_x$，$f_y$ 和 $f_z$ 分别为对应方向上的外力。

2）几何方程

$$\begin{cases}\varepsilon_x=\dfrac{\partial u}{\partial x}\\ \varepsilon_y=\dfrac{\partial v}{\partial y}\\ \varepsilon_z=\dfrac{\partial w}{\partial z}\\ \gamma_{xy}=\dfrac{\partial v}{\partial x}+\dfrac{\partial u}{\partial y}\\ \gamma_{yz}=\dfrac{\partial w}{\partial y}+\dfrac{\partial v}{\partial z}\\ \gamma_{zx}=\dfrac{\partial u}{\partial z}+\dfrac{\partial w}{\partial x}\end{cases}\tag{2-2}$$

式中，$u$，$v$ 和 $w$ 分别为 $x$，$y$ 和 $z$ 方向上的位移；$\varepsilon_x$，$\varepsilon_y$ 和 $\varepsilon_z$ 分别为对应方向上的正应变；$\gamma_{xy}$，$\gamma_{yz}$ 和 $\gamma_{zx}$ 分别为对应平面内的切应变。

3）物理方程

（1）以应力分量表示应变分量：

$$\begin{cases}\varepsilon_x=\dfrac{1}{E}\left[\sigma_x-\mu(\sigma_y+\sigma_z)\right]\\ \varepsilon_y=\dfrac{1}{E}\left[\sigma_y-\mu(\sigma_z+\sigma_x)\right]\\ \varepsilon_z=\dfrac{1}{E}\left[\sigma_z-\mu(\sigma_x+\sigma_y)\right]\\ \gamma_{xy}=\dfrac{1}{G}\tau_{xy}\\ \gamma_{yz}=\dfrac{1}{G}\tau_{yz}\\ \gamma_{zx}=\dfrac{1}{G}\tau_{zx}\end{cases}\tag{2-3}$$

式中，$E$ 和 $\mu$ 分别为弹性体材料的弹性模量和泊松比。

（2）以应变分量表示应力分量：

利用应变分量表示应力分量为

$$\begin{cases}\sigma_x = \lambda\theta + 2G\varepsilon_x \\ \sigma_y = \lambda\theta + 2G\varepsilon_y \\ \sigma_z = \lambda\theta + 2G\varepsilon_z \\ \tau_{xy} = 2G\varepsilon_{xy} = G\gamma_{xy} \\ \tau_{yz} = 2G\varepsilon_{yz} = G\gamma_{yz} \\ \tau_{zx} = 2G\varepsilon_{zx} = G\gamma_{zx}\end{cases} \tag{2-4}$$

式中，$\theta$ 为体积应变；$\lambda$ 和 $G$ 为表征材料的弹性常数，称作拉梅（Lamé）常数，$G$ 也称剪切弹性模量。$\theta = \varepsilon_x + \varepsilon_y + \varepsilon_z$，$G = \dfrac{E}{2(1+\mu)}$，$\lambda = \dfrac{E\mu}{(1+\mu)(1-2\mu)}$。

（3）以应变能密度函数和应变余能密度函数表示应力和应变：

$$\begin{cases}\sigma_{ij} = \dfrac{\partial U_{\mathrm{o}}}{\partial \varepsilon_{ij}} \\ \varepsilon_{ij} = \dfrac{\partial U_{\mathrm{o}}^*}{\partial \sigma_{ij}}\end{cases} \tag{2-5}$$

式中，$U_{\mathrm{o}}$ 和 $U_{\mathrm{o}}^*$ 分别应变能和应变余能。$U_{\mathrm{o}}=\int \sigma_{ij}\mathrm{d}\varepsilon_{ij}$；$U_{\mathrm{o}}^*=\int \varepsilon_{ij}\mathrm{d}\sigma_{ij}$。

（4）边界条件：

A. 外力边界条件：

$$\begin{cases}\sigma_x l + \tau_{xy} m + \tau_{zx} n = T_x \\ \tau_{xy} l + \sigma_y m + \tau_{zy} n = T_y \\ \tau_{xz} l + \tau_{yz} m + \sigma_z n = T_z\end{cases} \tag{2-6}$$

式中，$l$，$m$ 和 $n$ 分别表示对应应力的方向余弦值；$T_x$，$T_y$ 和 $T_z$ 分别表示对应方向上的外力。这种边界条件属于 Dirichlet 条件。

B. 位移边界条件：

$$\begin{cases}u = \bar{u} \\ v = \bar{v} \\ w = \bar{w}\end{cases} \tag{2-7}$$

式中，$\bar{u}$，$\bar{v}$ 和 $\bar{w}$ 分别为 $x$，$y$ 和 $z$ 方向上已知的边界位移。

（5）应变协调方程：

$$\begin{cases}\dfrac{\partial^2\varepsilon_x}{\partial y^2}+\dfrac{\partial^2\varepsilon_y}{\partial x^2}=\dfrac{\partial^2\gamma_{xy}}{\partial x\partial y}\\ \dfrac{\partial^2\varepsilon_y}{\partial z^2}+\dfrac{\partial^2\varepsilon_z}{\partial y^2}=\dfrac{\partial^2\gamma_{yz}}{\partial y\partial z}\\ \dfrac{\partial^2\varepsilon_z}{\partial x^2}+\dfrac{\partial^2\varepsilon_x}{\partial z^2}=\dfrac{\partial^2\gamma_{zx}}{\partial z\partial x}\\ 2\dfrac{\partial^2\varepsilon_x}{\partial y\partial z}=\dfrac{\partial}{\partial x}\left(\dfrac{\partial\gamma_{zx}}{\partial y}+\dfrac{\partial\gamma_{xy}}{\partial z}-\dfrac{\partial\gamma_{yz}}{\partial x}\right)\\ 2\dfrac{\partial^2\varepsilon_y}{\partial z\partial x}=\dfrac{\partial}{\partial y}\left(\dfrac{\partial\gamma_{xy}}{\partial z}+\dfrac{\partial\gamma_{yz}}{\partial x}-\dfrac{\partial\gamma_{zx}}{\partial y}\right)\\ 2\dfrac{\partial^2\varepsilon_z}{\partial x\partial y}=\dfrac{\partial}{\partial z}\left(\dfrac{\partial\gamma_{yz}}{\partial x}+\dfrac{\partial\gamma_{zx}}{\partial y}-\dfrac{\partial\gamma_{xy}}{\partial z}\right)\end{cases} \tag{2-8}$$

上述弹性力学基本方程的数学本质是偏微分方程边值问题，求解的方法有解析法和数值解法。解析法，即直接求解偏微分方程边值问题获得精确解，仅适用于较为简单的问题；数值解法可用于求解复杂的工程问题，常用的方法有有限差分法、变分法、边界元法、有限元法等。在结构分析领域，有限元方法较为常用。下面，将对有限元法的基本原理进行介绍。

### 2.2.2　有限元法的基本原理

有限元方法是求取复杂微分方程近似解的一种非常有效的工具，可将它应用于工程技术中，成为工程设计和分析的可靠工具。有限元法是一种高效能、常用的数值计算方法，它以电子计算机为计算工具，以剖分插值和能量原理为基础，其核心思想是“数值近似”和“离散化”。由于有限元方法具有丰富的知识体系，本章将通过一个简单的实际问题从最简单的一维情形阐述有限元法的基本原理及具体实施方法。

假设一个一维杆的受力问题，两面墙之间有两根杆呈水平连接，杆与墙壁、杆与杆之间由铰链连接，在两杆的连接处施加一个力 $F$，两杆的弹性模量均为 $E$，长度为 $l$，横截面积为 $A$，求两杆的应力（假设杆件是线弹性的）。简化后的结构受力图如图 2－2 所示。

对于上面这个简单的问题，根据学过的材料力学方法可以轻松地解出两杆的应力。下面，采用有限元法对这个问题进行求解。

1）离散化

有限元方法是将一个连续的问题离散化，所以第一步就是对一个结构进行离散化处理，按照节点将其划分为一个个的单元。具体到这个一维的杆件受力问题，可以将其划分为两个杆单元，每个杆单元具有两个节点，每个节点会产生一个方向的位移，称之为自由度。一个杆单元具有两个自由度。具体的划分如图 2－3 所示。

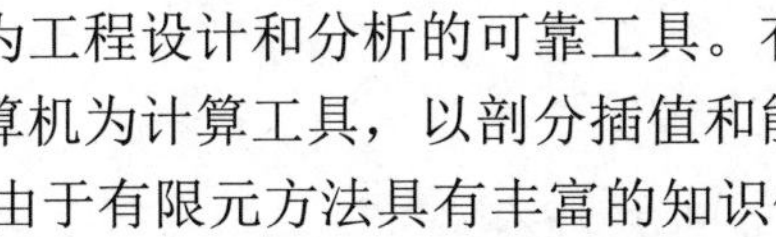

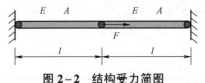

**图 2－2　结构受力简图**

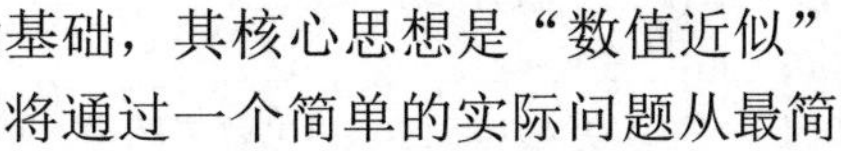

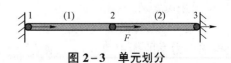

**图 2－3　单元划分**

2）形函数的构造

将结构划分为一个个的单元后，就要对单元进行力学分析。杆单元（1）有两个节点 1 和 2，每个节点上都受到力或约束的作用，必然会产生相应的位移。设节点 1 上产生的位移为$u_1$，节点 2 上产生的位移为$u_2$，那么就可以采用向量的形式表示杆单元上的位移，单元位移表示为$\boldsymbol{q}^e=[u_1,u_2]^{\mathrm{T}}$，相应的单元载荷可以表示为$\boldsymbol{F}^e=[F_1,F_2]$。具体单元位移和单元载荷在杆单元上的分布如图 2-4 所示。

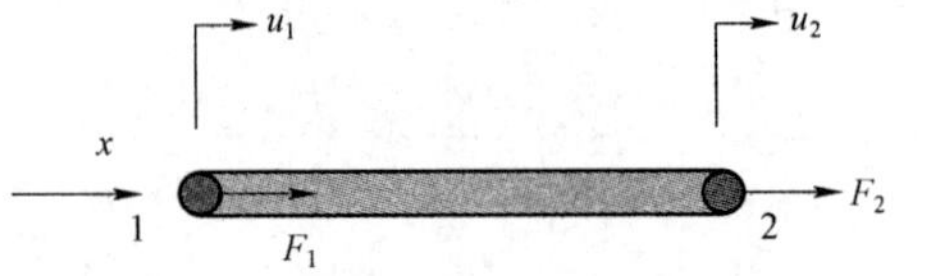


**图 2-4　单元位移和单元载荷**

在实际情况中，仅仅求得杆单元节点上的力和位移是不够的，还需求得杆单元内任意一点的位移。在一维单元中，单元内任意一点的位移是坐标的函数，单元的位移场可表示为$u(x)$。精确求得$u(x)$是非常困难的，所以，一般采用函数逼近的方法来近似地求得$u(x)$。在有限元法中，多项式插值函数被用来进行位移场$u(x)$的逼近。对于一维杆单元，设

$$u(x)=a_0+a_1x \tag{2-9}$$

根据节点位移条件：$u\big|_{x=0}=u_1$，$u\big|_{x=l}=u_2$，将其代入插值函数中，求得

$$\begin{cases} a_0=u_1 \\ a_1=\dfrac{u_2-u_1}{l} \end{cases} \tag{2-10}$$

所以位移场$u(x)$可表示为

$$\begin{aligned} u(x)&=u_1+\frac{u_2-u_1}{l}x=(1-\frac{x}{l})u_1+\frac{x}{l}u_2 \\ &=N_1(x)u_1+N_2(x)u_2=\boldsymbol{N}(x)\boldsymbol{q}^e \end{aligned} \tag{2-11}$$

式中，$N(x)$称为单元的插值函数或形函数。

形函数具有以下几点特性：

（1）节点的形函数值在自身节点上为 1，而在其他节点上为 0；

（2）在单元中任意一点的插值函数之和等于 1。

对于其他类型的单元，如梁单元、平面三角形单元、平面四边形单元形函数的构造，可以仿照上面的过程进行。首先根据自由度假设形函数多项式，再根据相应的边界条件求得多项式的系数，从而得到形函数。构造形函数时需要注意几个原则：

① 待定参数是由节点场变量确定的，因此它的个数应与节点自由度数相等；

② 选取多项式时，常数项和坐标的一次项必须完备；

③ 多项式的选取应由低阶到高阶，尽量选取完全的多项式以提高单元的精度。

3）单元刚度矩阵

（1）应变-位移矩阵$\boldsymbol{B}(x)$。

根据弹性力学的知识可知，一维情形下的应变-位移关系为

$$\varepsilon(x)=\frac{\mathrm{d}\boldsymbol{u}(x)}{\mathrm{d}x}=\left[-\frac{1}{l}\ \ \frac{1}{l}\right]\begin{bmatrix}u_1\\u_2\end{bmatrix}=\boldsymbol{B}(x)\boldsymbol{q}^e \tag{2-12}$$

式中，$\boldsymbol{B}(x)$ 称为应变－位移矩阵，也可表示为

$$\boldsymbol{B}(x)=\frac{\mathrm{d}}{\mathrm{d}x}\boldsymbol{N}(x) \tag{2-13}$$

（2）应力－位移矩阵 $\boldsymbol{S}(x)$。

根据胡克定律，一维情形下的应力－应变关系为 $\boldsymbol{\sigma}(x)=E\varepsilon(x)$，将式（2－13）代入可得

$$\boldsymbol{\sigma}(x)=E\boldsymbol{B}(x)\boldsymbol{q}^e=\boldsymbol{S}(x)\boldsymbol{q}^e \tag{2-14}$$

式中，$\boldsymbol{S}(x)$ 称为应力－位移矩阵。

（3）虚位移原理。

当构件受力发生弹性变形时，外力作用点的位置发生变化，外力做功，构件由于发生了弹性变形而存储能量。这种因弹性形变而存储的能量称为弹性变形势能，简称变形能或应变能。根据能量守恒定律，外力功转化为变形体的应变能。

变形体的虚位移原理表述为：变形固体平衡的充要条件是作用于其上的外力系和内力系在任意一组虚位移和相应虚变形上所做虚功之和等于零，即

$$\delta W_{\mathrm{e}}+\delta W_{\mathrm{i}}=0 \tag{2-15}$$

式（2－15）可以用于任意变形固体，包括非线性情形。

设杆单元在单位载荷 $\boldsymbol{f}=[f_i,f_j]^{\mathrm{T}}$ 的作用下，产生的虚位移 $\delta\boldsymbol{q}=[\delta u_i,\delta u_j]^{\mathrm{T}}$，则单元位移场可以表示为 $\delta\boldsymbol{u}=\boldsymbol{N}\delta\boldsymbol{q}$，此时，单元虚应变为 $\delta\boldsymbol{\varepsilon}=\boldsymbol{B}\delta\boldsymbol{q}$。

根据能量原理，弹性体产生虚位移 $\delta\boldsymbol{q}$ 时，弹性体的应变能为

$$\delta W_{\mathrm{e}}=\int_V \delta\boldsymbol{\varepsilon}^{\mathrm{T}}\boldsymbol{\sigma}\mathrm{d}V=\int_V \delta\boldsymbol{q}^{\mathrm{T}}\boldsymbol{B}^{\mathrm{T}}E\boldsymbol{B}\boldsymbol{q}\mathrm{d}V=\delta\boldsymbol{q}^{\mathrm{T}}\left(\int_V \boldsymbol{B}^{\mathrm{T}}E\boldsymbol{B}\mathrm{d}V\right)\boldsymbol{q} \tag{2-16}$$

在相应节点力下的虚功为

$$\delta W_i=\delta\boldsymbol{q}^{\mathrm{T}}\boldsymbol{f} \tag{2-17}$$

根据虚位移原理可得

$$\delta\boldsymbol{q}^{\mathrm{T}}\boldsymbol{f}=\delta\boldsymbol{q}^{\mathrm{T}}\left(\int_V \boldsymbol{B}^{\mathrm{T}}E\boldsymbol{B}\mathrm{d}V\right)\boldsymbol{q} \tag{2-18}$$

由于虚位移 $\delta\boldsymbol{q}^{\mathrm{T}}$ 具有任意性，所以有

$$\boldsymbol{f}=\left(\int_V \boldsymbol{B}^{\mathrm{T}}E\boldsymbol{B}\mathrm{d}V\right)\boldsymbol{q} \tag{2-19}$$

也可以将其写成

$$\boldsymbol{f}=\boldsymbol{k}\boldsymbol{q} \tag{2-20}$$

式中，矩阵 $\boldsymbol{k}$ 称为单元刚度矩阵。

对于上面的杆件，其刚度矩阵为

$$\boldsymbol{k}=\int_V \boldsymbol{B}^{\mathrm{T}}E\boldsymbol{B}\mathrm{d}V=\int_0^l\left(-\frac{1}{l},\frac{1}{l}\right)^{\mathrm{T}}E\left(-\frac{1}{l},\frac{1}{l}\right)A\mathrm{d}x=\frac{EA}{l}\begin{bmatrix}1&-1\\-1&1\end{bmatrix} \tag{2-21}$$

可以看出，单元刚度矩阵仅与材料的性质和几何参数有关。

4）整体刚度矩阵

在有限元法中，整体刚度矩阵等于各个单元刚度矩阵之和，用公式可表示为

$$\boldsymbol{K}=\sum_{e}\boldsymbol{k}^{e} \tag{2-22}$$

对于上面的问题，单元（1）的受力和节点位移关系如图 2-5 所示。

节点载荷与节点位移的关系可用矩阵表示为

$$\frac{E^{(1)}A^{(1)}}{l^{(1)}}\begin{bmatrix}1 & -1\\ -1 & 1\end{bmatrix}\begin{bmatrix}u_1\\ u_2\end{bmatrix}=\begin{bmatrix}F_{R1}\\ F_{12}\end{bmatrix} \tag{2-23}$$

同理，单元（2）的受力和节点位移关系如图 2-6 所示。

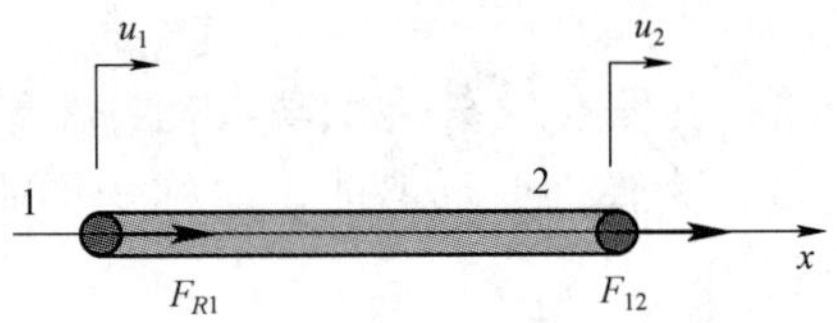


**图 2-5　单元（1）的边界条件**

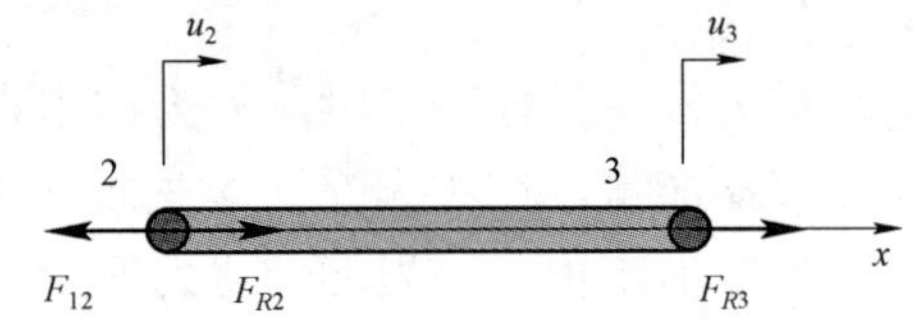


**图 2-6　单元（2）的边界条件**

其节点载荷与节点位移的关系可用矩阵表示为

$$\frac{E^{(2)}A^{(2)}}{l^{(2)}}\begin{bmatrix}1 & -1\\ -1 & 1\end{bmatrix}\begin{bmatrix}u_2\\ u_3\end{bmatrix}=\begin{bmatrix}F_{R2}-F_{12}\\ F_{R3}\end{bmatrix} \tag{2-24}$$

上面的关系都是相对于局部单元而言的，如果要将问题求解，得到两端的支反力，需要将局部单元刚度矩阵依靠节点之间的关系将其组装为整体刚度矩阵，就是将各个单元刚度矩阵相加，但是此处的“加法”并不是数学规则上的加法，而是根据节点编号将每一个单元刚度矩阵进行“扩充”之后进行的加法。

对于单元（1），它有两个节点，节点 1 和节点 2，没有节点 3，因此节点 3 上的力及位移可以用 0 表示，其单元刚度矩阵可以扩充为

$$\frac{E^{(1)}A^{(1)}}{l^{(1)}}\begin{bmatrix}1 & -1 & 0\\ -1 & 1 & 0\\ 0 & 0 & 0\end{bmatrix}\begin{bmatrix}u_1\\ u_2\\ u_3\end{bmatrix}=\begin{bmatrix}F_{R1}\\ F_{12}\\ 0\end{bmatrix} \tag{2-25}$$

同理，对于单元（2），其单元刚度矩阵可以扩充为

$$\frac{E^{(2)}A^{(2)}}{l^{(2)}}\begin{bmatrix}0 & 0 & 0\\ 0 & 1 & -1\\ 0 & -1 & 1\end{bmatrix}\begin{bmatrix}u_1\\ u_2\\ u_3\end{bmatrix}=\begin{bmatrix}0\\ F_{R2}-F_{12}\\ F_{R3}\end{bmatrix} \tag{2-26}$$

所以整体刚度矩阵为

$$\boldsymbol{K}=\boldsymbol{k}^{(1)}+\boldsymbol{k}^{(2)}=\frac{E^{(1)}A^{(1)}}{l^{(1)}}\begin{bmatrix}1 & -1 & 0\\ -1 & 1 & 0\\ 0 & 0 & 0\end{bmatrix}+\frac{E^{(2)}A^{(2)}}{l^{(2)}}\begin{bmatrix}0 & 0 & 0\\ 0 & 1 & -1\\ 0 & -1 & 1\end{bmatrix} \tag{2-27}$$

对于上面的问题，两杆的属性一致（弹性模量、长度、横截面积都相等），所以，上式可以进一步化简为

$$K = k^{(1)} + k^{(2)} = \frac{EA}{l}\begin{bmatrix} 1 & -1 & 0 \\ -1 & 2 & -1 \\ 0 & -1 & 1 \end{bmatrix} \tag{2-28}$$

5）方程组求解

有了整体刚度矩阵之后，就可以列出整体的力与位移的关系方程组，通过解方程组，可以得到未知的节点位移和节点力。整体方程组为

$$\frac{EA}{l}\begin{bmatrix} 1 & -1 & 0 \\ -1 & 2 & -1 \\ 0 & -1 & 1 \end{bmatrix}\begin{bmatrix} u_1 \\ u_2 \\ u_3 \end{bmatrix} = \begin{bmatrix} F_{R1} \\ F_{R2} \\ F_{R3} \end{bmatrix} \tag{2-29}$$

代入边界条件（约束和力），得到

$$\frac{EA}{l}\begin{bmatrix} 1 & -1 & 0 \\ -1 & 2 & -1 \\ 0 & -1 & 1 \end{bmatrix}\begin{bmatrix} 0 \\ u_2 \\ 0 \end{bmatrix} = \begin{bmatrix} F_{R1} \\ F \\ F_{R3} \end{bmatrix} \tag{2-30}$$

通过这个方程组可以看出针对大部分有限元方程组求解问题的一些特点：

（1）若节点位移未知，则相应的节点力已知；若节点力未知，则节点位移已知，呈互补的状态。

（2）总体刚度矩阵主元恒正。

（3）整体刚度矩阵为稀疏矩阵。

方程组的求解有一定的技巧，对于小规模的矩阵，可以采用划行划列法，即对位移为零的节点，可以划去相应的行和列。对于大规模的矩阵，由于有限元矩阵稀疏的特点，求解也有一定的技巧，如常用的求解大型方程组的三角分解法、分块解法、高斯 – 赛德尔（Gauss-Seidel）迭代法、超松弛迭代法等。

对于上面的问题，就可以采用划行划列法对方程组进行求解，节点 1 和节点 3 的位移为 0，就可以划去整体刚度矩阵的第 1 行第 1 列以及第 3 行第 3 列，这样，剩下的方程组求解就变得非常简单，变成了一个方程，可以直接求解。求得未知的节点位移后，将其代入整体方程组中，得到未知的节点力。求得各个节点的位移和力，就可以求出相应的应力及应变。

对于上面的问题，按照这个方法进行求解，可以得到

$$\begin{cases} u_2 = \dfrac{Fl}{2EA} \\ F_{R1} = -\dfrac{F}{2} \\ F_{R2} = -\dfrac{F}{2} \end{cases} \tag{2-31}$$

6）总结

有限元法是以能量原理为基础，以离散逼近为指导思想对微分方程进行求解的一种数值方法。有限元法不仅能够用来求解杆的问题，还能用来求解梁、板、壳、体的相关问题。有限元法解决所有问题的思想基本一致，即通过将连续的问题离散化来求解。具体的步骤为：划分单元，给各个单元和节点编号，构造形函数逼近位移场，获得单位刚度矩阵，按照节点

自由度信息组装整体刚度矩阵，根据载荷和约束条件施加等效载荷和约束，最后对方程组进行求解，得到节点位移与节点力。

有限元法经过几十年的发展已成为各个工程师及科学家的常用工具，能够运用到机械场、电磁场、温度场、流场等多个物理场以解决实际问题。随着有限元基本理论和现代计算机计算能力的增长，有限元法的计算也愈来愈精确、快速。

### 2.2.3 有限元法的 MATLAB 实现

下面，将对一个经典的桁架问题利用有限元法进行求解。

桁架结构由 4 根实心圆杆构成，4 根圆杆的弹性模量和截面半径均为 $E = 2.06\times10^{11}$ Pa，$d = 20$ mm。现将结构按照杆件划分为 4 个单元 4 个节点，具体划分如图 2－7 所示。按照上面讲解的步骤进行有限元分析并编制 MATLAB 代码。

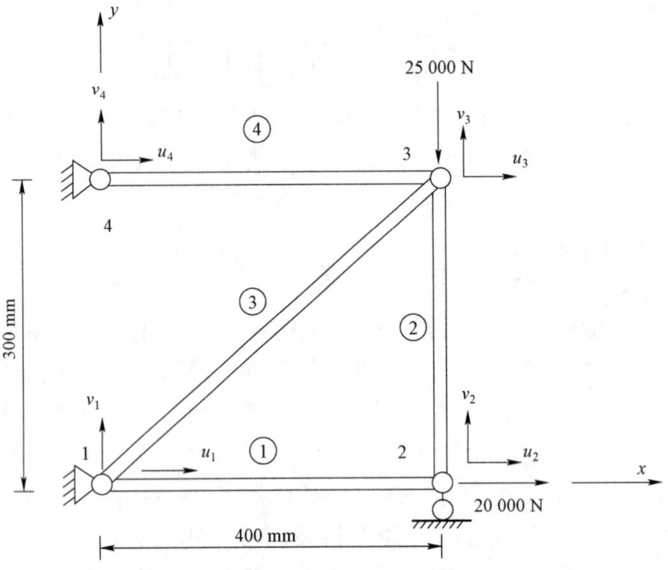


图 2－7　受集中力的平面桁架单元划分

## 2.3 数值优化基本方法

数值优化方法中应用最广泛的是以梯度为基础的优化方法，如最速下降法、拉格朗日乘子法、KKT 条件等。学习数值优化方法，就必须掌握相关的数学概念，包括梯度、方向导数、凸函数等。数值优化方法还包括一些新兴的智能优化算法，如遗传算法、粒子群算法、模拟退火法等。

### 2.3.1 数值优化数学基础

1）梯度

设目标函数 $f(\boldsymbol{X})$ 是一阶连续可微的，则它在某点 $\boldsymbol{X}$ 处对 $X_i$（$i$=1, 2, ⋯, $n$）的一阶偏导数的列向量（列矩阵）称为 $f(\boldsymbol{X})$ 在点 $\boldsymbol{X}$ 处的梯度，记作

$$\nabla f(\boldsymbol{X})=\left(\frac{\partial f}{\partial X_1}\ \frac{\partial f}{\partial X_2}\ \frac{\partial f}{\partial X_3}\ \cdots\ \frac{\partial f}{\partial X_n}\right)_X^{\mathrm{T}} \tag{2-32}$$

梯度的模为

$$\|\nabla f(\boldsymbol{X})\|=\sqrt{\sum_{i=1}^{n}\left(\frac{\partial f(\boldsymbol{X})}{\partial X_i}\right)^2} \tag{2-33}$$

2）方向导数

二元函数方向导数：设函数 $f(X_1,X_2)$ 在点 $P(X_1,X_2)$ 的某一邻域 $U(P)$ 内有定义，自点 $P$ 引射线 $s$，自 $x_1$ 轴的正向到射线 $s$ 的转角为 $\varphi$，$P'(X_1+\Delta X_1,X_2+\Delta X_2)\in U(P)$ 为 $s$ 上的另一点，若

$$\lim_{\rho\to 0}\frac{f(X_1+\Delta X_1,X_2+\Delta X_2)-f(X_1,X_2)}{\rho}\left(\rho=\sqrt{(\Delta X_1)^2+(\Delta X_2)^2}\right) \tag{2-34}$$

存在，则称此极限值为 $f(X_1,X_2)$ 在点 $P$ 沿方向 $s$ 的方向导数，记作 $\frac{\partial f}{\partial s}$。其计算公式为 $\frac{\partial f}{\partial s}=\frac{\partial f}{\partial X_1}\cos\varphi+\frac{\partial f}{\partial X_2}\sin\varphi$。

三元函数方向导数：三元函数 $u=f(X_1,X_2,X_3)$ 在点 $P(X_1,X_2,X_3)$ 沿方向 $s$（方向角为 $\alpha,\beta,\gamma$）的方向导数定义为

$$\frac{\partial f}{\partial s}=\lim_{\rho\to 0}\frac{f(X_1+\Delta X_1,X_2+\Delta X_2,X_3+\Delta X_3)-f(X_1,X_2,X_3)}{\rho} \tag{2-35}$$

式中，$\rho=\sqrt{(\Delta X_1)^2+(\Delta X_2)^2+(\Delta X_3)}$ 且 $P'(X_1+\Delta X_1,X_2+\Delta X_2,X_3+\Delta X_3)$ 为 $s$ 上的点，其计算公式为 $\frac{\partial f}{\partial s}=\frac{\partial f}{\partial X_1}\cos\alpha+\frac{\partial f}{\partial X_2}\cos\beta+\frac{\partial f}{\partial X_3}\cos\gamma$。

同理，$n$ 元函数的方向导数为

$$\begin{aligned}\frac{\partial f}{\partial s}&=\frac{\partial f}{\partial X_1}\cos\theta_1+\cdots+\frac{\partial f}{\partial X_n}\cos\theta_n\\&=\left[\frac{\partial f}{\partial X_1}\cdots\frac{\partial f}{\partial X_n}\right]\begin{bmatrix}\cos\theta_1\\ \vdots\\ \cos\theta_n\end{bmatrix}\\&=(\nabla f(\boldsymbol{X}))^{\mathrm{T}}\bullet\boldsymbol{s}\end{aligned} \tag{2-36}$$

3）梯度与方向导数的关系（图 2-8）

（1）梯度是 $X_0$ 点处最大的方向导数；

（2）梯度的方向是过点的等值线的法线方向；

（3）梯度是 $X_0$ 点处的局部性质；

（4）梯度指向函数变化率最大的方向；

（5）正梯度方向是函数值最速上升的方向；

（6）负梯度方向是函数值最速下降的方向。

4）范数

（1）向量的范数：向量的范数是衡量向量大小的度量概念。

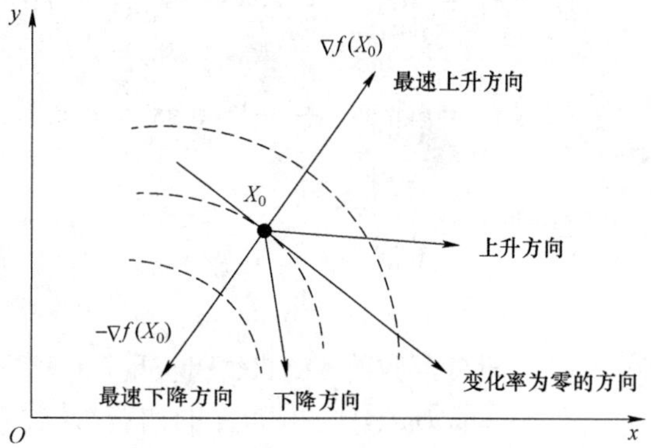


图 2-8 梯度与方向导数

对 $n$ 维实空间 $\mathbf{R}^n$ 中任意向量 $\boldsymbol{X}$，按一定规则有一确定的实数与其相对应，该实数记为 $\|\boldsymbol{X}\|$，若 $\|\boldsymbol{X}\|$ 满足下面三个性质：

①（非负性）$\|\boldsymbol{X}\| \geqslant 0$，$\|\boldsymbol{X}\| = 0$ 当且仅当 $\boldsymbol{X} = \boldsymbol{0}$；

②（齐次性）对任意实数 $\lambda$，$\|\lambda \boldsymbol{X}\| = |\lambda| \|\boldsymbol{X}\|$；

③（三角不等式）对任意向量 $\boldsymbol{Y} \in \mathbf{R}^n$，$\|\boldsymbol{X} + \boldsymbol{Y}\| \leqslant \|\boldsymbol{X}\| + \|\boldsymbol{Y}\|$，

则称该实数 $\|\boldsymbol{X}\|$ 为向量 $\boldsymbol{X}$ 的范数。

常用的范数有以下几种：

$$\|\boldsymbol{X}\|_\infty = \max_i |X_i| \qquad （l_\infty \text{ 范数}）$$

$$\|\boldsymbol{X}\|_1 = \sum_1^n |X_i| \qquad （l_1 \text{ 范数}）$$

$$\|\boldsymbol{X}\|_2 = (\sum_1^n X_i^2)^{1/2} \qquad （l_2 \text{ 范数}）$$

$$\|\boldsymbol{X}\|_p = \left( \sum_1^n X_i^p \right)^{1/p} \qquad （l_p \text{ 范数}）$$

（2）矩阵的范数：设 $\boldsymbol{A}$ 是任意 $n \times n$ 阶方阵，按照一定的规则有一实数与之对应，记为 $\|\boldsymbol{A}\|$。若 $\|\boldsymbol{A}\|$ 满足

① $\|\boldsymbol{A}\| \geqslant 0$，$\|\boldsymbol{A}\| = 0$ 当且仅当 $\|\boldsymbol{A}\| = \boldsymbol{0}$；

② 对任意实数 $\alpha$，$\|\alpha \boldsymbol{A}\| = |\alpha| \|\boldsymbol{A}\|$；

③ 对任意两个 $n$ 阶方阵 $\boldsymbol{A}, \boldsymbol{B}$，都有 $\|\boldsymbol{A} + \boldsymbol{B}\| \leqslant \|\boldsymbol{A}\| + \|\boldsymbol{B}\|$；

④ $\|\boldsymbol{AB}\| \leqslant \|\boldsymbol{A}\| \|\boldsymbol{B}\|$（相容性条件），

则称 $\|\boldsymbol{A}\|$ 为矩阵 $\boldsymbol{A}$ 的范数。

常用的矩阵范数有 $\boldsymbol{A}$ 的 1－范数、$\boldsymbol{A}$ 的 2－范数、$\boldsymbol{A}$ 的 $\infty$－范数，可以证明以下定理（详细步骤见相关资料）：

设 $\boldsymbol{A} \in \mathbf{R}^{n \times n}$，$\boldsymbol{X} \in \mathbf{R}^n$，则

A. $\|\boldsymbol{A}\|_1 = \max\limits_{\boldsymbol{X} \in \mathbf{R}^n, \|\boldsymbol{X}\| \neq 0} \dfrac{\|\boldsymbol{AX}\|_1}{\|\boldsymbol{X}\|_1} = \max\limits_{1 \leqslant j \leqslant n} \sum\limits_1^n |a_{ij}|$ （又称 $\boldsymbol{A}$ 的列范数）

B. $\|\boldsymbol{A}\|_2 = \max\limits_{\boldsymbol{X} \in \mathbf{R}^n, \|\boldsymbol{X}\| \neq 0} \dfrac{\|\boldsymbol{AX}\|_2}{\|\boldsymbol{X}\|_2} = \sqrt{\lambda_{\max}(\boldsymbol{A}^{\mathrm{T}} \boldsymbol{A})}$

C. $\|\boldsymbol{A}\|_\infty = \max\limits_{\boldsymbol{X} \in \mathbf{R}^n, \|\boldsymbol{X}\| \neq 0} \dfrac{\|\boldsymbol{AX}\|}{\|\boldsymbol{X}\|} = \max\limits_{1 \leqslant i \leqslant n} \sum\limits_1^n |a_{ij}|$ （又称 $\boldsymbol{A}$ 的行范数）

D. $\|\boldsymbol{A}\|_{\mathrm{F}} = \sqrt{\sum\limits_{j=1}^n \sum\limits_{i=1}^n a_{ij}^2}$

（$\boldsymbol{A}$ 的弗罗贝尼乌斯（Frobenius）范数，简称 F 范数）

（3）矩阵范数的 MATLAB 实现。

① $n = norm(\boldsymbol{A})$　矩阵 $\boldsymbol{A}$ 的谱范数（2 范数），等于 $\boldsymbol{A}^{\mathrm{T}} \boldsymbol{A}$ 的最大特征值的算术根。

② $n = norm(\boldsymbol{A},1)$　矩阵 $\boldsymbol{A}$ 的列范数（1－范数），等于 $\boldsymbol{A}$ 的最大列之和。

③　$n = norm(\boldsymbol{A}, inf)$　矩阵 $\boldsymbol{A}$ 的行范数（无穷范数），等于 $\boldsymbol{A}$ 的最大行之和。

④　$n = norm(\boldsymbol{A}, 'fro')$　矩阵 $\boldsymbol{A}$ 的 Frobenius 范数。

5）泰勒级数（泰勒展开式）

若函数 $f(X)$ 在包含 $X_0$ 的某个闭区间 $[a,b]$ 上具有 $n$ 阶导数，且在开区间 $(a,b)$ 上具有 $(n+1)$ 阶导数，则对闭区间 $[a,b]$ 上任意一点 $X$，下式成立：

$$f(X) = f(X_0) + \frac{f^{(1)}(X_0)}{1!}(X - X_0) + \frac{f^{(2)}(X_0)}{2!}(X - X_0)^2 + \cdots + \frac{f^{(n)}(X_0)}{n!}(X - X_0)^n + R_n(X) \tag{2-37}$$

式中，$R_n(x)$ 表示泰勒公式的余项。

$n$ 元函数的泰勒展开式近似为

$$f(\boldsymbol{X}) = f(\boldsymbol{X}^{(k)}) + [\nabla f(\boldsymbol{X}^{(k)})]^{\mathrm{T}} \Delta\boldsymbol{X} + \frac{1}{2}\Delta\boldsymbol{X}^{\mathrm{T}}[\nabla^2 f(\boldsymbol{X}^{(k)})]\Delta\boldsymbol{X} \tag{2-38}$$

6）凸性

（1）凸集：设集合 $\Omega \in \mathbf{R}^N$，如果 $\forall \boldsymbol{X}^{(1)}, \boldsymbol{X}^{(2)} \in \Omega; \forall \xi \in [0,1]$，若对 $\boldsymbol{X}^{(\xi)} = \boldsymbol{X}^{(1)} + \xi(\boldsymbol{X}^{(2)} - \boldsymbol{X}^{(1)})$，仍有 $\boldsymbol{X}^{\xi} \in \Omega$，则称 $\Omega$ 为一个凸集，如图 2-9 所示。

凸集的性质：

① 任意多个凸集的交集是凸集；

② 两个凸集的代数和是凸集；

③ 凸集的数乘是凸集；

④ 凸集的闭包是凸集。

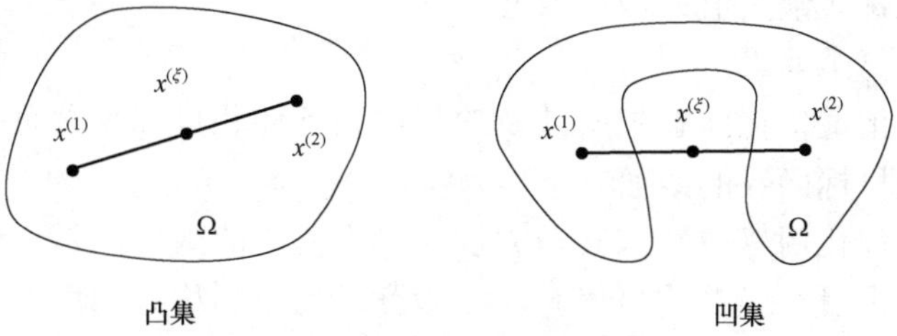


**图 2-9　凸、凹集示意图**

（2）凸函数：如果 $\forall \boldsymbol{X}^{(1)}, \boldsymbol{X}^{(2)} \in \Omega$；$\forall \xi \in [0,1]$，若 $\boldsymbol{X}^{(\xi)} = \boldsymbol{X}^{(1)} + \xi(\boldsymbol{X}^{(2)} - \boldsymbol{X}^{(1)})$，有 $f(\boldsymbol{X}^{(\xi)}) \leqslant f(\boldsymbol{X}^{(1)}) + \xi[f(\boldsymbol{X}^{(2)}) - f(\boldsymbol{X}^{(1)})]$，则称 $f(\boldsymbol{X})$ 为一个凸函数。

（3）凸函数及凸函数的几何意义：凸函数的几何解释为函数曲线上任意两点的连线在这两点之间的函数曲线的上方。凹函数的几何解释为函数曲线上任意两点的连线在这两点之间的函数曲线的下方。具体情形如图 2-10 所示。

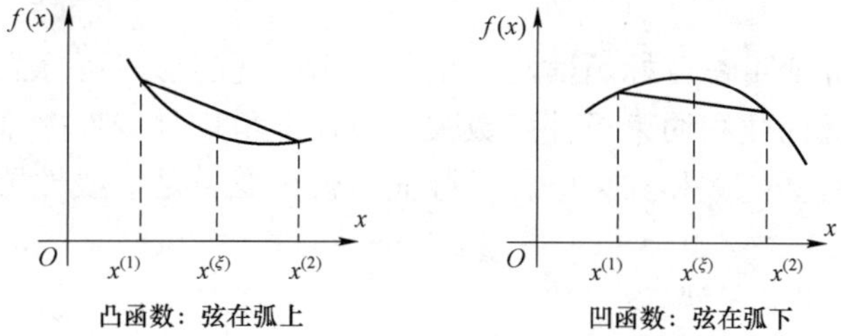


**图 2-10　凸、凹函数示意图**

（4）凸函数的性质：

① 凸函数的非负线性组合仍为凸函数；

② 实值凸函数的非减函数仍为凸函数；

③ 如果所有约束函数 $g_j(\boldsymbol{X})$ 均为在 $\mathbf{R}^N$ 上的凸函数，则 $\mathbf{R}^N$ 满足 $g_j(\boldsymbol{X})$ 的子集 $\Omega$ 为凸集。

（5）凸函数的判别方法：

① 设 $\boldsymbol{D}\subset\mathbf{R}^N$ 为非空开凸集，$f(\boldsymbol{X})$ 在 $\boldsymbol{D}$ 上可微且连续，则 $f(\boldsymbol{X})$ 为 $\boldsymbol{D}$ 上凸函数的充分必要条件是：$\forall\boldsymbol{X}^{(1)},\boldsymbol{X}^{(2)}\in\Omega$，恒有

$$f(\boldsymbol{X}^{(2)})\geqslant f(\boldsymbol{X}^{(1)})+\nabla f(\boldsymbol{X}^{(1)})^{\mathrm{T}}\cdot(\boldsymbol{X}^{(2)}-\boldsymbol{X}^{(1)})$$

② 若函数 $f(\boldsymbol{X})$ 在凸集 $\boldsymbol{D}\subset\mathbf{R}^N$ 上存在二阶导数并连续时，则 $f(\boldsymbol{X})$ 为 $\boldsymbol{D}$ 上凸函数的充分必要条件是海森矩阵 $H_f(\boldsymbol{X})$ 半正定，即

$$\boldsymbol{H}_f(\boldsymbol{X})=\nabla^2 f(\boldsymbol{X})=\left[\frac{\partial^2 f}{\partial X_i\partial X_j}\right]_{N\times N}$$

（6）凸规划：如果可行域 $\Omega$ 为凸集，且目标函数 $f(\boldsymbol{X})$ 在 $\Omega$ 上为凸函数，则称该规划问题为凸规划问题。

### 2.3.2 优化基本模型及最优性条件

1）优化基本模型

优化问题就是在给定条件下寻找最佳方案的问题，在数学上就是在一系列的限制条件下找到一个问题的最优解（最大值或最小值）。

优化模型一般有三个要素：

（1）设计变量：指最优化问题中所涉及的与约束条件和目标函数有关的待确定的量，设计变量的改变会导致目标函数的改变。

（2）目标函数：优化问题中要求其最大值（最小值）的函数，是设计变量的函数。

（3）约束条件：求目标函数的极值时，必须满足的限制称为约束条件。

在数学上，一般的优化模型可表示为

$$\begin{aligned}&\min\quad f(\boldsymbol{X})\quad \boldsymbol{X}=(X_1,\cdots,X_n)\\&\text{s.t.}\quad h_i(\boldsymbol{X})=0\ \ i=1,2,\cdots,m\\&\qquad\ \ g_i(\boldsymbol{X})\leqslant 0\ \ i=1,2,\cdots,p\\&\qquad\qquad \boldsymbol{X}\in\mathbf{R}\end{aligned}\tag{2-39}$$

式中，$f(\boldsymbol{X})$ 为目标函数，为设计变量 $\boldsymbol{X}$ 的函数；$h(\boldsymbol{X})$ 为等式约束条件；$g(\boldsymbol{X})$ 为不等式约束条件。

优化问题根据设计变量在目标函数与约束条件中出现的形式可分为线性规划问题和非线性规划问题。如果目标函数和约束条件函数关于设计变量均是线性关系，则称该规划问题为线性规划问题。如果目标函数和约束条件函数关于设计变量是非线性关系，则称为非线性规划问题。

2）无约束问题的极值条件

无约束问题的优化模型是求目标函数的极值时，没有任何的约束条件，既没有定义域的

约束，也没有函数的约束。这类问题是最简单的优化问题，只需要按照无约束问题求解极值的定理求解即可。

定理 1：局部极小点的一阶必要条件：

设函数 $f(\boldsymbol{X})$ 在点 $\boldsymbol{X}$ 处可微，若 $\overline{\boldsymbol{X}}$ 为局部极小点，则梯度 $\nabla f(\overline{\boldsymbol{X}})=0$。

定理 2：二阶必要条件：

设函数 $f(\boldsymbol{X})$ 在点 $\boldsymbol{X}$ 处二次可微，若 $\overline{\boldsymbol{X}}$ 为局部极小点，则梯度 $\nabla f(\overline{\boldsymbol{X}})=0$，且 Hessian 矩阵半正定；反之，若梯度 $\nabla f(\overline{\boldsymbol{X}})=0$，且 Hessian 矩阵正定，则 $\overline{\boldsymbol{X}}$ 为局部极小点。

下面引入一个简单的例子让读者对上述定理有一个更形象的理解：对于函数 $f(x_1,x_2)=\frac{1}{3}x_1^3+\frac{1}{3}x_2^3-x_2^2-x_1$，$x_1,x_2\in\mathbf{R}$，试求函数 $f(x_1,x_2)$ 最小值，以及最小值处的 $x_1,x_2$ 分别是多少。

解：对函数 $f(x)$ 求梯度得

$$\frac{\partial f}{\partial x_1}=x_1^2-1,\ \frac{\partial f}{\partial x_2}=x_2^2-2x_2$$

令 $\nabla f(x)=0$，即 $x_1^2-1=0,\ x_2^2-2x_2=0$ 求得四组解，分别为

$$\boldsymbol{x}^{(1)}=\begin{bmatrix}1\\0\end{bmatrix},\boldsymbol{x}^{(2)}=\begin{bmatrix}1\\2\end{bmatrix},\boldsymbol{x}^{(3)}=\begin{bmatrix}-1\\0\end{bmatrix},\boldsymbol{x}^{(4)}=\begin{bmatrix}-1\\2\end{bmatrix}$$

函数 $f(x)$ 的 Hessian 矩阵为

$$\nabla^2 f(x)=\begin{bmatrix}2x_1 & 0\\0 & 2x_2-2\end{bmatrix}$$

四个驻点的 Hessian 矩阵为

$$\nabla^2 f(\boldsymbol{x}^{(1)})=\begin{bmatrix}2 & 0\\0 & -2\end{bmatrix}，\text{不定，不是极小值点}$$

$$\nabla^2 f(\boldsymbol{x}^{(2)})=\begin{bmatrix}2 & 0\\0 & 2\end{bmatrix}，\text{正定，是极小值点}$$

$$\nabla^2 f(\boldsymbol{x}^{(3)})=\begin{bmatrix}-2 & 0\\0 & -2\end{bmatrix}，\text{负定，不是极小值点}$$

$$\nabla^2 f(\boldsymbol{x}^{(4)})=\begin{bmatrix}-2 & 0\\0 & 2\end{bmatrix}，\text{不定，不是极小值点}$$

所以，最小值点为 $x=(1,2)$，最小值为 $-2$。

3）有不等式约束问题的 KKT 条件（一阶最优性条件）

（1）KKT 条件。

为了研究如何确定一个凸规划问题的局部最小值（也是全局最小值），学者提出了 KKT 条件。

$$\begin{aligned}&\min_{x} f(\boldsymbol{X})\\ \text{s.t. } & h_i(\boldsymbol{X})=0, i=1,\cdots,m\\ & g_j(\boldsymbol{X})\leqslant 0, j=1,\cdots,n\end{aligned}\tag{2-40}$$

对于不等式约束条件下的可行域，可以从图 2－11 中得出比较直观的印象，可以清晰地看到，可行域是一条黑色的曲线加上阴影部分。这时，目标函数取得极值点的情况就有两种：

A. $f(\boldsymbol{X})$ 的极值点在 $h(\boldsymbol{X})$ 与 $f(\boldsymbol{X})$ 等值线相切的地方；

B. $f(\boldsymbol{X})$ 的极值点在阴影部分（$g(\boldsymbol{X})<0$）可行域内。

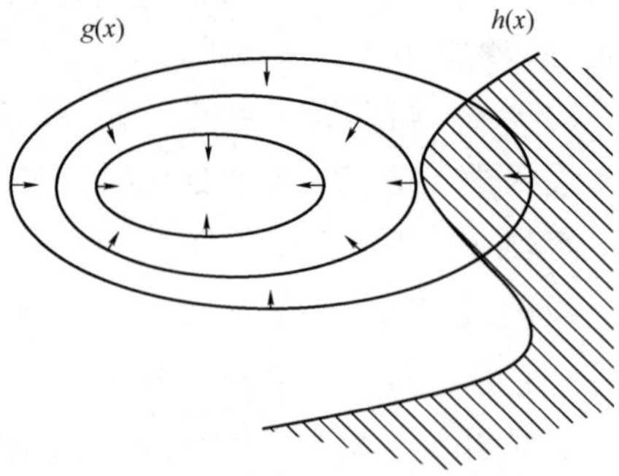

**图 2－11　不等式约束下的目标函数和可行域**

对于第一种情况，不等式约束就会变成等式约束，对于两个及以上的等式约束，可以采用拉格朗日乘子法。

$$\begin{cases}\nabla f(\boldsymbol{X})+\sum\limits_{i=1}^{m}\lambda_i\nabla h_i(\boldsymbol{X})+\sum\limits_{j=1}^{n}\mu_j\nabla g_j(\boldsymbol{X})=0\\ h_i(\boldsymbol{X})=0\\ g_j(\boldsymbol{X})=0\\ \mu_j\geqslant 0\end{cases}\tag{2－41}$$

式中，$\mu_j\geqslant 0$ 的原因是在不等式约束中，优化问题的可行域在 $g_j(\boldsymbol{X})\leqslant 0$ 的一侧，而 $g_j(\boldsymbol{X})$ 的梯度方向却是指向非可行域的一侧，优化问题求的是极小值，所以 $f(\boldsymbol{X})$ 在交点处的梯度指向可行域的一侧，即两个梯度的方向是相反的，由此可以确定系数 $\mu_j$ 大于 0。在等式约束中，由于不知道 $h_i(\boldsymbol{X})$ 的梯度方向，所以对它没有约束，此时 $\mu_j$ 等于 0，因为极值点可能刚好在 $g_j(\boldsymbol{X})$ 上。

对于第二种情况，不等式约束相当于没有，此时对目标函数和等式约束直接应用拉格朗日条件，得到

$$\begin{cases}\nabla f(\boldsymbol{X})+\lambda_i\nabla h_i(\boldsymbol{X})=0\\ h_i(\boldsymbol{X})=0\\ g_j(\boldsymbol{X})\leqslant 0\end{cases}\tag{2－42}$$

为了更具统一性，将两种情况用同一组方程表示出来。对比一下两个问题，不同的是第一种情况中有 $\mu_j\geqslant 0$ 且 $g_j(\boldsymbol{X})=0$，第二种情况 $\mu_j=0$ 且 $g_j(\boldsymbol{X})\leqslant 0$。综合两种情况，可以写成 $\mu_j g_j(\boldsymbol{X})=0$ 和 $\mu_j\geqslant 0$ 且 $g_j(\boldsymbol{X})\leqslant 0$：

$$\begin{cases}\nabla f(\boldsymbol{X})+\sum\limits_{i=1}^{m}\lambda_i\nabla h_i(\boldsymbol{X})+\sum\limits_{j=1}^{n}\mu_j\nabla g_j(\boldsymbol{X})=0\\ \mu_j g_j(\boldsymbol{X})=0\\ h_i(\boldsymbol{X})=0\\ g_j(\boldsymbol{X})=0\\ \mu_j\geqslant 0\\ i=1,\cdots,m\\ j=1,\cdots,n\end{cases}\tag{2－43}$$

以上方程组就是 KKT 条件的数学表达，通过求解上述方程组，就可以求得不等式和等式双重约束下的最优化问题。

（2）KKT 条件的几何意义。

下面我们通过一个简单的例子来阐述 KKT 条件的几何解释。

$$\begin{aligned} &\min\ f(x,y)=x^2+y^2 \\ &\text{s.t.}\ \ g(x)=x-y\leqslant -2 \end{aligned} \tag{2-44}$$

对于上述最小化问题，通过线性规划的知识可以画出它的几何规划域，如图 2-12 所示。

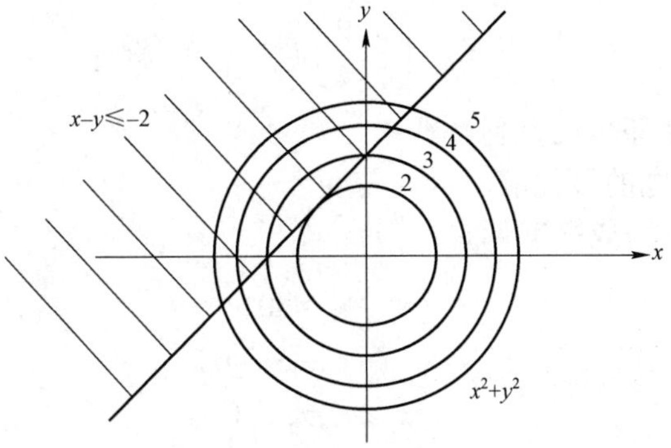


**图 2-12　线性规划**

显然，最小值出现在直线与圆相切处，这与等式约束 $x-y=-2$ 的结果相同。最小值可以通过解方程组$\begin{cases}\nabla f+\lambda\nabla g=0\\ x-y+2=0\end{cases}$求得。

但实际上仔细研究就可以发现，不等式带来了新的条件。对于目标函数，它是一个凸函数，其值增长最快的方向是法线方向 $\nabla f$（梯度方向）。对于约束函数 $g(x)$ 来说，它也是一个凸函数，其法线方向 $\nabla g$ 也一样指向 $g(x)$ 的增长方向，这个方向恰好与 $\nabla f$ 方向相反，如图 2-13 所示。所以得到 $\nabla f+\lambda\nabla g=0,\lambda\geqslant 0$，其中，$\lambda\geqslant 0$ 即表示 $\nabla f$ 和 $\nabla g$ 方向相反。

上面方程组也就可以改写为$\begin{cases}\nabla f+\lambda\nabla g=0\\ x-y+2=0\\ \lambda\geqslant 0\end{cases}$，这就是 KKT 条件的几何意义。

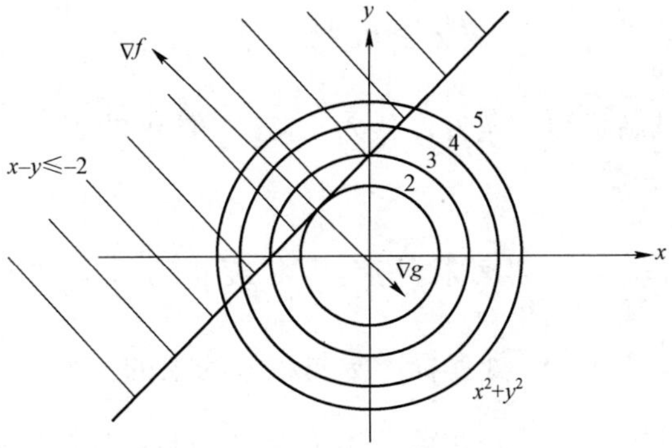


**图 2-13　KKT 条件几何解释**

（3）KKT 条件实例。

考虑问题

$$\min_{x\in\mathbf{R}^2}\left(x_1-\frac{9}{4}\right)^2+(x_2-2)^2$$

$$\text{s.t.}\begin{cases}-x_1^2+x_2\geqslant 0\\ x_1+x_2\leqslant 6\\ x_1\geqslant 0, x_2\geqslant 0\end{cases}$$

（a）写出 KKT 条件，并验证点 $\boldsymbol{X}^*=\left(\frac{3}{2},\frac{9}{4}\right)$满足这些条件；

（b）给出 $\boldsymbol{X}^*$ 处 KKT 条件的几何解释；

（c）说明 $\boldsymbol{X}^*$ 是该问题的最优解。

解：（a）将约束条件写成标准形式，为

$$\text{s.t.}\begin{cases}x_1^2-x_2\leqslant 0\\ x_1+x_2-6\leqslant 0\\ x_1\geqslant 0, x_2\geqslant 0\end{cases}$$

列出拉格朗日方程，得

$$L(\boldsymbol{X},\lambda)=\left(x_1-\frac{9}{4}\right)^2+(x_2-2)^2+\lambda_1(x_1^2-x_2)+\lambda_2(x_1+x_2-6)$$

列出 KKT 条件：

$$2(1+\lambda_1)x_1+\lambda_2-\frac{9}{2}=0$$

$$2x_2-\lambda_1+\lambda_2-4=0$$

$$\lambda_1(x_1^2-x_2)=0$$

$$\lambda_2(x_1+x_2-6)=0$$

$$x_1^2-x_2^2\leqslant 0, x_1+x_2-6\leqslant 0$$

$$\lambda_1\geqslant 0,\ \lambda_2\geqslant 0$$

首先，点 $\boldsymbol{X}^*=\left(\frac{3}{2},\frac{9}{4}\right)$满足约束条件，代入 KKT 条件中的等式，求得 $\lambda_1=\frac{1}{2}$，$\lambda_2=0$，从而满足 KKT 条件。

（b）在 $\boldsymbol{X}^*$ 处，$g_1(\boldsymbol{X})=x_1^2-x_2$ 为积极约束，且梯度 $g_1(\boldsymbol{X}^*)=(3,1)^{\mathrm{T}}$，而 $g_0(\boldsymbol{X}^*)=\left(-\frac{3}{2},\frac{1}{2}\right)$，易见 $g_0(\boldsymbol{X}^*)=-\frac{1}{2}g_1(\boldsymbol{X}^*)$，所以 $\boldsymbol{X}^*$ 处目标函数与积极约束的梯度共线，且方向相反。

（c）目标函数显然为凸函数，$g_1(\boldsymbol{X})=x_1^2-x_2$ 为凸函数，其余约束函数是线性函数，所以此问题为凸规划，从而 KKT 点即是全局解，所以 $\boldsymbol{X}^*$ 是该问题的全局解。

### 2.3.3　梯度优化方法

在上面的章节中提到，当对目标进行优化时，所要求的是目标函数 $f$ 的最小值或最大值；而对于求最大值的问题，只需要将目标函数 $f$ 取负，即变换为 $-f$ 即可。因此，不失一般性，可以只考虑最小化的问题。

2.2.1 节中指出，梯度方向 $\nabla f(\boldsymbol{X})$ 是函数 $f$ 在 $\boldsymbol{X}$ 处增加最快的方向，反之，$-\nabla f(\boldsymbol{X})$ 就是函数 $f$ 在 $\boldsymbol{X}$ 处减少最快的方向。由此可知，如果想要搜索得到目标函数的最小值（极小值），那么梯度负方向应该是一个好的搜索方向。

根据梯度的特性得到的梯度优化算法，可分为无约束的梯度优化算法和有约束的梯度优化算法。有约束的梯度优化算法又分为等式约束和不等式约束两种。无约束的梯度优化算法最常用的就是最速下降法，其次还有牛顿法、共轭方向法、拟牛顿法等；仅有等式约束的梯度优化算法有拉格朗日乘数法；有不等式约束的梯度优化算法有上面介绍的 KKT 条件和投影梯度法。

在这个部分，将对经典的梯度优化算法作重点介绍。

1）牛顿法

牛顿法一般应用在两个方面：求方程的根以及用于最优化算法。这里我们介绍牛顿法在最优化算法中的应用。

最优化算法中的牛顿法基本思想是利用迭代点处的一阶导数（梯度）及二阶导数（Hessian 矩阵）对目标函数进行二次函数近似，然后把二次模型的极小点作为新的迭代点，并不断重复这一过程，直至求得满足精度的近似极小值。

（1）牛顿法的原理。

设 $f(\boldsymbol{X})$ 的二阶导数（Hessian 矩阵）连续，利用泰勒展开式将 $f(\boldsymbol{X})$ 在 $\boldsymbol{X}_k$ 处二阶展开

$$f(\boldsymbol{X}_k+\Delta\boldsymbol{X})=f(\boldsymbol{X}_k)+\nabla f(\boldsymbol{X}_k)(\boldsymbol{X}-\boldsymbol{X}_k)+\frac{1}{2}(\boldsymbol{X}-\boldsymbol{X}_k)^{\mathrm{T}}\nabla^2 f(\boldsymbol{X}_k)(\boldsymbol{X}-\boldsymbol{X}_k) \tag{2-45}$$

等式左边与 $f(\boldsymbol{X}_k)$ 近似相等，将它们两个抵消，再对 $\Delta\boldsymbol{X}$ 求导，令其等于零，得到

$$\nabla f(\boldsymbol{X})+\nabla^2 f(\boldsymbol{X})\Delta\boldsymbol{X}=0 \tag{2-46}$$

对其进行展开，移项得

$$\boldsymbol{X}_{n+1}=\boldsymbol{X}_n-\frac{\nabla f(\boldsymbol{X})}{\nabla^2 f(\boldsymbol{X})} \tag{2-47}$$

通常写作

$$\boldsymbol{X}_{k+1}=\boldsymbol{X}_k-\boldsymbol{H}_k^{-1}\bullet\boldsymbol{g}_k \tag{2-48}$$

（2）牛顿法的流程。

步骤 1：给定初值 $\boldsymbol{X}_0$ 和终止误差值 $\varepsilon$，令 $k=0$；

步骤 2：计算 $\boldsymbol{g}_k=\nabla f(\boldsymbol{X}_k)$，若 $\|\boldsymbol{g}_k\|\leqslant\varepsilon$，则停止，输出 $\boldsymbol{X}^*\approx\boldsymbol{X}_k$；

步骤 3：计算 $\boldsymbol{H}_k=\nabla^2 f(\boldsymbol{X}_k)$，并求解线性方程组 $\boldsymbol{H}_k\boldsymbol{d}_k=-\boldsymbol{g}_k$，得解 $\boldsymbol{d}_k$；

步骤 4：令 $\boldsymbol{X}_{k+1}=\boldsymbol{X}_k+\boldsymbol{d}_k,k=k+1$，并转步骤 2。

（3）牛顿法的优缺点。

优点：收敛速度快。

缺点：对目标函数有较为严格的要求，函数必须具有连续的一、二阶偏导数，Hessian矩阵必须正定；计算相当复杂，除需要计算梯度外，还需要计算二阶偏导数和它的逆矩阵，计算量和存储量很大。

2）最速下降法

最速下降法是无约束最优化问题求解时最常用的一种梯度算法。最速下降法的迭代公式为

$$\boldsymbol{X}^{(k+1)} = \boldsymbol{X}^{(k)} - \alpha_k \nabla f(\boldsymbol{X}^{(k)}) \tag{2-49}$$

式中 $\alpha_k$ 为步长。

在搜索过程中，梯度随着迭代点的改变而不断改变，最速下降法的理念就是在每次迭代时选择合适的步长 $\alpha_k$，使得目标函数的值能够得到最大程度的减小。$\alpha_k$ 可以认为是函数 $\phi_k(\alpha) = f(\boldsymbol{X}^{(k)} - \alpha\nabla f(\boldsymbol{X}^{(k)}))$ 的极小值点，即

$$\alpha_k = \arg\min_{\alpha \geqslant 0} f(\boldsymbol{X}^{(k)} - \alpha\nabla f(\boldsymbol{X}^{(k)})) \tag{2-50}$$

总体而言，最速下降法是按照以下方式运行的：在每步迭代中，从迭代点 $\boldsymbol{X}^{(k)}$ 出发，沿着负梯度方向 $-\nabla f(\boldsymbol{X})$ 开展一维搜索，直到找到步长的最优值，确定新的迭代点 $\boldsymbol{X}^{(k+1)}$。

迭代过程中，若 $\nabla f(\boldsymbol{X}^{(k)}) \neq 0$，则 $f(\boldsymbol{X}^{(k+1)}) < f(\boldsymbol{X}^{(k)})$。如迭代过程中出现某个 $k$，使得 $\nabla f(\boldsymbol{X}^{(k)})=0$，说明 $\boldsymbol{X}^{(k)}$ 满足局部极小值点的一阶必要条件，迭代停止。而实际的数值计算过程中很难出现梯度恰好为零，所以 $\nabla f(\boldsymbol{X}^{(k)})=0$ 不适合直接作为收敛规则。

常用的停止规则有绝对停止规则和相对停止规则两种，绝对停止规则即计算两个相邻迭代点的目标函数值的绝对值差 $\left|f(\boldsymbol{X}^{(k+1)}) - f(\boldsymbol{X}^{(k)})\right|$，如果小于某个预定的阈值，则迭代停止。即当 $\left|f(\boldsymbol{X}^{(k+1)}) - f(\boldsymbol{X}^{(k)})\right| < \varepsilon$ 时，迭代停止，$\varepsilon > 0$ 为预设值；相对停止规则计算上述停止规则的相对值作为停止规则，即

$$\frac{\left|f(\boldsymbol{X}^{(k+1)}) - f(\boldsymbol{X}^{(k)})\right|}{\left|f(\boldsymbol{X}^{(k)})\right|} < \varepsilon \tag{2-51}$$

3）可行方向法

可行方向法是求解约束优化问题的算法之一，它通过直接在可行域内搜索问题的最优解来解决最优化问题，可以看作是无约束优化下降算法的自然推广。其基本思想是从可行点（满足约束条件的点）出发，沿着可行方向进行搜索，求出使目标函数值减小的新的可行点，不断重复，直到满足条件为止。

可行方向法的核心是确定下降搜索方向以及确定搜索步长，根据搜索方向确定方法的不同可以将可行方向法分为三类：Zoutendijk 方法、梯度投影法、既约梯度法。其中 Zoutendijk 方法通过线性规划来确定可行方向，梯度投影法通过投影矩阵构造可行方向，既约梯度法利用既约矩阵构造可行方向。

定义 1：对 $\min f(\boldsymbol{X})$，设 $\boldsymbol{X}_0$ 是定义域内任意一点，对 $\boldsymbol{d} \neq 0$，若存在 $\delta > 0$，使得任意的 $\lambda \in (0,\delta)$，有 $f(\boldsymbol{X}_0 + \lambda\boldsymbol{d}) < f(\boldsymbol{X}_0)$，则称 $\boldsymbol{d}$ 为 $f(\boldsymbol{X})$ 在点 $\boldsymbol{X}_0$ 处的下降方向。

定义 2：设 $\boldsymbol{X}_0$ 是一个可行点，即 $\boldsymbol{X}_0 \in \mathbf{R}$，对于某一方向 $\boldsymbol{d}$，若存在 $\delta > 0$，使得任意的 $\lambda \in (0,\delta)$，均有 $\boldsymbol{X}_0 + \lambda\boldsymbol{d} \in \mathbf{R}$，则称 $\boldsymbol{d}$ 是 $f(\boldsymbol{X})$ 在点 $\boldsymbol{X}_0$ 处的可行方向。

这里，只对 Zoutendijk 方法进行介绍，另外两种方法请查阅相关文献。

定理 1：对线性约束问题

$$\min f(\boldsymbol{X}) \\ \text{s.t.}\begin{cases} \boldsymbol{AX} \leqslant \boldsymbol{b} \\ \boldsymbol{CX} = \boldsymbol{e} \end{cases} \tag{2-52}$$

设 $\boldsymbol{X}_0 \in D$，在点 $\boldsymbol{X}_0$ 处有 $\boldsymbol{A}_1\boldsymbol{X}_0 = \boldsymbol{b}_1, \boldsymbol{A}_2\boldsymbol{X}_0 < \boldsymbol{b}_2$，式中 $\boldsymbol{A} = (\boldsymbol{A}_1, \boldsymbol{A}_2)^{\mathrm{T}}, \boldsymbol{b} = (\boldsymbol{b}_1, \boldsymbol{b}_2)^{\mathrm{T}}$，则非零向量 $\boldsymbol{d}$ 是 $\boldsymbol{X}_0$ 处的可行方向的充分必要条件是 $\boldsymbol{A}_1\boldsymbol{d} \leqslant 0, \boldsymbol{Cd} = 0$。

定理 2：对于非线性约束问题

$$\min f(\boldsymbol{X}) \\ \text{s.t. } g_i(\boldsymbol{X}) \leqslant 0 \quad i = 1, \cdots, m \tag{2-53}$$

设 $\boldsymbol{X}_0 \in D$，在点 $\boldsymbol{X}_0$ 处有 $g_i(\boldsymbol{X}_0) \leqslant 0, i = 1, \cdots, m$，$I$ 是 $\boldsymbol{X}_0$ 点处的紧约束指标集，设目标函数和约束函数 $g_i(\boldsymbol{X})(i \in I)$ 在 $\boldsymbol{X}_0$ 处可微，$g_i(\boldsymbol{X})(i \notin I)$ 在 $\boldsymbol{X}_0$ 处连续，如果 $\nabla f(\boldsymbol{X}_0)^{\mathrm{T}}\boldsymbol{d} < 0$, $\nabla g_i(\boldsymbol{X}_0)^{\mathrm{T}}\boldsymbol{d} < 0, i \in I$，则称 $\boldsymbol{d}$ 是改进（下降）可行方向。

根据以上定理，可以辅助确定可行方向法的可行方和搜索步长。

（1）线性约束问题。

对于线性约束问题，若满足

$$\begin{cases} \nabla f(\boldsymbol{X}_0)^{\mathrm{T}}\boldsymbol{d} < 0 \\ \boldsymbol{A}_1\boldsymbol{d} \leqslant 0 \\ \boldsymbol{Cd} = 0 \end{cases} \tag{2-54}$$

则 $\boldsymbol{d}$ 是点 $\boldsymbol{X}_0$ 处的可行方向。即求解下列线性规划问题可以得到可行方向 $\boldsymbol{d}$。

$$\min \nabla f(\boldsymbol{X}_0)^{\mathrm{T}}\boldsymbol{d} \\ \text{s.t.}\begin{cases} \boldsymbol{A}_1\boldsymbol{d} \leqslant 0 \\ \boldsymbol{Cd} = 0 \\ |\boldsymbol{d}_j| \leqslant 1, \ \forall j \end{cases} \tag{2-55}$$

① 如果线性规划的最优值小于 0，则得到可行下降方向；

② 如果线性规划的最优值等于 0，则 $\boldsymbol{X}_0$ 点是 KKT 点。

对于线性约束问题，已知迭代点 $\boldsymbol{X}$ 和下降方向 $\boldsymbol{d}^k$，可令 $\boldsymbol{X}_{k+1} = \boldsymbol{X}_k + \lambda_k\boldsymbol{d}_k$，式中 $\lambda_k$ 应满足：（a）$\boldsymbol{X}_k + \lambda_k\boldsymbol{d}_k$ 仍为可行解；（b）使目标函数值下降。

采用下列线性规划问题来辅助求解 $\lambda_k$：

$$\min f(\boldsymbol{X}_k + \lambda_k\boldsymbol{d}_k) \\ \text{s.t.}\begin{cases} \boldsymbol{A}(\boldsymbol{X}_k + \lambda_k\boldsymbol{d}_k) \leqslant 0 \\ \boldsymbol{C}(\boldsymbol{X}_k + \lambda_k\boldsymbol{d}_k) = 0 \\ \lambda \geqslant 0 \end{cases} \tag{2-56}$$

通过求解这个线性规划问题，得到步长 $\lambda_k$。

（2）非线性约束问题。

对于非线性约束问题，如果像线性约束问题一样求可行方向，明显的缺陷就是可行域非闭，可能是空集，导致无解。

在这种情况下，引入辅助变量，修改线性归还子问题如下：

$$\min z$$
$$\text{s.t.}\begin{cases}\nabla f(\boldsymbol{X})^{\mathrm{T}}\boldsymbol{d}-z\leqslant 0\\ \nabla g_i(\boldsymbol{X})\boldsymbol{d}-z\leqslant 0,\ \ i\in I\\ |\boldsymbol{d}_i|\leqslant 1,\ \ i=1,2,\cdots,n\end{cases} \tag{2-57}$$

若 $z=0$，不存在可行下降方向，若 $z<0$，$\boldsymbol{d}$ 是 $\boldsymbol{X}$ 处的下降可行方向。然而，由于约束的突变，可能导致相应的算法不收敛，所以对上述子问题再次进行改进，得到

$$\min z$$
$$\text{s.t.}\begin{cases}\nabla f(\boldsymbol{X})^{\mathrm{T}}\boldsymbol{d}-z\leqslant 0\\ g_i(\boldsymbol{X})+\nabla g_i(\boldsymbol{X})\boldsymbol{d}-z\leqslant 0\ \ i\in I\\ |\boldsymbol{d}_i|\leqslant 1\ \ i=1,2,\cdots,n\end{cases} \tag{2-58}$$

线性步长的搜索可以采用线性搜索方法。

最后，给出可行方向法计算步骤：

步骤 1：确定初始点 $\boldsymbol{X}_0\in\mathbf{R}$，设置允许误差 $\varepsilon$，令 $k=0$；

步骤 2：求解线性规划问题得到可行方向 $\boldsymbol{d}_k$ 和步长 $\lambda_k$；

步骤 3：计算 $f(\boldsymbol{X}_k)$ 和 $f(\boldsymbol{X}_k+\lambda_k\boldsymbol{d}_k)$，若 $|f(\boldsymbol{X}_k+\lambda_k\boldsymbol{d}_k)-f(\boldsymbol{X}_k)|<\varepsilon$，则停止，输出 $f(\boldsymbol{X}_k+\lambda_k\boldsymbol{d}_k)$，否则令 $k=k+1$ 转到步骤 2。

4）拉格朗日乘子法

拉格朗日乘子法，是寻找多元函数在一组约束（可以是等式约束也可以是不等式约束）下的极值的方法。通过引入拉格朗日乘子，将 $d$ 个变量与 $k$ 个约束条件的有约束优化问题转化为 $d+k$ 个变量的无约束优化问题。主要用于求解等式约束和不等式约束下的极值问题。

（1）等式约束问题。

对于等式约束问题

$$\begin{aligned}&\min f(\boldsymbol{X})\\ &\text{s.t. } g_j(\boldsymbol{X})=0\ \ j=1,\cdots,m\end{aligned} \tag{2-59}$$

引入 $m$ 个拉格朗日乘子 $\lambda_i$，$i=1,\cdots,m$，构造拉格朗日函数

$$L(\boldsymbol{X},\lambda)=f(\boldsymbol{X})+\sum_{j=1}^{m}\lambda_j g_j(\boldsymbol{X}) \tag{2-60}$$

等式约束极值问题即变为无约束极值问题，对拉格朗日函数进行求导，即可求解上述问题。

$$\begin{cases}\dfrac{\partial L(\boldsymbol{X},\lambda)}{\partial X_i}=\dfrac{\partial f}{\partial X_i}+\dfrac{\partial\sum\limits_{j=1}^{m}\lambda_j g_j(\boldsymbol{x})}{\partial X_i}=0\ \ i=1,2,\cdots,n\\ \dfrac{\partial L(\boldsymbol{X},\lambda)}{\partial\lambda_j}=g_j(\boldsymbol{X})=0\ \ j=1,2,\cdots,m\end{cases} \tag{2-61}$$

求解上述方程组，得到解 $\boldsymbol{X},\lambda$ 即得到最终的极值点和相应的极值。

（2）不等式约束问题。

对于等式约束问题

$$\begin{aligned}&\min f(\boldsymbol{X})\\&\text{s.t.}\ \ h_i(\boldsymbol{X})=0\quad i=1,\cdots,m\\&\qquad g_j(\boldsymbol{X})\leqslant 0\quad j=1,\cdots,n\end{aligned}\tag{2-62}$$

可以引入两个拉格朗日乘子来进行拉格朗日函数的构造，得到下面的方程：

$$L(\boldsymbol{X},\boldsymbol{\alpha},\boldsymbol{\lambda})=f(\boldsymbol{X})+\sum_{i=1}^{m}\alpha_i h_i(\boldsymbol{X})+\sum_{j=1}^{n}\lambda_j g_j(\boldsymbol{X})\tag{2-63}$$

对于方程（2－63），可以采用下列方程组进行求解，得到最小值：

$$\begin{cases}\nabla_X L(\boldsymbol{X},\boldsymbol{\alpha},\boldsymbol{\lambda})=0\\h_i(\boldsymbol{X})=0\quad i=1,\cdots,m\\g_j(\boldsymbol{X})\leqslant 0\quad j=1,\cdots,n\\\lambda_j\geqslant 0\quad j=1,\cdots,n\end{cases}\tag{2-64}$$

5）信赖域算法

信赖域算法是一种求解非线性优化问题的数值方法。信赖域算法是一种迭代算法，即从给定的初始解出发，通过逐步迭代，不断改进，直到获得满意的近似最优解为止。其基本思想是把最优化问题转化为一系列简单的局部寻优问题。在每次迭代中给出一个信赖域，这个信赖域一般是当前迭代点 $x_k$ 的一个小邻域。然后，在这个邻域内求解一个子问题，得到试探步长（trial step）$s_k$，接着用某一评价函数来决定是否接受该试探步以及确定下一次迭代的信赖域。

（1）信赖域算法的实现。

信赖域算法的核心是寻找合适的试探步长，而对于试探步长的求解则需要借助构造的信赖域子问题。

首先定义邻域的概念。当前点 $x_k$ 的邻域定义为：$\Omega_k=\left\{\boldsymbol{x}\in\mathbf{R}^n\|\boldsymbol{x}-\boldsymbol{x}_k\|\leqslant\varDelta_k\right\}$，式中，$\varDelta_k$ 称为信赖域半径。信赖域子问题的构造通常是利用二次函数，利用二次函数进行逼近，构造的子问题为

$$\begin{aligned}&\min\ q^{(k)}(\boldsymbol{s})=f(\boldsymbol{x}_k)+\boldsymbol{g}_k^{\mathrm{T}}\boldsymbol{s}+\frac{(\boldsymbol{s}^{\mathrm{T}}\boldsymbol{B}_k\boldsymbol{s})}{2}\\&\text{s.t.}\ \ \|\boldsymbol{s}\|_2\leqslant\varDelta_k\end{aligned}\tag{2-65}$$

式中，$\boldsymbol{s}=\boldsymbol{x}-\boldsymbol{x}_k$，$\boldsymbol{g}_k$ 是目标函数 $f(\boldsymbol{x})$ 当前迭代点 $\boldsymbol{x}_k$ 处的梯度，$\boldsymbol{B}_k$ 是 $\boldsymbol{x}_k$ 处的 Hessian 矩阵 $\nabla^2 f(\boldsymbol{x}_k)$ 或者其近似。

设 $\boldsymbol{x}_k$ 是第 $k$ 步信赖域子问题的解，则目标函数 $f(\boldsymbol{x})$ 在第 $k$ 步的真实下降量为

$$\mathrm{Ared}_k=f(\boldsymbol{x}_k)-f(\boldsymbol{x}_k+\boldsymbol{s}_k)\tag{2-66}$$

二次模型函数 $q^{(k)}(\boldsymbol{s})$ 的下降量（预测下降量）为

$$\mathrm{Pred}_k=q^{(k)}(0)-q^{(k)}(\boldsymbol{s}_k)\tag{2-67}$$

定义比值：

$$r_k = \frac{\mathrm{Ared}_k}{\mathrm{Pred}_k} \tag{2-68}$$

这个比值衡量了二次模型与目标函数的逼近程度，$r_k$ 越接近于 1，表明接近程度越好。因此，我们也用这个量来确定下次迭代的信赖域半径。

（2）信赖域半径的选择。

A. $r_k$ 越接近与 1，表明接近程度越好。这时可以增大 $\Delta_k$ 以扩大信赖域；

B. $r_k > 0$ 但是不接近于 1，保持 $\Delta_k$ 不变；

C. 如果 $r_k$ 接近于 0，减小 $\Delta_k$，缩小信赖域。

（3）信赖域算法的步骤。

步骤 1：给出初始点 $x_0$，初始信赖域半径 $\Delta_0$，开始迭代；

步骤 2：到第 $k$ 步时，计算梯度 $\boldsymbol{g}_k$ 与 Hessian 矩阵 $\boldsymbol{B}_k$；

步骤 3：求解信赖域模型，得到试探步长 $\boldsymbol{s}_k$，计算比值 $r_k$；

步骤 4：若 $r_k \leqslant 0.25$，步长偏大，应缩小信赖域半径，令 $\Delta_{k+1} = \frac{\|\boldsymbol{s}_k\|}{4}$；

步骤 5：若 $r_k \geqslant 0.75$ 且 $\|\boldsymbol{s}_k\| = \Delta_k$，步长偏小，说明迭代已到达信赖域半径的边界，可尝试扩大信赖域半径，令 $\Delta_{k+1} = 2\Delta_k$；

步骤 6：若 $0.25 \leqslant r_k \leqslant 0.75$，步长大小适宜，可保持当前信赖域半径不变，即 $\Delta_{k+1} = \Delta_k$。

步骤 7：若 $r_k \leqslant 0$，说明函数值朝最优化的反方向变化，这时维持 $\boldsymbol{x}$ 不变，即在下一次迭代时，取 $\boldsymbol{x}_{k+1} = \boldsymbol{x}_k$，同时缩小信赖域；反之，则 $\boldsymbol{x}_{k+1} = \boldsymbol{x}_k + \boldsymbol{s}_k$。

### 2.3.4 智能优化方法

智能优化方法是人们受自然（生物界）规律的启迪，根据其原理，模仿其行为从而产生的求解问题的算法。一方面，从自然界得到启迪，模仿其结构进行发明创造，这就是仿生学。另一方面，我们还可以利用仿生原理进行设计（包括设计算法），这就是智能计算的思想。常用的方法包括遗传算法、粒子群优化算法、模拟退火算法和人工神经网络技术等。

1）遗传算法

遗传算法（Genetic Algorithm，GA）是计算数学中用于解决最优化的搜索算法，是进化算法的一种。遗传算法是模仿自然界中生物进化机制发展起来的，借鉴了遗传学说和进化论。

遗传算法中，优化问题的解被称为个体，也叫染色体或者基因串，染色体一般被表达为简单的字符串或数字符串，不过也有其他的依赖于特殊问题的表示方法适用，这一过程称为编码。多个个体组成种群。

首先，遗传算法会生成一个种群，每个个体代表着一个问题的解决方案，解决方案的优劣我们采用适应度来衡量。计算完适应度之后就可以选择进行“交配”的个体，适应度越大的个体被选中的概率就越大，概率的计算公式为个体的适应度除以种群的适应度，种群的适应度为所有个体适应度的和，如图 2－14 所示。

下一步，种群中被选中的进行“繁殖”。繁殖的种群称为父代和母代，对于适应度高的个体可以对其进行复制，以保证好的解被保留。对于其他解，在种群中进行随机“交配”，这个过程称为基因重组或者交叉，交叉的节点也是随机产生的，例如父代的编码是 00110111，母代的编码是 01110001，两个染色体从第四位开始交叉，则产生的子代为 00110001 和 01110111。但是还存在一种情况，那就是由初始种群进行基因重组得不到想要的最优解，此时，可以在子代的产生中采取基因突变的形式。染色体发生基因突变的位置和数目是不确定的，如编码为 00111010 的父代通过基因突变获得的子代可能为 00011110，即第三位和第六位发生了突变。基因突变的概率一般取得较小，基因重组发生的概率较大。

父代种群通过复制、交叉、突变等形式产生下一代种群，这一代种群重复上一代的过程产生下一代，不断周而复始地循环下去，最终得到全局最优解。每一次进化都会获得更优的解，因此当然是进化的次数越多越好，但是在实际过程中会花费大量的时间和成本。为了平衡精度与效率，终止算法有两种方式：限定计算次数；限定误差允许范围。

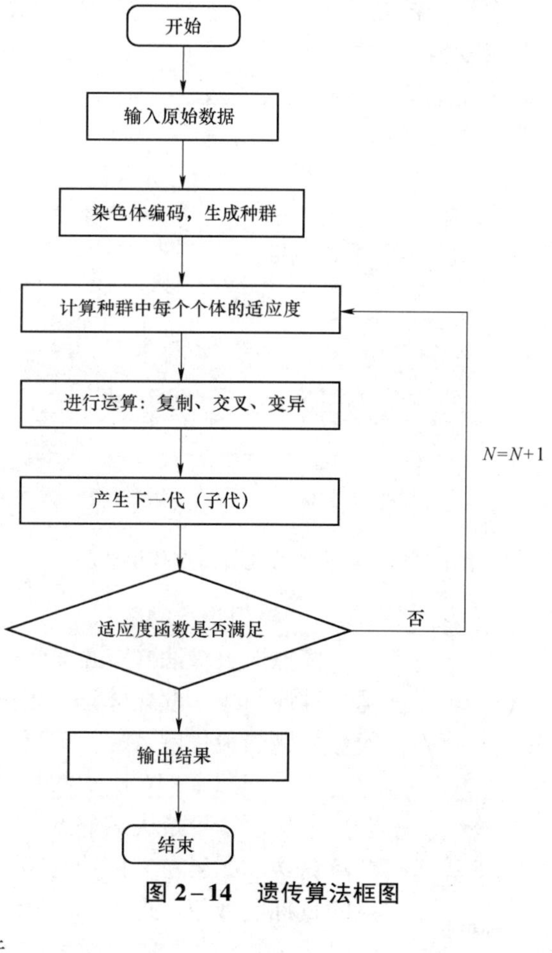


**图 2-14 遗传算法框图**

2）粒子群优化算法

粒子群优化算法（Particle Swarm Optimization，PSO）是计算智能领域中的一种生物启发式方法，属于群体智能优化算法的一种。粒子群优化算法由 Kennedy、Eberhart 和 Shi 等首次提出，最初旨在用程式化的方式模拟鸟类和鱼群觅食的社会行为。经过发展，慢慢地变成了一种数值计算方法，可以用来求解优化问题。

粒子群优化算法最开始和遗传算法一样，拥有一组候选的解决方案，每套方案称为一个粒子。每个粒子都有自己的位置和速度，然后根据位置和方向上的简单数学公式，将这些粒子在空间上进行移动来搜寻问题的解。每个粒子的移动都会受局部最佳位置的影响，但也会被引导向搜索空间中的最佳位置。当粒子找到更好的位置时，粒子的位置就会发生更新，借助适应度函数来确定位置的好坏。这样，可以预期问题朝着最佳的方案移动。算法不断进行迭代，当最后满足停止条件时停止。

粒子群参数的选择对算法的收敛性有着重要的影响，因此，国内外一大批学者对其进行了研究。粒子群优化算法的优点是不像传统的优化算法一样需要借助函数的梯度进行求解，这样，对于可以对一些没法求梯度的函数进行求解；但缺点也很明显，参数的选择会极大地影响算法的收敛性，对于某些问题来说，也存在着不可求解的情况。

粒子群优化算法的步骤一般为 4 步：

步骤 1：设定最大迭代次数、自变量个数、粒子的速度和位置等。

步骤 2：根据设定的适应度函数对每个粒子进行适应度的计算。

步骤 3：根据粒子的适应度更新速度和位置函数。

步骤 4：达到以下条件时终止迭代：

① 达到指定的迭代次数；

② 两代间的差值满足误差限。

粒子群优化算法的演化过程如图 2－15 所示。

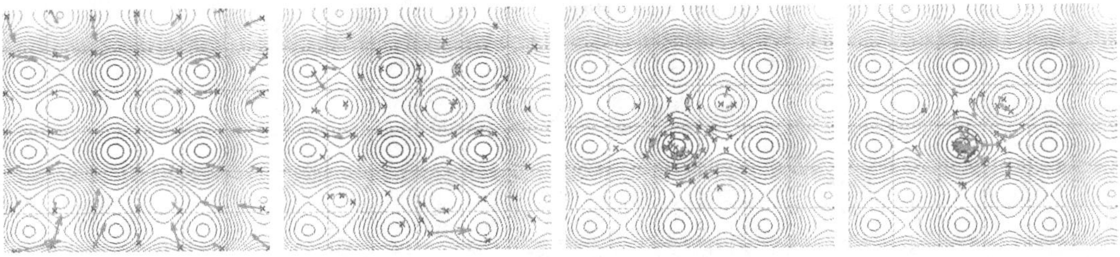

**图 2－15　粒子群优化算法迭代示意图**

3）模拟退火算法

模拟退火算法（Simulate Anneal Arithmetic，SAA）是一种通用概率演化算法，用来在一个大的搜寻空间内找寻命题的最优解。

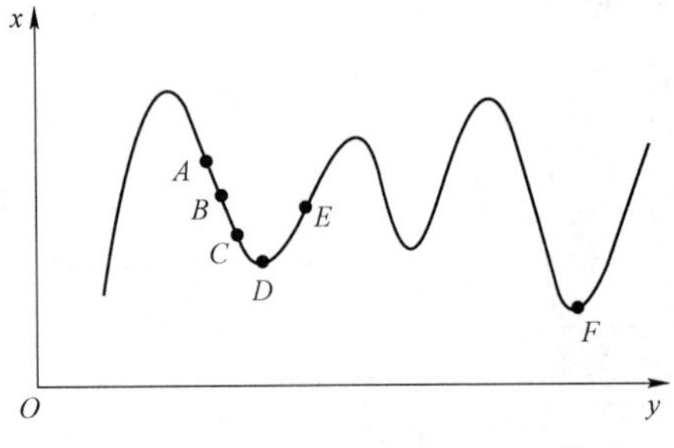


**图 2－16　函数局部最优与全局最优**

对于如图 2－16 所示的目标函数 $f(x)$，如果想求其全局最优解，假如从某个点 $B$ 开始搜索，向两边 $A$ 点和 $C$ 点探索，如果左右两边任意一点的目标函数值小于 $A$ 点的目标函数值，即产生一个新解，对于图 2－16 所示的目标函数，产生的新解为 $C$ 点。然后对这个过程进行不断迭代，直到达到一个局部最优解，图上为 $D$ 点。当到达 $D$ 点之后，再向左右两边探索，设定一个概率，使新解的目标函数值即使大于原来点的目标函数值也接受此点成为新的解，这样一直迭代，就有机会一直向右移动到达全局最优点 $F$。

模拟退火算法的关键是它在搜索过程中加入了随机因素，即以一定的概率接受比原来的解更差的解，因此搜索就有机会跳出局部最优点从而搜索到全局最优点。接受更差点的概率将会随着时间的增长而降低，在这种情况下，算法的搜索可能跳不过峰值，达不到全局最优点。

模拟退火算法的步骤为：

步骤 1：初始化参数，选择初始解 $\boldsymbol{X}_0$ 以及初始温度 $T$ 。

步骤 2：扰动产生新解 $\boldsymbol{X}^{(k+1)}$，计算目标函数值 $f(\boldsymbol{X}^{(k+1)})$ 。

步骤 3：计算两次迭代的目标函数值的差值 $\Delta f = f(\boldsymbol{X}^{(k+1)}) - f(\boldsymbol{X}^{(k)})$，如果 $\Delta f < 0$，则接受 $\boldsymbol{X}^{(k+1)}$ 作为新解；若 $\Delta f > 0$，则以一定的概率接受 $\boldsymbol{X}^{(k+1)}$ 作为新解。概率的选取一般采用 Metropolis 准则中的概率：$e^{(-\Delta f/T)}$ 。

步骤 4：如果满足迭代条件就停止迭代。

步骤 5：$T$ 逐渐减小到 0，返回步骤 2 进行迭代。

## 2.4　基于模拟的结构优化工程实例

对于上面提到的桁架结构，在这里做一个简单的尺寸优化，以便于读者对工程优化有一个初步的印象。

桁架材料采用 45 钢，密度为 $\rho = 7\,850\ \text{kg/m}^3$，弹性模量 $E = 2.06\times10^5$ MPa，屈服强度为 350 MPa，初始圆杆直径取 20 mm，结构的安全系数取 $s = 3$ 。在实际的工程中，为了结构具有足够高的刚度，常常把柔度作为目标函数。在这个尺寸优化中，也将目标函数设置为柔度，杆的直径 $x$ 作为设计变量，约束条件为每个杆的应力都在安全范围内且质量在一定范围内（小于 9 kg）。

根据上面的条件和设定，得到的数学模型为

$$
\begin{aligned}
&\min\ f(\boldsymbol{x}) = C(\boldsymbol{x}) = \sum_{i=1}^{4} u_i^{\mathrm{T}}(\boldsymbol{x}) k_i(\boldsymbol{x}) u_i(\boldsymbol{x}) \\
&\text{s.t.}\ \boldsymbol{F} = \boldsymbol{KU} \\
&\qquad g_1(x) = \frac{20\,000}{\pi x^2/4} \leqslant \frac{\sigma_s}{s} \\
&\qquad g_2(x) = \frac{21\,875}{\pi x^2/4} \leqslant \frac{\sigma_s}{s} \\
&\qquad g_3(x) = \frac{5\,208.4}{\pi x^2/4} \leqslant \frac{\sigma_s}{s} \\
&\qquad g_4(x) = \frac{4\,166.7}{\pi x^2/4} \leqslant \frac{\sigma_s}{s} \\
&\qquad g_5(x) = 0.4\pi\rho x^2 \leqslant 9 \\
&\qquad 0.02 \leqslant x \leqslant 0.05
\end{aligned}
\tag{2-69}
$$

注：上面数学模型中的数值都是通过有限元法求得的。

最终的迭代过程如图 2-17 所示。

具体数值见表 2-1。

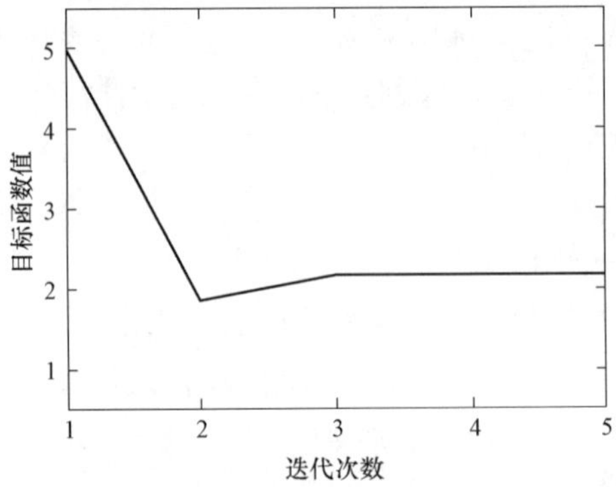


图 2-17　优化迭代过程

表 2-1　优化迭代中的数值变化

| 迭代次数 / 值 | 1 | 2 | 3 | 4 | 5 |
|---|---|---|---|---|---|
| $g(\boldsymbol{x})$ | 0.020 0 | 0.032 8 | 0.030 3 | 0.030 2 | 0.030 2 |
| $f(\boldsymbol{x})$ | 5.007 4 | 1.860 8 | 2.180 4 | 2.195 3 | 2.195 3 |

# 参考文献


[1] Arora J S. Introduction to Optimum Design [M]. New York：McGraw-Hill Book Co，1989.

[2] Edwin，Chong K P. An Introduction to Optimization（Fourth Edition）[M]. New Jersey：John Wiley & Sons，2013.

[3] Cheung Y K，Lo S H. Finite Element Implementation [M]. Oxford：Black Science，1996.

[4] Bathe K J. Finite Element Procedures [M]. New Jersey：Prentice Hall，1996.

[5] Anders Olsson. Finite Element Procedures [M]. Sweden：KFS i Lund AB，2007.

[6] 丁丽娟，程杞元. 数值计算方法 [M]. 北京：高等教育出版社，2019.

[7] Peter W Christensen，Anders Klarbring. 结构优化导论 [M]. 苏文政，刘书田，译. 北京：机械工业出版社，2017.

[8] Jorge Nocedal，Stephen J Wright. Numerical Optimization [M]. New York：Springer，2006.

[9] 曾攀. 有限元基础教程 [M]. 北京：高等教育出版社，2016.

[10] Deb K，Pratap A，Agarwal S，et al. A fast and elitist multiobjective genetic algorithm：NSGA-II [J]. IEEE Transactions on Evolutionary Computation，2002，6（2）：182-197.

[11] Clerc M，Kennedy J，The particle swarm-Explosion，stability，and convergence in a multidimensional complex space [J]. IEEE Transactions on Evolutionary Computation，2002，6（1）：58-73.

[12] Gelatt M P，Vecchi S，Kirkpatrick C D. Optimization by simulated annealing [J]. Science，1983.

[13] 吴沛锋. 智能优化算法及其应用 [D]. 沈阳：东北大学，2012.

# 第3章
# 结构优化关键技术

## 3.1 引言

结构优化的目的是寻找在指定工况下满足一系列约束条件的优化结构，相比原始结构，该优化结构需要尽可能地提高目标性能。随着实际工程中对结构性能要求不断提高，在汽车产品开发过程中越来越广泛使用到结构优化技术，优化问题涉及刚强度、NVH、碰撞安全、疲劳耐久及轻量化等多方面。

根据设计变量的不同，结构优化技术主要分为拓扑优化、形状优化和尺寸优化。拓扑优化用于概念设计阶段，有助于设计者获得最佳性能的新颖结构；形状和尺寸优化主要应用于详细设计阶段，是在特定拓扑构型上通过改变形状边界和结构几何尺寸或材料参数，从而进一步改善结构性能。优化目标可以是单一目标如质量、刚度、强度或模态频率等，也可以是涵盖多个学科的多个目标。对于多学科优化问题，为有效提高获取非劣解前沿面的效率，通常需要借助代理模型进行优化求解。

本章首先介绍结构优化方法的一般流程，介绍结构优化问题的关键技术，如灵敏度分析和结构优化的一般方法，并给出汽车领域常见的结构优化问题。其次，对拓扑优化、尺寸优化基本思想进行介绍，并给出具体的实例。最后，对汽车结构多目标优化中常用的试验设计方法、代理模型进行了介绍，并给出了一个新能源汽车动力电池箱结构多目标优化实例进行说明。

## 3.2 结构优化一般流程和方法

### 3.2.1 结构优化问题一般流程

无论是拓扑优化、形状优化还是尺寸优化，优化的一般流程如图 3-1 所示。其具体流程为：① 根据实际设计问题定义相应的优化问题；② 给定设计变量值；③ 通过有限元方法（FEA）计算当前设计变量下的目标和约束响应值；④ 计算灵敏度信息；⑤ 更新设计变量值；⑥ 判断是否收敛，若收敛，则得到最终设计变量，对应最终的优化结构，反之，则返回步骤②，继续迭代，直至收敛。

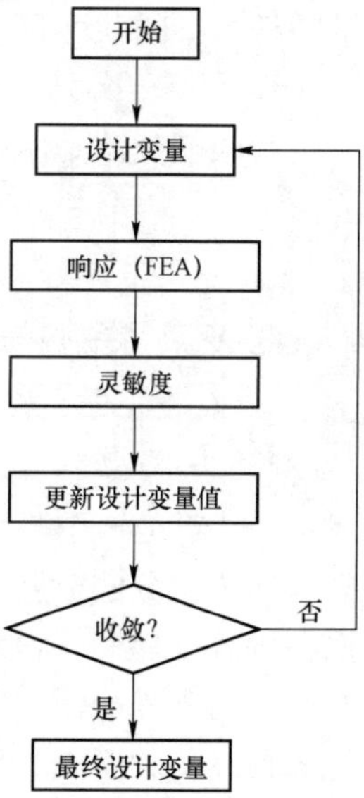

**图 3-1 结构优化一般流程**

以拓扑优化为例，常见的汽车结构拓扑优化问题如表 3-1 所示。

表 3-1 常见拓扑优化问题

| 目标函数 | 设计变量 | 约束条件 |
|---|---|---|
| 最小化：总柔度/加权柔度（多工况） | 单元密度 | 体积/质量分数 |
| 最小化：体积（分数）/质量（分数） | 单元密度 | 位移/频率/应力 |
| 最大化：（加权）频率 | 单元密度 | 体积/质量分数 |

### 3.2.2 灵敏度分析方法

在结构优化设计过程中，需要计算目标函数和约束函数对设计变量的导数，这个过程称为灵敏度分析。灵敏度分析十分重要，一方面，通过灵敏度分析可以得到不同的设计变量对目标函数的影响程度，从而筛选出重要的设计变量；另一方面，在某些优化算法中，如最速下降法、梯度投影法等，需要计算目标函数的灵敏度来确定迭代方向。本节对基于有限元的灵敏度求解方法进行介绍，具体包括有限差分法、直接解析法、伴随解析法等。

针对以下一般形式的优化问题，简要介绍灵敏度分析过程：

$$\begin{aligned}&\min\ f(\boldsymbol{X})\\&\text{s.t.}\ \ g_j(\boldsymbol{X})\leqslant g_j^{\mathrm{U}},\ j=1,2,\cdots,m\\&\qquad h_k(\boldsymbol{X})=0,\ k=1,2,\cdots,p\\&\qquad X_i^{\mathrm{L}}\leqslant X_i\leqslant X_i^{\mathrm{U}},\ i=1,2,\cdots,n\end{aligned} \tag{3-1}$$

式中，$f(\boldsymbol{X})$ 为目标函数，$g_j(\boldsymbol{X})$ 为不等式约束，约束上限为 $g_j^{\mathrm{U}}$，$h_k(\boldsymbol{X})$ 为等式约束，$X_i^{\mathrm{U}}$、$X_i^{\mathrm{L}}$ 分别为第 $i$ 个设计变量 $X_i$ 的上下限。为方便介绍灵敏度分析方法，在本节中目标函数和约束函数统一作为响应用 $R(\boldsymbol{X})$ 表示，需要说明的是，对于不同类型的结构优化问题，往往具有不同的设计变量。例如变密度法拓扑优化的设计变量是单元相对密度，尺寸优化的设计变量是杆、梁的截面尺寸或者板的厚度，形状优化的设计变量是边界的形状变量。

**1. 有限差分法**

有限差分法是用相邻响应值的差分格式近似表达灵敏度。在 $X_i$ 点，前向差分的表达式为

$$\frac{\partial R}{\partial X_i}\approx\frac{R(X_i+\Delta X_i)-R(X_i)}{\Delta X_i} \tag{3-2}$$

在 $X_i$ 点，中心差分的表达式为

$$\frac{\partial R}{\partial X_i}\approx\frac{R(X_i+\Delta X_i)-R(X_i-\Delta X_i)}{2\Delta X_i} \tag{3-3}$$

式中，$\Delta X_i$ 是一个微小的扰动。

向前差分的截断误差是 $O(\Delta X_i)$，中心差分的截断误差是 $O(\Delta X_i^2)$，因此，中心差分的近似精确程度更高，但求解每个导数时需要多求一次响应值，增加了结构分析的工作量。整体而言，有限差分法原理简单，不需要复杂的理论推导，通用性较好，但计算量大，灵敏度的计算精度依赖于差分步长，有一定的误差。

**2. 直接解析法**

以线性静力学问题为例，其平衡方程为

$$\boldsymbol{KU}=\boldsymbol{F} \tag{3-4}$$

式中，$\boldsymbol{K}$ 为总体刚度矩阵，$\boldsymbol{U}$ 为节点位移向量，$\boldsymbol{F}$ 为节点载荷向量。

对式（3-4）两边同时求导

$$\frac{\partial \boldsymbol{K}}{\partial X_i}\boldsymbol{U}+\boldsymbol{K}\frac{\partial \boldsymbol{U}}{\partial X_i}=\frac{\partial \boldsymbol{F}}{\partial X_i} \tag{3-5}$$

移项整理得到

$$\boldsymbol{K}\frac{\partial \boldsymbol{U}}{\partial X_i}=\frac{\partial \boldsymbol{F}}{\partial X_i}-\frac{\partial \boldsymbol{K}}{\partial X_i}\boldsymbol{U} \tag{3-6}$$

式（3-6）中，等号右边的 $\bar{\boldsymbol{F}}=\frac{\partial \boldsymbol{F}}{\partial X_i}-\frac{\partial \boldsymbol{K}}{\partial X_i}\boldsymbol{U}$ 可看作虚载荷，$\frac{\partial \boldsymbol{U}}{\partial X_i}$ 可以看作在虚载荷 $\bar{\boldsymbol{F}}$ 作用下的位移向量。求解位移灵敏度时，首先计算 $\bar{\boldsymbol{F}}$，再通过三角化后 $\boldsymbol{K}$ 矩阵的前向或后向替换就可计算得到 $\frac{\partial \boldsymbol{U}}{\partial X_i}$。针对某个工况下某个响应，每个设计变量都需要计算对应的载荷，对于设计变量较多的问题而言，计算较为复杂。

目标函数和约束一般是位移 $\boldsymbol{U}$ 的函数，可以表示为

$$\boldsymbol{R}=\boldsymbol{Q}^{\mathrm{T}}\boldsymbol{U} \tag{3-7}$$

式中，$\boldsymbol{R}$ 代表目标响应或约束响应，$\boldsymbol{Q}^{\mathrm{T}}$ 为响应与位移的关系矩阵。对该式求导得

$$\frac{\partial R_k}{\partial X_i}=\frac{\partial \boldsymbol{Q}_k^{\mathrm{T}}}{\partial X_i}\boldsymbol{U}+\boldsymbol{Q}_k^{\mathrm{T}}\frac{\partial \boldsymbol{U}}{\partial X_i} \tag{3-8}$$

式中，$R_k$ 表示第 $k$ 个响应。

将式（3-6）代入式（3-8），得

$$\frac{\partial R_k}{\partial X_i}=\frac{\partial \boldsymbol{Q}_k^{\mathrm{T}}}{\partial X_i}\boldsymbol{U}+\boldsymbol{Q}_k^{\mathrm{T}}\boldsymbol{K}^{-1}\left(\frac{\partial \boldsymbol{F}}{\partial X_i}-\frac{\partial \boldsymbol{K}}{\partial X_i}\boldsymbol{U}\right) \tag{3-9}$$

对于静力学问题，一般先通过式（3-6）求解位移灵敏度 $\frac{\partial \boldsymbol{U}}{\partial X_i}$，再代入式（3-9）中求解应力等响应的灵敏度。以应力灵敏度为例，应力和位移的关系表示为

$$\boldsymbol{\sigma}=\boldsymbol{DBu}_e \tag{3-10}$$

式中，$\boldsymbol{D}$ 为弹性矩阵，$\boldsymbol{B}$ 为应变矩阵，$\boldsymbol{u}_e$ 为单元节点位移向量。

对式（3-10）求偏导，应力灵敏度表示为

$$\frac{\partial \boldsymbol{\sigma}}{\partial X_i}=\boldsymbol{DB}\frac{\partial \boldsymbol{u}_e}{\partial X_i} \tag{3-11}$$

解析法精度较高，与有限差分法相比节省计算时间，但是不同单元刚度矩阵类型的求导方法不同，推导过程复杂，通用性不强。

**3. 伴随解析法**

在直接解析法式（3-9）中，对每个设计变量都需要重新求解一次 $\frac{\partial \boldsymbol{Q}_k^{\mathrm{T}}}{\partial X_i}\boldsymbol{U}$ 和 $\boldsymbol{Q}^{\mathrm{T}}\boldsymbol{K}^{-1}$

$\left(\dfrac{\partial \boldsymbol{F}}{\partial X_i}-\dfrac{\partial \boldsymbol{K}}{\partial X_i}\boldsymbol{U}\right)$，考虑到 $\boldsymbol{Q}^{\mathrm{T}}\boldsymbol{K}^{-1}$ 与设计变量无关，为了简化计算，定义伴随位移向量 $\boldsymbol{\lambda}^{\mathrm{T}}$，满足

$$\boldsymbol{K\lambda}=\boldsymbol{Q}_k \tag{3-12}$$

式（3－9）表示为

$$\frac{\partial R_k}{\partial X_i}=\frac{\partial \boldsymbol{Q}_k^{\mathrm{T}}}{\partial X_i}\boldsymbol{U}+\boldsymbol{\lambda}^{\mathrm{T}}\left(\frac{\partial \boldsymbol{F}}{\partial X_i}-\frac{\partial \boldsymbol{K}}{\partial X_i}\boldsymbol{U}\right) \tag{3-13}$$

在运用伴随解析法时，首先根据式（3－12）计算 $\boldsymbol{\lambda}$，然后代入式（3－13）计算得到响应的灵敏度。伴随位移向量的个数和响应的个数一致。对于特定的工况，如果响应个数小于设计变量的个数，伴随解析法的计算效率高于直接解析法。

### 3.2.3　序列显式凸近似方法

对于难以获得显式表达式的结构优化问题，一般通过构造序列显式子问题，用子问题的解来近似原问题的解。主要思路为：① 选择初始点 $\boldsymbol{X}^{(0)}$，$k=0$；② 在当前迭代点 $\boldsymbol{X}^{(k)}$，计算 $f_i(\boldsymbol{X}^{(k)})$ 和梯度 $\nabla f_i(\boldsymbol{X}^{(k)})$；③ 产生第 $k$ 次迭代的子问题，利用第 $k$ 次的显式函数来近似原始函数；④ 选择合适的算法求解第 $k$ 次子问题，将它的最优解作为下一个迭代点 $\boldsymbol{X}^{(k+1)}$，若收敛，则得到最终解，反之，$k=k+1$，返回到第②步。

下面介绍两种常用的显式近似方法：序列线性规划（Sequential Linear Programming，SLP）和移动渐近线法（The Method of Moving Asymptotes，MMA）。

**1. 序列线性规划（SLP）**

SLP 的关键是将非线性问题中的目标函数和约束函数在某个给定解处进行泰勒展开，仅保留一次项，使两者变成设计变量的线性表达式。之后利用单纯形法或者内点法求解此线性规划问题，该线性规划问题的最优解即为原非线性规划问题的近似解。

针对非线性问题，在初始点 $\boldsymbol{X}^{(0)}$ 处，分别对目标函数 $f(\boldsymbol{X})$ 与约束函数 $g_i(\boldsymbol{X})$ 进行泰勒展开，仅保留一次项：

$$\begin{aligned}f(\boldsymbol{X})&\approx f(\boldsymbol{X}^{(0)})+\nabla^{\mathrm{T}}f(\boldsymbol{X}^{(0)})(\boldsymbol{X}-\boldsymbol{X}^{(0)})\equiv f^{(0)}(\boldsymbol{X})\\ g_i(\boldsymbol{X})&\approx g_i(\boldsymbol{X}^{(0)})+\nabla^{\mathrm{T}}g_i(\boldsymbol{X}^{(0)})(\boldsymbol{X}-\boldsymbol{X}^{(0)})\equiv g_i^{(0)}(\boldsymbol{X})\end{aligned} \tag{3-14}$$

将得到的线性展开式 $f^{(0)}(\boldsymbol{X})$、$g_i^{(0)}(\boldsymbol{X})$ 分别作为新的目标函数和约束函数，对该线性规划问题进行求解：

$$\begin{aligned}&\min f^{(0)}(\boldsymbol{X})\\ &\text{s.t. } g_i^{(0)}(\boldsymbol{X})\leqslant 0\quad i=1,2,\cdots,M\end{aligned} \tag{3-15}$$

求解式（3－15），得到此方程的最优解 $\boldsymbol{X}^{(1)}$，进一步将目标函数 $f(\boldsymbol{X})$ 与约束函数 $g_i(\boldsymbol{X})$ 在 $\boldsymbol{X}^{(1)}$ 处展开：

$$\begin{aligned}f(\boldsymbol{X})&\approx f(\boldsymbol{X}^{(1)})+\nabla^{\mathrm{T}}f(\boldsymbol{X}^{(1)})(\boldsymbol{X}-\boldsymbol{X}^{(1)})\equiv f^{(1)}(\boldsymbol{X})\\ g_i(\boldsymbol{X})&\approx g_i(\boldsymbol{X}^{(1)})+\nabla^{\mathrm{T}}g_i(\boldsymbol{X}^{(1)})(\boldsymbol{X}-\boldsymbol{X}^{(1)})\equiv g_i^{(1)}(\boldsymbol{X})\end{aligned} \tag{3-16}$$

继续对新的线性规划问题求解：

$$\begin{aligned}&\min f^{(k)}(\boldsymbol{X})\\ &\text{s.t. } g_i^{(k)}(\boldsymbol{X})\leqslant 0\quad i=1,2,\cdots,M;\quad k=1,2,\cdots\cdots n\end{aligned} \tag{3-17}$$

由此，可得到更进一步的近似解 $\boldsymbol{X}^{(k)}$，方程式（3－17）不断更新求解，直到满足收敛条件即可得到最优解。收敛条件通常包括以下两个方面：

（1）校核第 $k$ 个近似解 $\boldsymbol{X}^{(k)}$ 是否满足约束函数：

$$g_i(\boldsymbol{X}^{(k)}) \leqslant \varepsilon_1 \quad i=1,2,\cdots,M \tag{3-18}$$

式中，$\varepsilon_1$ 为给定小量，表示约束破坏的允许程度，如超过该值，则停止迭代。

（2）相邻两次迭代得到的近似解的逼近程度：

$$\left\| \boldsymbol{X}^{(k)} - \boldsymbol{X}^{(k-1)} \right\| < \varepsilon_2 \tag{3-19}$$

式中，当向量范数小于给定小量 $\varepsilon_2$ 时，停止迭代。

**2. 移动渐近线法（MMA）**

移动渐近线法对目标函数和约束函数采用倒变量近似，在设计点处进行一阶倒变量泰勒展开，产生显式可分离凸规划来近似原问题，子问题可以采用初始对偶内点算法或者对偶方法来求解，用子问题的解来不断逼近原问题的解。

在第 $k$ 迭代步，移动渐近线法近似函数 $\tilde{f}_j^{(k)}(\boldsymbol{X})$ 的表达式：

$$\tilde{f}_j^{(k)}(\boldsymbol{X}) = r_j^k + \sum_{i=1}^{n}\left(\frac{p_{ji}^{(k)}}{U_i^{(k)} - X_i} + \frac{q_{ji}^{(k)}}{X_i - L_i^{(k)}}\right) \tag{3-20}$$

式中，

$$r_j^k = f_j(\boldsymbol{X}^{(k)}) - \sum_{i=1}^{n}\left(\frac{p_{ji}^{(k)}}{U_i^{(k)} - X_i^{(k)}} + \frac{q_{ji}^{(k)}}{X_i^{(k)} - L_i^{(k)}}\right) \tag{3-21}$$

$$\begin{cases} p_{ji}^{(k)} = (U_i^{(k)} - X_i^{(k)})^2 \dfrac{\partial f_j(\boldsymbol{X}^{(k)})}{\partial X_i},\ q_{ji}^{(k)} = 0 & \text{if } \dfrac{\partial f_j(\boldsymbol{X}^{(k)})}{\partial x_i} > 0 \\ p_{ji}^{(k)} = 0,\ q_{ji}^{(k)} = 0 & \text{if } \dfrac{\partial f_j(\boldsymbol{X}^{(k)})}{\partial x_i} = 0 \\ p_{ji}^{(k)} = 0,\ q_{ji}^{(k)} = -(X_i^{(k)} - L_i^{(k)})^2 \dfrac{\partial f_j(\boldsymbol{X}^{(k)})}{\partial X_i} & \text{if } \dfrac{\partial f_j(\boldsymbol{X}^{(k)})}{\partial x_i} < 0 \end{cases} \tag{3-22}$$

式中，$\boldsymbol{X}^{(k)}$ 为第 $k$ 迭代步设计变量，$n$ 为迭代次数，当 $j=0$ 时，$f_j(\boldsymbol{X})$ 表示目标函数，当 $j=1,2,\cdots,J$ 时，$f_j(\boldsymbol{X})$ 表示约束函数，$L_i^{(k)}$ 和 $U_i^{(k)}$ 分别为左右移动渐近线。

显然在当前设计点 $\boldsymbol{X}^{(k)}$，近似函数和原函数的函数值与一阶导数值相等

$$\begin{cases} \tilde{f}_j^{(k)}(\boldsymbol{X}^{(k)}) = f_j(\boldsymbol{X}^{(k)}) \\ \dfrac{\partial \tilde{f}_j^{(k)}(\boldsymbol{X}^{(k)})}{\partial X_i} = \dfrac{\partial f_j(\boldsymbol{X}^{(k)})}{\partial X_i} \end{cases} \tag{3-23}$$

近似函数的二阶导数为

$$\frac{\partial^2 \tilde{f}_j^{(k)}(\boldsymbol{X})}{\partial X_i^2} = \frac{2p_{ji}^{(k)}}{(U_i^{(k)} - X_i)^3} + \frac{2q_{ji}^{(k)}}{(X_i - L_i^{(k)})^3} \tag{3-24}$$

$$\frac{\partial^2 \tilde{f}_j^{(k)}(\boldsymbol{X})}{\partial X_i \partial X_l}=0 \quad i \neq l \tag{3-25}$$

因为 $p_{ji}^{(k)}$ 和 $q_{ji}^{(k)}$ 大于等于 0，并且设计变量的所有分量均满足 $L_i^{(k)} < X_i^{(k)} < U_i^{(k)}$，所以近似函数的海森矩阵是正定的，近似函数是凸函数，具有极小值。

在当前设计点处，近似函数的二阶导数为

$$\frac{\partial^2 \tilde{f}_j^{(k)}(\boldsymbol{X}^{(k)})}{\partial X_i^2}=\begin{cases} \dfrac{2\partial f_j(\boldsymbol{X}^{(k)})/\partial X_i}{U_j^{(k)}-X_j^{(k)}} & \text{if } \dfrac{\partial f_j(\boldsymbol{X}^{(k)})}{\partial X_i}>0 \\ -\dfrac{2\partial f_j(\boldsymbol{X}^{k})/\partial X_i}{X_j^{(k)}-L_j^{(k)}} & \text{if } \dfrac{\partial f_j(\boldsymbol{X}^{(k)})}{\partial X_i}<0 \end{cases} \tag{3-26}$$

由式（3-26），$L_i^{(k)}$ 和 $U_i^{(k)}$ 越靠近 $X_i^{(k)}$，二阶导数分母越小，二阶导数越大，近似函数的 $\tilde{f}_j^{(k)}(\boldsymbol{X})$ 的曲率越大，对原函数的近似越保守；反之，如果 $L_i^{(k)}$ 和 $U_i^{(k)}$ 越远离 $X_i^{(k)}$，$\tilde{f}_j^{(k)}(\boldsymbol{X})$ 越接近线性函数。

若 $L_i^{(k)} \to -\infty$，$U_i^{(k)} \to +\infty$，近似函数变为线性函数，子问题等价于序列线性规划中的线性近似：

$$\tilde{f}_j^{(k)}(\boldsymbol{X})=f_j(\boldsymbol{X}^{(k)})+\sum_{i=1}^{n}\frac{\partial f_j(\boldsymbol{X}^{(k)})}{\partial X_i}(X_i-X_i^{(k)}) \tag{3-27}$$

若 $L_i^{(k)} \to 0$，$U_i^{(k)} \to +\infty$，$\dfrac{\partial f_j(\boldsymbol{X}^{(k)})}{\partial x_i}>0$ 时，近似函数为线性函数；$\dfrac{\partial f_j(\boldsymbol{X}^{(k)})}{\partial x_i}<0$ 时，近似函数是凸函数，子问题等价于 CONLIN 方法。

$$\tilde{f}_j^{(k)}(\boldsymbol{X})=\begin{cases} f_j(\boldsymbol{X}^{(k)})+\displaystyle\sum_{i=1}^{n}\frac{\partial f_j(\boldsymbol{X}^{(k)})}{\partial X_i}(X_i-X_i^{(k)}) & \text{if } \dfrac{\partial f_j(\boldsymbol{X}^{(k)})}{\partial X_i}\geqslant 0 \\ f_j(\boldsymbol{X}^{(k)})-\displaystyle\sum_{i=1}^{n}\frac{\partial f_j(\boldsymbol{X}^{(k)})}{\partial X_i}\left(\frac{1}{X_i}-\frac{1}{X_i^{(k)}}\right)(X_i^{(k)})^2 & \text{if } \dfrac{\partial f_j(\boldsymbol{X}^{(k)})}{\partial X_i}<0 \end{cases} \tag{3-28}$$

### 3.2.4 汽车结构优化问题建模

针对汽车不同结构以及不同的设计阶段，可依据具体的设计问题，构造不同的优化模型。下面列举了一些汽车领域中典型的结构优化问题。

**1. 汽车轻量化**

在汽车结构优化设计中，可依据实际情况建立以质量最小化、性能（刚度、模态、强度等）为约束的结构优化问题。以客车车身骨架尺寸优化问题为例，优化目标是最小化车身骨架质量，设计变量 $X_i$ 为骨架的壁厚，其优化模型可表示为

$$\begin{aligned} &\min \ M \\ &\text{s.t.} \quad S_j \leqslant S_{j0} \qquad j=1,2,\cdots,m \\ &\qquad X_i^{\mathrm{L}} \leqslant X_i \leqslant X_i^{\mathrm{U}} \qquad i=1,2,\cdots n \end{aligned} \tag{3-29}$$

式中，$S_j$ 是第 $j$ 个单元的应力值；$S_{j0}$ 是骨架材料的许用应力值；$X_i^{\mathrm{U}}$、$X_i^{\mathrm{L}}$ 分别为设计变量上下限；$n$ 是设计变量总个数；$m$ 是模型中的单元总数量。

**2. 汽车 NVH（Noise、Vibration、Harshness）优化**

当结构频率接近发动机怠速频率等范围时，结构容易发生共振，影响结构的正常使用。因此，需要对关键部件的低阶模态进行分析和优化。以车身的 NVH 低阶频率优化问题为例，优化目标是最大化低阶模态，采用拓扑优化中的变密度法，设计变量为单元密度，其优化模型可表示为

$$
\begin{aligned}
&\max\ \text{freq} \\
&\text{s.t.}\ \ v \leqslant v_{\text{frac}} \\
&\qquad \rho_i^{\text{L}} \leqslant \rho_i \leqslant \rho_i^{\text{U}} \quad i=1,2,\cdots,n
\end{aligned}
\tag{3-30}
$$

式中，freq 一般是结构的低阶模态频率；$v$ 是结构体积与原始设计域体积之比；$v_{\text{frac}}$ 是给定的体积分数；$\rho_i^{\text{U}}$、$\rho_i^{\text{L}}$ 分别为设计变量上下限，$n$ 是设计变量个数。

**3. 汽车耐撞性优化**

B 柱作为侧碰过程中保护乘员生存空间的重要刚性结构，优化问题通常以最小柔度为目标，采用拓扑优化中的变密度法，设计变量为单元密度，形式如下：

$$
\begin{aligned}
&\min\ C \\
&\text{s.t.}\ \ v \leqslant v_{\text{frac}} \\
&\qquad \rho_i^{\text{L}} \leqslant \rho_i \leqslant \rho_i^{\text{U}} \quad i=1,2,\cdots,n
\end{aligned}
\tag{3-31}
$$

式中，$C$ 为结构柔度；$v$ 是结构体积与原始设计域体积之比；$v_{\text{frac}}$ 是给定的体积分数；$\rho_i^{\text{U}}$、$\rho_i^{\text{L}}$ 分别为设计变量上下限；$n$ 是设计变量个数。

## 3.3　结构拓扑优化技术

结构拓扑优化技术是指在给定设计域中，对材料分布进行优化，得到满足约束条件且具有最佳目标性能的结构。与尺寸优化和形状优化相比，拓扑优化的设计自由度更大，对性能的影响也更显著，适用于新产品研发的概念设计阶段。结构拓扑优化最早的研究对象是离散结构，例如基结构法是在设计域中生成节点集和连接节点的杆单元作为初始基结构，按照某种规则，逐渐删除不必要杆件。然而，离散结构拓扑优化应用范围较窄，不能满足工程中连续结构的优化需求，如图 3－2 所示。近年来，连续体拓扑优化成为主流研究领域，本节主要介绍连续体结构拓扑优化的常用方法。

### 3.3.1　连续体拓扑优化方法简介

连续体拓扑优化方法主要有：改变结构材料特性的均匀化法、变密度法；改变结构几何的水平集法、渐进结构优化方法。下面对这些方法进行简要介绍。

**1. 均匀化法（Homogenization Method）**

均匀化法是在设计域中引入微结构，微结构中孔洞的尺寸参数和微结构的方向是设计变量，通过设计变量的改变来描述材料的不同分布，并建立设计变量和材料有效弹性模量之间的函数，把设计变量和结构性能联系起来，从而将拓扑优化问题转变为较为简单的尺寸优化问题，如图 3－3 所示。

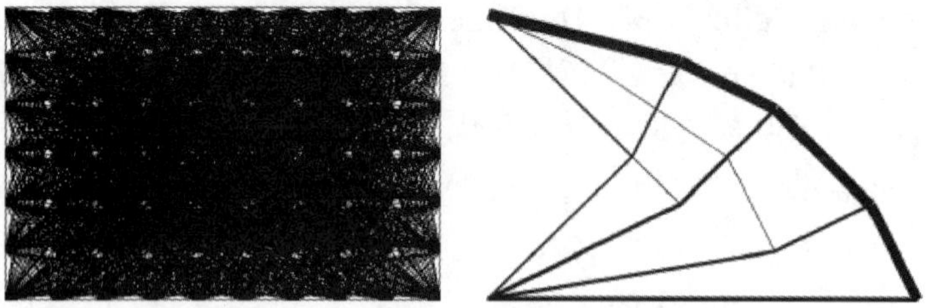

(1) 离散型拓扑优化

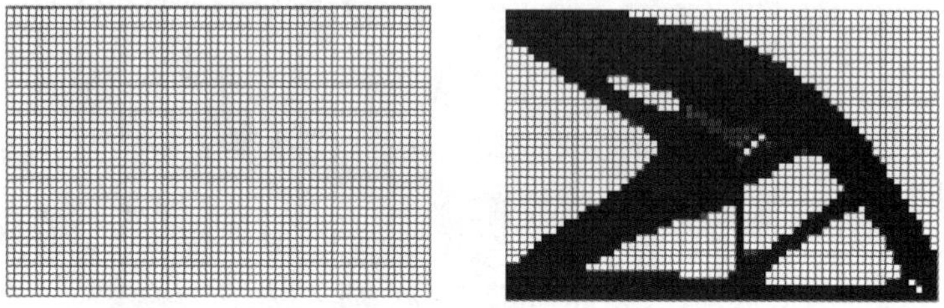

(2) 连续型拓扑优化

**图 3-2 结构拓扑优化类型**

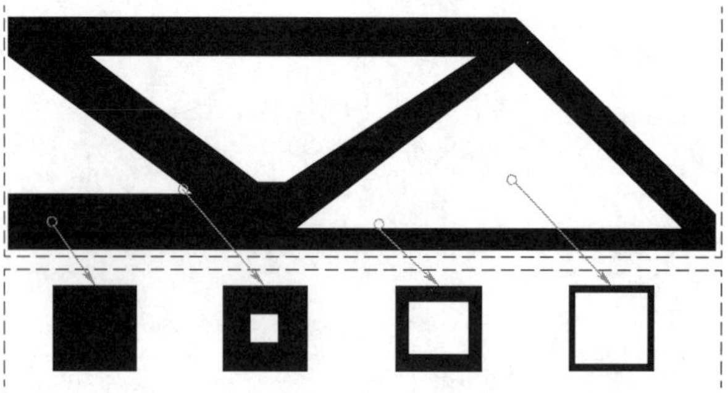

**图 3-3 均匀化优化结果中微结构示例**

均匀化法对连续体结构拓扑优化具有重要的推动意义，其数学理论基础严谨，并且可以在微观和宏观两个尺度对材料分布进行优化。但是，该方法建立有效弹性模量和微观几何参数关系的过程较为复杂，并且只能在微结构中进行计算，均匀化弹性张量求解复杂，优化模型中包含的设计变量较多，使得优化过程计算代价较高。均匀化法目前很少用于宏观结构拓扑优化问题的求解，一般用于求解逆设计问题，例如材料微观胞元的设计。

**2. 变密度法**

在均匀化法的基础上，为了提高拓扑优化的效率，提出了变密度法。该方法是假设材料的相对密度在 0～1 之间变化，密度为 0 代表该单元处不存在材料，密度为 1 代表该单元处充满材料。将每个单元的密度作为设计变量，不同的密度分布显示了结构中材料分布的不同情况，从而得到不同种类的构型。同时，需要定义单元密度与弹性模量的函数关系，表示为以下形式：

$$E_i = f(X_i)E_0 \quad i = 1, 2, \cdots, N \tag{3-32}$$

式中，$E_i$ 是第 $i$ 个单元的弹性模量；$f(X_i)$ 是第 $i$ 个单元相对密度 $X_i$ 的函数；$N$ 为单元总个数；$E_0$ 是材料本身的弹性模量。

变密度法进行优化的过程中，虽然避免了使用微结构，但设计域的单元相对密度值分布在［0，1］区间中，只有 0 和 1 的相对密度值是具有实际意义的，中间密度单元删除或保留成为问题。通常在插值模型 $f(X_i)$ 中引入惩罚因子，对中间密度进行惩罚，使得尽可能多的单元相对密度趋向于 0 或 1。插值模型主要有 SIMP（Solid Isotropic Microstructures with Penalization）和 RAMP（Rational Approximation of Material Properties）两种。

SIMP 插值模型可表示为

$$f_s(X_i) = (X_i)^p \quad i = 1,2,\cdots,N \tag{3-33}$$

RAMP 插值模型可表示为

$$f_{\mathrm{R}}(X_i) = \frac{X_i}{1 + p(1 - X_i)} \tag{3-34}$$

式中，$X_i$ 为第 $i$ 个单元的相对密度；$p$ 为惩罚因子。

**3. 水平集法（Level Set Method，LSM）**

水平集法是将设计域的边界定义为高一维水平集函数 $\boldsymbol{\Phi}(x,t)$ 的零水平集 $\boldsymbol{\Phi}(x,t)=0$。如图 3－4 所示，左侧阴影部分是设计域 $\Omega$，右侧三维实体是水平集函数 $\boldsymbol{\Phi}(x,t)$，设计域的边界 $\Gamma(x,t)$ 用 $\boldsymbol{\Phi}(x,t)=0$ 描述。

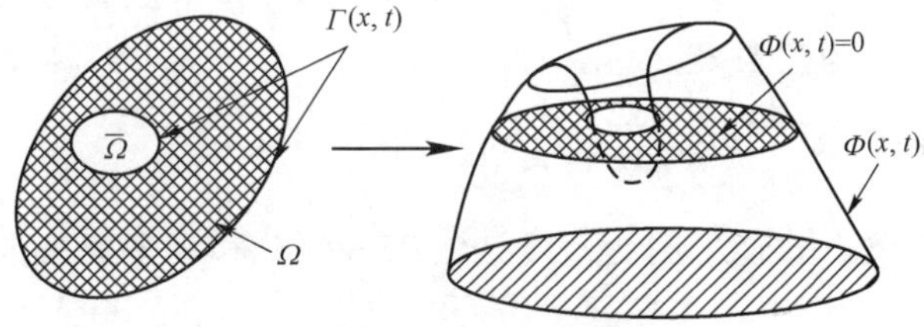


图 3－4　水平集法示意图

三维实体 $\boldsymbol{\Phi}(x,t)$ 的外形随时间变化，演化方程为哈密顿－雅可比方程形式，一般利用迎风差分函数进行求解并更新水平集函数。同时，$\Gamma(x,t)$ 也在优化过程中不断变化。图 3－5 显示了一个水平集函数演化过程示意图，灰色图形为该时刻零水平集对应的结构边界。

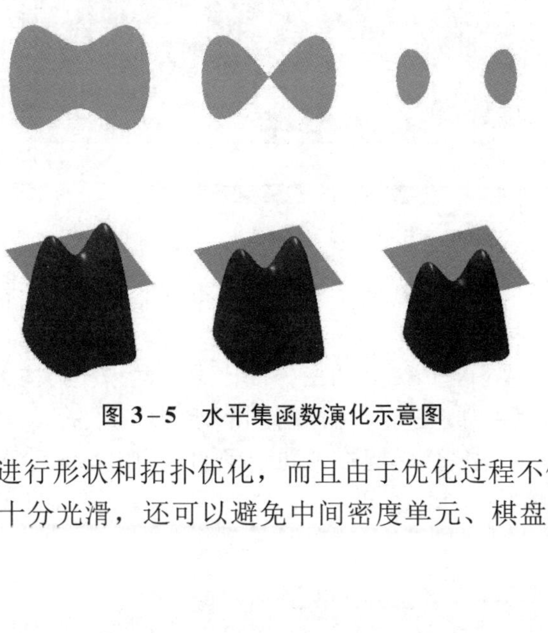

图 3－5　水平集函数演化示意图

水平集法可以同时进行形状和拓扑优化，而且由于优化过程不依赖网格，不会出现锯齿状边界，得到的边界十分光滑，还可以避免中间密度单元、棋盘格、边界扩散等问题。

但水平集法也存在一定的缺点，如只能在优化过程中对已有孔洞进行合并但不能自动产生新的孔洞。

**4. 渐进结构优化方法（Evolutionary Structural Optimization，ESO）**

渐进结构优化方法主要是按照一定的准则，对载荷作用下结构各单元的力学状况进行判断，删除贡献较少的低效区域的材料，从而保证材料分布在结构重要受力区域，使结构逐渐趋于优化。判断单元是否删除的准则主要有 von Mises 应力、应变能等。

基于应力准则的 ESO 方法的判断公式如下：

$$\frac{\sigma_{ij}}{\sigma_i^{\max}} \leqslant \mathrm{RR}_k \tag{3-35}$$

式中，$\sigma_{ij}$ 为第 $i$ 个工况中第 $j$ 个单元的 von Mises 应力值，$\sigma_i^{\max}$ 为第 $i$ 个工况中结构所有单元的最大 von Mises 应力值，$\mathrm{RR}_k$ 为第 $k$ 迭代步的删除率，决定了每次删除的单元数目。通过判断，将该不等式的低应力单元删除。

ESO 方法在优化过程中逐渐删除单元，减少了方程求解的计算量，提高了计算效率，但是材料在删除之后不能恢复，存在误删除的可能性，从而影响结构的优化结果。针对这个问题，后来提出了双向渐进结构优化法（Bi－directional Evolutionary Structural Optimization，BESO），BESO 不仅可以删除低效区域的单元，也可以在高效区域适当增加单元来提高结构性能，从而得到更优的结构构型。

## 3.3.2 简单实例

本节针对一个悬臂梁，分别采用变密度法、BESO 法和水平集法进行优化求解，并对优化结果进行对比。

悬臂梁的结构示意图如图 3－6 所示，悬臂梁长 100，宽 40，最左端节点施加约束，在右端中点施加一个竖直向下的力，大小为 1。优化目标是最小化结构柔度，并施加 40%的体积约束。

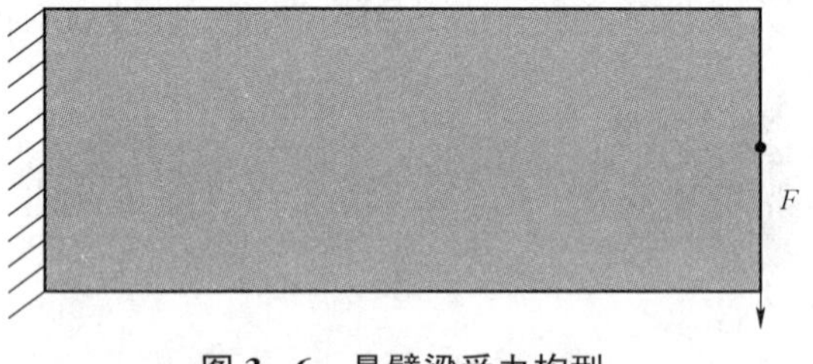


**图 3－6 悬臂梁受力构型**

**1. 变密度法**

针对上述结构，离散成 100×40 的单元。采用不同的惩罚因子和过滤半径的组合进行结构优化，说明两者对优化构型的影响。

图 3－7（a）显示了惩罚因子取 1 的拓扑优化结果，拓扑结构中存在大量的中间密度单元，难以判断这些单元的保留或去除，无法得到清晰的载荷路径。当惩罚因子取 3 时，从图 3－7（b）中明显地看到，中间密度单元在惩罚因子的作用下呈现清晰的 0 或 1（白色或黑色）密度取值，但是由于过滤半径的取值不当，出现黑色和白色单元交替的棋盘格现象。

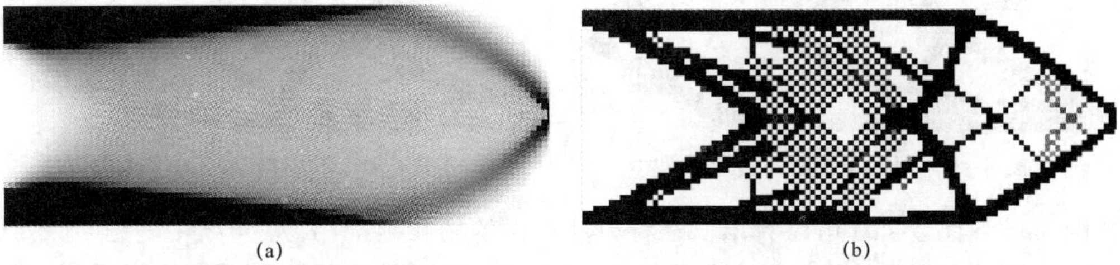

**图 3-7　过滤半径为 1 mm，不同惩罚因子取值的拓扑优化结果**

（a）惩罚因子为 1，过滤半径为 1 mm；（b）惩罚因子为 3，过滤半径为 1 mm

图 3-8 是在惩罚因子取 3 的基础上，对过滤半径进行调整，得到的不同拓扑优化结果。根据 4 个图可以看出，过滤半径取 1.5 mm、2 mm、3 mm 和 4 mm 时，棋盘格现象消失，拓扑结构更加合理；但是过滤半径也不能取值过大，在图（c）（d）中可以观察到边界逐渐出现模糊现象。建议过滤半径在［1.5，3.0］之间取值较为合适。

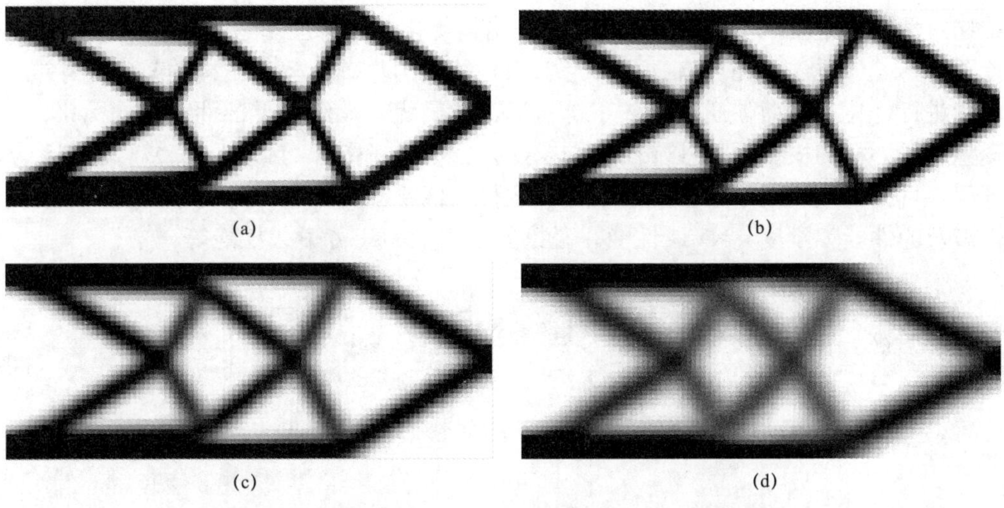

**图 3-8　惩罚因子为 3，不同半径取值的拓扑优化结果**

（a）惩罚因子为 3，过滤半径为 1.5 mm；（b）惩罚因子为 3，过滤半径为 2 mm；
（c）惩罚因子为 3，过滤半径为 3 mm；（d）惩罚因子为 3，过滤半径为 4 mm

**2. BESO 法**

BESO 程序中设计域、过滤半径等相关参数和变密度法保持一致。BESO 法的单元密度值只有 0 或 1 两种状态，因此结构中没有中间密度单元（灰色单元），优化结果清晰，但是由于该方法是基于网格进行增删的，会出现锯齿状边界，如图 3-9 所示。

**3. 水平集法**

水平集法程序中关于设计域和体积约束的设置和前两个方法保持一致。不同于基于单元描述的变密度法和 BESO 法，水平集法是一种边界演化方法，避免了边界扩散效应、锯齿形边界和棋盘格等数值不稳定现象，从图 3-10 中可以看出，优化结果具有光滑的边界。

图 3-9　BESO 法拓扑优化构型

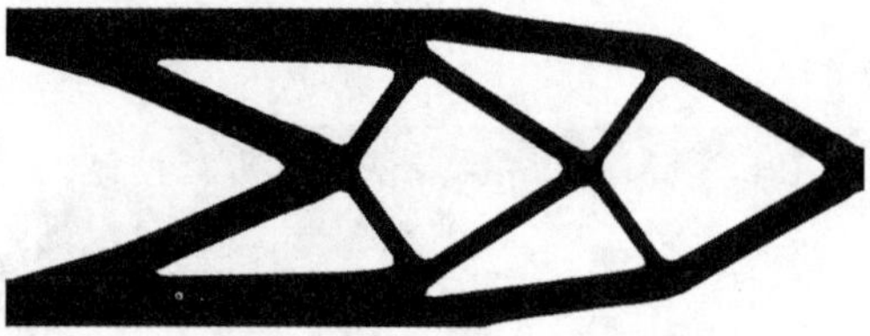

图 3-10　水平集法拓扑优化构型

从图 3-7～图 3-10 可以看出，三种方法得到的拓扑结构相似，但是由于各方法原理的差异，结构表现出不同的特点。基于网格的变密度法和 BESO 法存在锯齿状边界等问题，需要对优化结构进行进一步的处理，同时棋盘格现象、网格依赖性等问题需要合理的控制；水平集法的边界光滑，简化了模型后处理工作，但作为边界演化方法，其计算效率较低。

## 3.4　结构尺寸优化设计

### 3.4.1　基本思想

结构尺寸优化主要用于详细设计阶段，是结构优化技术中应用最早、最广泛的优化技术，已经趋于成熟。该方法是在已有几何外形、拓扑结构的基础上，对结构的某些尺寸或材料参数进一步进行优化，从而使质量、体积等目标函数最优。在汽车零部件的尺寸优化设计中，设计变量一般为杆的横截面尺寸（图 3-11（a））、板厚（图 3-11（b））、复合材料铺层厚度和角度等，目标函数和约束条件涵盖质量、位移、低阶固有频率、结构吸能量、疲劳寿命等响应，涉及的性能如刚度、NVH 性能、碰撞安全性能、疲劳耐久性能等。

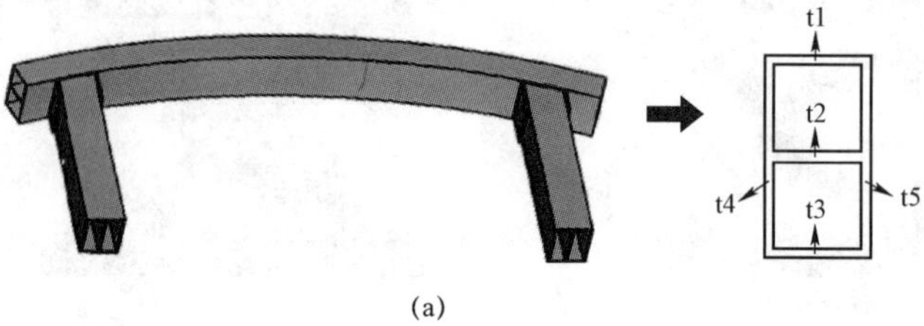


(a)

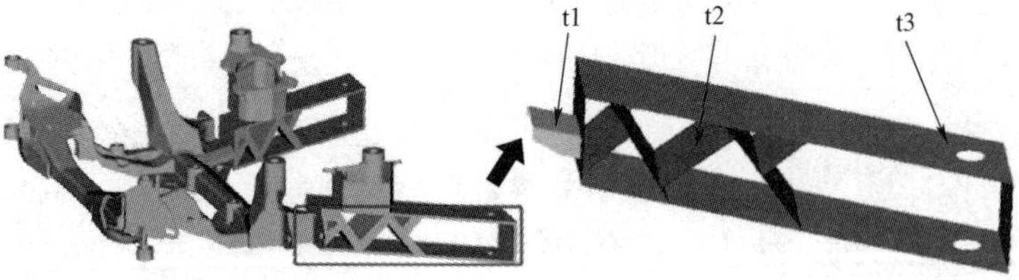


(b)

图 3-11　尺寸优化设计变量

（a）保险杠横梁的横截面厚度；（b）发动机支架不同板的厚度

由于尺寸优化不需要对结构进行变动，在优化后重新分析时只需要对参数进行简单调整，有限元网格不需要重新划分，减少了工作量；但是尺寸优化后结构的性能指标只能是当前结构下的最优指标，不一定是所有结构方案中的最优解，这取决于初始结构的优化程度。

### 3.4.2　简单实例

尺寸优化是复合材料结构优化问题的重要优化方法之一。由于复合材料属于非均质各向异性材料，其纤维铺层厚度、铺层角度和铺层顺序均对结构性能具有一定的影响，均可以作为尺寸优化设计变量。

**1. 复合材料优化介绍**

复合材料结构的优化过程主要包括三个阶段，依次为概念设计、系统设计和详细设计。

（1）概念设计阶段：为了减少铺层数量，将每个角度的铺层分别叠加起来作为一个加厚的超级层，如图 3－12 左侧所示，共产生 4 个角度的超级层：0°、45°、－45°、90°。每个单元的每一个超级层的厚度都是一个设计变量，优化后可以得到不同的超级层厚度，如图 3－12 右侧所示，同时得到整个结构的每个角度超级层的厚度云图，如图 3－13 所示。该优化过程属于自由尺寸优化。

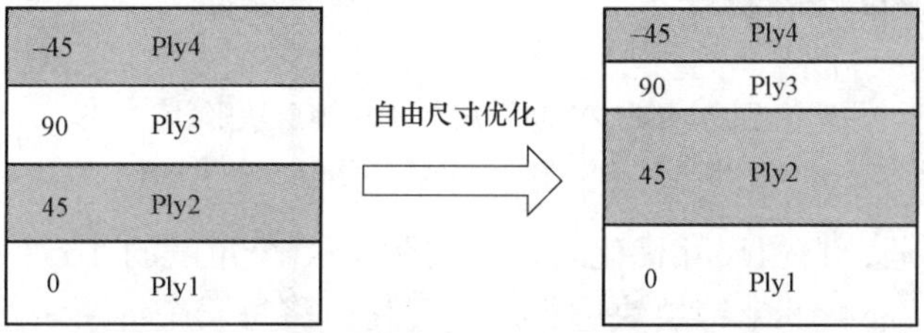


**图 3－12　复合材料单元的不同角度超级层示意图**

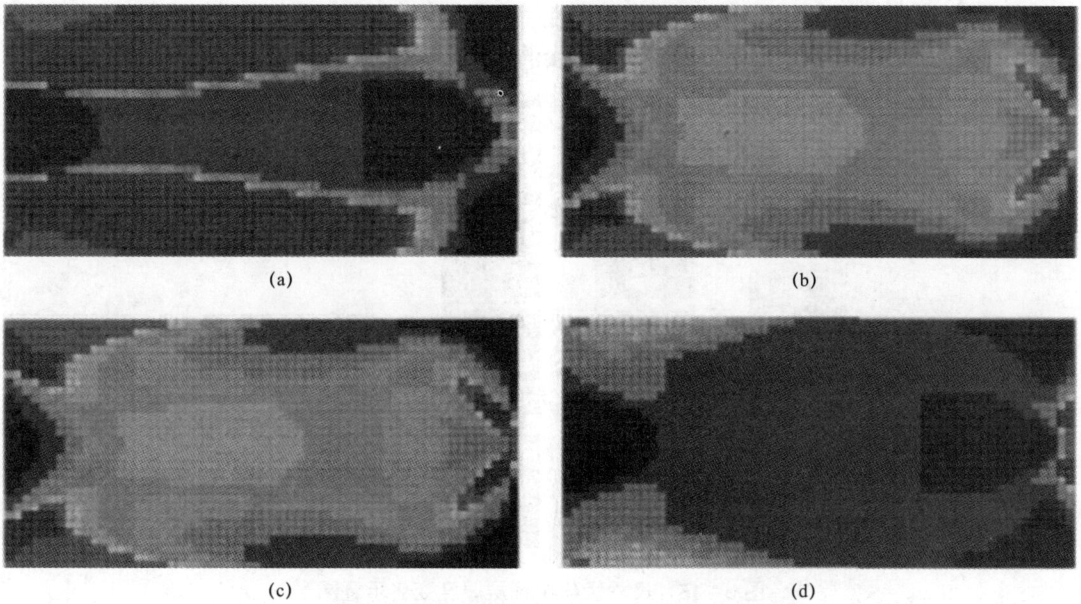

**图 3－13　复合材料单元的不同角度超级层示意图**

（a）0° 超级层厚度分布；（b）45° 超级层厚度分布；
（c）－45° 超级层厚度分布；（d）90° 超级层厚度分布

每个角度超级层的厚度分布不均，需要由一些不同形状的铺层块叠加而成，每个角度超级层都拆分成 4 个形状的铺层块，以 0° 超级层为例，其 4 种铺层块形状如图 3－14 所示。

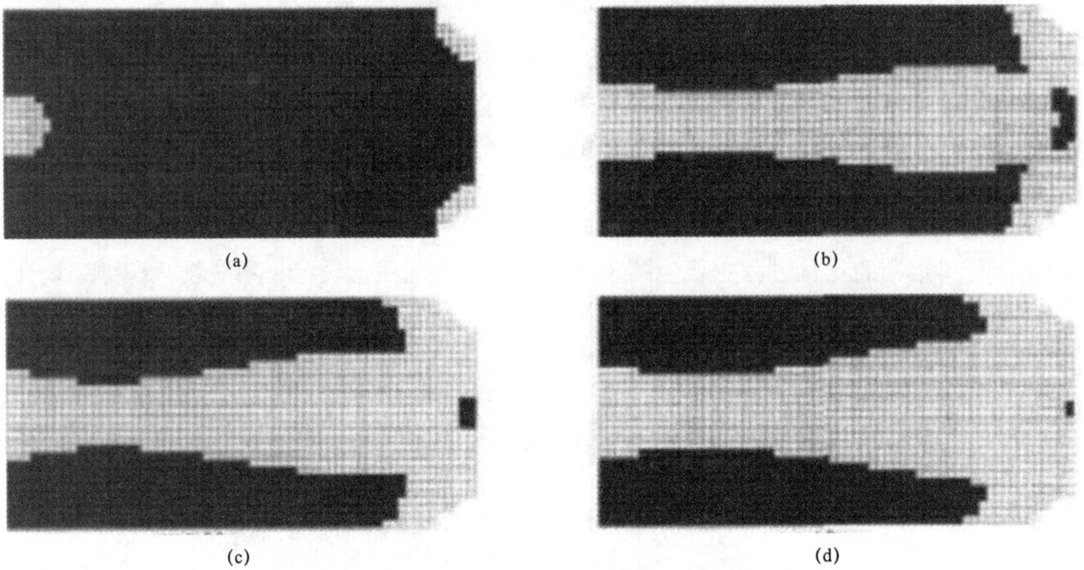


**图 3-14　0°超级层的 4 种铺层块形状**

(a) 形状 1；(b) 形状 2；(c) 形状 3；(d) 形状 4

（2）系统设计阶段：自由尺寸优化之后，得到了 4 个角度的 16 个铺层块，对铺层块的形状进行剪裁。之后，对 16 个铺层块进行尺寸优化，将每一个铺层块的厚度作为设计变量，优化后得到各铺层块的具体厚度。如图 3-15 所示，第一部分显示了初始 16 个铺层的厚度，第二部分显示了尺寸优化后各铺层的厚度发生了变化，第三部分是将每个铺层的优化厚度除以实际铺层的厚度，得到了每种角度每种形状的实际铺层个数。

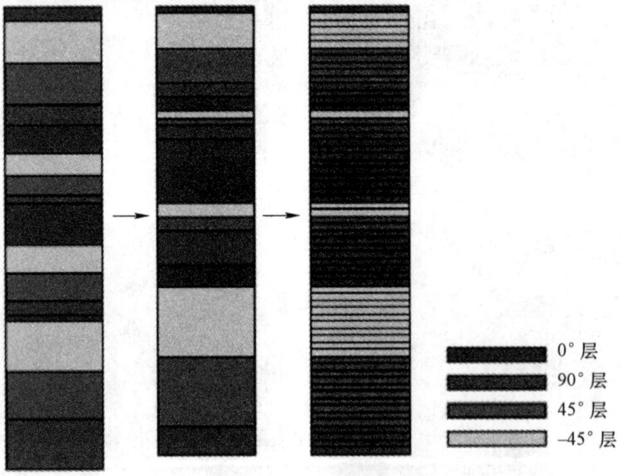


**图 3-15　尺寸优化中铺层厚度变化示意图**

（3）详细设计阶段：在得到每种角度每种形状的实际铺层数目之后，需要考虑铺层对称性、每种铺层的最大层叠数目等因素，对实际铺层顺序进行优化。如图 3-16 所示，第一部分是尺寸优化得到的实际铺层数目优化结果，第二部分是优化后的铺层顺序，可以看到第二部分的铺层数目与第一部分保持一致，但铺层顺序明显不同，同一角度的铺层分布更加分散。

**2. 复合材料尺寸优化实例**

本实例中的飞机复合材料整流罩如图 3－17 所示，已经进行了自由尺寸优化，得到了 4 个超级层的厚度分布云图，如图 3－18 所示，在此基础上，对尺寸优化的设置和优化结果进行说明。

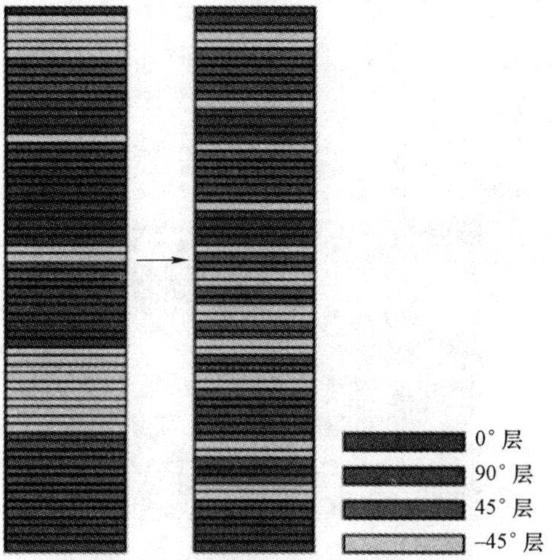


图 3－16　铺层顺序优化示意图

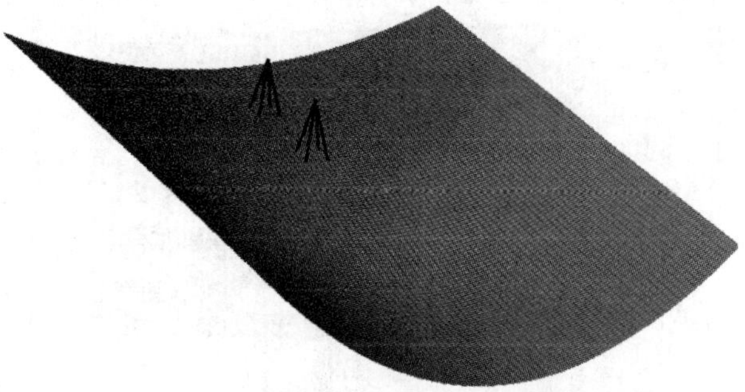

图 3－17　飞机复合材料整流罩有限元模型

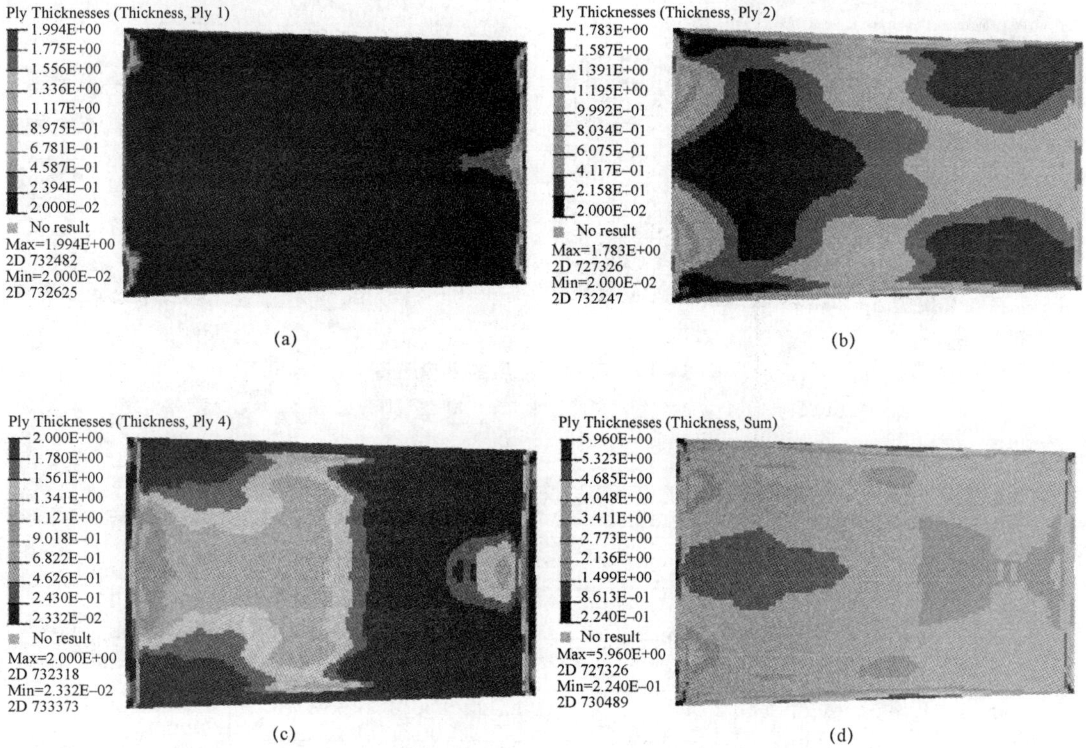


图 3－18　尺寸优化前的超级层厚度云图

（a）0°超级层厚度云图；（b）45/－45°超级层厚度云图；（c）90°超级层厚度云图；（d）总铺层厚度云图

设计变量为每个角度层的铺层块的厚度，4 个角度层均各有 4 个不同形状的铺层块，因此共 16 个设计变量，尺寸优化问题定义如下：

$$
\begin{aligned}
&\min\ V \\
&\text{s.t.}\quad \text{freq}_i \geqslant 0.02\ \text{kHz}\quad i=1,2,3,4,5 \\
&\qquad\ \mu\varepsilon < 1000
\end{aligned}
\tag{3-36}
$$

式中，$\text{freq}_i$ 为前 5 阶固有频率，$\mu\varepsilon$ 为复合材料微应变。

尺寸优化后的厚度云图如图 3-19 所示，可以明显看出和图 3-18 的厚度分布存在差异。优化过程中的体积变化如图 3-20 所示，结构的体积减小了 9.5%。

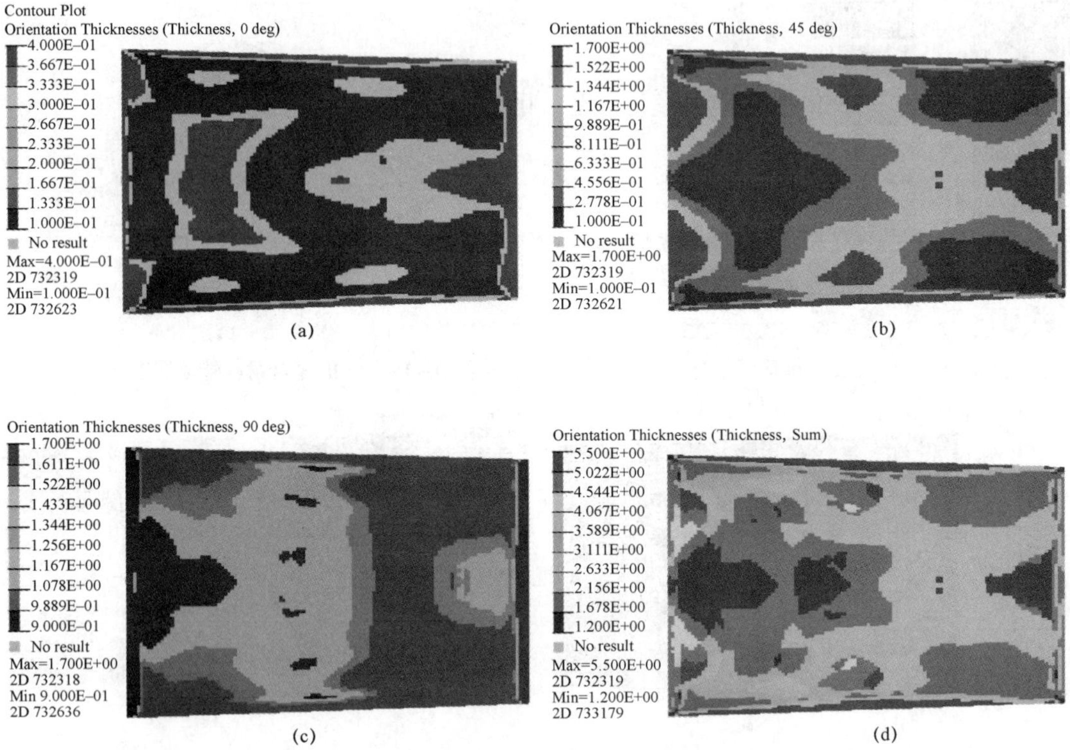


**图 3-19 尺寸优化后的厚度云图**

（a）0° 铺层厚度云图；（b）45°/-45° 铺层厚度云图；（c）90° 铺层厚度云图；（d）总铺层厚度云图

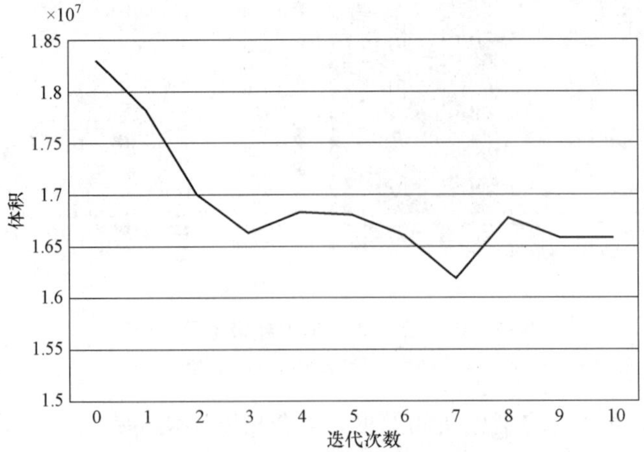


**图 3-20 尺寸优化过程目标体积变化曲线**

## 3.5　结构多目标优化设计方法

前面各节介绍的优化问题只有一个目标函数，属于单目标优化问题，但是在实际优化问题中，有时需要考虑多个性能，例如汽车车身优化设计中，在考虑刚度性能的同时，还会考虑碰撞安全性、轻量化、NVH 性能等目标。一些目标往往是互相冲突的，如降低重量会降低碰撞安全性，也会影响 NVH 性能。因此，对于多目标优化问题，很难找到同时使得所有分目标达到最优的解。多目标优化问题的解通常是个解集，称为 Pareto 解集。Pareto 解集中的点满足：若修改这个解可以提高某个目标性能，但同时会导致其他目标性能的降低。当得到 Pareto 解集后，需要工程人员根据实际要求，比较并选择最终的优化解。

多目标优化方法主要分为基于偏好的方法和智能优化方法。基于偏好的方法是将多个目标合并到一个目标函数中，转化为单目标优化问题进行求解。该方法简单方便，但是需要已知目标的偏好来确定不同目标的权重，并且每个权重组合只能获得一个 Pareto 最优解。智能优化方法是受自然界现象启发得到的算法，如多目标粒子群算法、多目标遗传算法、多目标模拟退火算法等。这类方法不需要偏好信息，能直接求得整个 Pareto 解集，还能有效解决不连续、不可微、非凸、高度非线性等复杂问题，近年来被广泛研究。

本节主要介绍多目标优化的一般流程，并对其中常用的试验设计方法和代理模型技术进行介绍，最后给出一个利用代理模型对电池包进行多目标优化的实例。

### 3.5.1　多目标优化一般流程

多目标优化的一般流程如下：

（1）选取合适的抽样方法在设计空间中抽取一些样本点；

（2）通过软件计算或试验方法得到实际模型对样本点的响应值，对于样本点向量 $\boldsymbol{X}=\{X_1,X_2,\cdots,X_n\}$，应得到元素一一对应的响应值向量 $\boldsymbol{Y}=\{y_1,y_2,\cdots,y_n\}$；

（3）选择合适的代理模型，利用一部分样本点，对响应值与样本点之间函数关系进行插值或拟合，使拟合出的函数值与响应值之间的误差尽可能小，用剩余样本点进行检验。

（4）若代理模型的预测精度满足要求，则使用该代理模型进行结构优化设计；若预测精度不满足要求，则更换其他代理模型重新进行构造。

代理模型的构建主要包括单步法和序贯法。单步法通过一次试验设计，获得一系列样本点来构造代理模型。该方法的关键在于人为选取的训练样本点分布和数目，数目太大会导致仿真计算量大，数目太小则无法保证代理模型精度。序贯法是先通过试验设计得到的样本点构造初步的代理模型，然后根据近似模型特征，按照一定的策略增加新的样本点来更新代理模型，直到代理模型精度满足要求。有针对性地增加样本点有助于快速提高代理模型的精度，因此序贯法可以在较少的样本点个数的条件下保证很高的代理模型精度。

### 3.5.2　试验设计

构建代理模型需要一系列的输入输出变量，其中，输入样本点需要通过试验设计方法来获取。合理的试验设计方法希望得到在设计空间中均匀散布的样本点，从而使样本点尽可能多地反映实际设计空间的信息，保证近似模型的精度。

试验设计的重要概念有试验指标、因素、水平。试验指标是用来衡量试验效果的特征量；因素是试验中需要考察研究的因素，其对试验指标可能产生影响；每个因素在试验中的不同取值，称为水平。常见的试验设计方法主要有全因子试验设计、正交试验设计、拉丁超立方抽样设计等。

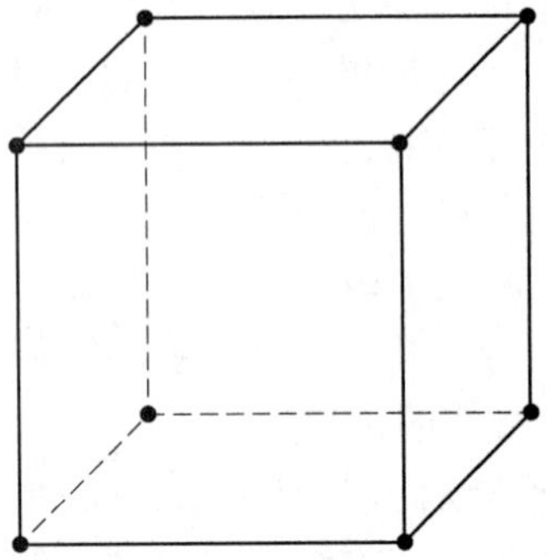

图 3-21　全因子试验设计 2 因素 2 水平试验点分布

**1. 全因子试验设计**

全因子试验设计是对所有因素的所有水平的组合逐个进行试验，如图 3-21 所示。试验总次数等于各个因素水平数的乘积。该方法能全面地反映各组合对试验结果的影响，但是在实际问题中，因素数和水平数会较多，采用全因子试验设计将导致试验次数过多、计算工作量大，因此该方法一般用于低维低水平的试验设计中。

**2. 正交试验设计**

正交试验设计是根据正交表中的试验点进行试验的方法。正交表是根据设计变量个数、水平数以及一定的规则生成的，通常用 $L_n(t^q)$ 表示，其中 L 表示正交表，下标 $n$ 表示试验次数，$t$ 为因素的水平数，$q$ 为最多允许的因素个数。

正交表需要保证任意一列中不同水平值出现的次数相同，如表 3-2 中，每一列 1、2、3 均出现 3 次；还需要保证任意两列中横行组成的数字对出现的次数相等，如表 3-2 中，前两列中（1，1）、（1，2）、（1，3）等均只出现一次。

**表 3-2　正交表 $L_9(3^3)$**

| 试验编号 | 因素 | | |
|---|---|---|---|
| | $X_1$ | $X_2$ | $X_3$ |
| 1 | 1 | 1 | 1 |
| 2 | 1 | 2 | 2 |
| 3 | 1 | 3 | 3 |
| 4 | 2 | 1 | 2 |
| 5 | 2 | 2 | 3 |
| 6 | 2 | 3 | 1 |
| 7 | 3 | 1 | 3 |
| 8 | 3 | 2 | 1 |
| 9 | 3 | 3 | 2 |

正交表的性质使得表格中的点具有较好的代表性，能基本反映全面情况。与全面试验设计相比，正交试验设计大大减少了试验次数，例如表 3-2 对应的 3 因素 3 水平问题，全因子试验需要 27 次试验，而正交试验仅需要 9 次。

**3. 拉丁超立方抽样（Latin Hypercube Sampling，LHS）**

拉丁超立方抽样是一种针对多维变量的分层抽样技术，其对抽样分布进行分层，再从每层中随机取值。假设设计变量 $\boldsymbol{X}=\{X_1,X_2,\cdots,X_n\}$，每个设计变量都是抽样空间中的 1 个维度，共 $n$ 个维度。对每个变量均抽取 $m$ 个样本点，即每个维度都划分为 $m$ 个等区间，每个区间只能抽取一个样本点。

以中值拉丁超立方抽样为例，设第 $i$ 个设计变量 $X_i(1\leqslant i\leqslant n)$ 满足的累积概率分布函数为

$$Y_i=F_i(X_i) \tag{3-37}$$

式中，$Y_i$ 的取值范围为［0，1］。

由于需要抽取 $m$ 个样本点，将 $Y_i$ 的变化区间等分为 $m$ 个区间，对于第 $j$ 个区间 $(1\leqslant j\leqslant m)$，取该区间纵坐标方向的中点值：

$$y_{ij}=\frac{j-0.5}{m} \tag{3-38}$$

根据 $y_{ij}$ 和概率分布函数的反函数，得到该区间中点对应的样本值，示意图如图 3－22 所示。

$$X_{ij}=F^{-1}\left(\frac{j-0.5}{m}\right) \tag{3-39}$$

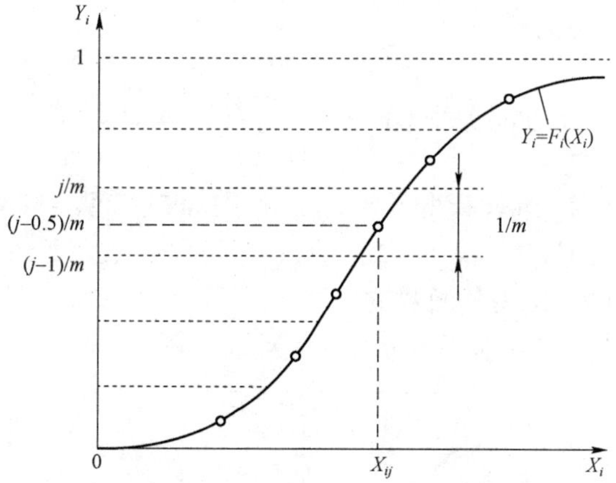


**图 3－22　中值超立方抽样示意图**

按以上步骤依次求解，得到样本矩阵，之后对矩阵进行排序，以降低采样值之间的相关性。

拉丁超立方抽样可以减少试验次数，但是随机选出的样本点也可能不充满空间，如图 3－23（a）所示。因此一些改进的拉丁超立方抽样技术被提出，如均匀拉丁超立方设计、正交拉丁超立方设计、最优拉丁超立方设计等，可以提高样本分布的均匀性，如图 3－23（b）所示。

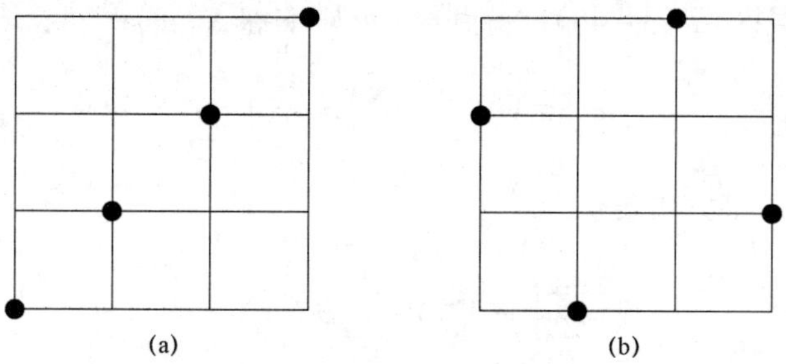


**图 3－23　拉丁超立方抽样试验点分布**

（a）较差的拉丁超立方抽样；（b）均匀拉丁超立方抽样

### 3.5.3 代理模型

在实际工程问题的优化过程中，随着设计变量值的改变，需要对实际模型目标函数、约束条件进行多次求解，由于实际模型情况复杂，一些模型单次求解计算时间长，不适用于优化问题的多次迭代。代理模型是指通过选取一些样本点以及实际模型对输入样本点相应的输出响应，对输入和输出数据进行拟合或插值，构造出能近似实际模型的输入输出关系的低复杂度模型，以求解更多输入点的未知响应。当代理模型的精度满足要求时，在优化过程中对新构造的代理模型进行求解，可以近似原始模型的求解结果，计算难度得到降低，优化效率得到提高。目前发展较为成熟的代理模型有多项式响应面模型、Kriging 模型、径向基函数模型等，下面简要进行介绍。

**1. 多项式响应面模型**

多项式响应面模型是一种回归模型，该模型利用不同阶次的多项式来拟合实际模型，并通过最小二乘法来获取多项式系数。多项式构造简单，计算量小，适用于非线性程度不高的模型。

设计变量与响应之间的函数关系表示为

$$y(\boldsymbol{X})=f(\boldsymbol{X})+\varepsilon=\sum_{j=1}^{N}\beta_j b_j(\boldsymbol{X})+\varepsilon \tag{3-40}$$

式中，$\boldsymbol{X}=\{X_1,X_2,\cdots,X_n\}$ 为 $n$ 维设计变量，$y(\boldsymbol{X})$ 为实际响应值，$f(\boldsymbol{X})$ 为构造的多项式函数，$\varepsilon$ 为拟合值与实际响应值的误差；多项式函数 $f(\boldsymbol{X})$ 可以表示为一系列基函数 $b_j(\boldsymbol{X})$ 的组合，$\beta_j$ 为第 $j$ 个基函数的系数，$N$ 为基函数的个数。

当采用一阶多项式模型时，基函数 $b_j(\boldsymbol{X})$ 包括以下项

$$1,X_1,X_2,\cdots,X_n \tag{3-41}$$

此时基函数个数 $N=n+1$。

当采用二次多项式模型时，基函数 $b_j(\boldsymbol{X})$ 包括以下项：

$$1,X_1,X_2,\cdots,X_n,X_1^2,X_1X_2,\cdots,X_1X_n,\cdots,X_n^2 \tag{3-42}$$

此时基函数个数 $N=\dfrac{(n+2)(n+1)}{2}$。

基函数系数 $\beta_j$ 通过最小二乘法进行估算。假设选取 $M(M>N)$ 个样本点 $\boldsymbol{X}^{(i)}(i=1,2,\cdots,M)$，根据式（3-40），得到第 $i$ 个样本点 $\boldsymbol{X}^{(i)}$ 的误差表达式：

$$\varepsilon^{(i)}=y(\boldsymbol{X}^{(i)})-\sum_{j=1}^{N}\beta_j b_j(\boldsymbol{X}^{(i)}) \tag{3-43}$$

所有样本点的误差平方和表示为

$$S=\sum_{i=1}^{M}\left(y(\boldsymbol{X}^{(i)})-\sum_{j=1}^{N}\beta_j b_j(\boldsymbol{X}^{(i)})\right)^2 \tag{3-44}$$

根据最小二乘法，计算使误差平方和 $S$ 取最小值的基函数系数向量 $\boldsymbol{\beta}$

$$\left\{\begin{array}{l}\boldsymbol{\beta}=(\boldsymbol{b}^{\mathrm{T}}\boldsymbol{b})^{-1}\boldsymbol{b}^{\mathrm{T}}\boldsymbol{y}\\ \boldsymbol{y}=\left[y(\boldsymbol{X}^{(1)}),y(\boldsymbol{X}^{(2)}),\ldots,y(\boldsymbol{X}^{(M)})\right]^{\mathrm{T}}\\ \boldsymbol{\beta}=[\beta_1,\beta_2,\ldots,\beta_N]^{\mathrm{T}}\\ \boldsymbol{b}=\begin{bmatrix}b_1(\boldsymbol{X}^{(1)}) & b_2(\boldsymbol{X}^{(1)}) & \cdots & b_N(\boldsymbol{X}^{(1)})\\ \vdots & \vdots & \vdots & \vdots\\ b_1(\boldsymbol{X}^{(i)}) & b_2(\boldsymbol{X}^{(i)}) & \cdots & b_N(\boldsymbol{X}^{(i)})\\ \vdots & \vdots & \vdots & \vdots\\ b_1(\boldsymbol{X}^{(M)}) & b_2(\boldsymbol{X}^{(M)}) & \cdots & b_N(\boldsymbol{X}^{(M)})\end{bmatrix}\end{array}\right. \tag{3-45}$$

式中，$\boldsymbol{y}$为$M$个样本点的实际响应值组成的向量，$\boldsymbol{\beta}$为$N$个基函数系数组成的向量，$\boldsymbol{b}$为$M$个样本点处的基函数组成的矩阵。

在实际问题中，首先选取样本点，通过仿真计算可以得到实际响应向量$\boldsymbol{y}$，再选取合适的多项式阶次，得到基函数矩阵$\boldsymbol{b}$，将二者代入式（3-45）中，可以计算得到系数向量$\boldsymbol{\beta}$，代入式（3-40）中得到多项式响应面模型。

多项式响应面模型能较好地减少数字噪声的影响，而且基函数的系数大小反映了各基函数项对响应的影响程度，可以去除影响程度较低的基函数项，设计变量各分量之间没有交互关系时也可以去除交叉基函数项，从而进一步简化模型。但是当选取的多项式阶数较高时，会出现过拟合现象，因此该模型不适合处理高度非线性的高维问题。

**2. Kriging 模型**

Kriging 模型是一种无偏最优估计方法，被广泛用于非线性问题代理模型的构造。Kriging 模型可以表示确定项和随机项的组合。设计变量和响应的关系表示为

$$y(\boldsymbol{X})=\sum_{j=1}^{N}\beta_j f_j(\boldsymbol{X})+Z(\boldsymbol{X}) \tag{3-46}$$

式中，$\boldsymbol{X}=\{X_1,X_2,\cdots,X_n\}$，$n$为设计变量的维数，$f_j(\boldsymbol{X})$是基函数，$\beta_j$为对应的系数，$N$为基函数个数，$Z(\boldsymbol{X})$为随机分布函数，反映了局部偏差的近似，其满足

$$E[Z(\boldsymbol{X})]=0 \tag{3-47}$$

$$D[Z(\boldsymbol{X})]=\sigma^2 \tag{3-48}$$

$$Cov\left[Z(\boldsymbol{X}^{(i)}),Z(\boldsymbol{X}^{(l)})\right]=\sigma^2\boldsymbol{R}\left[R(\boldsymbol{X}^{(i)},\boldsymbol{X}^{(l)})\right] \tag{3-49}$$

式中，$\sigma^2$为未知方差，$R\left(\boldsymbol{X}^{(i)},\boldsymbol{X}^{(l)}\right)$为任意两个样本点的空间相关函数，$\boldsymbol{R}$为相关矩阵

$$\boldsymbol{R}=\begin{bmatrix}R(\boldsymbol{X}^{(1)},\boldsymbol{X}^{(1)}) & R(\boldsymbol{X}^{(1)},\boldsymbol{X}^{(2)}) & \cdots & R(\boldsymbol{X}^{(1)},\boldsymbol{X}^{(M)})\\ \vdots & \vdots & \vdots & \vdots\\ R(\boldsymbol{X}^{(i)},\boldsymbol{X}^{(1)}) & R(\boldsymbol{X}^{(i)},\boldsymbol{X}^{(2)}) & \cdots & R(\boldsymbol{X}^{(i)},\boldsymbol{X}^{(M)})\\ \vdots & \vdots & \vdots & \vdots\\ R(\boldsymbol{X}^{(M)},\boldsymbol{X}^{(1)}) & R(\boldsymbol{X}^{(M)},\boldsymbol{X}^{(2)}) & \cdots & R(\boldsymbol{X}^{(M)},\boldsymbol{X}^{(M)})\end{bmatrix} \tag{3-50}$$

若采用高斯相关函数，相关函数的表达式为

$$R\left(\boldsymbol{X}^{(i)},\boldsymbol{X}^{(l)}\right)=\exp\left(-\sum_{k=1}^{n}\theta_k\left|X_k^{(i)}-X_k^{(l)}\right|^2\right) \tag{3-51}$$

式中，$n$ 为设计变量个数，$X_k^{(i)}$ 和 $X_k^{(l)}$ 是样本点 $\boldsymbol{X}^{(i)}$ 和 $\boldsymbol{X}^{(l)}$ 在第 $k$ 个方向上的坐标，$\theta_k$ 是相关性参数。

定义 $M\times 1$ 阶向量 $\boldsymbol{r}_x$，表示样本点与预测点的相关向量：

$$\boldsymbol{r}_x=\left(R(\boldsymbol{X}^{(1)},\boldsymbol{X}),R(\boldsymbol{X}^{(2)},\boldsymbol{X}),\dots,R(\boldsymbol{X}^{(M)},\boldsymbol{X})\right)^{\mathrm{T}} \tag{3-52}$$

定义响应向量 $\boldsymbol{Y}=[y^{(1)},y^{(2)},\cdots y^{(M)}]^{\mathrm{T}}$，系数向量 $\boldsymbol{\beta}$=$[\beta_1,\beta_2,\cdots,\beta_N]^{\mathrm{T}}$，随机过程向量 $\boldsymbol{Z}=[Z(\boldsymbol{X}^{(1)}),Z(\boldsymbol{X}^{(2)}),\cdots,Z(\boldsymbol{X}^{(M)})]^{\mathrm{T}}$，将 $M$ 个样本点对应的基函数写成矩阵形式：

$$\boldsymbol{F}=\begin{bmatrix} f_1(\boldsymbol{X}^{(1)}) & f_2(\boldsymbol{X}^{(1)}) & \cdots & f_N(\boldsymbol{X}^{(1)}) \\ \vdots & \vdots & \vdots & \vdots \\ f_1(\boldsymbol{X}^{(i)}) & f_2(\boldsymbol{X}^{(i)}) & \cdots & f_N(\boldsymbol{X}^{(i)}) \\ \vdots & \vdots & \vdots & \vdots \\ f_1(\boldsymbol{X}^{(M)}) & f_2(\boldsymbol{X}^{(M)}) & \cdots & f_N(\boldsymbol{X}^{(M)}) \end{bmatrix} \tag{3-53}$$

将式（3－46）表示为向量格式：

$$\boldsymbol{Y}=\boldsymbol{F\beta}+\boldsymbol{Z} \tag{3-54}$$

任意一个待测点的响应值由已知样本的响应值 $\boldsymbol{Y}$ 的线性组合来估计：

$$\hat{y}(\boldsymbol{X})=c^{\mathrm{T}}\boldsymbol{Y} \tag{3-55}$$

由于 Kriging 模型需要满足无偏最优估计，即误差的方差为 0 并且预测值的方差最小，表达式为

$$\begin{aligned} &\min\ \ E[(\hat{y}(\boldsymbol{X})-y(\boldsymbol{X}))^2] \\ &\text{s.t.}\ \ E\left[\hat{y}(\boldsymbol{X})-y(\boldsymbol{X})\right]=0 \end{aligned} \tag{3-56}$$

求解式（3－56），得到待测点 $\boldsymbol{X}$ 处的预测值表达式：

$$\hat{y}(\boldsymbol{X})=\hat{\boldsymbol{\beta}}+\boldsymbol{r}_x^{\mathrm{T}}\boldsymbol{R}^{-1}(\boldsymbol{Y}-\boldsymbol{F}\hat{\boldsymbol{\beta}}) \tag{3-57}$$

式中，$\hat{\boldsymbol{\beta}}$ 由最大似然估计求解得到：

$$\hat{\boldsymbol{\beta}}=(\boldsymbol{F}^{\mathrm{T}}\boldsymbol{R}^{-1}\boldsymbol{F})^{-1}\boldsymbol{F}^{\mathrm{T}}\boldsymbol{R}^{-1}\boldsymbol{Y} \tag{3-58}$$

方差的估计值 $\hat{\sigma}^2$ 根据最大似然估计得到：

$$\hat{\sigma}^2=\frac{(\boldsymbol{Y}-\boldsymbol{F}\hat{\boldsymbol{\beta}})^{\mathrm{T}}\boldsymbol{R}^{-1}(\boldsymbol{Y}-\boldsymbol{F}\hat{\boldsymbol{\beta}})}{M} \tag{3-59}$$

得到 $\hat{\boldsymbol{\beta}}$ 和 $\hat{\sigma}^2$ 后，求解式（3－60）中最优化函数的最大值，即得到相关函数中各响应对应的 $\theta_k$，从而得到各响应的 Kriging 模型。

$$\max_{\theta_k}\left\{-\frac{1}{2}[M\ln(\hat{\sigma}^2)+\ln|\boldsymbol{R}|]\right\} \tag{3-60}$$

**3. 径向基函数模型（Radial Basis Function，RBF）**

径向函数是指函数值取决于待测点与样本点的欧式距离的函数。径向基函数模型是以径向函数为基函数，通过基函数线性叠加来计算待测点 $\boldsymbol{X}$ 的响应值。径向基函数模型的数学表

达式为

$$y(X)=\sum_{i=1}^{n}\varphi(r_i)\,\omega_i=\boldsymbol{\varphi\omega} \tag{3-61}$$

式中，$\boldsymbol{\varphi}=(\varphi(r_1),\varphi(r_2),\cdots,\varphi(r_n))$，$\boldsymbol{\omega}=(\omega_1,\omega_2,\cdots,\omega_n)^{\mathrm{T}}$，$n$ 为样本点的数量，$\omega_i$ 为第 $i$ 个基函数对应的系数，$\varphi(r)$ 为基函数，$r_i=\left\|\boldsymbol{X}-\boldsymbol{X}^{(i)}\right\|$ 是待测点 $\boldsymbol{X}$ 与样本点 $\boldsymbol{X}^{(i)}$ 之间的欧式距离。

该近似模型需要满足在样本点处，预测值等于样本点实际响应值 $y_i$：

$$y(\boldsymbol{X}^{(i)})=y_i\quad(i=1,2,\cdots,n) \tag{3-62}$$

将式（3－62）代入式（3－61）得到

$$\boldsymbol{\varphi\omega}=\boldsymbol{Y} \tag{3-63}$$

式中，$\boldsymbol{Y}=(y_1,y_2,\cdots,y_n)^{\mathrm{T}}$，当样本点不重合且函数 $\varphi(r)$ 为正定函数时存在唯一解，则系数矩阵可以由下式计算得到：

$$\boldsymbol{\omega}=\boldsymbol{\varphi}^{-1}\boldsymbol{Y} \tag{3-64}$$

将计算出的系数矩阵代入式（3－61），得到径向基函数模型，从而可以对未知点进行预测。

常用的径向函数形式有：

高斯函数（Gauss）：$\varphi(r)=\exp(-cr^2)$

多二次函数（Multiquadric）：$\varphi(r)=\exp(r^2+c^2)^{\frac{1}{2}}$

逆多二次函数（Inverse multiquadric）：$\varphi(r)=\exp(r^2+c^2)^{-\frac{1}{2}}$

式中，$c$ 是给定的大于零的常数。

径向函数的形式影响径向基函数模型的性质。例如当采用高斯函数时，模型具有局部估计的特点；采用多二次函数时，模型具有全局估计的特点。与多项式响应面模型和 Kriging 模型相比，径向基函数模型能够很好地平衡计算效率和非线性近似精度，但是由于该插值方法必须通过所有样本点，近似模型的精度会受到噪声的影响。同时，该方法中基函数的选择对精度也有较大的影响。

### 3.5.4 基于代理模型的电池包多目标优化实例

面对提高动力电池系统的比能量和电动汽车续驶里程的需要，电池包作为整车中质量占比大的部件，其轻量化对于动力系统甚至整车具有重要意义。本节主要介绍以轻量化和提高一阶固有频率为优化目标的电池包多目标优化，采用了 Kriging 代理模型，并对优化前后电池包的强度、刚度性能进行比较，证明优化的可行性。

**1. 电池包有限元建模和性能分析**

电池包有限元模型和约束位置如图 3－24 中所示。电池包有限元模型主要包括电池箱、电池模组等，质量共 549.5 kg，约束施加在电池包与车身连接的安装托架孔处。静态分析主要目的是计算结构在静态载荷作用下的应力和变形，检验电池包的强度和刚度是否满足要求。由于车载电池包会受到不平路面、电机振动等激励，需要对电

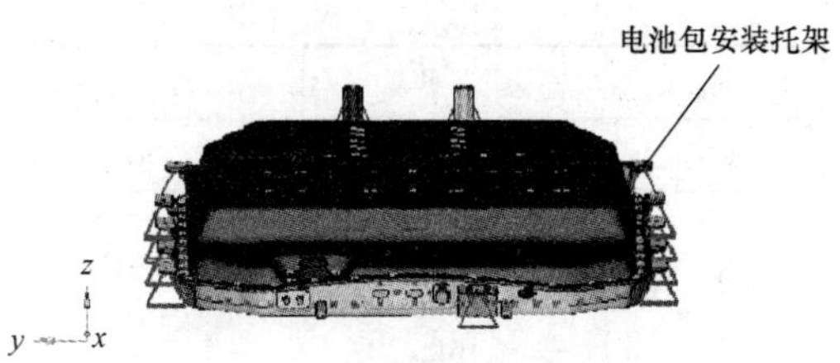

图 3－24 电池包有限元模型

池包进行模态分析，计算结构的固有频率和振型，判断是否会与激励源产生共振。

1）静态特性分析

本例选用颠簸路面急刹车工况进行测试，在垂向施加 $2g$ 加速度，纵向施加 $1g$ 加速度。图 3－25 显示了电池包在颠簸路面急刹车工况下的应力和位移云图，最大位移为 0.7 mm，在合理范围内；最大应力为 117.4 MPa，小于材料的屈服强度 180 MPa。因此，电池包在该工况下满足强度和刚度要求。

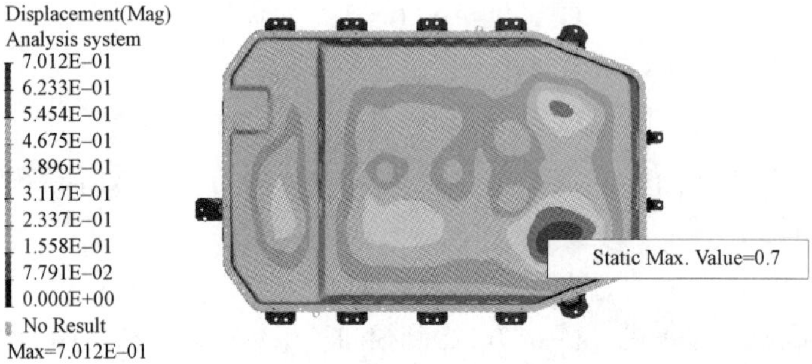


(a)

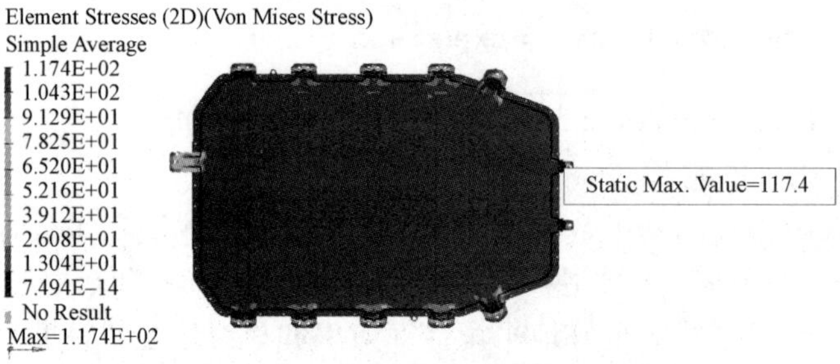


(b)

**图 3－25　电池包云图**

（a）电池包位移云图；（b）电池包应力云图

2）模态特性分析

由于结构的低阶模态振型节点较少，若与外界激励产生共振，将产生较大的变形，因此，模态分析通常计算结构的低阶模态。电池包前 6 阶约束模态频率和振型如表 3－3 所示。电动汽车的主要激振频率在 30 Hz 以下，该电池包的一阶模态频率为 31.52 Hz，不在激振频率范围内，具有较大的轻量化空间，如表 3－3 所示。

**表 3－3　电池包约束模态频率**

| 阶次 | 1 | 2 | 3 | 4 | 5 | 6 |
|---|---|---|---|---|---|---|
| 频率/Hz | 31.52 | 32.06 | 37.93 | 40.53 | 45.58 | 46.05 |

**2. 电池包多目标优化**

1）设计变量的选取

针对电池包中 19 个零件，利用拉丁超立方抽样，分析这些零件的壁厚对质量、一阶模态频率的贡献度，如图 3－26 所示。选择贡献度较大的 7 个零件的壁厚作为设计变量，包括电池包上箱盖、下箱体、后支板、前支板、第二纵梁、左横梁和右横梁厚度。7 个零件的位置如图 3－27 所示，表 3－4 给出设计变量的取值范围。

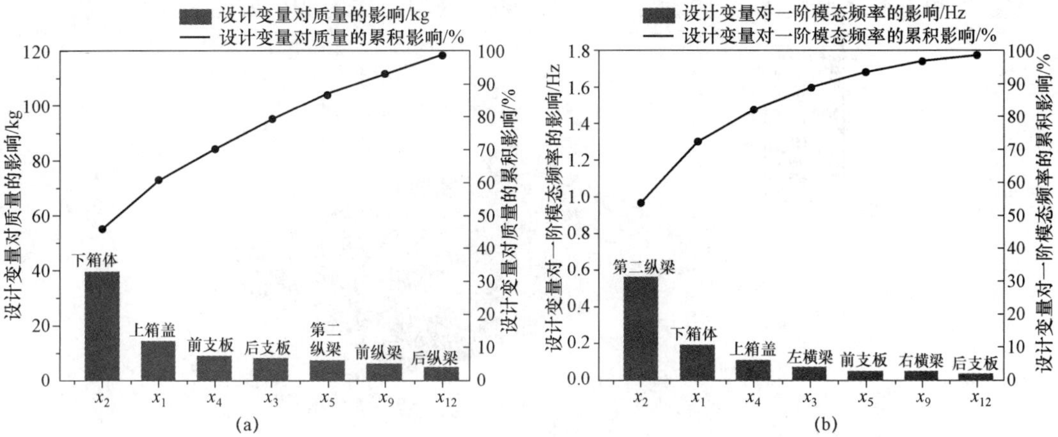


**图 3－26　贡献度分析**

（a）设计变量对质量的最大影响量；（b）设计变量对一阶固有频率的最大影响量

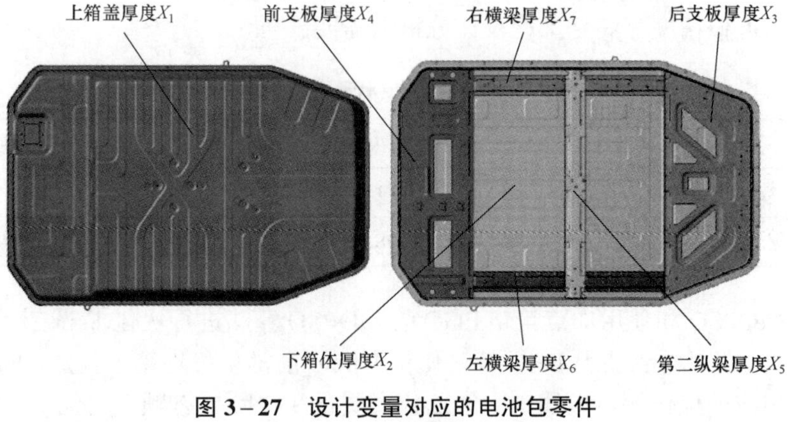


**图 3－27　设计变量对应的电池包零件**

**表 3－4　设计变量取值范围**

| 代号 | $X_1$ | $X_2$ | $X_3$ | $X_4$ | $X_5$ | $X_6$ | $X_7$ |
|---|---|---|---|---|---|---|---|
| 取值/mm | ［0.6，1.2］ | ［0.8，1.5］ | ［1，3］ | ［1，3］ | ［1，3］ | ［1，3］ | ［1，3］ |
| 初始值/mm | 0.7 | 1.2 | 1.5 | 1.5 | 1.5 | 1.5 | 1.5 |

2）定义优化目标和约束

为实现电池包结构轻量化和较高的一阶固有频率，选择质量最小和一阶频率最大作为优化目标，设计变量为电池包中 7 个零件的壁厚。

$$\begin{gathered}\text{obj:} \min M;\ \max \text{freq} \\ \text{s.t. } X_i^{\mathrm{L}} \leqslant X_i \leqslant X_i^{\mathrm{U}}\end{gathered} \tag{3-65}$$

式中，$M$ 为质量响应，freq 为一阶固有频率响应；$\boldsymbol{X}=[X_1,X_2,\cdots,X_m]$ 为设计变量，$X_i^{\mathrm{U}}$、$X_i^{\mathrm{L}}$ 分别为设计变量的上下限。

3）多目标优化

本例使用 Kriging 代理模型模拟设计变量与总质量、一阶固有频率之间的关系。以上箱盖厚度 $X_1$ 和下箱体厚度 $X_2$ 与质量、一阶模态频率的响应面为例，如图 3－28 所示。

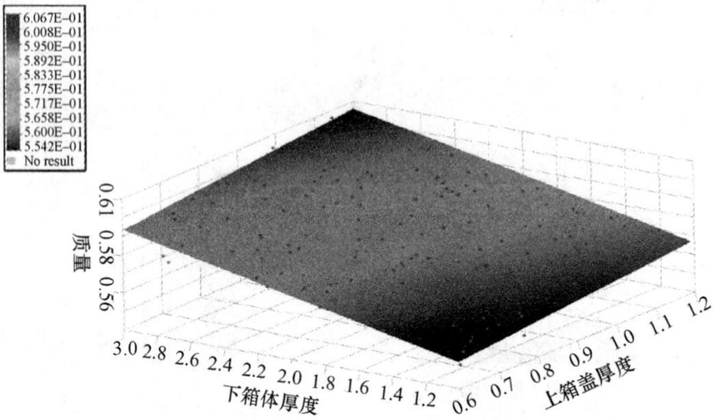


**图 3－28　上箱盖厚度和下箱体厚度对质量的响应面模型**

为了得到更加准确的优化解，需要保证代理模型的精度。从表 3－5 中可以看出，质量和固有频率响应的近似精度可满足工程设计分析的需要。

**表 3－5　Kriging 代理模型精度**

| 误差类型 | 质量/kg | 一阶模态频率/Hz |
| --- | --- | --- |
| 决定系数（$R^2$） | 0.979 9 | 0.913 1 |
| 均方根误差（RMSE） | 0.98 | 0.14 |

分别选择 MOPSO 和使用加点策略 EGO 的 MOPSO 算法进行优化求解，获得 Pareto 前沿，如图 3－29 所示，可以看到使用 EGO 策略使得 Pareto 前沿更好地趋于稳定。Pareto 前沿上的每个点均对应相应的优化解，虚线框中的点代表质量和一阶模态频率均优于原始结构的优化解，在其中选取一组优化解，如表 3－6 所示。

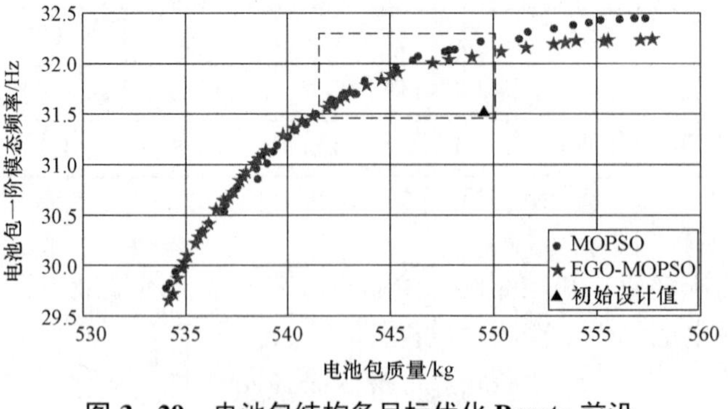


**图 3－29　电池包结构多目标优化 Pareto 前沿**

**表 3－6　优化后设计变量的圆整值**

| 代号 | $X_1$ | $X_2$ | $X_3$ | $X_4$ | $X_5$ | $X_6$ | $X_7$ |
|---|---|---|---|---|---|---|---|
| 初始值/mm | 0.7 | 1.2 | 1.5 | 1.5 | 1.5 | 1.5 | 1.5 |
| 优化后圆整值/mm | 0.6 | 1.0 | 1.0 | 2.0 | 3.0 | 1.0 | 1.5 |

**3. 电池包优化前后性能对比分析**

图 3－30 显示了优化后的电池包在颠簸路面急刹车工况下的应力和位移云图，最大位移为 0.83 mm，稍大于初始结构的位移，但仍在合理范围内；最大应力为 114.85 MPa，低于初始结构的应力。因此，优化后的电池包在颠簸路面急刹车工况下仍满足强度和刚度要求。

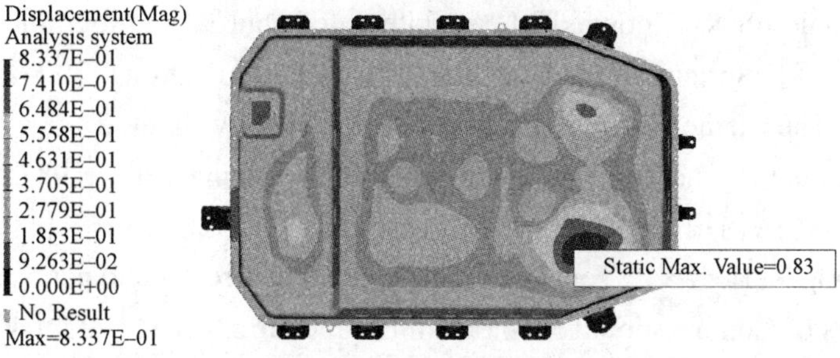


(a)

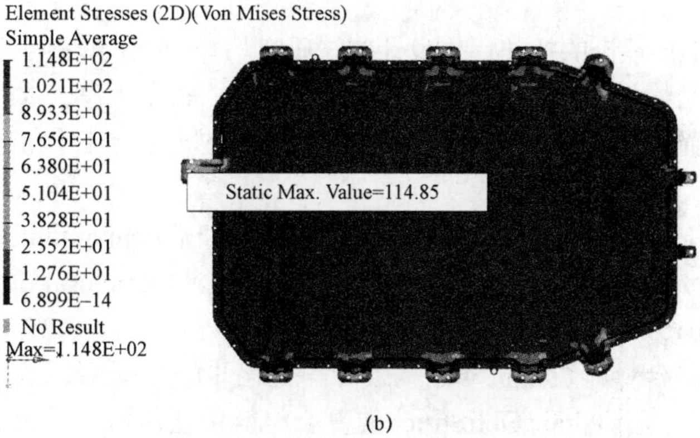


(b)

**图 3－30　优化后电池包云图**

（a）优化后电池包位移云图；（b）优化后电池包应力云图

## 3.6　本章小结

本章针对结构优化问题和主要的优化技术进行了介绍。结构优化问题在多个领域中均有涉及，不同的结构在不同的功能要求下也具有不同的优化需求，本章对汽车结构中常见的优化问题进行了简单的介绍。尺寸优化、形状优化、拓扑优化是结构优化中的主要优化方法，前两种适用于详细设计阶段，拓扑优化适用于概念设计阶段，三者相互结合，可以实现结构从概念到具体的整个优化过程。针对多个优化需求，通常采用多目标优化，寻找性能的均衡点。本章还对灵敏度的求解原理进行了简单的介绍。

# 参考文献

[1] 程耿东. 工程结构优化设计基础 [M]. 大连：大连理工大学出版社，2012.
[2] 陈潇凯. 车辆多学科设计优化方法 [M]. 北京：北京理工大学出版社，2018.
[3] 姚寿文. 机械结构优化设计 [M]. 北京：北京理工大学出版社，2015.
[4] 范子杰，桂良进，苏瑞意. 汽车轻量化技术的研究与进展 [J]. 汽车安全与节能学报，2014，5（1）：1－16.
[5] 阎杰，杨永竹，谢军，等. 离散体结构拓扑优化综述 [J]. 科学技术与工程，2020，20（24）：9673－9682.
[6] Zhou M，Pagaldipti N，Thomas H L. An integrated approach to topology，sizing，and shape optimization [J]. Structural and Multidisciplinary Optimization，2004，26（5）：3.
[7] Svanberg K. The method of moving asymptotes – a new method for structural optimization [J]. International Journal for Numerical Methods in Engineering，1987，24（2）：359－373.
[8] 左孔天. 连续体结构拓扑优化理论与应用研究 [D]. 武汉：华中科技大学，2004.
[9] Zhu J H，Zhang W H，Xia L. Topology optimization in aircraft and aerospace structures design [J]. Archives of Computational Methods in Engineering，2016，23（4）：595－622.
[10] 夏天翔，姚卫星. 连续体结构拓扑优化方法评述 [J]. 航空工程进展，2011，2（01）：1－11.
[11] 张玉荣. 基于水平集理论的拓扑优化设计方法研究[D]. 哈尔滨：哈尔滨工业大学，2013.
[12] 任晓辉. 连续体结构拓扑优化方法研究 [D]. 西安：长安大学，2007.
[13] 王晓艳. 基于碰撞安全性的铝合金后保险杠防撞梁轻量化设计 [D]. 长春：吉林大学，2018.
[14] Li C，Kim I Y，Jeswiet J. Conceptual and detailed design of an automotive engine cradle by using topology，shape，and size optimization [J]. Structural and Multidisciplinary Optimization，2015，51（2）：547－564.
[15] 吴方贺. 碳纤维复合材料发动机罩结构设计与优化 [D]. 长春：吉林大学，2017.
[16] 洪清泉，邬旭辉. 基于 Altair OptiStruct 的复合材料优化技术 [J]. CAD/CAM 与制造业信息化，2008（09）：35－37.
[17] 陈国栋. 基于代理模型的多目标优化方法及其在车身设计中的应用 [D]. 长沙：湖南大学，2012.
[18] 于晗，钟志勇，黄杰波，等. 采用拉丁超立方采样的电力系统概率潮流计算方法[J]. 电力系统自动化，2009，33（21）：32－35.
[19] 穆雪峰. 多学科设计优化代理模型技术的研究和应用 [D]. 南京：南京航空航天大学，2004.
[20] 张勇. 基于近似模型的汽车轻量化优化设计方法 [D]. 长沙：湖南大学，2009.
[21] 柯贤斌. 关于 Kriging 模型的构造及其优化算法研究[D]. 西安：西安电子科技大学，2015.

# 第4章
# 汽车典型工况建模与分析

汽车结构设计通常面临复杂多样的工况，进行建模分析时，典型工况及载荷提取尤为重要。本章以乘用车结构为对象，围绕典型工况下的结构关键性能，重点介绍静力学、振动特性、碰撞安全和疲劳耐久性等方面的建模与分析。

## 4.1 汽车典型工况及载荷

开展汽车结构分析与设计时，通常需要在静态、颠簸、转弯、制动、随机振动和碰撞等典型工况下分析结构性能。通常情况下，静态工况主要将弯曲载荷和扭转载荷作为输入载荷，颠簸、转弯和制动等工况将加速度作为输入载荷，随机振动工况将加速度功率谱密度或振动加速度作为输入载荷，而碰撞工况则根据碰撞安全法规的相关要求来确定设计输入条件。

本节以车身、动力总成悬置和动力电池包等典型结构为例，介绍汽车结构在典型工况下所承受的载荷特点和设计输入条件。

### 4.1.1 汽车车身在典型工况下的载荷

汽车车身为乘员及相关物品提供安全保护，同时也配合整车形成良好的空气力学环境及美观造型。如图4-1所示，典型轿车车身结构一般包括内外两层，外层为车身覆盖件，内层为车身结构件。

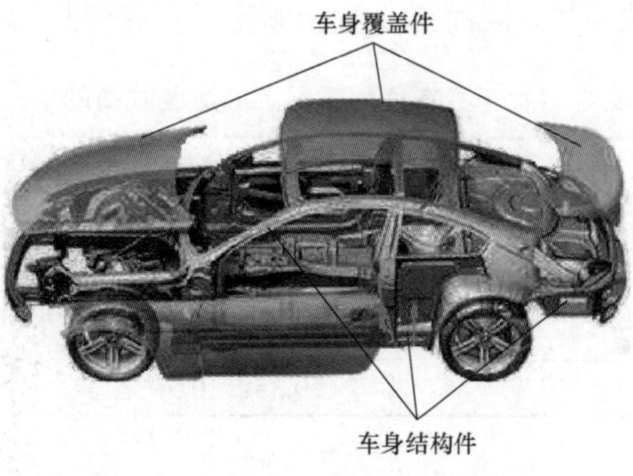


图4-1 某轿车车身结构组成

静态工况下，当汽车四轮着地时，车身所受载荷主要为自身及所承载物的重量，以及由此而产生的弯曲载荷。当汽车一个车轮悬空而另一个车轮抬高时，车身主要承受由此而产生的扭转载荷。

分析计算白车身静态工况下的刚度时，企业根据实际制定相应的载荷和约束加载方法。一般情况下，载荷的加载位置大致相同，只是在施加约束的位置和实现方式上略有不同。图 4－2 和图 4－3 所示为某企业在分析计算白车身刚度时的载荷、约束施加位置和方法。

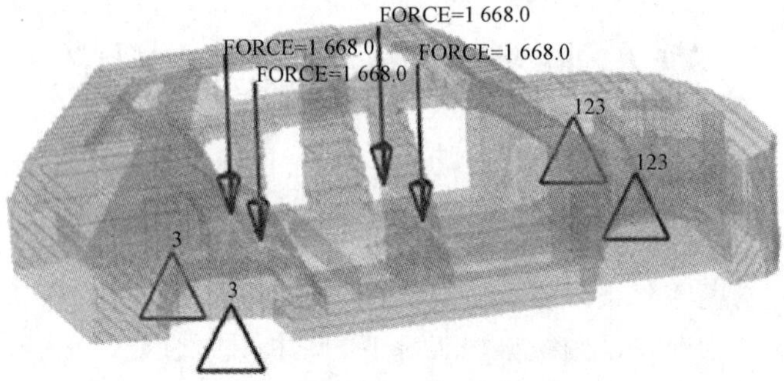


**图 4－2　某轿车车身静态工况下弯曲载荷和约束的加载**

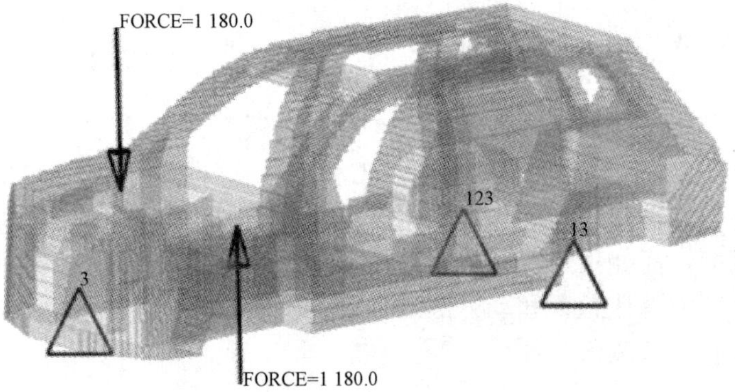


**图 4－3　某轿车车身静态工况下扭转载荷和约束的加载**

当汽车行驶在不平路面、急转弯或紧急制动时，主要根据垂向颠簸、急转弯和紧急制动下的典型载荷来对汽车结构进行静态特性分析。如表 4－1 所示，通常在满载和考虑动载荷系数的情况下定义汽车结构所在工况和所受加速度载荷。事实上，汽车的工况一般也不是单一存在的，往往是多种工况的叠加，因而出于安全考虑，应在分析时综合考虑结构的性能要求。

**表 4－1　车身在使用工况下加速度载荷的选取**

| 序号 | 工况 | 加速度 | 方向 |
|---|---|---|---|
| 1 | 垂向颠簸 | $2.5g \sim 3g$ | 垂直路面方向 |
| 2 | 转弯 | $0.75g \sim 1.2g$ | 车身侧向 |
| 3 | 前进制动 | $1g \sim 1.5g$ | 前进的反方向 |
| 4 | 倒车制动 | $0.35g \sim 0.5g$ | 倒车的反方向 |

### 4.1.2　汽车动力总成悬置在典型工况下的载荷

动力总成悬置是指在动力总成与车架（或底盘）之间通过弹性悬置元件连接而成的装置，典型液压悬置结构及布置形式如图 4－4 所示。动力总成悬置除具有固定支撑和限位的作用外，还能够缓冲来自动力总成和地面的各种载荷激励，起到隔振降噪作用，从而提升整车 NVH 性能。

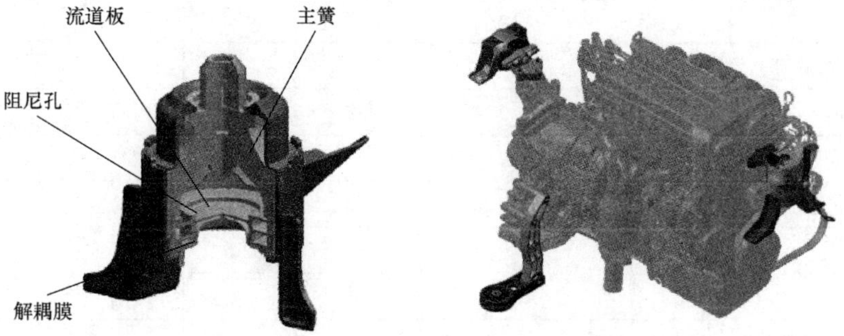


**图 4–4　液压式动力总成悬置及布置形式**

动力总成悬置承受载荷由动力总成及车辆行驶工况决定。总的来说，承载主要有静态载荷、扭矩、垂向载荷和侧向载荷等。在概念设计阶段，通常按照动力总成工况来定义动力总成悬置的设计载荷。当前多数主机厂按照通用汽车公司 GMW14116 悬置子系统技术条件所列出的 28 种载荷工况进行加载，如表 4–2 所示。

**表 4–2　动力总成 28 种工况载荷标准**

| 工况 | 动力总成悬置系统分析工况 | | 动力总成的加速度/$g$ | | | 动力总成扭矩 | 工况类型 |
|---|---|---|---|---|---|---|---|
| | | | $x$ 轴 | $y$ 轴 | $z$ 轴 | | |
| 1 | 静态设计位置 | | | | −1 | | 典型 |
| 2 | 发动机最大前进扭矩 | | | | −1 | 工况 2 | 典型 |
| 3 | 发动机最大后退扭矩 | | | | −1 | 工况 2 | 典型 |
| 4 | 发动机最大前进扭矩/前进加速度 | 前驱 | 0.5 | | −1 | 工况 2 | 典型 |
| | | 后驱 | 0.6 | | −1 | 工况 2 | 典型 |
| | | 四轮驱动 | 0.7 | | −1 | 工况 2 | 典型 |
| 5 | 发动机最大前进扭矩/左转 | | | 1 | −1 | 工况 2 | 典型 |
| 6 | 发动机最大前进扭矩/右转 | | | −1 | −1 | 工况 2 | 典型 |
| 7 | 发动机最大前进扭矩/垂直向下冲击 | | | | −3 | 工况 2 | 典型 |
| 8 | 发动机最大前进扭矩/垂直回弹 | | | | 1 | 工况 2 | 典型 |
| 9 | 发动机最大后退扭矩/后退加速度 | 前驱 | −0.6 | | −1 | 无 | 典型 |
| | | 后驱 | −0.5 | | −1 | 无 | 极端的 |
| | | 四轮驱动 | −0.6 | | −1 | 无 | 极端的 |
| 10 | 8km・$h^{-1}$ 前碰（−11$g$） | | −11 | | −1 | 无 | 极端的 |
| 11 | 8km・$h^{-1}$ 前碰（+11$g$） | | 11 | | −1 | 无 | 极端的 |
| 12 | 垂直向上加载（深坑） | | | | 4 | 无 | 极端的 |
| 13 | 垂直向下加载（深坑） | | | | 6 | 无 | 极端的 |
| 14 | 横向向左加载 | | | −3 | −1 | 无 | 极端的 |
| 15 | 横向向右加载 | | | 3 | −1 | 无 | 极端的 |

续表

| 工况 | 动力总成悬置系统分析工况 | 动力总成的加速度/g | | | 动力总成扭矩 | 工况类型 |
|---|---|---|---|---|---|---|
| | | $x$ 轴 | $y$ 轴 | $z$ 轴 | | |
| 16 | 垂直向上横向向左加载 | | –3 | 4 | 无 | 极端的 |
| 17 | 垂直向上横向向右加载 | | 3 | 4 | 无 | 极端的 |
| 18 | 垂直向下横向向左加载 | | –3 | –6 | 无 | 极端的 |
| 19 | 垂直向下横向向右加载 | | 3 | –6 | 无 | 极端的 |
| 20 | 坏路向上 | | | 2.5 | 无 | 典型 |
| 21 | 坏路向下 | | | –4.5 | 无 | 典型 |
| 22 | 前进纵向加载（全油门加速） | –3 | | –1 | 无 | 典型 |
| 23 | 后退纵向加载（全油门加速） | –3 | | –1 | 无 | 典型 |
| 24 | 全油门N到D挡/离合器低挡全油门结合 | | | –1 | 工况3 | 极端的 |
| 25 | 全油门N到D挡/离合器倒挡全油门结合 | | | –1 | 工况3 | 极端的 |
| 26 | 1倍重力加速度载荷 | | | –1 | 无 | 典型 |
| 27 | 部分前进扭矩（5/8全油门） | | | –1 | 按规定 | 典型 |
| 28 | 部分倒挡扭矩（5/8倒挡，节气门全开） | | | –1 | 按规定 | 典型 |

### 4.1.3 电动汽车动力电池包在典型工况下的载荷

动力电池包是电动汽车的重要组成，用于安装和固定动力电池模组和电池管理系统，并为它们提供机械防护。早期的电动汽车大多将动力电池包布置在后备厢处以降低对箱体刚强度要求，随着电池模组成倍增加，动力电池包的体积和质量也逐渐增大，在此情况下，又大多被布置在车身结构的底部，并通过托架与车身连接。典型动力电池包如图4–5所示。

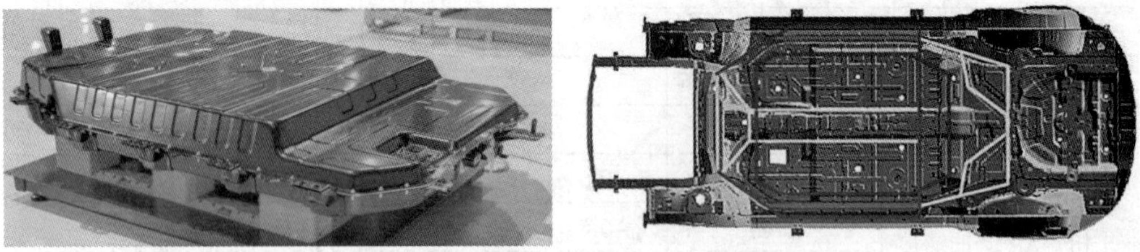

图4–5 典型动力电池包及布置形式

动力电池包在承受着电池模组和自身重力载荷的同时，也承受由车身传递而来的各种载荷。在设计过程中，通常需要对动力电池包进行刚强度校核、振动与冲击分析、碰撞和疲劳耐久性能分析等。

动力电池包在颠簸、转弯和制动等工况下的载荷如表4–1所示。在进行结构性能分析计算时，通常将动力电池包与车架连接的点固定，并在连接点处施加相应的加速度激励。图4–6示意了某动力电池包在分析时的约束和载荷加载情况，其中，约束连接点处的6个自由度，并将载荷施加在连接点。

电动汽车动力电池包应满足相应的振动与冲击测试。M1 类车辆的随机振动载荷（加速度功率谱密度）如表 4－3 所示；机械冲击测试参数和脉冲容差范围如表 4－4 和表 4－5 所示。表中 $X$、$Y$、$Z$ 轴方向如图 4－6 所示。

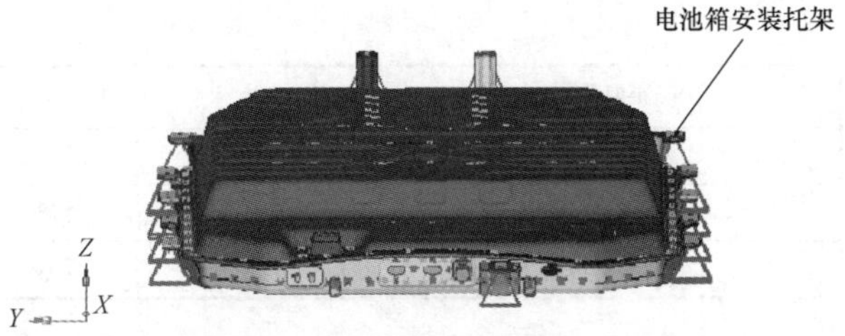


**图 4－6　某动力电池包在仿真分析时的约束和载荷加载情况**

**表 4－3　M1 类车辆（动力电池包布置在乘员舱下方）振动测试条件**

| 频率/Hz | 随机振动 | | |
|---|---|---|---|
| | $Z$ 轴功率谱密度/（$g^2$ • $Hz^{-1}$） | $Y$ 轴功率谱密度/（$g^2$ • $Hz^{-1}$） | $X$ 轴功率谱密度/（$g^2$ • $Hz^{-1}$） |
| 5 | 0.015 | 0.002 | 0.006 |
| 10 | / | 0.005 | / |
| 15 | 0.015 | / | / |
| 20 | / | 0.005 | / |
| 30 | / | / | 0.006 |
| 65 | 0.001 | / | / |
| 100 | 0.001 | / | / |
| 200 | 0.000 1 | 0.000 15 | 0.000 03 |
| RMS | 0.64$g$ | 0.45$g$ | 0.50$g$ |
| 正弦定频振动 | | | |
| 定频幅值/$g$ | 1.5 | 1 | 1 |
| 定频频率/Hz | 24 | 24 | 24 |

**表 4－4　机械冲击测试参数**

| 测试程序 | 参数要求 |
|---|---|
| 冲击波形 | 半正弦波 |
| 测试方向 | $\pm Z$ |
| 加速度值/$g$ | 7 |
| 脉冲时间/ms | 6 |
| 冲击次数/次 | 正负方向各 6 |

**表 4－5　机械冲击脉冲容差范围**

| 点（见图 4－7） | 脉宽/ms | $\pm Z$ 方向加速度值/$g$ |
|---|---|---|
| $A$ | 1.00 | 0.00 |
| $B$ | 2.94 | 5.95 |
| $C$ | 3.06 | 5.95 |
| $D$ | 5.00 | 0.00 |
| $E$ | 0.00 | 2.68 |

续表

| 点（见图 4－7） | 脉宽/ms | ±$Z$ 方向加速度值/$g$ |
|---|---|---|
| $F$ | 2.00 | 8.05 |
| $G$ | 4.00 | 8.05 |
| $H$ | 7.00 | 0.00 |

### 4.1.4 汽车结构在碰撞工况下的载荷

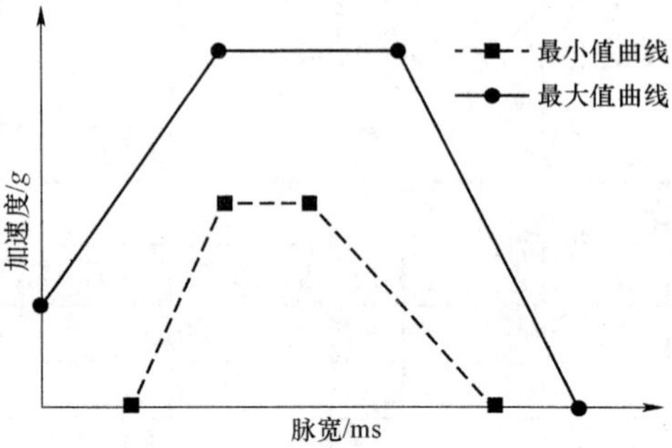


图 4－7 机械冲击脉冲容差范围示意图

碰撞是汽车面临最恶劣但发生概率又较低的一种情形，一般包括正面碰撞、侧面碰撞、后面碰撞和滚翻，无论哪种形式的碰撞，都能造成一定程度的结构损坏或损伤。车身作为碰撞过程中保护人员和设备被动安全的重要屏障，确保车身碰撞安全至关重要。

为了便于对汽车碰撞安全进行测试和评估，各国均制定了相应的碰撞试验法规。代表性的碰撞试验法规有美国的联邦机动安全法规（FMVSS）和欧洲法规（ECE），其他如中国、日本等国家的法规基本上是参考美国和欧洲而制定的。

表 4－6～表 4－9 列出了正面碰撞、侧面碰撞、侧面柱撞和追尾碰撞的仿真和试验测试设置要求，表 4－10 给出了几种代表性的碰撞测试评估项目。表中的“MDB”表示可变形移动壁障，“RMB”表示刚性移动壁障。

表 4－6 正面碰撞仿真和试验测试设置要求

| 项目 | EU－NCAP | ECE－R94 | NHTSA | IIHS | FMVSS－208 | J－NCAP | | C－NCAP | |
|---|---|---|---|---|---|---|---|---|---|
| 速度/（km·h$^{-1}$） | 64 | 56 | 56 | 64.4 | 48～50 | 55 | 64 | 50～51 | 64 |
| 障碍物 | MDB | MDB | RMB | MDB | RMB | RMB | MDB | RMB | MDB |
| 重叠 | 40% | 40% | 100% | 40% | 100% | 100% | 40% | 100% | 40% |

表 4－7 侧面碰撞仿真和试验测试设置要求

| 项目 | EU－NCAP | ECE－R95 | NHTSA | IIHS | FMV－SS214 | J－NCAP | C－NCAP |
|---|---|---|---|---|---|---|---|
| 速度/（km·h$^{-1}$） | 50 | 50 | 61 | 50 | 54 | 55 | 50 |
| 障碍物 | MDB | MDB | MDB | MDB | MDB | MDB | MDB |
| 冲击角 | 90° | 27° | 90° | 90° | 27° | 90° | 90° |

表 4－8 侧面柱撞仿真和试验测试设置要求

| 项目 | EU－NCAP | NHTSA |
|---|---|---|
| 速度/（km·h$^{-1}$） | 29 | 32 |
| 角度 | 90° | 75° |

注：试验车辆侧向移动撞击直径为 254 mm 的柱壁障，用于模拟汽车由于躲避不及而侧面撞到树或电线杆等圆柱形物体上的情况。

**表 4－9　追尾碰撞仿真和试验测试设置要求**

| 项目 | FMVSS－301 | ECE－R34 | GB 20072 |
|---|---|---|---|
| 速度/（$\mathrm{km \cdot h^{-1}}$） | 48 | 35－38 | 50 |
| 障碍物 | RMB | RMB | RMB |

注：EU－NCAP 和 C－NCAP 在 2012 年后增加了鞭打试验，以测试乘员颈部受伤情况。

**表 4－10　几种代表性的碰撞测试评估项目**

| 项目 | EU－NCAP | NHTSA | IIHS | J－NCAP | C－NCAP |
|---|---|---|---|---|---|
| 正面碰撞 | 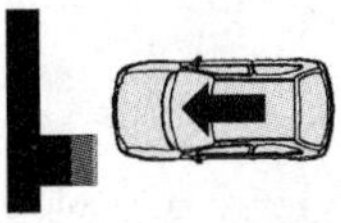 40%偏置 | 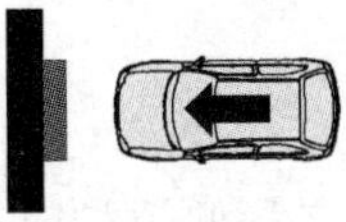 100%全宽 | 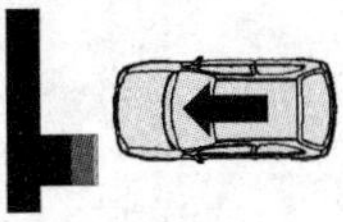 40%+25%偏置 | 100%全宽：同 NHTSA 40%偏置 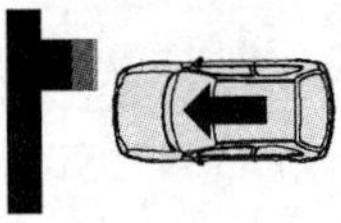 | 100%全宽：同 NHTSA 40%偏置：同 EU－NCAP |
| 侧面碰撞 | 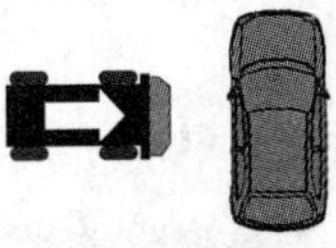 90° MDB |  27° MDB |  90° MDB | 同 IIHS 90° MDB | 同 EU－NCAP 90° MDB |
| 侧面柱撞 | 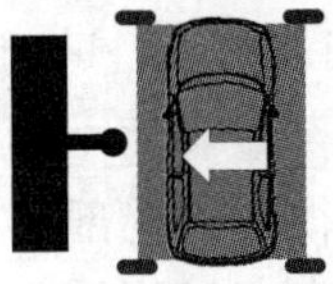 90° Pole | 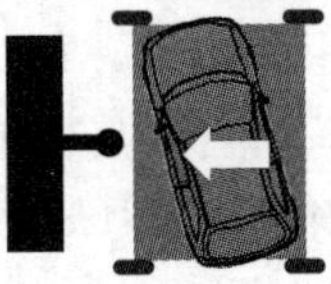 90° Pole | — | — | — |

## 4.2　汽车结构有限元分析建模流程与评价

### 4.2.1　建模流程

本节面向汽车结构有限元分析，对建模流程一般性要求和建模方法、模型评价进行介绍。

汽车结构有限元建模流程如图 4－8 所示，一般包括定义问题、建立几何模型、选择单元类型、划分网格、检查模型、定义边界条件、计算和验证模型、评价和修正模型及设置载荷步等环节。

### 4.2.2　定义问题

定义问题是指在具体实施分析之前，首先弄清分析对象的几何形状、约束特点和载荷规律，明确结构形式、分析类型、计算结果的大致规律、精度要求、模型规模大小等情况，最终确定合理的建模策略。

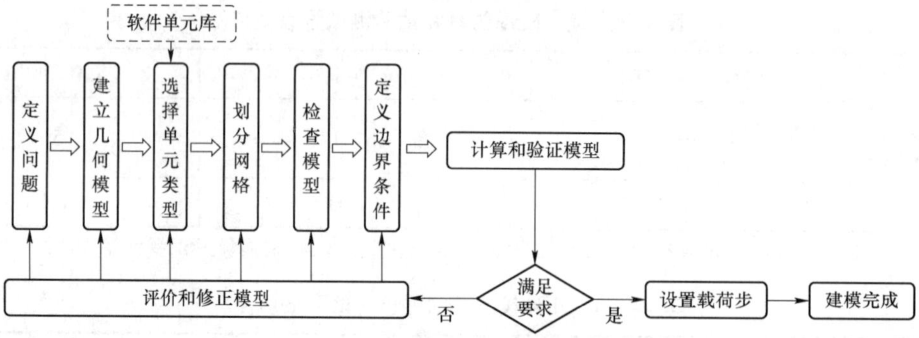


图 4-8　汽车结构有限元建模流程

### 4.2.3　建立几何模型

几何模型反映分析对象几何特征的求解域。在建立几何模型时，应根据分析对象的形状、尺寸和边界条件等特点确定一个适合有限元分析的几何区域。几何模型作为网格划分的基础，为提高分析计算效率，通常在几何建模时就要对原有结构进行适当处理。常用的几何模型形状处理方法有降维处理、细节简化、局部结构利用和对称性利用等。

降维是把三维问题简化或近似为二维问题来处理的方法，例如，对在平面上尺寸较小且远离作用区的孔，建模时就可以将其忽略；由于螺纹升角很小，也可认为螺纹牙的受力在周向是相同的，从而将螺栓和螺母近似为轴对称结构。

细节简化是对机械零件中存在的一些相对尺寸很小的细节，如倒圆、倒角、退刀槽、加工凸台等做去除处理的方法，可在保证一定分析精度的基础上，减少单元数量和缩小模型规模。

局部结构利用是将结构尺寸相对很大，但受力或同时受力却相对很小的局部结构加以利用的方法。例如齿轮结构，在啮合时只有局部发生变形，应力也集中在局部区域内，对这类结构进行有限元建模时，一般从整个结构中划分出受力、应力或变形最大的危险区域进行分析，以此来缩小几何求解域和降低模型规模。另外，也可对关键部位进行细致网格划分，以提高计算精度。

对称性利用是在形状和边界条件具有某种对称性的前提下，借助结构应力和变形呈对称分布的规律进行模型简化的方法。例如，为减小模型规模，对于形状对称的平板，在对称力作用下的应力和变形具有对称性，因此只需取出一半结构进行分析便能了解全部应力和变形。

### 4.2.4　选择单元类型

利用有限元方法来分析空间、杆梁结构、板壳结构等问题时，需要构建不同类型的单元。单元类型选择的合理性和特性定义的正确性都会对计算结果产生影响。本节介绍常见单元类型选择和单元特性的定义方法。

**1. 单元类型**

通常按照结构类型对单元进行分类。常见的单元有平面单元、实体单元、板单元、壳单元、杆单元、梁单元和弹簧单元。根据单元网格形状的维数特征，单元也可分为一维单元、二维单元和三维单元。根据单元位移函数多项式最高阶次数的多少，单元又可分为线性单元、二次单元和三次单元。

**2. 单元形状及选择**

二维单元的形状主要有三角形和四边形两种。三角形单元的边界适应能力比四边形强，常用于具有复杂边界的区域离散。四边形单元的精度要高于同阶次的三角形单元，但边界适应能力较弱，多用于规则区域的离散。在采用映射网格划分方法时，一般选择四边形单元。

实体单元的网格形状主要有四面体、五面体和六面体三种。四面体网格的边界适应能力强，常用于具有复杂边界曲面的不规则结构的离散。五面体和六面体网格多用于形状较规则的结构，这两种单元一般需要采用映射划分网格方法。

**3. 单元特性及选择**

一个完整的单元应该包括具有可视的外部形状和不可见的内部特性，除了要反映单元几何特征外，还要反映材料特性、物理特性、截面特性及相关几何数据等。

1）材料特性

材料特性用于定义分析对象的性能，如弹性模量、泊松比、密度、导热系数和热膨胀系数等，其值与材料类型有关，用户可在有限元分析软件材料库中选择特性值，也可自定义材料特性。

有限元方法中可分析的材料类型包括各向同性材料、各向异性材料、正交各向异性材料和叠层复合材料。对于不同类型的材料，材料参数和定义方法不同。

2）物理特性

物理特性用于定义单元物理参数或辅助几何特征，与单元类型有关。常见的物理特性有：板单元的厚度值，壳单元的厚度值，平面应力单元的厚度值，弹簧单元的刚度系数，刚度参考坐标系，间隙单元的间距、接触方向、切变方向和摩擦系数，集中质量单元的质量，转动惯量和惯量参考坐标系等。

3）截面特性

由于杆、梁单元的网格只能表示杆件长度方向的几何特征，无法描述截面的形状和大小，而杆件的力学性能又与截面形状和大小有关，因此这类一维单元需要定义其截面特性。杆件结构只承受拉压，其截面特性只有截面积。梁结构可以承受拉压、弯曲和扭转，其截面特性包括截面积、主惯矩、极惯矩等截面性质。在有限元分析中，截面特性的定义可通过参数定义和图形定义的方式完成。

4）相关几何数据

除以上特性外，某些单元还可能具有一些相关几何数据，例如单元编号、组成单元的节点编号等。

### 4.2.5　划分网格

划分网格不仅工作量大，而且直接影响结果精度和模型规模，是有限元建模过程中最为关键的环节之一。

**1. 划分网格的原则**

划分网格时，要确保网格数量、网格疏密程度和单元阶次适度，网格几何形状合理，网格分界面和分界点划分正确。一般遵循如下原则：

（1）在权衡分析结果精度和计算规模基础上，选择规模相应的网格数量。

（2）在结构不同部位根据分析需要应采用不同大小的网格。

（3）在保证分析精度和计算规模基础上选择合适的单元阶次。

（4）网格划分之后必须进行网格质量检查，并对质量差的网格进行修正。

**2. 划分网格的方法**

划分网格的方法主要有自动划分网格和半自动划分网格。

自动划分网格不仅高效且劳动强度低，广泛应用于形状规则结构的网格划分。自动划分网格时需要选择单元类型、网格形状和单元阶次，并确定网格尺寸，然后选择要划分网格的几何模型，之后的工作由计算机自动完成。

对于平面问题和形状规则的空间问题，为了控制网格大小、形状和疏密，也采用半自动分网方法，即在自动划分网格的过程中人为地定义某些网格特性。

### 4.2.6 检查模型

网格划分完成后，还需要检查有限单元网格质量。网格质量的相应指标主要包括偏斜度、长宽比、翘曲角、扭曲度雅可比、拉伸度、单元最小长度等，以上各指标要求可根据设计分析的需求，参照相关软件的使用教程进行确定。

### 4.2.7 定义边界条件

定义边界条件是将所分析的结构与其他结构或外界的关系用位移约束、载荷等形式来呈现，是有限元建模的关键环节之一。边界条件的提取与工况复杂程度、测试方法和手段、人员对结构的了解程度以及工程经验有关，需要针对具体的问题定义相应的边界条件。

**1. 位移约束条件**

位移约束是对节点位移的大小和相互关系的限制。为了求出结构的变形位移，就必须对模型施加相应的位移约束，以排除各种可能的刚体运动。

平面结构的刚体运动表现为 2 个平动和 1 个转动。为了消除平面结构的刚体位移，至少应在模型上施加 3 个约束，且被约束的 3 个位移不能沿同一方向。如果节点只有 2 个移动自由度，则必须至少约束 2 个节点。如果节点还具有转动自由度，则可以只在 1 个节点上施加所有 3 个约束。

空间结构的刚体运动有 3 个平动和 3 个转动。为了消除空间结构的所有刚体运动，应在模型上施加至少 6 个位移约束。若节点只有 3 个移动自由度，则约束必须加在至少 3 个不共线的节点上，且约束的位移应具有沿 3 个坐标轴的位移。

建立位移约束时，首先应考虑结构接触边界上的自然约束条件，如果这些约束不足以消除刚体运动，则需要补充一些约束。约束补充后要确保整个结构或结构重要部位的应力和变形不受影响或影响甚微。补充约束的方法可以利用结构的对称性，在对称面上增加约束；也可以人为地在变形位移很小的部位施加约束或将载荷转换为约束。

**2. 载荷条件**

进行应力分析时，其边界条件主要用载荷条件来呈现。有限元模型上的载荷形式有集中载荷、分布载荷、体积力和温度载荷。在有限元计算过程中，所有形式的载荷都将移置为等效的节点力。

1）集中载荷

当载荷作用面相对结构尺寸非常小时，可认为这种载荷是作用于某一点的集中载荷。由于绝大多数软件都只允许集中载荷施加在节点上，所以集中载荷也常称为节点载荷。它包括节点力和节点力矩两种形式，其中节点力矩只能加在具有转动自由度的节点，如壳单元和梁单元的节点。而对于实体单元、平面单元和杆单元的节点，由于它们只有移动自由度，因此只能施加节点力。

2）分布载荷

分布于结构表面上的载荷称为分布载荷，如气体压力、液体压力、接触压力等。有限元模型中，分布载荷表现为单元面力和棱边载荷两种形式。

单元面力分布于整个单元面上。面力大小通过单位面积上的力进行定义，力的方向可通过输入值的正负来确定。对于板、壳单元，正的分布力与单元面的外法线方向相同，负的分布力与外法线方向相反。

棱边载荷分布于单元的整个棱边上，形式包括棱边分布力和棱边分布力矩，载荷大小通过单位长度上的力或力矩定义。对于杆、梁单元，只能定义棱边载荷，当分布力平行于单元棱边时，称为轴向分布力。当分布力垂直于单元棱边并沿单元截面的某个方向时，称为某向剪切力。当载荷为绕某个坐标轴的分布力矩时，称为轴向扭矩或某向弯矩。

3）体积力

作用于单元整个体积内的力称为体积力，其常见形式为力和惯性力。体积力的大小可根据达朗伯原理计算。由于单元体积可以通过单元节点坐标和物理特性值计算得到，单元材料特性表中又定义了结构材料的密度，所以网格划分以后单元质量是确定的。因此在定义单元体积力时，只需要输入结构运动的加速度、角速度或角加速度即可，重力可视为加速度为 $g$ 的惯性力。对于轴对称结构的模型，加速度、角速度以及角加速度的方向应与对称轴线的方向一致。

4）温度载荷

结构因温度变化而发生热变形。当结构各部位变形相互制约或变形受到外界约束时，就会在结构内部产生应力，即“热应力”，而产生热应力的温度变化也可以视为一种载荷，称为温度载荷。温度载荷一般应首先对结构进行热分析，计算结构的温度场，然后通过热力耦合计算得到温度载荷，这种载荷会自动加载到结构上，通过静力分析便可计算出热应力和热变形。

### 4.2.8　评价和修正模型

应用有限元法可方便地进行汽车结构静力分析、模态分析、稳定性分析和瞬态分析，而对有限元模型进行评价和修正是保证以上分析有效的必需环节。

建模过程中，几何模型和边界条件环节产生理想误差，在单元选择和网格划分环节产生离散误差，另外，在有限元求解过程中还存在数值误差，这些误差的存在直接影响了有限元分析的准确性。实践证明，模型精度越高，并不意味着有限元分析的准确性就越高，反而会造成求解费时，有时甚至会出现异常解等情况。因此，应从建模精度和计算经济性两个方面对有限元模型进行综合评价。

**1. 汽车结构有限元模型精度控制**

模型精度控制是建好有限元分析模型的关键技术，需要具备丰富的力学理论知识和工程实践经验，同时还应熟悉有限元软件各种分析功能及操作方法。例如，在汽车结构静态分析建模中，一般采用材料线性假设、小变形假设、静态载荷假设以及结构连接简化约定等措施，在几何模型建模和边界条件加载等方面控制理想误差；通过选用合适的有限单元和网格尺寸来控制离散误差。数值误差不在模型误差的范畴内，通常因较小而忽略不计。

**2. 汽车结构有限元模型的质量检查和验证评价**

在进行结构有限元分析之前，需对模型进行验证评价。遵循的最基本要求是：一方面要对有限单元质量进行检查，另一方面还要将分析模态频率与实际频率进行对比，满足相对误差要求的或符合工程经验的模型才能应用于有限元分析计算。

对处于概念设计阶段的汽车结构设计，一般在检查有限单元质量后，可按照工程经验进行初步验证。而处于工程设计验证阶段的汽车结构模型，可采取试验的方式获取实际结构的固有频率，并将其与仿真获得的结果进行对比，并根据精度需求判断有限元模型是否满足分析要求。

**3. 模型修正**

对有限元模型进行检查和验证结果不满足要求时，就需要对模型进行修正。有限元单元质量可通过几何模型和单元网格的修正加以改善。若固有频率经对比后相差较大，就需要对结构简化和连接、接触形式进行调整，调整时须紧密结合具体结构和受力特点进行。

### 4.2.9 设置载荷步

设置载荷步是有限元分析前处理中的必需步骤，也是有限元分析的最后一个环节。按照载荷条件和分析需求，载荷步可直接在建模交互界面进行加载配置。另外，设置载荷步还包含对后处理所需的输出信息的选择和定义。

在线性静态分析或稳态分析中，可以使用不同的载荷步施加不同的载荷组合。例如在第一个载荷步中施加体载荷，在第二个载荷步中施加集中力载荷，在第三个载荷步中施加集中力和体载荷以及一个不同的自由度条件等。

在瞬态分析中，可以将多个载荷步加到同一加载历程曲线的不同时间点。例如，一个需要三个载荷步的载荷历程曲线可这样加载：第一个载荷步用于加载渐变载荷，第二个载荷步用于加载不变载荷，第三个载荷步用于卸载。

根据分析需要，可设置载荷步子步，即添加载荷逐渐施加到有限元模型上的过程中进行求解的点。子步对求解过程的控制非常重要，很多时候需要使用不同的子步数来满足不同的加载和求解需要，可达到如下效果：

（1）在非线性静态和稳态分析中，使用子步逐渐施加载荷以便能提高求解精确度，甚至使求解结果从不收敛转化为收敛；

（2）在线性或非线性瞬态分析中，使用子步满足时间步长的需要，得到较为精确的解，即满足瞬态时间累积法则；

（3）在谐响应分析中，使用子步获得谐响应频率范围内多个频率处的解。

## 4.3 汽车结构静力学建模与分析

通过对汽车结构进行有限元静力学建模与分析，能够得出典型工况下结构的刚度、应力和变形，这是提高汽车结构设计水平必不可少的基础环节。

### 4.3.1　静力学分析基础理论

结构静力学有限元平衡方程为

$$\boldsymbol{KU}=\boldsymbol{F} \tag{4-1}$$

式中，$\boldsymbol{K}$ 为结构刚度矩阵；$\boldsymbol{U}$ 为结构位移矩阵；$\boldsymbol{F}$ 为静态外载荷。

利用有限元法进行结构静态特性分析时，基本控制方程可表示为

$$\boldsymbol{K\delta}=\boldsymbol{F} \tag{4-2}$$

式中，$\boldsymbol{\delta}$ 为结构中节点的位移列向量；$\boldsymbol{F}$ 为结构中节点受到的载荷列向量。在刚度和载荷确定的情况下，可得到各节点的位移。

节点位移与单元应力的关系为

$$\boldsymbol{\sigma}=\boldsymbol{DB\delta}^{\varepsilon} \tag{4-3}$$

式中，$\boldsymbol{\sigma}$ 为单元应力列向量；$\boldsymbol{D}$ 为单元弹性矩阵；$\boldsymbol{B}$ 为单元应变矩阵。联合式（4-2）可得到单元应力列向量。

汽车结构承受弯曲载荷和扭转载荷时，其弯曲刚度和扭转刚度分别为

$$K_b=\frac{F_b}{\Delta U} \tag{4-4}$$

$$K_t=\frac{T}{\Delta\theta} \tag{4-5}$$

式中，$K_b$ 为结构弯曲刚度；$\Delta U$ 为弯曲载荷下的结构位移；$F_b$ 为弯曲载荷；$K_t$ 为结构扭转刚度；$\Delta\theta$ 为扭转载荷下的结构扭转角；$T$ 为扭转载荷。通过式（4-4）和式（4-5）可求解结构刚度。

汽车结构强度失效的主要表现形式是产生屈服现象，即发生塑性变形，相应的屈服强度准则为

$$\sigma_{\max}\leqslant[\sigma]=\frac{\sigma_{\mathrm{s}}}{S} \tag{4-6}$$

式中，$\sigma_{\max}$ 为最大单元应力；$[\sigma]$ 为结构材料许用应力；$\sigma_{\mathrm{s}}$ 为结构材料屈服强度极限；$S$ 为安全系数。

### 4.3.2　工程实例——白车身静态刚度及强度分析

以文献［7］中某承载式 SUV 白车身为例，介绍结构刚强度仿真分析方法。

**1. 有限元建模**

本例在 Hypermesh 软件中构建白车身有限元模型。综合考虑建模的规模和精确性，白车身有限元网格的基本尺寸设置成 10 mm。由于白车身主要由钣金件构成，因而采用壳单元进行离散化建模和通过抽中面的方法划分网格，且主要选择四边形和三角形壳单元。简化模型时，去掉对整体刚度影响不大的局部特征，例如：忽略半径小于 4 mm 和大于 10 mm 的圆角；忽略直径小于 10 mm 的焊接定位孔和电器线束走线孔，保留螺栓连接孔和减重孔；保留较大的加强筋、翻边和凸台。

白车身零部件之间大多数是通过焊点连接的，另外还有刚性、胶黏和螺栓等连接。焊点

连接的模拟单元采用的是 ACM 单元，刚性连接采用 RBE2 单元模拟。胶黏连接采用 Area 模拟，螺栓采用 Bolt 模拟。

车身部件网格划分和连接模拟完成后，需对各部件赋予材料和属性。按照 BOM 表中部件的厚度和材料赋予 2D 壳单元对应的 PSHELL 单元材料和属性；车身部件实体单元、ACM 实体单元和胶黏实体单元赋予 PSOLID 属性。白车身部件的材料采用不同组成成分的钢材，但其材料属性弹性模量、泊松比和密度都相同，同时不考虑材料非线性阶段车身的屈服失效情况，因而板件材料选用 MAT1 进行定义。ACM 单元和车身部件实体单元赋钢材材料属性，白车身的胶黏实体单元赋粘胶材料，1D 单元没有属性。有限元模型中包括低碳钢板、粘胶和玻璃三种材料，模型材料属性如表 4－11 所示，白车身有限元模型如图 4－9 所示。

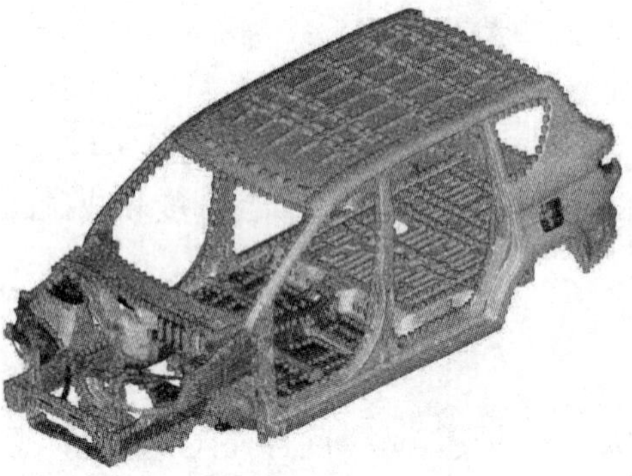

**图 4－9　某轿车车身有限元模型**

**表 4－11　有限元模型材料属性**

| 材料 | 弹性模量/MPa | 泊松比 | 密度/（t・m$^{-3}$） |
|---|---|---|---|
| 钢 | $2.1\times10^{5}$ | 0.3 | $7.9\times10^{-9}$ |
| 粘胶 | $1.52\times10^{-2}$ | 0.49 | $1\times10^{-9}$ |
| 玻璃 | 69 | 0.3 | $2.5\times10^{-9}$ |

**2. 白车身刚度分析**

1）弯曲刚度分析

（1）弯曲刚度约束和加载方法。

白车身弯曲刚度约束和加载方法如图 4－10 所示。

约束方式：前部约束左右减震器座的 $Y$ 和 $Z$ 方向平动自由度，后部约束左右弹簧座 $X$、$Y$ 和 $Z$ 方向的平动自由度。

加载方法：加载点在通过前座椅处于导轨中间位置 $H$ 点的 $YOZ$ 平面与门槛相交的位置，使得左右两门槛梁加载点处的 $X$ 坐标值和 $H$ 点的 $X$ 坐标值相等。沿 $Z$ 轴的负方向在白车身左右两加载点处施加 $F=1\,500$ N 的力。座椅 $H$ 点为假人的髋部与躯干的交点。

（2）弯曲刚度计算和结果分析。

将设置好弯曲刚度载荷工况的白车身有限元模型保存为.fem 文件格式，利用 OpticStruct 软件计算得到弯曲工况下的白车身位移云图，如图 4－11 所示。

为了更好地了解弯曲工况下白车身的弯曲刚度分布情况，沿着 $X$ 轴方向（汽车行驶方向）在左右纵梁以及门槛梁上每隔 100 mm 选取一个点，读取该点的 $X$ 轴坐标和 ID 号。在有限元后处理软件中读取从左右门槛梁和纵梁上提取点的 $Z$ 向位移，作出白车身左右门槛梁和纵梁的弯曲扰度曲线，如图 4－12 和图 4－13 所示。

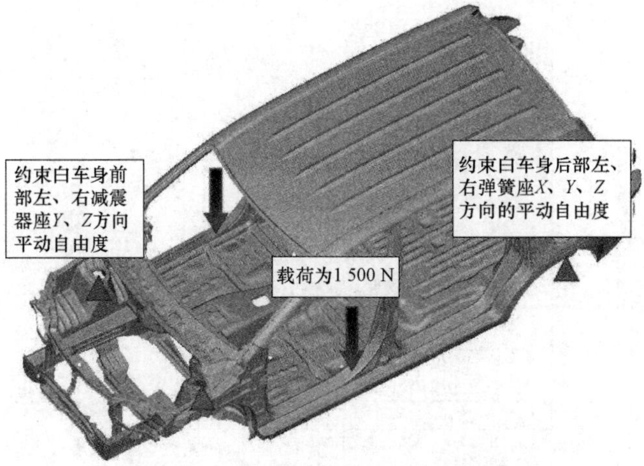


图 4-10　白车身弯曲刚度约束和加载方法

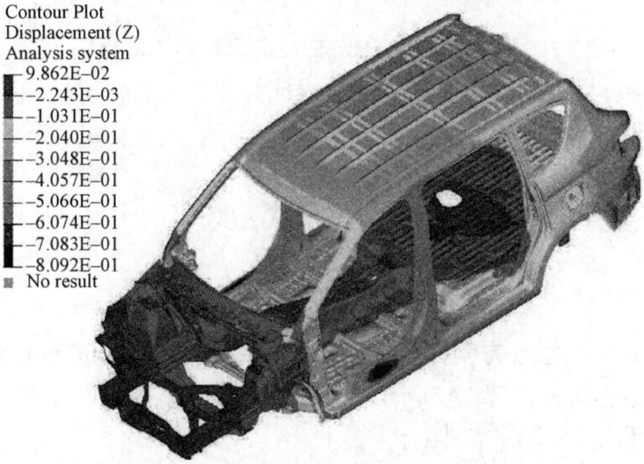


图 4-11　白车身弯曲工况 $Z$ 向位移云图

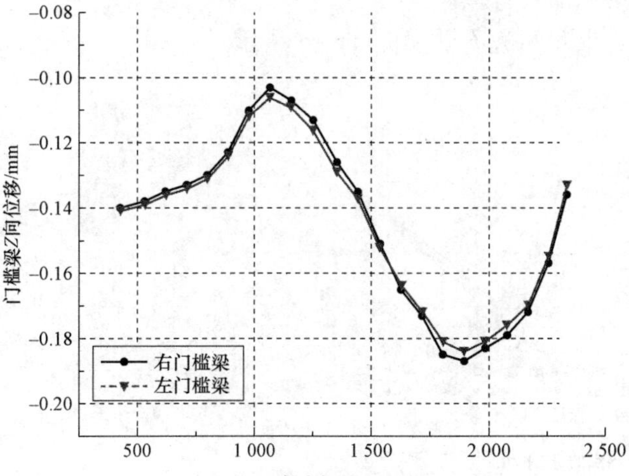


图 4-12　白车身左右门槛梁 $Z$ 向位移曲线

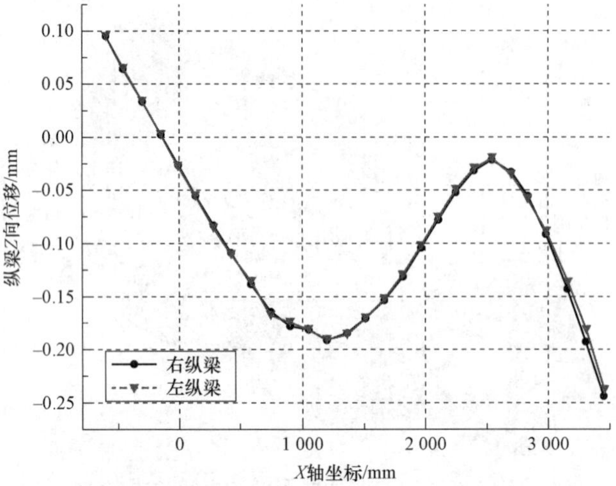


**图 4-13　白车身左右纵梁 Z 向位移曲线**

从图 4-12 和图 4-13 中可以看出，在弯曲工况下，白车身的左右门槛梁和纵梁的 Z 向位移曲线变化趋势一致，曲线几乎重合，且曲线比较平滑，没有明显的突变情况，说明车身刚度分布合理。

（3）弯曲刚度的计算。

根据白车身的约束和加载方法，弯曲刚度计算公式为

$$K_b = \frac{F}{\Delta Z} \tag{4-7}$$

式中，$K_b$ 为弯曲刚度；$F$ 为垂直方向作用力，左、右门槛上各加 1 500 N 作用力，故 $F = 3\,000$ N；$\Delta Z$ 为计算垂直位移，根据仿真计算，$\Delta Z = 0.191$ mm。由此计算得到弯曲刚，当 $K_b = 15\,748$ N/mm，大于 15 000 N/mm 的目标值，满足弯曲刚度要求。

2）车身扭转刚度分析

（1）扭转刚度约束和加载方法。

白车身扭转刚度约束和加载方法如图 4-14 所示。

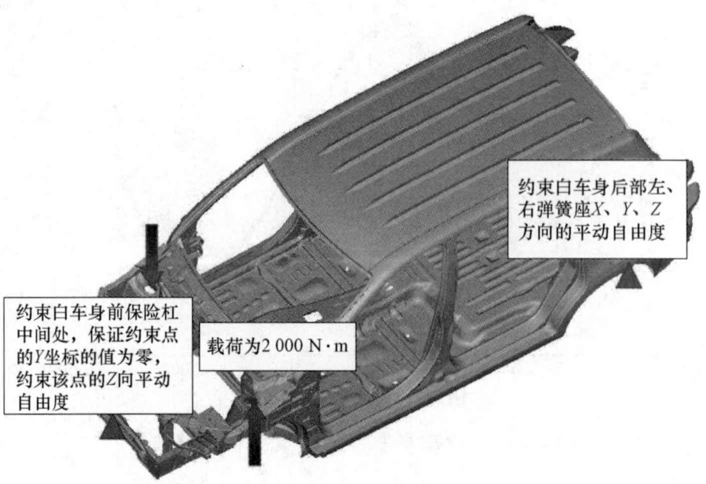


**图 4-14　白车身扭转刚度约束和加载方法**

约束方法：约束前保险杆中间处（保证约束点 $Y$ 坐标值为 0），约束该点的 $Z$ 向平动自由度；约束白车身后部左、右侧弹簧座 $X$、$Y$ 和 $Z$ 方向的平动自由度。

加载方法：在前左、右减震器座上施加大小相等方向相反的力，使形成的力矩为 2 000 N · m，其中力的方向分别为沿 $Z$ 轴的正负方向。

（2）扭转刚度计算和结果分析。

将设置好扭转刚度载荷工况的白车身有限元模型保存为.fem 文件格式，通过 OptiStruct 软件计算得到扭转工况下的白车身位移云图，如图 4－15 所示。

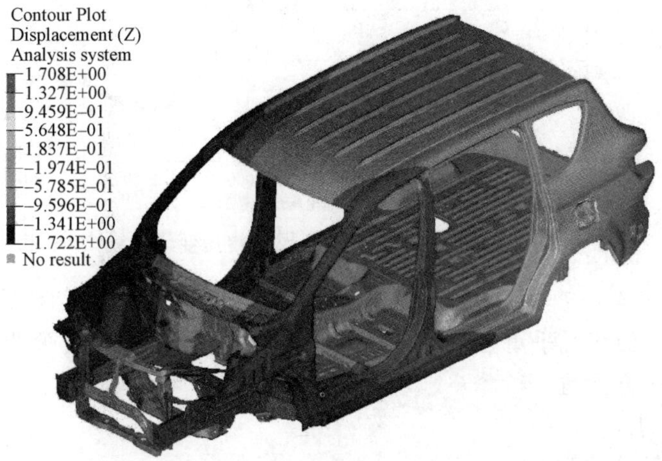


**图 4－15 白车身扭转工况 $Z$ 向位移云图**

为了更好地了解扭转工况下白车身的扭转刚度分布情况，作出左右门槛梁以及纵梁的扭转角变化曲线，门槛梁和纵梁点的选取与上述弯曲刚度相同，在后处理软件中读取选取点的 $Z$ 向位移，通过计算得到每个点的扭转角，并将它们绘制成曲线。扭转工况下白车身左右门槛梁以及纵梁的扭转角变化曲线如图 4－16 和图 4－17 所示。

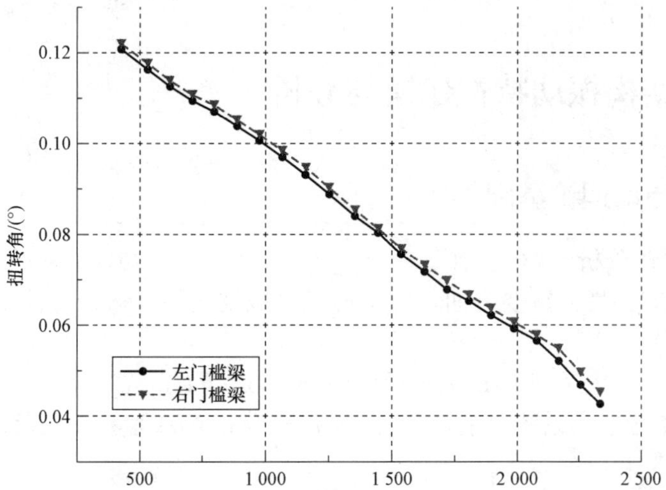


**图 4－16 白车身左右门槛梁扭转角变化曲线**

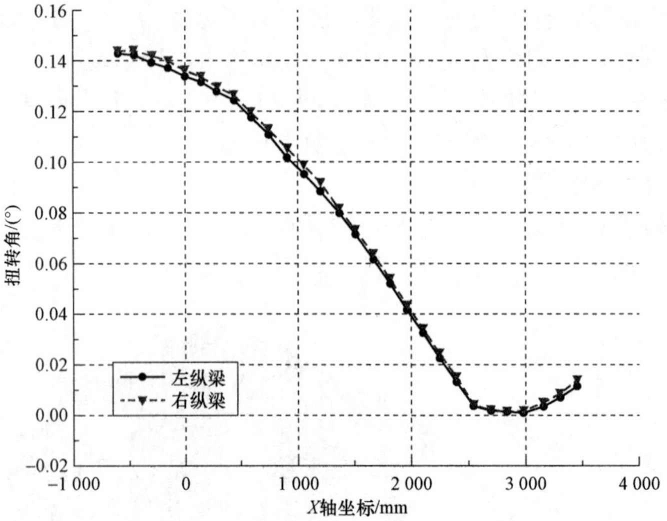


**图 4－17　白车身左右纵梁扭转角变化曲线**

从图 4－16 和图 4－17 可以看出，在扭转工况下，白车身左右门槛梁以及纵梁的扭转角变化曲线方向一致，曲线几乎重合，且曲线变化比较平滑，车身没有突变的结构。总体来说，白车身的扭转刚度分布合理。

（3）扭转刚度的计算。

扭转刚度的计算公式为

$$K_t = \frac{p}{180}\frac{L}{|y_L - y_R|}T \tag{4-8}$$

式中，$y_L$ 和 $y_R$ 分别为白车身左右减震器座加载点的 $Z$ 向位移；$L$ 表示白车身左右减震器加载点之间的距离，$L = 1\,128.4$ mm；$T$ 为扭矩，$T = 2\,000$ N・m。根据仿真计算结果，$y_L = 1.305$ mm，$y_R = -1.318$ mm。由此计算得到扭转刚度 $K_b = 14\,925$ N・m/（°），大于 14 000 N・m/（°）的目标值，满足扭转刚度要求。

# 4.4　汽车结构振动特性建模与分析

## 4.4.1　结构振动理论基础

### 1. 机械结构振动分析

固有频率是模态特性的重要方面，用于描述机械结构固有振动特性。对于 $n$ 自由度线性系统，动力学方程为

$$\boldsymbol{M}\ddot{\boldsymbol{x}}(t) + \boldsymbol{C}\dot{\boldsymbol{x}}(t) + \boldsymbol{K}\boldsymbol{x}(t) = \boldsymbol{F}(t) \tag{4-9}$$

式中，$\boldsymbol{M}$ 、$\boldsymbol{C}$ 和 $\boldsymbol{K}$ 分别为系统质量、阻尼、刚度矩阵；$\boldsymbol{F}(t)$ 为激励载荷；$\ddot{\boldsymbol{x}}(t)$ 、$\dot{\boldsymbol{x}}(t)$ 、$\boldsymbol{x}(t)$ 分别为加速度、速度和位移向量。

对于系统结构阻尼比很小的汽车结构，可以近似为线性结构，自由振动条件下，式(4－10)可简化为

$$\boldsymbol{M}\ddot{\boldsymbol{x}}(t) + \boldsymbol{K}\boldsymbol{x}(t) = \boldsymbol{0} \tag{4-10}$$

设其解为

$$\boldsymbol{x}(t) = \boldsymbol{X}\mathrm{e}^{\mathrm{j}\omega t} \tag{4-11}$$

式中，$\boldsymbol{X}$ 表示节点位移 $\boldsymbol{x}(t)$ 对应的振幅列向量，$\boldsymbol{\omega}$ 表示简谐振动的固有圆频率。

将式（4-11）代入式（4-10），可得到

$$\{\boldsymbol{K} - \omega^2 \boldsymbol{M}\}\boldsymbol{X} = \boldsymbol{0} \tag{4-12}$$

由于 $\{\boldsymbol{X}\} \neq \{\boldsymbol{0}\}$，所以

$$\boldsymbol{K} - \omega^2 \boldsymbol{M} = \boldsymbol{0} \tag{4-13}$$

式中的 $\omega$ 即为结构系统对应的固有频率。

约束条件下，系统将产生附加刚度 $\boldsymbol{K}'$，此时式（4-13）变为

$$(\boldsymbol{K} + \boldsymbol{K}') - \omega^2 \boldsymbol{M} = \boldsymbol{0} \tag{4-14}$$

**2. 模态分析和频响分析**

模态分析本质上是一种坐标变换方式，通过坐标变换获得的变换矩阵即为模态矩阵，其每列为模态振型。模态分析的结果是评价结构性能和优化设计的重要参考，结构低阶模态振型通常节点较少、模态刚度相对较小，一旦与外界激励产生共振，将产生很大的变形。因此，模态分析主要是计算分析结构的低阶模态频率和振型。

在典型工况下，开展基于模态的频响分析是进一步分析汽车结构性能的基础。频响分析不同于模态分析，但二者又有联系。频响分析通常是在结构振动系统处于某种工作状态（模态）下，通过测量或计算分析获得结构相应的加速度、位移、应力等响应。

### 4.4.2　工程实例——动力电池包模态分析

以某型电动汽车动力电池包为例，开展有限元建模与模态分析。

**1. 有限元建模**

按照建模流程，本例首先在 CAD 软件中完成模型结构简化，随后在 Hypermesh 软件中依次完成网格划分（包括网格质量检查）、连接模拟、材料属性赋予及质量模块加载、边界条件确定和载荷步加载等有限元建模步骤，最终形成可用于分析的有限元模型。

在结构简化方面，去掉局部过渡工艺要求等对整体刚度影响不大的局部特征。忽略半径小于 4 mm 和半径大于 15 mm 的圆角；忽略直径小于 10 mm 的焊接定位孔和电器线束走线孔，保留螺栓连接孔和减重孔；保留关键部位箱体的折弯或冲压圆角、翻边和凸台。结构简化后的动力电池包几何模型如图 4-18 所示。

**图 4-18　结构简化后的某动力电池包几何模型**

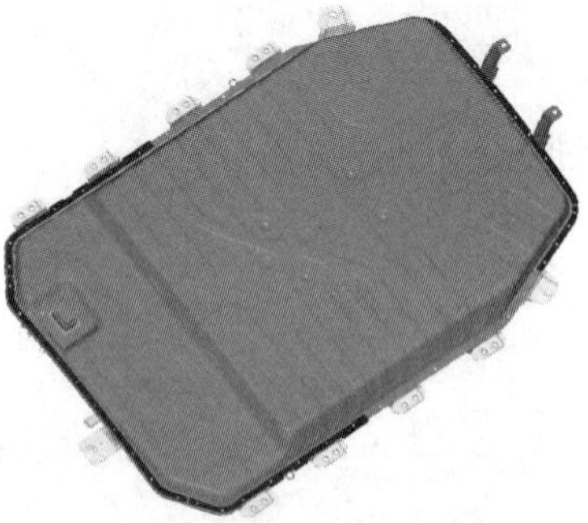

图 4-19　某动力电池包有限元模型

单元网格形状及尺寸的选取方面，电池模组网格选四面体，单元尺寸为 10 mm；动力电池包体的薄板零件采用壳单元抽中面再划分 2D 网格进行离散，网格形状以四边形为主、三角形为辅，单元尺寸以 8 mm 为主；电池管理系统网格以四面体为主，单元尺寸以 5 mm 为主。经检查，模型共有 281 506 个节点与 320 007 个单元，网格划分满足要求。动力电池包有限元模型如图 4-19 所示。

机械连接方面，上箱盖与下箱体之间的螺栓连接采用 REB2 单元，电池模组安装架与电池模组之间的螺栓连接采用 REB2 与 CBEAM 单元组合的形式，对于焊接连接，则均采用精度较高的 ACM 单元进行模拟。机械连接如图 4-20 所示，其中图 4-20（a）和图 4-20（b）为根据分析需要，分别使用 REB2 和 CBEAM 单元模拟的螺栓连接，图 4-20（c）为使用 ACM 单元模拟的焊接连接，图 4-20（d）为动力电池包模拟连接后的效果。

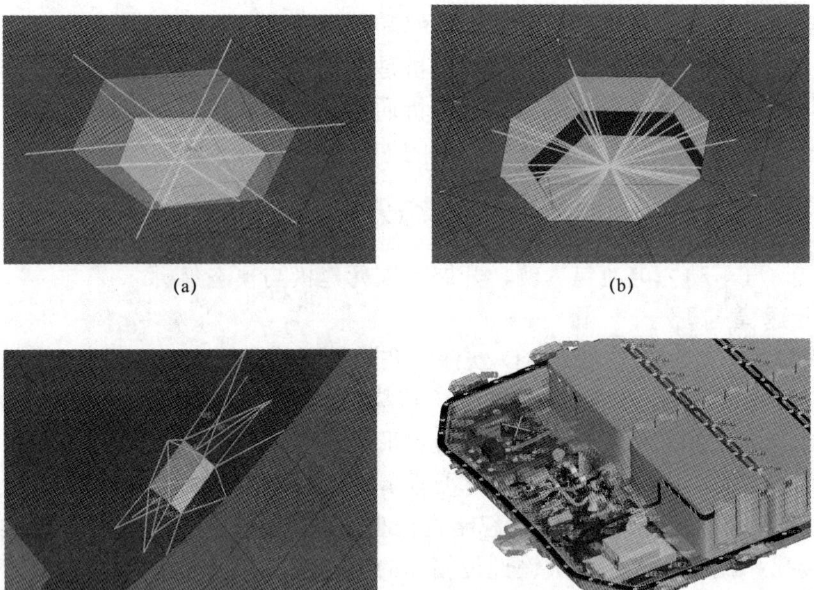

(a)　(b)　(c)　(d)

图 4-20　动力电池包有限元模型中的机械连接

（a）REB2 单元模拟的螺栓连接；（b）CBEAM 单元模拟的螺栓连接；
（c）ACM 单元模拟的焊接连接；（d）动力电池包模拟连接后的效果

材料选择和质量模块建模方面，按照材料真实属性或等效材料属性进行建模，其中，电池箱结构件采用高强钢材料，电池模组和电池管理系统模块的实体建模采用 PP 材料（等效材料），电连接件选用铝和铜；电池模组和电池管理系统采用集中质量、均匀加载的方式。各组成选材及材料属性如表 4-12 所示。

表 4－12　动力电池包材料选择和材料属性

| 材料 | | 密度/（t·$m^{-3}$） | 泊松比 | 弹性模量/MPa | 屈服强度/MPa |
|---|---|---|---|---|---|
| 非主要承载件 | PP | $2.07\times10^{-9}$ | 0.38 | $9.1\times10^{3}$ | — |
| | 铝 | $2.7\times10^{-9}$ | 0.32 | $7\times10^{4}$ | — |
| | 铜 | $8.96\times10^{-9}$ | 0.36 | $1.28\times10^{5}$ | — |
| | 钢 | $7.89\times10^{-9}$ | 0.3 | $2.1\times10^{5}$ | — |
| 主要承载件 | B280VK | $7.8\times10^{-9}$ | 0.3 | $2.1\times10^{5}$ | 360 |
| | DC06 | $7.85\times10^{-9}$ | 0.3 | $2.1\times10^{5}$ | 180 |
| | HC420/780DP | $7.85\times10^{-9}$ | 0.3 | $2.1\times10^{5}$ | 460 |

确定边界条件时，根据动力电池包安装固定方式，按照图 4－6 约束安装托架处的全部自由度。在设置载荷步环节，选择模态分析，并添加边界条件中的约束，设定提取前 12 阶模态频率。

**2. 某动力电池包模态分析结果及讨论**

约束模态频率计算结果如表 4－13 所示，动力电池箱一阶模态频率计算云图如图 4－21 所示。结果表明：动力电池包整体一阶模态频率达到 30 Hz 以上，说明其具有良好的抗低频振动能力；一阶模态频率条件下结构振型主要为上箱盖的 $Z$ 向弯曲；前六阶模态振型显示，上箱盖和电池管理系统的结构刚度相对较弱。

表 4－13　某动力电池包约束模态频率与主要振型

| 阶次 | 1 | 2 | 3 | 4 | 5 | 6 |
|---|---|---|---|---|---|---|
| 频率/Hz | 31.52 | 32.05 | 37.9 | 40.52 | 41.95 | 43.43 |
| 主要结构模态振型 | 上箱盖 $Z$ 向弯曲 | 上箱盖 $X$ 向弯曲 | 上箱盖绕 $X$ 轴扭转 | 电池箱 $Z$ 向弯曲 | 电池箱上下箱体后部 $Y$ 向弯曲和转扭 | 电池管理系统结构组件 $X$ 向弯曲 |

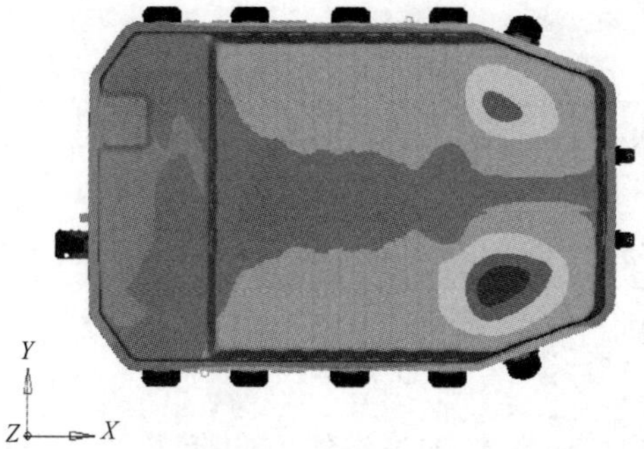


图 4－21　动力电池包约束模态频率计算云图

# 4.5 汽车结构碰撞安全建模与分析

## 4.5.1 汽车碰撞仿真分析的有限元理论与方法

汽车的碰撞是典型的非线性、大变形和大位移问题，需要对非弹性物体和结构求解。基于有限元理论的动态非线性有限元法已经成了汽车碰撞仿真计算的主要研究手段。

**1. 非线性动态有限元法**

拉格朗日法是描述固体碰撞行为最成熟、最简便的方法，采用该方法描述的有限元法可以处理高速碰撞过程中非常复杂的边界条件和复杂的材料结构关系，并且对接触滑移的描述也非常方便。

1）变形初始条件

根据拉格朗日物质描述方法，物体的变形初始条件（$t=0$时刻）为

$$x_i(X_\alpha,0)=X_\alpha \tag{4-15}$$

$$\dot{x}_i(X_\alpha,0)=V_i(X_\alpha) \tag{4-16}$$

式中，$V_i$为初始速度。

2）质量守恒方程

质量守恒方程可表示为

$$\rho=J\rho_0 \tag{4-17}$$

式中，$\rho$为当前质量密度；$\rho_o$为初始质量密度；$J$为相对体积。

3）能量方程

能量方程可表示为

$$\dot{E}_i=VS_{ij}\dot{\varepsilon}_{ij}-(p+q)\dot{V} \tag{4-18}$$

式中，$E$为当前构型能量；$V$为当前构型的体积；$S_{ij}=\sigma_{ij}+(p+q)\delta_{ij}$，$S_{ij}$为偏应力张量；$p$为压力；$q$为体积黏性阻力，$p=-\frac{1}{3}\sigma_{ij}\delta_{ij}-q$，$\delta_{ij}$为克罗内克符号；$\dot{\varepsilon}_{ij}$为应变率张量。

4）动量守恒方程

动量守恒方程可表示为

$$\rho\ddot{x}=\rho f_i+\sigma_{ij,j} \tag{4-19}$$

式中，$\ddot{x}$为加速度；$f_i$为体积力；$\sigma_{ij,j}$为柯西应力张量。

5）边界条件

物体发生变形必须满足一定的边界条件，如图4-22所示。

在面$S^1$边界上的边界条件为

$$\sigma_{ij}n_j=t_i(t) \tag{4-20}$$

式中，$n_j(j=1,2,3)$为当前构型边界$S^1$的外法线方向余弦；$t_i(i=1,2,3)$为面力载荷。

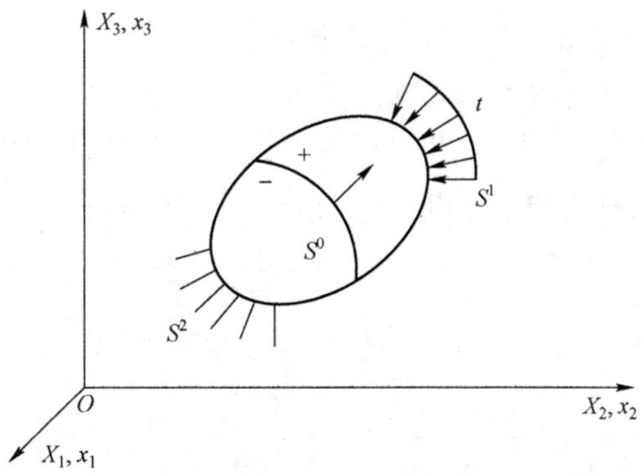


**图 4－22　边界条件**

在 $S^2$ 面边界上的位移边界条件可表示为

$$x_i(X_j, t) = K_i(t) \tag{4－21}$$

式中，$K_i(t)(i=1,2,3)$ 为给定的位移函数。

当 $x_i^+ = x_i^-$ 可接触时，沿滑动接触边界 $S^0$ 上的接触内边界条件可表示为

$$(\sigma_{ij}^+ - \sigma_{ij}^-)n_j = 0 \tag{4－22}$$

6）虚功原理

由上述条件建立问题等效积分方程为

$$\int_V (\rho\ddot{x}_i - \sigma_{ij,j} - \rho f_i)\delta_{x_i}\mathrm{d}V + \int_{S^0}(\sigma_{ij}^+ - \sigma_{ij}^-)n_j\delta_{x_i}\mathrm{d}S + \int_{S^1}(\sigma_{ij}n_j - \sigma_{ij}^- t_i)\delta_{x_i}\mathrm{d}S = 0 \tag{4－23}$$

其中，$\delta_{x_i}$ 在边界 $S^2$ 上满足位移边界条件。

应用散度定理：
$$\int_V \sigma_{ij}\delta_{x_i}\mathrm{d}V = \int_{S^0}(\sigma_{ij}^+ - \sigma_{ij}^-)n_j\delta_{x_i}\mathrm{d}S + \int_{S^1}\sigma_{ij}n_j\delta_{x_i}\mathrm{d}S \tag{4－24}$$

由于
$$(\sigma_{ij}\delta_{x_i})_{,j} - \sigma_{ij,j}\delta_{x_{i,j}} = \sigma_{ij}\delta_{x_i} \tag{4－25}$$

则
$$\delta\pi = \int_V \rho\ddot{x}_i\delta_{x_i}\mathrm{d}V + \int_V \sigma_{ij}\delta_{x_{i,j}}\mathrm{d}V - \int_V \rho f_i\delta_{x_i}\mathrm{d}V - \int_{S^1} t_i\delta_{x_i}\mathrm{d}S = 0 \tag{4－26}$$

为虚功原理表达式。式中，$\delta\pi$ 为虚功，表示作用在物体上的内外力虚功之和为零。

**2. 沙漏模式**

沙漏模式在通常情况下被定义为一个节点的变形矢量，是非刚体的运动，而且会产生零应变能量，即沙漏能。这将导致分析中的总能量增加，使得有限元分析变得不稳定，一般分析时沙漏能不超过总内能的 10%。例如在碰撞仿真分析中，如果采用单点积分单元进行计算，虽然节省了时间，但是会产生沙漏能，因此，为了提高计算的准确度以及避免沙漏能，建议采用全积分单元算法。

**3. 汽车碰撞过程中非线性特性**

1）几何非线性

几何非线性是指几何方程的应变和位移是非线性关系。在大变形情况下，原来在静力条件下的应力和应变的度量都不再适用。对于大变形，只有在变形后的位形上定义应力张量才有实际的物理意义，为此，碰撞中常使用格林（Green）和克希荷夫（Kirchhoff）对应的应力张量。

2）材料非线性

材料非线性是指物理方程的应力和应变是非线性的关系。在碰撞过程中，结构在碰撞力

作用下发生大变形。当应力超过了材料的屈服极限时，就会产生塑性变形。在弹性变形阶段，应力和应变关系是线性的，而在塑性阶段就是一种非线性关系。塑性变形的计算要解决两个基本问题：一是材料在什么情况下开始产生塑性变形，二是材料在塑性变形的过程中遵循什么规律。对于第一个问题，涉及材料的屈服准则，而第二个问题涉及材料的增量（流动）法则。

对于材料屈服准则，在有限元分析中通常采用 von Mises 屈服条件，即

$$F^0(\sigma_{ij})=\frac{1}{6}\left[(\sigma_1-\sigma_2)^2+(\sigma_2-\sigma_3)^2+(\sigma_3-\sigma_1)^2\right]-\frac{1}{3}\sigma_0^2=0 \tag{4-27}$$

其几何意义就是以 $\sigma_1=\sigma_2=\sigma_3$ 为轴线的圆柱侧面，式中 $\sigma_0$ 为屈服应力。

材料进入塑性阶段以后，应力和应变之间不具有线性关系。目前描述塑性变形规律的理论分为两大类，一类是全量理论（也称“形变理论”），另一类是增量理论（也称“流动理论”）。实验证明，塑性变形与加载路径密切相关，而增量理论考虑了这种依赖性，所以在一般加载情况下，增量理论是比较合理的。

在有限元分析中普遍采用增量形本构关系。由于弹性塑性增量分析具有普适性，即它可用于复杂的加载方式和加载路径，因而在有限元分析中基本上都采用增量分析，但计算量较大。

3）接触非线性

汽车碰撞是一种大规模冲击接触问题。汽车不仅在车与外界环境和各个部件之间发生接触，而且可能发生自接触碰撞。常用的接触计算方法有接触搜索法、接触界面法、拓扑法和集域算法等。对于接触力的计算，常用的接触非线性有限元法有拉格朗日乘子法、防御节点法、罚函数法和拉格朗日乘子和罚函数混合法等。

### 4.5.2 工程实例——某电动汽车整车正面 100%碰撞分析

以文献［9］中的某电动汽车为例，介绍整车正面 100%碰撞有限元建模和分析。

**1. 碰撞有限元模型建模**

整车建模方法与之前的类似，所不同的是需要增加轮胎、悬架、减震等弹性或阻尼元件的建模，选择碰撞法规及设置碰撞初始条件、定义接触、非线性材料属性以及结果输出等。

本例在 Hypermesh 软件环境下完成整车有限元建模，导出有限元模型 K 文件，再导入 LS－DYNA 中，然后建立碰撞模型。电动汽车有限元模型如图 4－23 所示。

图 4－23　某电动汽车有限元模型

1）选择碰撞法规

采用美国联邦机动车安全法规 FMVSS－208 正面撞击刚性墙。在 FMVSS－208 法规中汽车的碰撞初始速度为 48.3 km/h，即 13.416 m/s，而可变形壁障与汽车的初始碰撞距离这里取缺省值。在 FMVSS－208 中规定变形壁障离地间隙为 200 mm，在 VPG 软件环境下，只需要输入路面的 $Z$ 坐标，就可以自动计算出可变形壁障在 $Z$ 方向的位置。

2）定义接触

在 100%正面撞击刚性墙的碰撞中，总共定义了 3 对接触：① 刚性墙与电动车前部之间的接触；② 电动车各零部件之间的接触；③ 电动车轮胎与地面的接触。在 VPG 软件环境下定义接触时，100%正面碰撞模型主要用到了自动单

面接触和自动面面接触两种接触方式，但需要指出的是，必须防止初始穿透发生。

3）输出结果的设置

在汽车的碰撞仿真分析中，主要是通过变形、应力、能量、速度和加速度等参数来评价碰撞安全性能。定义输出结果时，也主要针对以上性能进行设置，另外还包括碰撞时间和时间步长的输出控制。本例求解输出控制设置如下：

（1）碰撞法规：美国联邦机动车安全法规 FMVSS－208 正面撞击刚性墙；

（2）碰撞速度：按 FMVSS－208 正面碰撞法规，汽车的碰撞速度为 48.3 km/h；

（3）接触算法：采用的自动单面接触算法；

（4）时间步长控制：采用质量缩放技术控制时间步长；

（5）碰撞时间：实际碰撞时间在 0.1 s 以内，本例碰撞仿真时间设定为 0.12 s。

汽车碰撞有限元仿真主要从 VPG 中输出 Binary 和 ASCII 这两种结果文件。其中，Binary 文件主要定义仿真动画的输出，定义不同帧的时间间隔等；ASCII 文件主要输出能量、加速度、速度、位移、变形等曲线。

4）提交分析任务

完成以上操作设置后，得到正面 100%碰撞仿真模型，如图 4－24 所示。接着将导出的*.dyn 格式文件导入 LS－DYNA 软件中进行计算。

**图 4－24　某电动车 100%正面碰撞模型**

**2. 整车正面 100%碰撞分析计算及讨论**

1）整车变形分析

汽车在 0.01 s、0.02 s、0.05 s、0.10 s 不同时刻的变形情况如图 4－25 所示。

从图 4－25 中可以看出，在 $t=0.01$ s 时刻，前防撞梁开始出现轻微变形，从 $t=0.02$ s 到 $t=0.10$ s 时段内，汽车前部迅速出现明显的变形，在 $t=0.10$ s 以后，整车变形不大。汽车前部的防撞梁、前引擎盖、支撑板和前翼子板发生了明显的塑性变形，产生了褶皱，说明在碰撞过程中，这些部位承受了较大的力，即这些结构部件很好地起到了碰撞吸能的作用。在碰撞的后阶段，车身的尾部有明显的上抬趋势，出现这种情况的原因是车身前部与刚性墙相互作用力的中心与整车的惯性中心在车身的垂直方向有一定的距离差，所以在车身撞击刚性墙的过程中产生一个绕前端碰撞作用力中心的转动力矩，正是在这个力矩的作用下，汽车尾部才出现了上抬趋势。

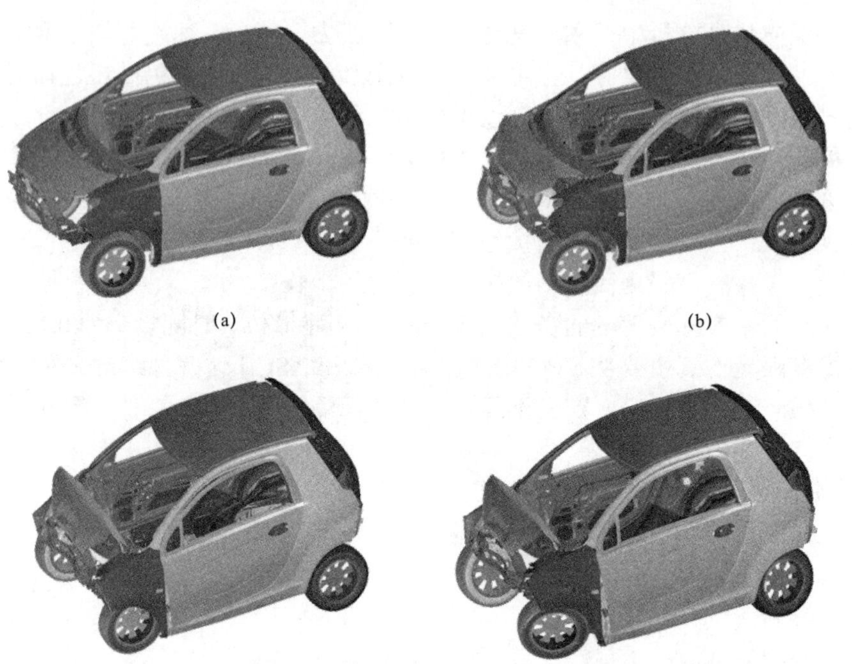

(a) (b) (c) (d)

**图 4－25　某电动车 100%正面碰撞不同时刻的仿真分析结果**

（a）$t=0.01$ s；（b）$t=0.02$ s；（c）$t=0.05$ s；（d）$t=0.10$ s

2）部分部件结构的变形和吸能的情况分析

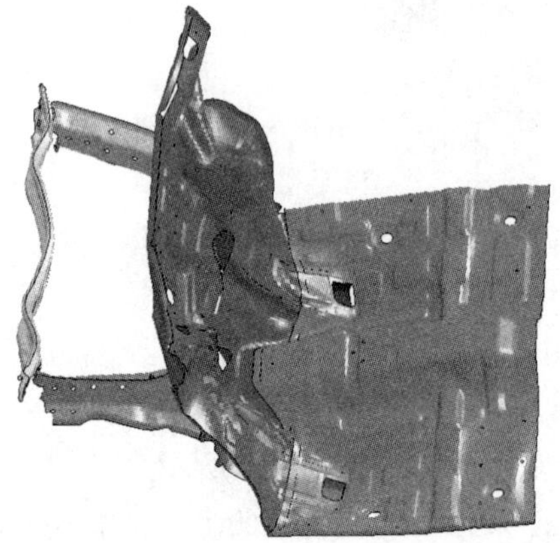

**图 4－26　某电动车部分结构碰撞后的变形情况**

图 4－26 和图 4－27 分别为部件结构变形和吸能情况分析结果。可以看出，在整个碰撞过程中，防撞梁、防火墙和前底板发生了严重的变形，而两侧纵梁没有发生明显的塑性变形和位移，说明碰撞产生的大部分撞击力经纵梁传递到了防火墙和前底板上。防火墙和前底板局部发生了明显的塑性变形，吸收了相对多的能量，防撞梁变形比较明显，吸收了大部分的能量，而两侧纵梁变形不明显，吸能不足，所以导致防火墙和前底板局部发生明显的变形，因此对驾乘人员的安全性会产生一定影响。

3）碰撞能量分析

汽车的碰撞过程遵循能量守恒。碰撞过程中的大部分动能被吸能结构吸收而转化为内能，少数动能转化为其他的能量形式。图 4－28 是电动汽车正面碰撞刚性墙过程中，系统总能量、动能、内能、沙漏能和滑动能随时间的变化曲线。

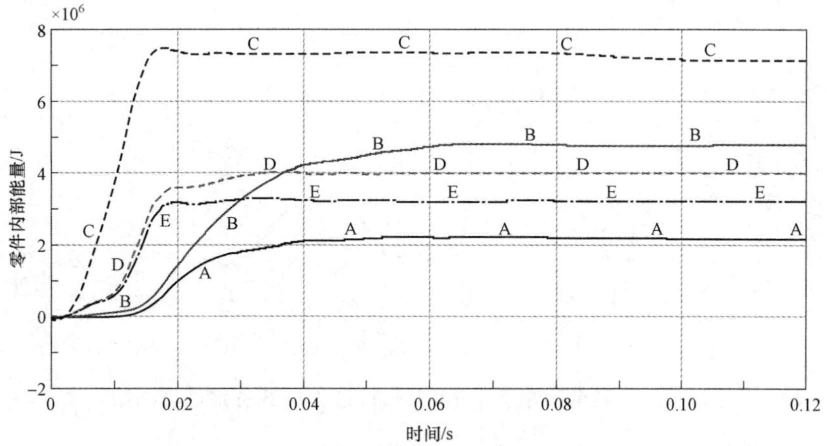


**图 4－27　某电动车部分结构碰撞后的内能情况**

图中：A 为前底板，B 为防火墙，C 为防撞梁，D 为左前纵梁，E 为右前纵梁

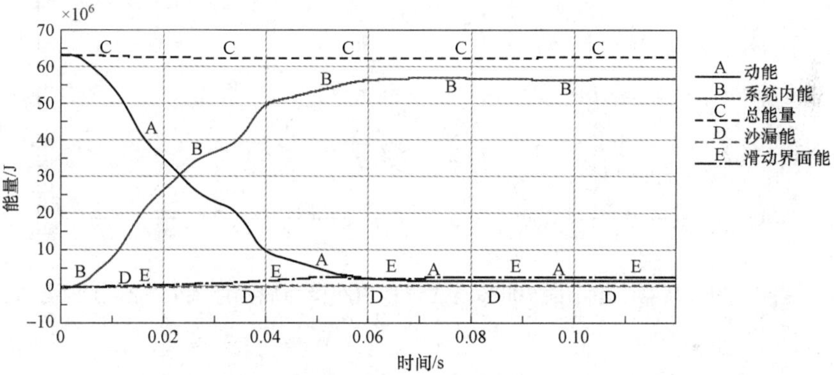


**图 4－28　某电动车整车碰撞过程中能量变化曲线**

如图 4－28 所示，系统的总能量和最大动能均为 63 kJ，随着碰撞的发生，动能迅速降低。由于碰撞过程中发生回弹，动能并没有降为 0。系统内能由 0 kJ 增加到 57 kJ，由于汽车撞击的过程中，吸能结构发生变形吸收能量，因而内能增加，并随着变形增大而变大。整个碰撞过程中沙漏能几乎为 0，说明碰撞仿真模拟有效。系统的内能和动能的总和基本保持恒定，说明仿真过程符合能量守恒定律。对于产生的滑动界面能，能量的转换是由弹性势能转变为动能，动能又转变为变形能，因此在整个分析过程中，滑动界面能是非物理的，必须控制在很小的范围内，并且数值不能为负，本例图中显示滑移界面能约为 3 kJ。

4）加速度评价分析

汽车车身的最大加速度是评价在碰撞时汽车所受最大载荷的一个重要指标。最大加速度越大，所受的冲击载荷越大，碰撞安全性越差。相反，汽车碰撞加速度越小，所受的冲击载荷越小，碰撞安全性越好。以 B 柱为例，图 4－29 为驾驶员侧 B 柱的加速度曲线，从图中可以看出 B 柱的最大加速度为 70*g*。再以座椅与底板连接位置为例，图 4－30 是座椅与底板连接处的加速度曲线，同时，通过这个加速度值来评价碰撞过程中传递到乘员身上的加速度。从仿真结果可看出，此处节点的最大加速度为 68*g*，对比图 4－30 所示的驾驶员侧 B 柱的加速度曲线，说明车体吸能严重不足，导致座椅底部加速度较大，传递到乘员身上的加速度也会比较大。

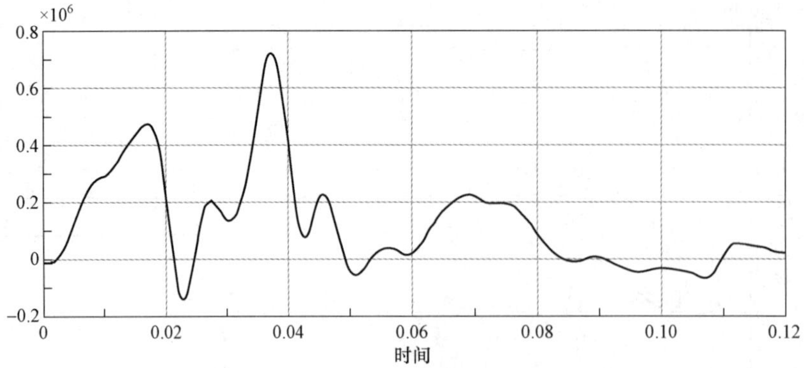


**图 4-29　某电动车正面 100%碰撞过程中 B 柱加速度曲线**

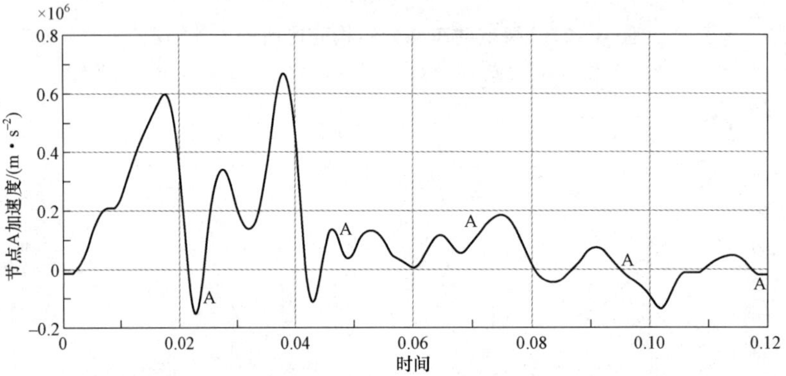


**图 4-30　某电动车正面 100%碰撞过程中座椅与底板连接处加速度曲线**

# 4.6　汽车结构疲劳耐久建模与分析

## 4.6.1　汽车结构疲劳耐久性分析基础理论

**1. 汽车结构疲劳耐久性分析方法**

疲劳是载荷单次加载在结构上不会造成破坏，但在往复变化的载荷下发生结构破坏的现象。耐久性是结构或材料在使用过程中长久地保持其原有性能的能力。CAE 耐久性分析主要有疲劳方法和断裂力学方法，其中，汽车结构通常采用疲劳方法进行结构耐久性分析。

疲劳耐久性方法使用应力或应变和材料疲劳曲线来预测失效周期，主要有两种基本分析方法，一是以弹性应力作为参数条件的“应力-寿命（SN）”方法，二是以弹-塑性应变作为参数条件的“应变-寿命（EN）”方法。“应力-寿命（SN）”方法认为应力驱动疲劳，按照弹性假设计算的应力以及应力-疲劳破坏循环次数的曲线进行分析（S-N 曲线），对高周期疲劳适用（对韧性金属材料，一般大于 $10^7$ 循环次数）。“应变-寿命（EN）”方法认为局部塑性应变驱动疲劳，使用弹-塑性应变和应变寿命关系方程计算疲劳寿命，对低周期和高周期疲劳均适用。

**2. 疲劳分析基本概念和理论**

1）循环载荷

循环加载的载荷用正弦曲线简单表示，如图 4-31 所示。

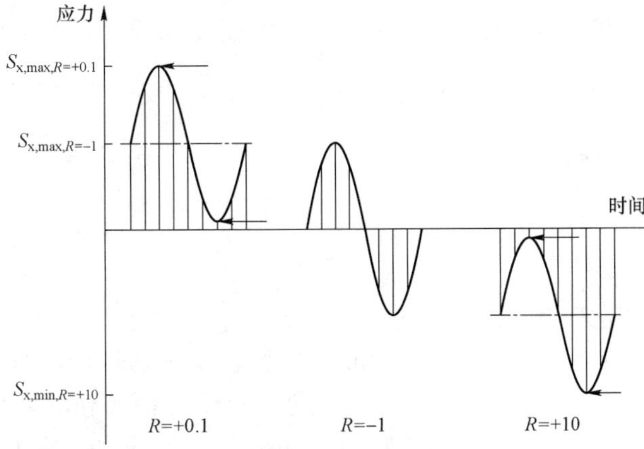


**图 4-31　疲劳分析中的循环载荷描述**

图 4-31 中，$S_{max}$ 表示最大应力，$S_{min}$ 表示最小应力，$S_{mean}$ 表示平均应力，即 $S_{mean}=(S_{max}+S_{min})/2$，$R$ 为应力比，即 $R=S_{min}/S_{max}$，该图展示了三种不同 $R$ 值情况下的循环载荷特征。

2）应力循环计数方法

当疲劳分析中出现多个循环载荷加载时，则必须确定每个应力/应变反转的大小和数量，即必须确定最小应力、最大应力、平均应力以及每个应力反转相关的循环数。雨流计数法是最常见的循环计数算法，可把不规则的、随机的荷载–时间历程转化为一系列循环的方法，可将复杂载荷加载变换成简单加载。该方法适用于以典型荷载谱段为基础的重复历程，用于应力寿命和应变寿命预测和分析，且在 CAE 软件中可自动完成。

如图 4-32 所示，把应变–时间历程数据记录转过 90°，时间坐标轴竖直向下，数据记录犹如一系列屋面，雨水顺着屋面往下流，故称为雨流计数法。雨流计数法对载荷的时间历程进行计数的过程反映了材料的记忆特性，具有明确的力学概念，因此该方法得到了普遍的认可。

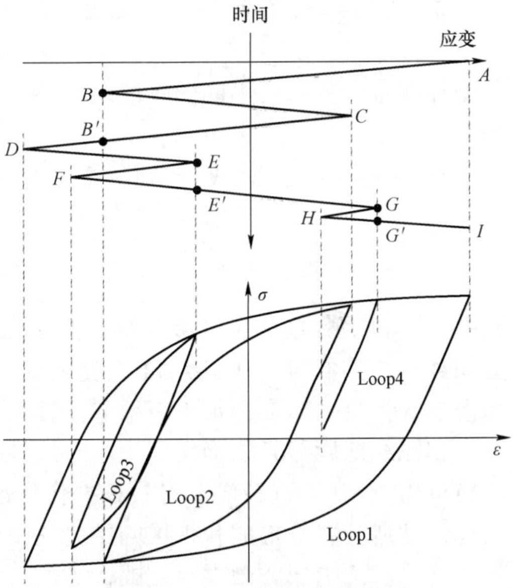


**图 4-32　雨流计数法示意图**

3）疲劳累积损伤理论

线性疲劳累积损伤理论认为载荷顺序对累积损伤没有影响，损伤可以线性地累加。线性损伤累积理论中典型的是 Palmgren–Miner 理论，简称 Miner 理论，该理论认为一个循环造成的损伤为

$$D=\frac{1}{N} \tag{4-28}$$

构件在等幅应力水平 $S$ 作用下的疲劳寿命为 $N$，则经受 $n$ 次循环时的损伤为

$$D=\frac{n}{N} \tag{4-29}$$

如图 4-33 所示，若构件在应力水平 $S_i$ 作用下经受 $n_i$ 次循环的损伤为

$$D=\frac{n_i}{N_i} \tag{4-30}$$

则在 $k$ 个应力水平作用下的总损伤为

$$D=\sum_{i=1}^{k}\frac{n_i}{N_i} \tag{4-31}$$

破坏准则，即临界疲劳损伤 $D_{CR}=1$。

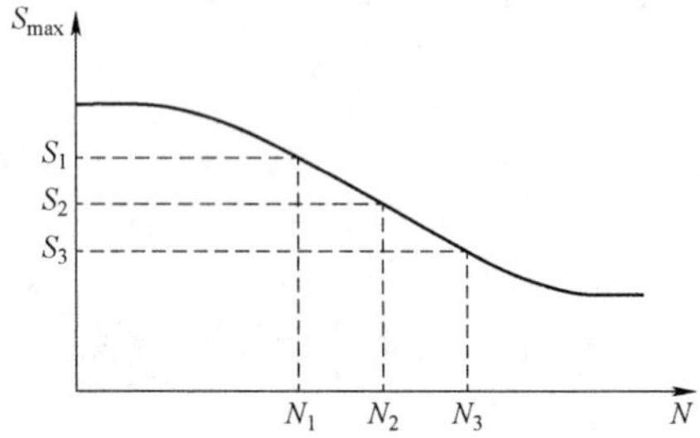


**图 4-33　应力-疲劳寿命（S-N）曲线**

Miner 疲劳积累损伤理论没有考虑荷载作用的先后次序。一般地，对于变幅加载，应力为高-低加载顺序，临界积累损伤值 $D_{CR}$ 小于 1；应力为低-高加载顺序，临界积累损伤值 $D_{CR}$ 则会大于 1。对于随机荷载，按 Miner 理论计算破坏时的临界损伤值 $D_{CR}$ 接近于 1。

传统的 Miner 理论基于不考虑载荷加载顺序的等损伤假设，后续众多学者在此基础上提出诸多疲劳累积损伤理论，其中最常用的是修正 Miner 法则；另外，Manson 采用将疲劳过程中的裂纹形成和裂纹扩展两个阶段用疲劳循环次数分开，在不同的阶段运用线性累积损伤规律的方法，建立了双线性疲劳累积损伤理论。

Manson 在修正 Miner 准则时提出的两级疲劳加载疲劳寿命预测公式为

$$\frac{n_2}{N_2}=1-\left(\frac{n_1}{N_1}\right)^{\eta} \tag{4-32}$$

式中，$n_1$ 和 $n_2$ 分别为第一级和第二级应力循环次数；$\eta$ 为与疲劳加载顺序相关的参数，当疲劳加载从高到低时，$0<\eta<1$，反之 $\eta>1$。即该模型实质上是将第一级应力水平下的疲劳损伤等效为第二级应力水平下引起的损伤，但在等幅加载或三级以上疲劳加载下并不适用。

相比线性疲劳累积损伤理论，非线性疲劳累积损伤理论则从疲劳破坏过程的损伤微观物理模型出发，认为载荷顺序对累积损伤有严重影响，Carten-Dolan 理论就是其中的代表之一。该理论把疲劳裂纹形成和扩展归纳为三个阶段，第一阶段是在局部地区产生加工硬化；第二阶段是局部范围形成微观空穴或微裂纹；第三阶段是亚微观空穴或裂纹进一步扩展和结合形成宏观裂纹，继而扩展到断裂。

从上述疲劳破坏过程出发，提出的非线性疲劳损伤模型认为：产生永久性疲劳损伤需要一个成核期；应力增加时，遍布于试件各处的裂纹核数目增多；在一定压力下，损伤量随应力增大而增大；每个循环的损伤增长率随应力增大而增大；对所有载荷历程来讲，构成试件疲劳失效的总损伤量是一常量；在应力水平低于引起初始损伤的应力水平时损伤仍将继续增长。

基于模型假设，非线性疲劳累积损伤理论认为一个循环内造成的损伤为

$$D=m^c r^d \tag{4-33}$$

构件在 $k$ 个应力水平作用下的总损伤为

$$D = \sum_{i=1}^{k} D_i = \sum_{i=1}^{k} n_i m_i^c r_i^d \qquad (4-34)$$

破坏准则，即临界疲劳损伤为

$$D_{CR} = N_1 m_1^c r_1^d \qquad (4-35)$$

式中，$m^c$ 为材料损伤核的数量；$r$ 为损伤发展速率，正比于应力；$c$、$d$ 为材料常数；$N_1$ 为作用载荷系列中最大一级载荷所对应的寿命。

疲劳损伤核在后续 $k$ 级载荷加载过程中不会消失，因此 $m_i = m_1$，即

$$\sum_{i=1}^{k} n_i r_i^d = N_1 r_1^d \qquad (4-36)$$

损伤发展速率 $r$ 正比于应力水平 $S$，即

$$\sum_{i=1}^{k} \frac{n_i}{N_1}\left(\frac{S_i}{S_1}\right)^d = 1 \qquad (4-37)$$

Carten－Dolan 模型实质上是将任意应力水平 $S_i$ 下循环 $n_i$ 次所引起的材料损伤等效为最大一级荷载 $S_1$ 作用 $n_{ie}$ 次所引起的损伤，即

$$n_{ie} = n_i\left(\frac{S_i}{S_1}\right)^d \qquad (4-38)$$

Carten－Dolan 基于疲劳实验数据，对高强钢材料，$d$ 取 4.8，其他材料 $d$ 取 5.8。

由于 Miner 准则简单易操作，且具有与其他较复杂疲劳分析计算方法相近的精度，得到广泛应用。需要指出的是，从疲劳损伤计算根本上看，疲劳是基于统计的，无论哪种疲劳法则，均广泛使用了经验法，寿命估算中的数量级误差难以避免，同时为确保安全设计，通常采用大安全系数。

### 4.6.2　工程实例——某电动客车车架疲劳耐久性分析

**1. CAE 疲劳耐久性分析流程**

常见的疲劳分析软件有 MSC－Fatigue、FE－safe 以及 nCode Design－Life 等，其在分析流程上基本相同，所采用的准则大多基于线性疲劳累积损伤理论。下面以 nCode Design－Life 软件为例，介绍疲劳耐久性分析的基本流程。

如图 4－34 所示，结构疲劳分析基本流程主要由前处理、计算求解和后处理三个关键步骤组成。

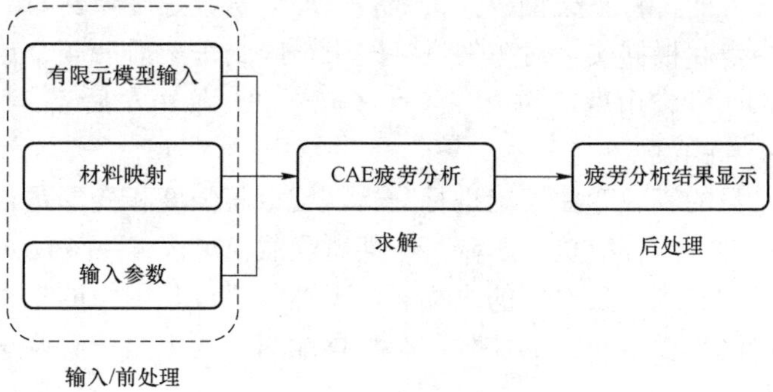


**图 4－34　nCode Design－Life 疲劳分析的基本流程**

前处理主要是为疲劳求解器准备各种输入数据，如单位荷载作用下的有限元应力场结果文件、疲劳荷载时序及材料 S－N 曲线信息等。在计算求解过程，求解器接收上述输入信息后，根据用户求解要求完成疲劳强度计算并输出计算结果，供用户进行后处理。在后处理过程中，用户根据求解器的计算结果可绘制疲劳损伤云图，进行热点位置处详细计算结果的探查等操作。

**2. 某电动客车车架疲劳耐久性有限元建模和分析**

以文献［10］中的某型电动客车车架为例，介绍疲劳耐久性有限元建模和分析。

1）有限元建模

疲劳耐久性分析的建模流程和方法与之前介绍的情况相同。首先是通过分析对象的几何模型建立有限元模型，需要对汽车结构的各类连接，例如焊接、螺栓连接等进行模拟。其次，进行模态分析和验证，通过模态验证的有限元模型方可进行下一步的分析计算。对于复杂分析对象，例如车身，还需要利用相应的方法（依据 Craig－Bampton 模态叠加法）对车身进行柔性体建模，对于整车这样一个多自由度的“质量－刚度－阻尼”复杂动力学系统，为节约建模和计算成本，对轮胎采用典型的弹性圆环状梁模型进行建模。以某型电动客车车架为研究对象，在分析时已经完成了结构件的连接模拟和模态分析与验证，本节在此不做赘述。

某型电动客车车架总质量约为 910 kg，车架长 10.5 m，宽 0.8 m，高 1.45 m，所用材料为 Q345。根据有限元分析要求，做几何模型的几何清理和简化处理，去除车架中较小的倒圆角，忽略较小的孔径、开口、翻边及尺寸不大的筋及凸台。为简化模型和便于划分网格，车架结构单元选择板壳单元；为更加真实地反映螺栓连接，对螺栓孔位置处的网格进行细化。车架有限元模型如图 4－35 所示，经统计，该模型共有 18 506 个单元，52 108 个节点。

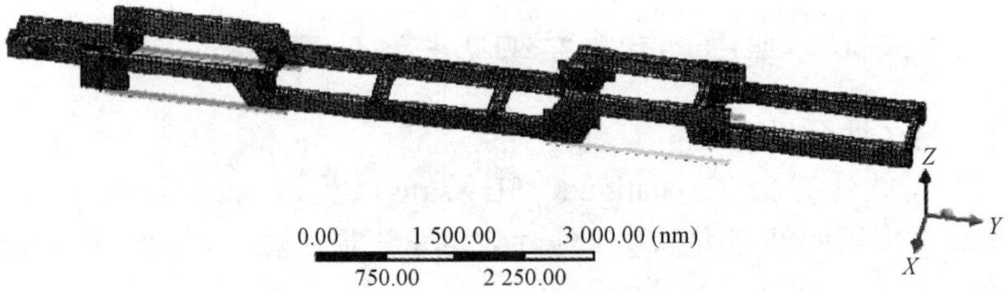


**图 4－35　某电动客车车架有限元模型**

在边界条件处理方面，将车架钢板弹簧等效处理为两根螺旋弹簧与刚性梁的组合形式，约束加载在刚性梁中点。根据实际对车架进行约束，限制车架前后 4 个点旋转约束，另外约束左前点 3 个方向的平动自由度，约束右前点 $Z$ 向平动，约束左后点 $X$、$Z$ 向平动自由度，约束右后点 $Z$ 向平动自由度。

对电动客车最常见的满载弯曲工况进行分析，校核其强度和变形是否满足要求，为车架进行静力作用下疲劳寿命的分析奠定基础。车架所受载荷如表 4－14 所示。其中，驾驶员及乘客质量以均布载荷加载到车架对应的纵梁上，天然气罐以集中力的形式加载到车架中部纵梁上，动力总成及电池包以均布载荷加载到车架尾端纵横梁上，车身及车架质量以质量点的形式加载到车架承载梁上。

表 4–14 某型电动车车架所受载荷情况

| 序号 | 项目 | 载荷/kg |
|---|---|---|
| 1 | 驾驶员及乘客 | 5 262 |
| 2 | 汽车用液化天然气气瓶 | 313 |
| 3 | 电池包 | 300 |
| 4 | 动力总成 | 970 |
| 5 | 车身及车架 | 4 549 |

2）车架静强度分析

选用第四强度理论校核该车架的静强度，即

$$\sigma_r = \sqrt{\frac{1}{2}[(\sigma_1-\sigma_2)^2+(\sigma_2-\sigma_3)^2+(\sigma_3-\sigma_1)^2]} \leqslant [\sigma] \tag{4-39}$$

式中，$\sigma_r$ 为相当应力；$\sigma_1$、$\sigma_2$、$\sigma_3$ 分别为三个方向的主应力；$[\sigma]$ 为材料许用应力。

通过有限元计算，得到车架应力和位移云图如图 4–36 和图 4–37 所示。图中，车架满载弯曲工况的最大应力为 135.94 MPa；在后悬架吊耳处，材料的屈服极限为 345 MPa。通过计算可得，车架的安全系数约为 2.54，大于经验安全系数，满足强度要求；最大变形仅为 2.74 mm，满足刚度要求。

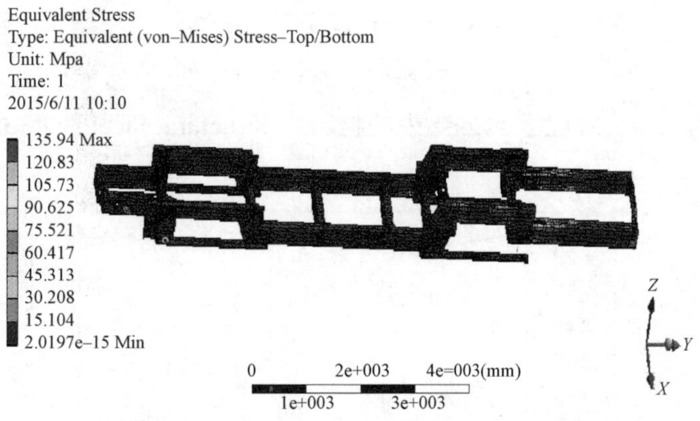


图 4–36 某电动客车车架静力分析应力云图

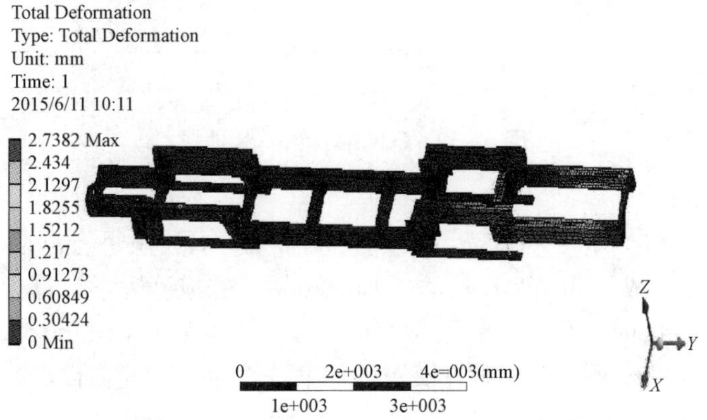


图 4–37 某电动客车车架静力分析位移云图

3）车架的疲劳寿命分析

首先，进行载荷谱定义。疲劳分析中的载荷谱分为时间序列载荷谱、时间步载荷谱、恒定幅值载荷谱等，根据车架实际工况，车架静态疲劳分析的载荷谱确定为时间序列载荷谱。如果要得出较为准确的疲劳分析结果，就得通过实验获取车架载荷谱。鉴于实验条件限制，本着介绍使用方法的目的，使用基于虚拟样机的各载荷动态力。根据对虚拟样机时间序列载荷谱的提取结果，客车在 30 s 内以 50 km/h 在 C 级路面行驶，其出现峰值力的次数为 9 次，将载荷谱采用峰谷值法进行简化，车架载荷时间序列如图 4－38 所示。

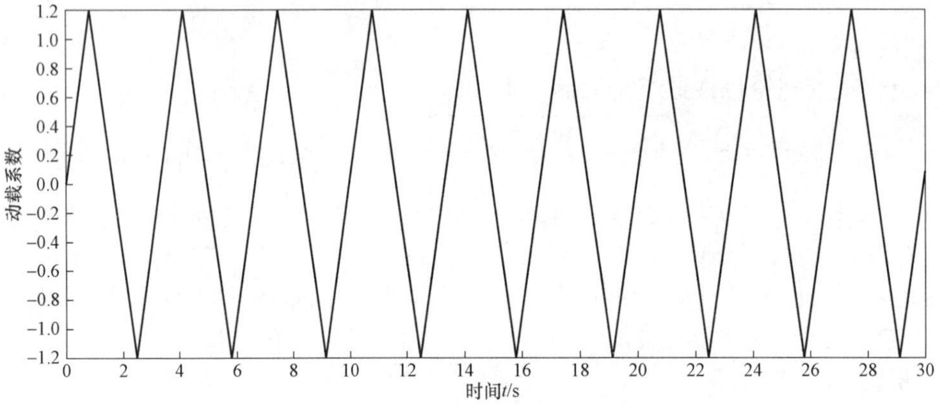


**图 4－38　车架载荷时间序列**

其次，定义材料参数。车架的主要材料为 Q345（S－N 曲线如图 4－39），弹性模量为 206 GPa，泊松比为 0.28。对应于 nCode 中的材料为 Structural Steel BS4360 Grade 50D，获得的应力比为－1。

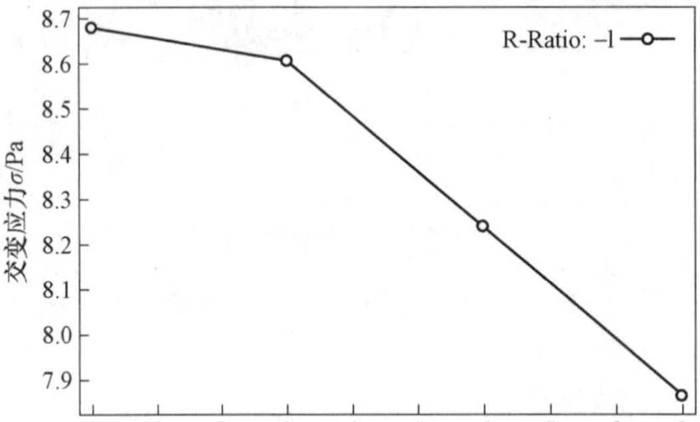


**图 4－39　Q345 材料 S－N 曲线**

4）疲劳寿命分析

车架属于高周疲劳类型，一般选用应力－寿命（S－N）法进行静应力疲劳寿命分析。Workbench 软件环境集成了 nCode Design－Life 模块，完成静力学计算后可直接转入疲劳分析模块。通过在 Workbench 环境中选定的分析类型（高周疲劳），在 nCode Design－Life 中自动搭建 S－N 静态疲劳分析流程。对各模块进行参数设定后，并运行求解，得到车架的寿命云图和损伤云图如图 4－40 和图 4－41 所示。

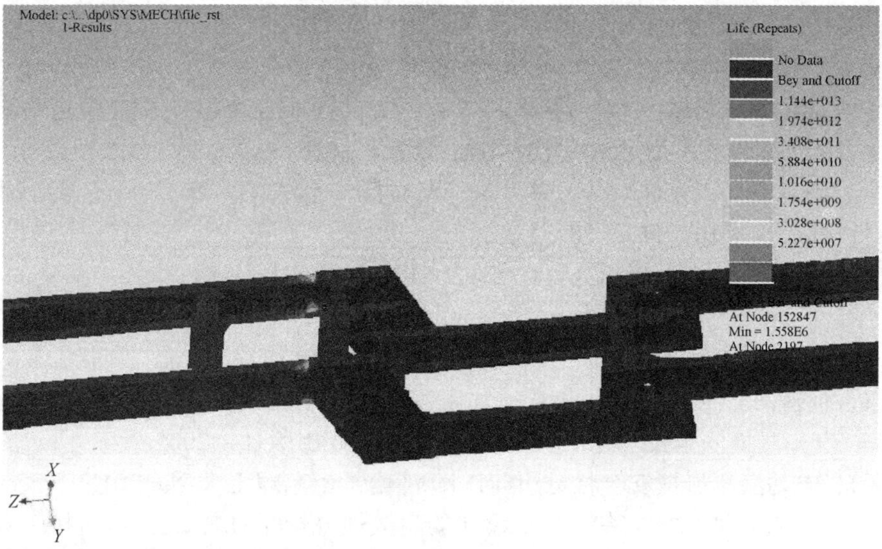


图 4-40　车架寿命云图

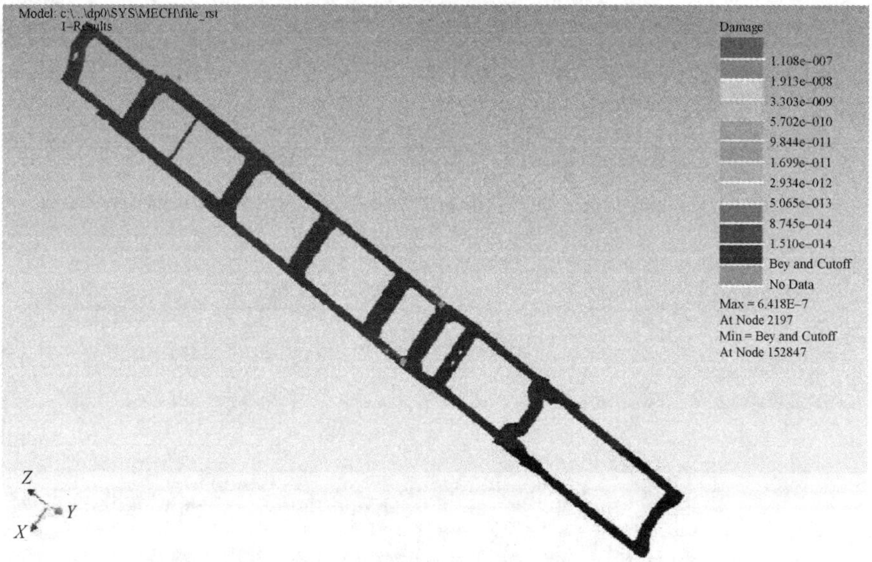


图 4-41　车架损伤云图

根据图 4-41 中的分析结果可以看出，车架损伤较严重的区域位于车架后悬架与吊耳连接处，这与实际情况相一致。通过计算，车架许用疲劳寿命为 $1.558\times10^6$ 次，许用行驶里程为 $6.5\times10^5$ km。根据《机动车强制报废标准规定》，相应车型许用疲劳寿命为 13 年，行驶里程参考值为 400 000 km，因此该电动客车车架满足客车疲劳寿命要求。

## 参考文献

［1］黄天泽. 汽车车身结构与设计［M］. 北京：机械工业出版社，2011.
［2］徐龙. 基于极限工况载荷的车身静态强度分析及优化设计［D］. 长沙：湖南大学，2011.

[3] General Motors Company. Specification for 261 powertrain mounts, body－frame－integral subsystems GMW14116 [S]. North American Engineering Standards, 2006, 2.
[4] 国家市场监督管理总局，中国国家标准化管理委员会. GB 38031—2020. 电动汽车用动力蓄电池安全要求 [S]. 北京：中国标准出版社，2020.
[5] 徐业平，陶绪强，张宏波，等. 中美欧汽车碰撞安全法规解析 [J]. 合肥工业大学学报（自然科学版），2010（11）：18－23.
[6] 杜平安，范树迁，葛森，等. CAD/CAE/CAM 方法与技术 [M]. 北京：清华大学出版社，2010.
[7] 鲍娣. 某 SUV 白车身结构性能分析及可靠性优化设计 [D]. 合肥：合肥工业大学，2019.
[8] 张立军，何辉. 车辆随机振动 [M]. 沈阳：东北大学出版社，2007.
[9] 钟志华. 汽车碰撞安全技术 [M]. 北京：机械工业出版社，2005.
[10] 葛云飞. 电动汽车碰撞安全性分析 [D]. 济南：山东理工大学，2013.
[11] 苏旭明，郑鑫，李大永，等. 汽车设计的耐久性分析 [M]. 北京：机械工业出版社，2016.
[12] 缪炳荣. 现代车辆结构疲劳寿命预测和耐久性分析 [M]. 北京：科学出版社，2019.
[13] 周美施. 城市客车骨架等疲劳寿命轻量化设计方法研究 [D]. 青岛：青岛大学，2016.

# 第5章 汽车结构拓扑优化设计方法

## 5.1 引言

结构拓扑优化方法是一种在给定设计域内寻找最优材料分布的优化设计方法。相比于尺寸优化和形状优化，拓扑优化仅需要知道设计的需求和边界条件的约束，受到更少的限制，因而也有更大的设计自由度。在产品设计的最初阶段，还不了解材料应该如何分配，采用拓扑优化则往往能得到新颖的结构形式。拓扑优化方法已广泛应用于航空航天、机械、建筑等领域。目前，拓扑优化已经作为一种较为常用的技术手段，在汽车整车及关键部件的开发中均有一定的应用。本章首先阐述了拓扑优化的理论基础，然后分别介绍了面向刚度、NVH、碰撞安全以及疲劳耐久性能的拓扑优化应用。

## 5.2 拓扑优化主要方法数学描述

拓扑优化可以分为两大类——离散体的结构拓扑优化（图 5-1（a））和连续体的结构拓扑优化（图 5-1（b））。离散体的拓扑优化一般应用于桁架结构的优化，近年来其理论发展缓慢；而连续体结构的拓扑优化在汽车、航空航天等许多工程场景中得到了越来越广泛的应用。因此，本节主要介绍连续体结构拓扑优化方法。

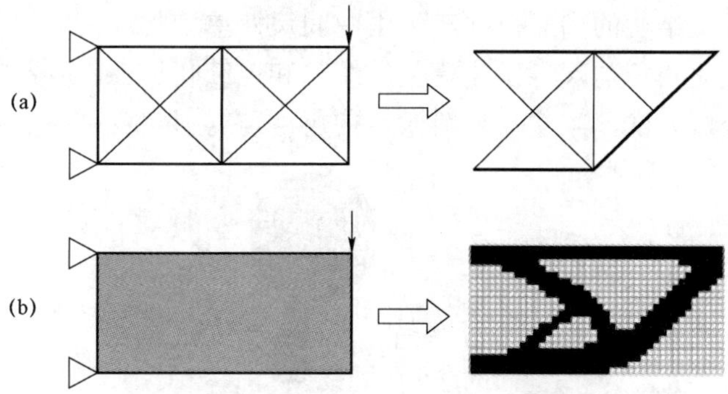


**图 5-1 拓扑优化主要描述数学方法**

（a）离散拓扑优化；（b）连续拓扑优化

### 5.2.1 连续体结构拓扑优化方法

起初，连续体结构拓扑优化方法受限于优化模型描述困难、数值算法计算量大等困境，发展缓慢。以均匀化方法的提出为标志连续体结构拓扑优化进入蓬勃发展的阶段。其他连续体结构拓扑优化方法主要包含：均匀化方法、渐进结构优化方法、水平集方法和变密度法等。各种方法的特点如表 5−1 所示。

**表 5−1　连续体拓扑优化主要方法特点**

| 方法 | 基本思想 | 设计变量 | 优化目标 | 优化约束 | 拓扑优化结果特点 |
|---|---|---|---|---|---|
| 均匀化方法 | 优化过程中，以空孔尺寸的消长实现微结构的增减，从而改变结构拓扑 | 微结构空孔尺寸和空间 | 柔度最小 | 体积约束 | 含有大量的孔 |
| 渐进结构优化方法 | 逐步将低效材料从结构中删除，使其趋于符合一定工程要求的优化结构 | 表征单元有无状态变量 | 多种目标 | 应力、位移、屈曲、频率等 | 边界呈现锯齿状或棋盘格式等数值不稳定问题 |
| 水平集方法 | 通过改变高一维的水平集函数来改变结构拓扑，直到符合一定工程要求 | 表征单元有无状态变量 | 多种目标 | 柔度、体积、位移等 | 边界光滑；对平面结构进行优化时难以产生新孔 |
| 变密度法 | 在迭代收敛后，通过删除相对密度低于某一阈值的单元来改变结构拓扑 | 单元相对密度 | 柔度最小 | 体积约束 | 边界呈现锯齿状或棋盘格式等数值不稳定现象 |
| 变厚度法 | 在迭代收敛后，通过删除厚度处于尺寸下限的单元，实现结构拓扑的变更 | 平面单元厚度 | 体积最小 | 应力约束 | 只能是平面结构 |

#### 1. 均匀化方法

均匀化方法（Homogenization method）是连续体结构拓扑优化中最常用的方法之一。其基本思想是在拓扑结构的材料中引入单胞微结构，微结构的形式和尺寸参数决定了材料在此点的弹性模量和密度属性，如图 5−2 所示。均匀化优化过程中以单胞尺寸作为设计变量，以单胞尺寸的大小实现微结构的增删，并产生由中间尺寸单胞构成的复合材料，以拓展设计空间，实现结构拓扑优化模型与尺寸优化模型的统一和连续化。Bendsøe 等基于摄动理论发展了一套周期性结构分析方法，来建立材料微结构尺寸与材料宏观弹性属性之间的关系。因其

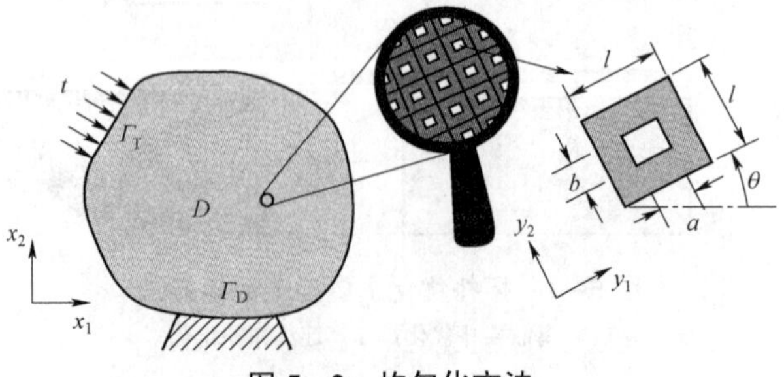


**图 5−2　均匀化方法**

具有较严格的数学基础，成为连续体结构拓扑优化研究中的主要方法。目前已用于处理多工况的二维、三维连续体结构拓扑优化，热弹性结构拓扑优化，考虑结构振动、屈曲问题的拓扑优化以及复合材料的设计。

**2. 渐进结构优化方法**

渐进结构优化方法（Evolutionary Structural Optimization，ESO）是近年来兴起的一种解决各类结构优化问题的数值方法，图 5－3 展示了使用渐进结构优化获得的拓扑构型。ESO 的基本概念很简单，即通过将无效或低效的材料一步步删除，使剩下的结构趋于最优。该方法本质上与满应力设计相同，对于理想的结构，每一点处的应力接近相同的安全水平，这将导致材料的消除准则取决于局部应力水平。在优化迭代中，该方法采用固定的有限元网格，对存在的材料单元，其材料编号为非零的数，而对不存在的材料单元，其材料为空，当计算结构刚度矩阵等特性时，不计材料为空的单元特性（通过数据映射转换，建立固定有限元网格数据信息和计算结构刚度矩阵等特性所需的有效网格数据信息关系）。通过这种零和非零模式实现结构的拓扑优化。特别是，该方法可用于已有的通用有限元分析软件，通过迭代计算在计算机上实现。ESO 的算法通用性好，不仅可解决尺寸优化问题，还可同时实现形状优化与拓扑优化（主要包括应力、位移/刚度、频率或临界应力约束问题的优化）。然而，结构单元的规模可达成千上万，运算成本高。

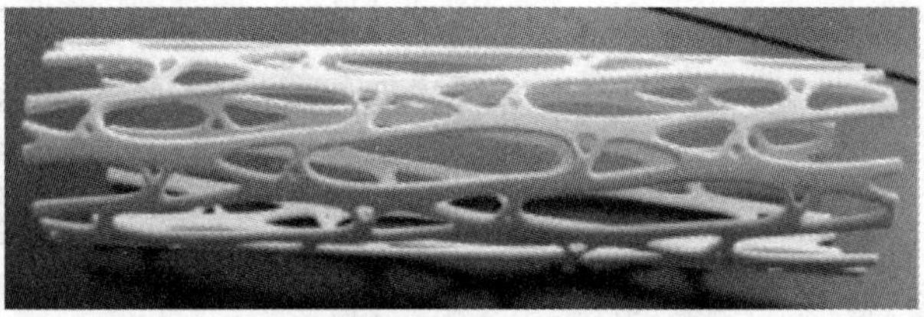

**图 5－3　使用渐进结构优化获得的拓扑构型**

在渐进结构优化中，von Mises 应力是较为常用的应力准则。对于平面应力问题，von Mises 应力定义为

$$\sigma_v = \sqrt{\sigma_x^2 - \sigma_x\sigma_y + \sigma_y^2 + 3\tau_{xy}^2} \tag{5-1}$$

式中，$\sigma_x$ 和 $\sigma_y$ 分别为 $X$ 和 $Y$ 方向的法向应力，$\tau_{xy}$ 为剪切应力。

为了完成优化过程，需要确定一个单元是否被删除的条件，即将单元实际 von Mises 应力 $\sigma_v^e$ 与整个结构的最大 von Mises 应力 $\sigma_v^M$ 的比值作为准则。在有限元分析完成后，满足以下条件的单元将被删除：

$$\frac{\sigma_v^e}{\sigma_v^M} \leqslant \mathrm{RR}_i \tag{5-2}$$

通过重复以上过程删除低效或无效单元，直至结构达到稳定状态。在渐进结构优化中，初始删除比例和进化比例是被预先设定的，该数值建议均取为 1%。对于较为复杂的问题，可通过几次数值试验确定这些参数的值。标准的 ESO 方法得到的设计是局部最优解，而且删除的单元无法再次添加到结构中。为此，相关学者进一步发展了双向渐进结构优化方法，该方法既可以添加单元，也可以删除单元，允许对所有可能的方向进行搜索，从而保证得到最优解。

双向渐进结构优化方法中，将单元的 von Mises 应力 $\sigma_v^e$ 与整个结构的最大 von Mises 应

力 $\sigma_v^M$ 之比作为准则，进行单元添加的操作，具体表达式为

$$\frac{\sigma_v^e}{\sigma_v^M} \geqslant \mathrm{IR}_i \tag{5-3}$$

式中，$\mathrm{IR}_i$ 为增加率。

**3. 水平集方法**

水平集方法是另外一类拓扑优化，最早由 Osher 和 Sethian 提出。该方法采用结构边界作为设计变量。结构边界既可以采用显式边界描述，也可以采用隐式边界描述。水平集方法在常规的水平集框架内，可通过水平集方程（例如哈密顿–雅可比偏微分方程）隐式地解决拓扑优化问题。

水平集法的基本思想是使用高维的函数 $\phi$ 来表示结构，结构的边界 $\Gamma$ 处的函数值为 0，假设 $D$ 为设计域，$D$ 包含了材料区域 $\Omega$ 以及空白区域 $D\backslash\Omega$，如图 5–4 所示。水平集函数 $\phi$ 在材料区域 $\Omega$，空白区域 $D\backslash\Omega$ 以及边界 $\Gamma$ 上的值定义为

$$\begin{cases} \phi(x) > 0, \ x \in \Omega \\ \phi(x) = 0, \ x \in \Gamma \\ \phi(x) < 0, \ x \in D \backslash \Omega \end{cases} \tag{5-4}$$

式中，$x$ 为设计域中的坐标。

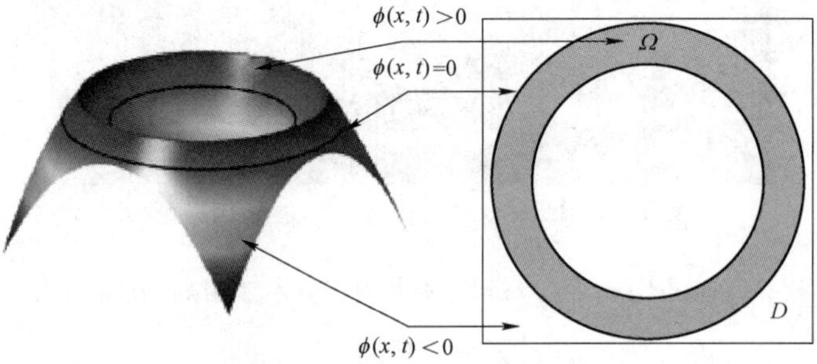


**图 5–4 水平集描述函数**

水平集函数 $\phi$ 随时间的变化可用于描述水平集法的优化过程，界面的移动由速度域 $V$ 来确定。由于采用高一维的函数表示，可以有效地降低拓扑变化的复杂性。水平集拓扑优化方法不会产生中间密度，且边界往往较为光滑。就拓扑优化而言，速度域 $V$ 可通过形状灵敏度分析获得，水平集函数 $\phi$ 的进化方程为

$$\frac{\partial \phi}{\partial t} + V \nabla \phi = 0 \tag{5-5}$$

嵌入几何形状的变化仅与速度场的法向分量 $V_n$ 有关，而其切向分量 $V_t$ 仅影响其参量。由单位法向分量 $\boldsymbol{n} = \nabla\phi / |\nabla\phi|$，式（5–5）可以改写为

$$\frac{\partial \phi}{\partial t} + V_n |\nabla \phi| = 0 \tag{5-6}$$

式（5–5）和式（5–6）为哈密顿–雅可比式的偏微分方程，可以称其为水平集方程。为解决水平集拓扑优化问题，可以使用 ENO2（二阶基本非振荡格式）对哈密顿–雅可比方程进

行直接求解。

考虑最小化目标函数 $J$ 并服从于约束函数 $G$ 的问题：

$$\begin{aligned} &\min\ J=\int_{\mathrm{D}} F(u)\mathrm{d}\Omega \\ &\text{s.t.}\ G=\mathrm{Vol}-\mathrm{Vol}^{*}\leqslant 0 \end{aligned} \tag{5-7}$$

结合水平集方法，可以将该优化问题重新表述如下：

$$\begin{aligned} &\min\ J(u,\phi)=\int_{\mathrm{D}} F(u)H(\phi)\mathrm{d}\Omega \\ &\text{s.t.}\ G(\phi)=\int_{\mathrm{D}} H(\phi)\mathrm{d}\Omega-\mathrm{Vol}_{\max}\leqslant 0 \end{aligned} \tag{5-8}$$

式中，$u$ 为状态变量；$H(\phi)$为 Heaviside 函数：

$$H(\phi)=\begin{cases}1, & \phi>0\\ 0, & \phi\leqslant 0\end{cases} \tag{5-9}$$

为避免数值困难，Heaviside 函数可以近似地用以下方程表示：

$$H(\phi)=\begin{cases}\varepsilon & \text{if}\quad \phi<-\varLambda \\ \left(\dfrac{3}{4}-\dfrac{3\varepsilon}{4}\right)\left(\dfrac{\phi}{\varLambda}-\dfrac{\phi^3}{3\varLambda^3}\right)+\dfrac{1+\varepsilon}{2} & \text{if}\quad -\varLambda\leqslant\phi\leqslant\varLambda \\ 1 & \text{if}\quad \phi>\varLambda\end{cases} \tag{5-10}$$

式中，$\varepsilon$ 是确保刚度矩阵非奇异性的小量，通常可设为 $10^{-3}$；$\varLambda$ 设为 $0.75\Delta x$ 。

求解基于水平集的拓扑优化问题，常用的优化求解策略是采用最速下降法。定义拉格朗日函数 $L$ 并令 $\lambda$ 为约束的拉格朗日乘子，拓扑优化目标函数可进一步表示为

$$L(u,\phi)=J(u,\phi)+\lambda\left(\int_{\mathrm{D}} H(\phi)\mathrm{d}\Omega-\mathrm{Vol}_{\max}\right) \tag{5-11}$$

通过求解此优化问题可以得到最优拓扑构型，其中拉格朗日函数 $L$ 的形状导数为

$$\left\langle\frac{\partial L(u,\phi)}{\partial\phi},\varphi\right\rangle=\left\langle\frac{\partial J(u,\phi)}{\partial\phi},\varphi\right\rangle+\left\langle\lambda\frac{\partial\int_{\mathrm{D}} H(\phi)\mathrm{d}\Omega}{\partial\phi},\varphi\right\rangle \tag{5-12}$$

式中，符号 $\left\langle\dfrac{\partial L(u,\phi)}{\partial\phi},\varphi\right\rangle$ 代表正则化的拉格朗日函数在 $\varphi$ 方向上关于 $\phi$ 的 Fréchet 导数，可以进一步地表示为

$$\left\langle\frac{\partial L(u,\phi)}{\partial\phi},\varphi\right\rangle=\int_{\partial\Omega} lV_n\mathrm{d}s \tag{5-13}$$

**4. 变密度法**

变密度法也是一种常用的拓扑优化方法，属于材料描述的一种方式。变密度法以连续变量的密度函数形式显式地表达单元相对密度与材料弹性模量之间的对应关系。这种方法基于各向同性材料假设，不需要引入微结构和附加的均匀化过程。它以每个单元的相对密度作为设计变量，人为假定相对密度和材料弹性模量之间的某种对应关系，程序实现简单，计算效率高。变密度法中常用的插值模型主要有：固体各向同性惩罚微结构模型（Solid Isotropic Microstructures with Penalization，SIMP）和材料属性的合理近似模型（Rational Approximation of Material Properties，RAMP）。SIMP 或 RAMP 通过引入惩罚因子对中间密度值进行惩罚，使连续变量的拓扑优化模型能很好地逼近 0/1 离散变量的优化模型，这时中间密度单元对应一个很小的弹性模量，对结构刚度矩阵的影响将变得很小。变密度法已经在多工况应力约束下平面体结构、三维连续体结构、结构碰撞、汽车车架设计等问题上得到成功应用。

### 5.2.2 连续体结构拓扑优化材料插值模型

不同插值模式拥有不同的计算模型，目前拓扑优化中的密度插值模型既包括常见的 SIMP 材料插值模型和 RAMP 材料插值模型，也包括 Voigt 上边界材料插值模型、Hashin－Shtrikman 上边界材料插值模型、Reuss－Voigt 下边界材料插值模型。近年来，随着拓扑优化与增材制造的进一步融合，在标准 SIMP 的基础上又发展了壳－填充特征的材料插值模型。

**1. SIMP 材料插值模型**

SIMP 材料插值模型是变密度法中应用最广泛的插值模型。通过在离散模型中引入相对密度 $0 \leqslant \rho \leqslant 1$ 和惩罚因子 $p$，其材料插值模型可表示为

$$E=\rho^p E^0 \tag{5-14}$$

SIMP 模型中假设材料的弹性模量 $E$ 是各向同性的，且随 $\rho$ 的变化而变化，泊松比 $\nu$ 为常量，且与相对密度值 $\rho$ 无关。

假设复合材料由两相材料组成，其中一相为空材料，而另一相则是密度为 $\rho$ 的材料，则弹性模量 $E(\rho)$ 中的体积弹性模量 $\kappa$ 和剪切弹性模量 $\mu$，对于二维平面弹性问题应满足 Hashin－Shtrikman 边界条件，如式（5－15）所示：

$$0 \leqslant \kappa \leqslant \frac{\rho\kappa^0\mu^0}{(1-\rho)\kappa^0+\mu^0},\quad 0 \leqslant \mu \leqslant \frac{\rho\kappa^0\mu^0}{(1-\rho)(\kappa^0+2\mu^0)+\kappa^0} \tag{5-15}$$

式中，$\kappa^0$ 和 $\mu^0$ 分别为密度为 $\rho$ 的单相材料的体积弹性模量和剪切弹性模量。同时，复合材料的弹性模量 $E$ 应该满足：

$$0 \leqslant E \leqslant E^* = \frac{\rho E^0}{3-2\rho} \tag{5-16}$$

将式（5－14）代入式（5－16）得

$$E(\rho)=\rho^p E^0 \leqslant \frac{\rho E^0}{3-2\rho} \quad 0 \leqslant \rho \leqslant 1 \tag{5-17}$$

当 $p \geqslant 3$ 时式（5－17）恒成立。由于在模型中，泊松比 $\nu$ 独立于材料密度，二维平面弹性问题中存在下式：

$$\kappa^0 = \frac{E^0}{2(1-\nu)},\quad \mu^0 = \frac{E^0}{2(1+\nu)} \tag{5-18}$$

将式（5－18）代入式（5－15）可得：

$$0 \leqslant \frac{\rho^p E^0}{2(1-\nu)} \leqslant \frac{\rho E^0}{4-2(1+\nu)\rho},\quad 0 \leqslant \frac{\rho^p E^0}{2(1+\nu)} \leqslant \frac{\rho E^0}{2(1-\rho)(3-\nu)+2(1+\nu)} \tag{5-19}$$

由式（5－19）经过不等式运算，可得出罚因子 $p$ 需满足如下条件：

$$p \geqslant p^*(v) = \max\left\{\frac{2}{1-v}, \quad \frac{4}{1+v}\right\} \tag{5-20}$$

当 $v$ 取不同数值时可得到 $p$ 的不同取值有：

$$\begin{gathered} p^*\left(v=\frac{1}{3}\right)=3;\quad p^*\left(v=\frac{1}{2}\right)=4; \\ p^*(v=0)=4;\quad p^*(v=1)=\infty;\quad p^*(v=-1)=\infty \end{gathered} \tag{5-21}$$

仅当 $v=1/3$ 时，$p$ 取最小值 3。在二维平面弹性问题中，取 $p=3$ 时的 SIMP 模型能够满足 Hashin－Shtrikman 边界条件，得到的拓扑优化结果在理论上满足一般的力学原理，得到的解在理论上是可行解。

**2. 带有壳层结构特征材料改进 SIMP 插值模型**

Clausen 提出了一种将结构和规定材料界面特性包含在最小柔度拓扑优化问题中的新方法。该方法通过将设计场的空间梯度的归一化范数包括到材料插值函数中来扩展标准 SIMP 方法，通过归因于特定属性来在界面处实施涂层材料。通过引入两步过滤/投影方法分离基础结构和涂层的长度尺度。模拟的涂层厚度是通过分析得出的，并且涂层显示出精确控制并以高度均匀的方式施加在结构上。该模型的另一种解释是为附加制造执行单一材料设计。假设填充物由满足 Hashin－Shtrikman 界限的各向同性多孔微观结构构成，并使用均匀化的材料特性建模。变化过程如图 5－5 所示。

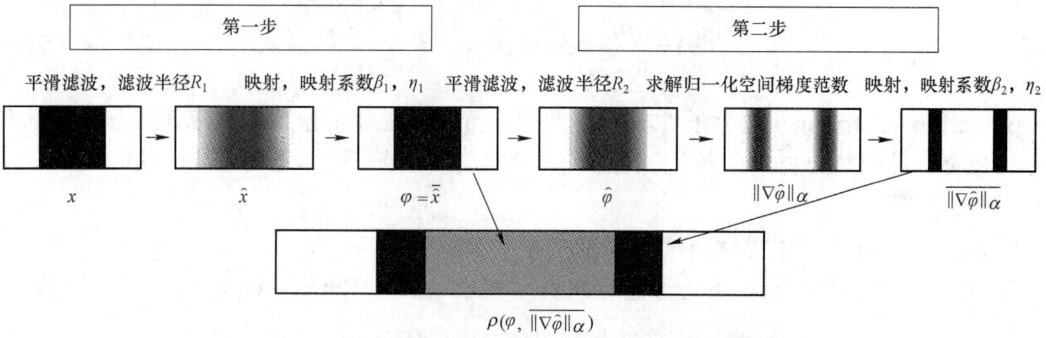


**图 5－5　带有壳层结构特征材料改进 SIMP 插值模型**

假设基础材料的刚度和密度等于涂层材料的模量和密度分别乘比例系数 $\lambda_E$ 和 $\lambda_m$，且有 $\lambda_m,\lambda_E \in [0,1]$，即涂层材料具有比基础材料更高的刚度和质量密度。对于具有金属涂层的聚合物基结构，该假设通常是有效的。为了尽可能明显地与标准 SIMP 插值相关，假设涂层材料的质量密度为 $m^0=1$。因此，物理密度和质量密度可以互换使用，则可得基材的质量密度为 $\lambda_m$。假设这两种材料都是各向同性的，泊松比 $v$ 与插值密度无关。物理密度 $\rho$ 和刚度 $E$ 定义为基体结构 $\varphi$ 和梯度范数 $\overline{\|\nabla\hat{\varphi}\|_\alpha}$ 的插值。

$$\begin{gathered} \rho\left(\varphi,\overline{\|\nabla\hat{\varphi}\|_\alpha}\right)=\lambda_m\varphi+(1-\lambda_m\varphi)\overline{\|\nabla\hat{\varphi}\|_\alpha} \\ E\left(\varphi,\overline{\|\nabla\hat{\varphi}\|_\alpha}\right)=E^0\left[\lambda_E\varphi^p+(1-\lambda_E\varphi^p)\left(\overline{\|\nabla\hat{\varphi}\|_\alpha}\right)^p\right] \end{gathered} \tag{5-22}$$

滤波则是基于 SIMP 的拓扑优化中常用的正则化技术，以避免解决方案的网格依赖性。在标准滤波技术中，滤波器半径 $R$ 等于用于滤波步骤的围绕每个单独元件定义的邻域的半径。某些过滤器可确保最小的特征尺寸，例如 Heaviside 投影，其最小特征尺寸等于 $2R$。

惩罚参数 $p=3$ 对于 $\varphi$ 和 $\overline{\|\nabla\hat{\varphi}\|_\alpha}$ 是相同的。注意，当梯度范数 $\overline{\|\nabla\hat{\varphi}\|_\alpha}$ 接近零时，即当离开表面时，表达式退化为

$$\begin{aligned}\rho_{\text{base}}(\varphi,0)&=\lambda_m\varphi\\E_{\text{base}}(\varphi,0)&=E^0\lambda_E\varphi^p\end{aligned}\tag{5-23}$$

上式与标准 SIMP 的相似性是显而易见的。在归一化梯度范数接近 1 的另一极情况，物理密度和刚度分别接近 1 和 $E^0$，即在界面区域形成涂层：

$$\begin{aligned}\rho_{\text{coating}}(\varphi,1)&=\lambda_m\varphi+(1-\lambda_m\varphi)=1\\E_{\text{coating}}(\varphi,1)&=E^0[\lambda_E\varphi^p+(1-\lambda_E\varphi^p)]=E^0\end{aligned}\tag{5-24}$$

当 $\overline{\|\nabla\hat{\varphi}\|_\alpha}=0$，$\varphi$ 为 0（表示空相）或 1（表示基体材料）时，密度 $\rho$ 和弹性模量 $E$ 有如下关系：

$$\begin{aligned}&\rho(0,0)=0 \qquad E(0,0)=0\\&\rho(1,0)=\lambda_m \qquad E(1,0)=\lambda_E E^0\end{aligned}\tag{5-25}$$

**3. Hashin－Shtrikman 上边界材料插值模型**

当对 Hashin－Shtrikman 边界条件采取同 SIMP 模型一样的中间密度惩罚方式时，也可用于拓扑优化设计，可以推出杨氏模量 $E$ 和泊松比 $\nu$ 的如下插值形式：

$$E(\rho)=\frac{\rho E^0}{3-2\rho},\quad \nu(\rho)=\frac{1-\rho(1-\nu^0)}{3-2\rho}\tag{5-26}$$

在 Hashin－Shtrikman 边界条件材料模型中，杨氏模量和泊松比都是密度的函数，这种插值模型对应于式中复合材料的体积弹性模量和剪切弹性模量同时取 Hashin－Shtrikman 上边界条件时的情况。

**4. Reuss－Voigt 下边界材料插值模型**

将 Voigt 上边界与 Reuss 下边界进行组合，得出了如下 Reuss－Voigt 材料插值模型：

$$E(\rho)=\begin{cases}\alpha\rho E^0 & \rho<1\\ E^0 & \rho=1\end{cases}\tag{5-27}$$

式中，$\alpha$ 是 Voigt 边界和 Reuss 边界之间的权重。与推导 Hashin－Shtrikman 边界条件范围类似，可推导得出 $\alpha$ 需满足如下关系：

$$\alpha\leqslant\alpha^*(\nu^0)=\min\left\{\frac{1-\nu^0}{2},\quad \frac{1+\nu^0}{4}\right\}\tag{5-28}$$

**5. RAMP 材料插值模型**

Stolpe 和 Svanberg 提出了一种用有理函数形式来近似材料插值关系的模型，定义密度为 $\rho$ 的材料和空材料组成的复合材料的弹性模量为

$$E(\rho)=\frac{\rho}{1+p(1-\rho)}E^0\tag{5-29}$$

式中，$E^0$ 为密度 $\rho=1$ 的材料的弹性模量，$E(\rho)$ 为复合材料的弹性模量。RAMP 材料插值模

型中对结构单元弹性模量的控制参数为 $\rho$ 和 $p$，当取不同的 $p$ 值时，不同的中间材料密度 $\rho$ 导致单元弹性模量等性能参数逼近 0 或 $E^0$。

### 5.2.3　连续体结构拓扑优化的优化求解数值算法

在优化算法的选择上，学者们提出了各种各样求解拓扑优化的方法。目前应用较多的有优化准则法（Optimality Criteria，OC）、序列线性规划法（Sequential Linear Programming，SLP）和移动渐近线法（Method of Moving Asymptotes，MMA）等。OC 法是基于直觉的准则法，是把数学中最优解应满足的 KKT 条件作为最优结构应满足的准则，用优化准则来更新设计变量和拉格朗日乘子。该法的突出特点是对设计变量修改较大，因而收敛速度快，迭代次数少且与结构大小及复杂程度无关；缺点是对不同类型的约束、变量、目标函数等需导出不同的优化准则，通用性差。MMA 法用一显式的线性凸函数来近似代替隐式的目标和约束函数，由事先确定的左、右渐近点和原函数在各点的导数符号来确定迭代准则即每一步的近似函数。如果左、右渐近点分别趋近负无穷大和正无穷大时，MMA 法就等同于用 SLP 法近似。其优点是该法是全局收敛的，并且对解的存在性有重要的理论依据，对初值不敏感，比较稳定；缺点是计算效率低。SLP 法的通用性好，但收敛速度慢，对初值敏感。需要指出的是，在实际拓扑优化过程中存在数值计算不稳定的现象，主要包括：棋盘格式、网格依赖性、局部极值和多孔材料问题等。

## 5.3　面向刚度的拓扑优化设计方法

刚度是汽车车身最基本的性能指标，对其 NVH 性能、碰撞安全以及疲劳耐久性能都有重要影响。本节主要介绍面向刚度性能的拓扑优化方法及其应用，首先以 C 形夹的拓扑优化为例介绍商业软件利用 SIMP 法优化刚度性能；然后进一步拓展，分别引入了“多工况下刚度性能的拓扑优化”和“壳–填充结构刚度性能的拓扑优化”这两类较复杂的设计方法。

### 5.3.1　柔度最小化标准拓扑优化设计

#### 1. 反映刚度的指标

刚度是指材料或结构在受力时抵抗弹性变形的能力，本质上是应变能的间接反映。应变能等于载荷使体系变形所做的功：

$$E_{\mathrm{S}}=\frac{1}{2}\boldsymbol{F}^{\mathrm{T}}\boldsymbol{U} \tag{5-30}$$

式中，$E_{\mathrm{S}}$ 为应变能；$\boldsymbol{F}$ 为载荷；$\boldsymbol{U}$ 为位移向量。结构的刚度特性无法直接测量得到，一般需要通过位移或柔度间接反映结构的刚度特性。

#### 2. 基于 SIMP 法的刚度优化数学模型

首先，根据上文可将刚度优化问题转化为最小柔度的问题，其数学模型如下式所示：

$$\begin{aligned}&\min C=\boldsymbol{F}^{\mathrm{T}}\boldsymbol{U}\\&\text{s.t. } V=\alpha V_0\\&\boldsymbol{F}=\boldsymbol{K}\boldsymbol{U}\end{aligned} \tag{5-31}$$

式中，$C$ 表示柔度；$\boldsymbol{K}$ 为刚度矩阵；$V$ 和 $V_0$ 分别表示优化后和优化前的体积；$\alpha$ 表示体积分数。

基于 SIMP 法的插值模型为

$$\begin{aligned} E &= (\rho^e)^p E^0 \\ \boldsymbol{k}^e &= (\rho^e)^p \boldsymbol{k}^0 \end{aligned} \tag{5-32}$$

式中，$\rho^e$ 为单元相对密度，$p$ 为惩罚因子，$E$ 和 $E^0$ 分别为优化后和优化前的弹性模量，$\boldsymbol{k}^e$ 和 $\boldsymbol{k}^0$ 分别为优化后和优化前的单元刚度矩阵。将上述插值模型代入式（5－31）中，可以得到基于 SIMP 法的柔度最小化数学模型：

$$\begin{gathered} \min \boldsymbol{C} = \boldsymbol{U}^{\mathrm{T}}\boldsymbol{K}\boldsymbol{U} = \sum_{e=1}^{N}(\boldsymbol{u}^e)^{\mathrm{T}}\boldsymbol{k}^e\boldsymbol{u}^e = \sum_{e=1}^{N}(\rho^e)^p(\boldsymbol{u}^e)^{\mathrm{T}}\boldsymbol{k}^0\boldsymbol{u}^e \\ \text{s.t. } V = \alpha V_0 = \sum_{e=1}^{N}\rho^e v^e \\ \boldsymbol{F} = \boldsymbol{K}\boldsymbol{U} \end{gathered} \tag{5-33}$$

Sigmund 在 2001 年其发表的论文中附带了一个仅有 99 行的拓扑优化程序，基于 SIMP 法获得了 MBB 梁的最小柔度拓扑构型（如图 5－6 所示），其优化数学模型如式（5－33）所示。

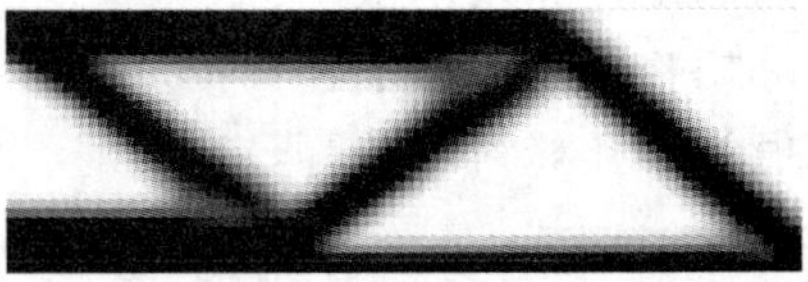

图 5－6　MBB 梁最小柔度拓扑构型

### 3. 工程实例：C 形夹拓扑优化

1）建立有限元模型

将 C 形夹简化为一平面薄板，利用 PSHELL 单元建立有限元模型，共包含 1 132 个壳单元，其中 1 124 个 CQUAD4 单元，8 个 CTRIA3 单元。该 C 形夹的材料参数如表 5－2 所示。随后，对 C 形夹施加约束和载荷。有限元模型与边界条件如图 5－7 所示。

表 5－2　C 形夹的材料参数

| 弹性模量 $E$ | 泊松比 $\nu$ | 密度 $\rho$ |
|---|---|---|
| 210 GPa | 0.3 | $7.9\times10^3$ kg/m$^3$ |

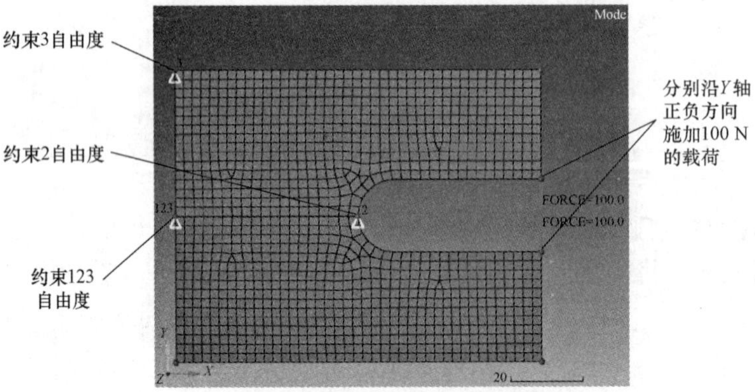


图 5－7　C 形夹有限元模型

2）变形分析

将建立好的有限元模型提交 Optistruct 求解，得到如图 5－8 所示的 $Y$ 方向位移云图。根据变形分析的结果可以发现，C 形夹的变形大致对称，最大位移出现在两个载荷施加点，大小为 0.024 mm。

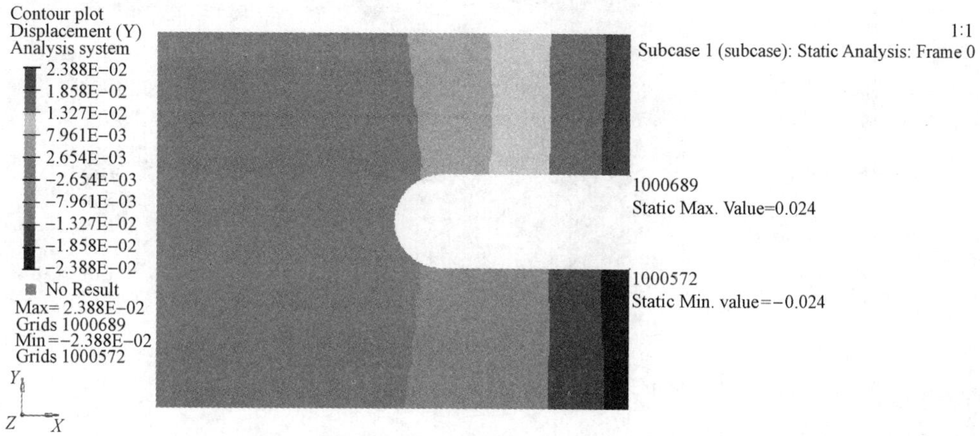


**图 5－8　C 形夹优化前位移云图**

3）拓扑优化

对 C 形夹进行拓扑优化，优化目标为柔度最小，以体积为约束条件，该优化问题的数学模型如式（5－33）所示，令体积分数 $\alpha=0.4$。提交求解计算得到优化结果，目标函数的迭代过程如图 5－9 所示，优化后拓扑结构如图 5－10 所示。

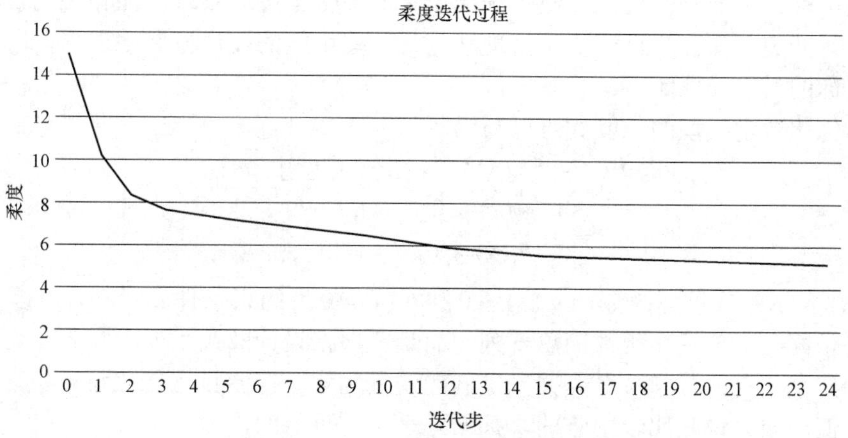


**图 5－9　C 形夹柔度迭代过程**

### 5.3.2　多工况下刚度性能拓扑优化

机械设备在使用过程中常常面临复杂的工况，受到的载荷条件多变。针对某一特殊工况优化得到的拓扑构型，往往无法适应其他工况。例如，汽车车身在不同工况条件下拥有两类重要的刚度性能指标——弯曲刚度和扭转刚度，为了使车身的弯扭刚度都达到设计要求，就需要进行多工况下刚度性能的拓扑优化。

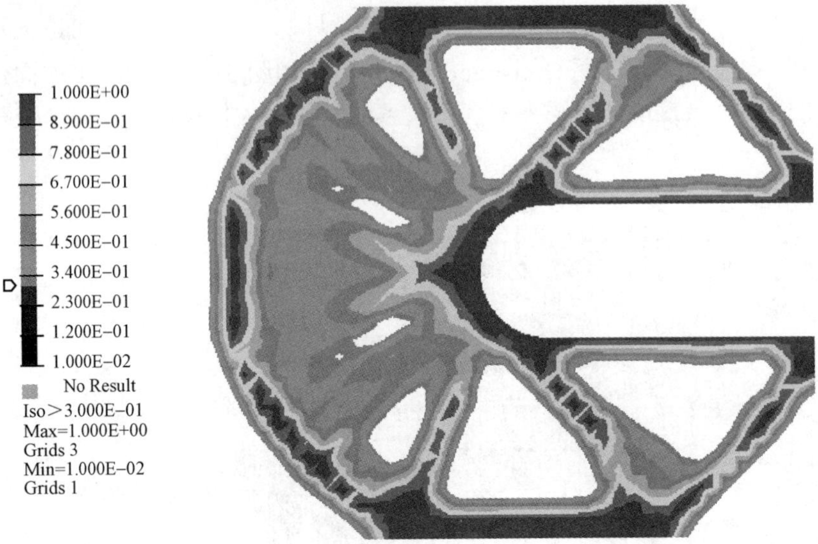


**图 5-10　C 形夹优化后拓扑结构（显示 $\rho^e$ >0.3 的单元）**

**1. 多目标优化问题概述**

多工况拓扑优化是多目标拓扑优化的一种特殊情况，其不同之处在于，多工况优化的目标是不同工况下的同种特性，例如不同工况下的刚度特性；多目标优化则包括各种不同的性能，例如刚度、质量、模态、疲劳耐久等。

在结构优化设计中，如果需要同时处理两个或两个以上的设计目标，就称之为多目标优化问题，该问题的提出源于工程实际中期望多项目标都达到最优或妥协最优的状态。多目标优化问题也可称为多准则优化或多性能优化，它的多个与设计系统性能相关的目标之间可能互相矛盾或者冲突，那么多目标优化处理就是从一些可能的设计方案中选择同时满足约束条件的多个目标的最优妥协解。

多目标优化数学模型的一般式可以写为

$$\begin{aligned} &\min F(x)=F[f_1(x),f_2(x),\cdots,f_m(x)] \quad m\geqslant 2 \\ &\text{s.t. } g_i(x)\leqslant 0 \quad i=1,2,\cdots,r \\ &h_j(x)=0 \quad j=1,2,\cdots,s \end{aligned} \tag{5-34}$$

式中，$f_m(x)$ 表示各分目标函数，$g_i(x)\leqslant 0$ 和 $h_j(x)=0$ 为约束条件。当然，在多目标优化问题中，并不是将各个分目标函数简单罗列，而是要根据设计及技术要求在各个可能存在矛盾的目标之间建立一定的数学关系，并确定问题的最优解。在多目标优化设计中，几个分目标均获得最优值一般来说是比较困难的，甚至几乎是不可能的。

与传统的单目标优化相比，多目标优化具有以下特点：

（1）各分目标可能是相互矛盾或冲突的。求解过程中使某一个分目标最大化或最小化时，往往会使另一个或多个分目标最优值变坏；

（2）各分目标数量级不统一，易导致具有较大数量级的分目标占据主导地位；

（3）多目标优化结果不唯一，通常存在一个最优解的集合。

**2. 求解多目标优化问题的几种方法**

建立多目标优化问题之后，就要考虑如何对其进行求解。目前常用的求解多目标优化问题的方法主要分为两大类：其一，从非劣解中直接选择较好的解；其二，转换成单目标优化问题进行求解。在处理多目标优化问题时第二类方法最直接也最有效，即先把多目标问题转化为一个单目标问题，然后采用传统的拓扑优化方法进行求解。这类方法通常需要事先确定每一个目标的重要程度，下面将几种典型的求解方法进行简要介绍。

1）线性加权法

即通过线性加权法将具有 $m$ 个分目标的问题转化为单目标问题，如下式所示：

$$\min F(x)=\sum_{i=1}^{m} w_i \times f_i(x) \tag{5-35}$$

式中，$0 \leqslant w_i \leqslant 1\,(i=1,2,\cdots,m)$ 为各目标的权重系数，且满足条件 $\sum_{i=1}^{m} w_i = 1$。式（5–35）采用加权和作为综合目标函数将多目标问题转化为单目标问题，这样便可以使用传统的单目标求解方法解决多目标优化问题。与其他方法相比，线性加权法具有原理简单、容易实现等优点，但该方法最大的缺点是在非凸优化问题中不能保证获得所有的 Pareto 最优解。

2）主要目标法

对于给定的 $m$ 个优化目标，选择其中对结果影响最大的目标函数作为主要目标，而将其他 $m-1$ 个目标函数作为约束条件，即

$$\min F(x) \Rightarrow \begin{array}{c} \min f_k(x) \\ \text{s.t.}\ f_i(x) \leqslant \varepsilon_i \quad i=1,\cdots,m\ 且\ i \neq k \end{array} \tag{5-36}$$

采用主要目标法求解多目标优化问题，可以保证式中第 $k$ 个目标函数取得最优值，且能够兼顾剩余 $m-1$ 个目标函数。但从式（5–36）可以看出，该方法需要由决策者给剩余 $m-1$ 个目标设定合理的估计值。然而在实际工程问题中，估计值设置过大会使其他目标指标损失加大，而估计值设置过小则会找到不可行的解，因此估计值的设定是一个难点问题。该方法在应用中需要根据决策者个人经验给出认为合理的估计值，导致其具有较大的局限性。

3）目标规划法

目标规划法的基本思想是使各目标函数与事先给定的期望值之间的绝对误差累加和最小。假设对于给定的 $m$ 个优化目标，先给每个目标设定一个期望值 $\boldsymbol{d}=[d_1,d_2,\cdots,d_m]^{\mathrm{T}}$，那么该多目标优化问题就可以写为

$$\min F(x)=\sum_{i=1}^{m}\left|f_i(x)-d_i\right| \tag{5-37}$$

通过式（5–37）可以看出，该方法与主要目标法相似，需要决策者事先在可行域内设定每个目标函数的期望值，这就给目标规划法制造了类似主要目标法确定估计值的难点问题，同样具有较大的局限性；此外，工程应用中虽然该方法可以很好地求解线性规划问题，但在解决复杂的非线性问题时效率较低，实用性不强。

4）折衷规划法

折衷规划法通过正规化处理的方式将多个具有不同性质的子目标 $f(x)$ 结合在一起，同时根据各子目标对结果的重要程度为每个子目标设定权重系数，其模型可写为

$$\min F(x)=\left\{\sum_{i=1}^{m} w_i^s \left|\frac{f_i - f_{i,\min}}{f_{i,\max} - f_{i,\min}}\right|^s\right\}^{\frac{1}{s}} \tag{5-38}$$

式中，$F(x)$为综合目标函数；$w_i$为权重系数；$s$为惩罚因子，一般取 1 或 2；$f_{i,\max}$和$f_{i,\min}$分别表示子目标函数$f_i(x)$的最优值与最差值。

在求解多目标优化问题时，折衷规划法使各子目标具有相同的数量级，避免了个别子目标占据主导地位的情况；同时，该方法可以有效解决线性加权法不能获得所有 Pareto 最优解的问题。

**3. 工程实例：控制臂的多工况拓扑优化**

以汽车悬架控制臂为例，利用线性加权法，对其在两个工况下的柔度进行拓扑优化。

1）有限元模型

该优化实例来自 Hyperworks 自带的拓扑优化算例，导入文件后其两个受载工况已经定义好。该控制臂的有限元模型及边界条件如图 5－11 所示。

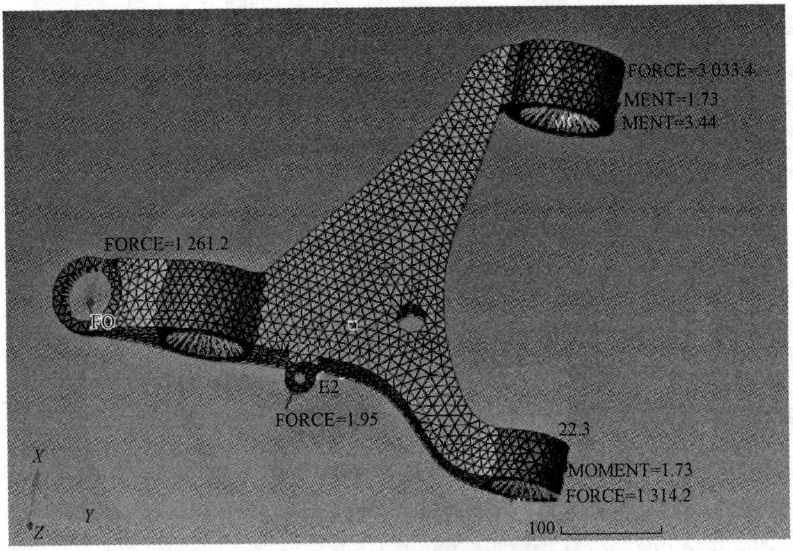


**图 5－11　控制臂有限元模型**

2）优化问题

如图 5－11 所示，灰色部分为设计域，黑色部分为非设计域。

在控制臂有限元分析模型的基础上，定义优化问题，如下式所示：

$$\begin{aligned}\min\ C &= w_1C_1 + w_2C_2 \\ \text{s.t. } V &= \alpha V_0\end{aligned} \tag{5-39}$$

式中，$C_1$和$C_2$分别为两种工况下的柔度；$w_1 = w_2 = 0.5$，为各工况对应的权重系数；$V$和$V_0$分别为优化后和优化前的体积；$\alpha = 0.3$为体积分数。

3）优化结果

加权柔度的迭代过程如图 5－12 所示，优化后悬架控制臂的拓扑构型如图 5－13 所示。

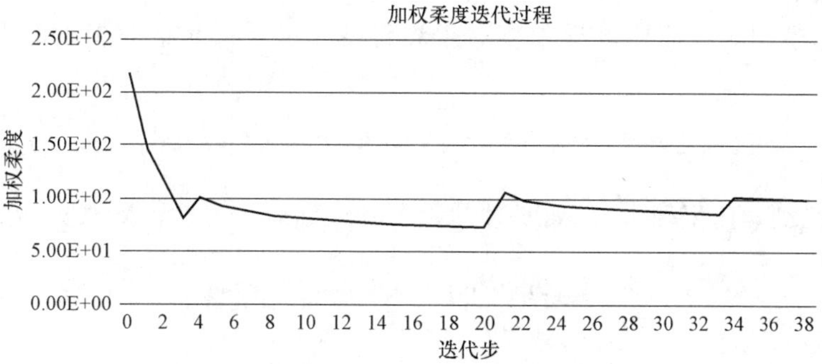


图 5-12　控制臂加权柔度迭代过程

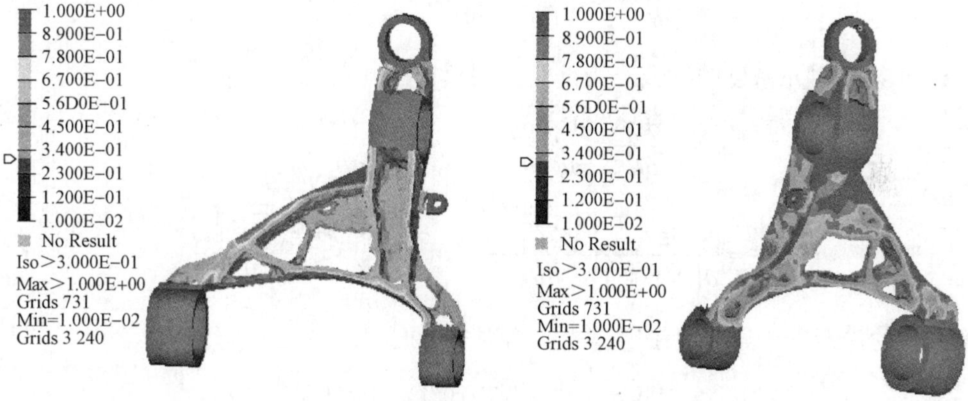


图 5-13　优化后控制臂拓扑构型（显示 $\rho^e > 0.3$ 的单元）

### 5.3.3　壳-填充结构柔度的拓扑优化

壳-填充结构的拓扑优化问题是一类较为新颖的研究领域。聚合物具有易于加工成复杂形状和低成本的优势，尤其是与增材制造相结合时，这种优势得到了进一步的放大；当以金属涂覆在聚合物表面时，即壳-填充结构，则能将聚合物的加工和成本优势与金属的性能优势结合起来。本小节介绍拓扑优化在获得最小柔度的壳-填充结构上的应用。

**1. 壳-填充结构优化模型**

壳-填充结构的柔度优化问题是标准的体积约束下的最小柔度问题，数学模型与式（5-31）相同。

同时，根据式（5-22）表述的壳-填充结构的插值模型，标准 SIMP 法中的整体刚度矩阵可用下式替换：

$$\boldsymbol{K}(\boldsymbol{\mu})=\sum_e \boldsymbol{k}_e(\boldsymbol{\mu})=\sum_e E_e\left(\varphi_e(\boldsymbol{\mu}),\overline{\left\|\nabla\hat{\varphi}_e(\boldsymbol{\mu})\right\|_\alpha}\right)\boldsymbol{k}_e^0 \tag{5-40}$$

式中，$\boldsymbol{k}_e^0$ 是单元的刚度矩阵，$\boldsymbol{k}_e^0$ 是具有单位杨氏模量的单元刚度矩阵。在数值实现时，为了避免奇异，引入最小刚度 $\lambda_{E,\min}E^0$。因此，式（5-22）中的 $\lambda_E\varphi_e^p$ 需要被 $\lambda_{E,\min}+(\lambda_E-\lambda_{E,\min})\varphi_e^p$ 代替。

**2. 灵敏度推导**

在建立优化模型后，需要推导柔度对于设计变量的灵敏度表达式。将弹性模量 $E$ 改写如下：

$$E=E^0[\varepsilon^S+(1-\varepsilon^S)\varepsilon^G]=E^0[\varepsilon^S+\varepsilon^G-\varepsilon^S\varepsilon^G] \tag{5-41}$$

式中，$\varepsilon^S=\lambda_E\varphi^p,\varepsilon^G=\left(\overline{\|\nabla\hat{\varphi}\|_\alpha}\right)^p$。柔度对单元密度求导后，可以得到其灵敏度表达式：

$$\frac{\partial C}{\partial \mu_e}=-\boldsymbol{U}^{\mathrm{T}}\frac{\partial \boldsymbol{K}}{\partial \mu_e}\boldsymbol{U}=\sum\nolimits_i\frac{\partial E_i}{\partial \mu_e}(-\boldsymbol{u}_i^{\mathrm{T}}\boldsymbol{k}^0\boldsymbol{u}_i) \tag{5-42}$$

其中，$\mu_e$ 为单元密度；$E$ 对单元密度的偏导为

$$\frac{\partial E_i}{\partial \mu_e}=E^0\left[\frac{\partial \varepsilon_i^S}{\partial \mu_e}+\frac{\partial \varepsilon_i^G}{\partial \mu_e}-\frac{\partial(\varepsilon_i^S\varepsilon_i^G)}{\partial \mu_e}\right] \tag{5-43}$$

式中，$\varepsilon_i^S$ 和 $\varepsilon_i^G$ 对单元密度的导数可用链式法则获得：

$$\frac{\partial \varepsilon_i^S}{\partial \mu_e}=\frac{\partial \varepsilon_i^S}{\partial \varphi_i}\frac{\partial \varphi_i}{\partial \mu_e}=p\varphi_i^{p-1}\lambda_E\frac{\partial \varphi_i}{\partial \mu_e} \tag{5-44}$$

$$\frac{\partial \varepsilon_i^G}{\partial \mu_e}=\frac{\partial \varepsilon_i^G}{\partial\left(\overline{\|\nabla\hat{\varphi}_i\|_\alpha}\right)}\frac{\partial\left(\overline{\|\nabla\hat{\varphi}_i\|_\alpha}\right)}{\partial \mu_e}=p\left(\overline{\|\nabla\hat{\varphi}_i\|_\alpha}\right)^{p-1}\frac{\partial\left(\overline{\|\nabla\hat{\varphi}_i\|_\alpha}\right)}{\partial \mu_e} \tag{5-45}$$

式（5–45）的最后一个导数项使用链式法则进一步推导：

$$\frac{\partial\left(\overline{\|\nabla\hat{\varphi}_i\|_\alpha}\right)}{\partial \mu_e}=\frac{\partial\left(\overline{\|\nabla\hat{\varphi}_i\|_\alpha}\right)}{\partial\left(\|\nabla\hat{\varphi}_i\|_\alpha\right)}\frac{\partial\left(\|\nabla\hat{\varphi}_i\|_\alpha\right)}{\partial \mu_e} \tag{5-46}$$

式中，第一个因子是标准过滤修正系数；第二项因子为归一化梯度范数的导数，即

$$\frac{\partial\left(\|\nabla\hat{\varphi}_i\|_\alpha\right)}{\partial \mu_e}=\frac{\alpha}{\|\nabla\hat{\varphi}_i\|}\left(\frac{\partial\hat{\varphi}_i}{\partial x}\frac{\partial}{\partial \mu_e}\left(\frac{\partial\hat{\varphi}_i}{\partial x}\right)+\frac{\partial\hat{\varphi}_i}{\partial y}\frac{\partial}{\partial \mu_e}\left(\frac{\partial\hat{\varphi}_i}{\partial y}\right)\right) \tag{5-47}$$

式（5–47）包含第二平滑场的两个梯度分量：

$$\nabla\hat{\varphi}_i=\begin{pmatrix}\dfrac{\partial\hat{\varphi}_i}{\partial x} & \dfrac{\partial\hat{\varphi}_i}{\partial y}\end{pmatrix}^{\mathrm{T}} \tag{5-48}$$

在求得 $\varepsilon_i^S$ 和 $\varepsilon_i^G$ 对单元密度的导数后，不难获得它们乘积对单元密度的导数：

$$\frac{\partial(\varepsilon_i^S\varepsilon_i^G)}{\partial \mu_e}=\frac{\partial \varepsilon_i^S}{\partial \mu_e}\varepsilon_i^G+\varepsilon_i^S\frac{\partial \varepsilon_i^G}{\partial \mu_e} \tag{5-49}$$

**3. 工程实例：MBB 梁**

以 MBB 梁为例，展现壳–填充结构柔度拓扑优化算法的优化结果。MBB 梁的载荷和约束等边界条件如图 5–14 所示。将设计域划分为 150×50 个有限元网格。参考 Anders Clausen 于 2015 年发表的论文，经过拓扑优化后的结构形态如图 5–15 所示。

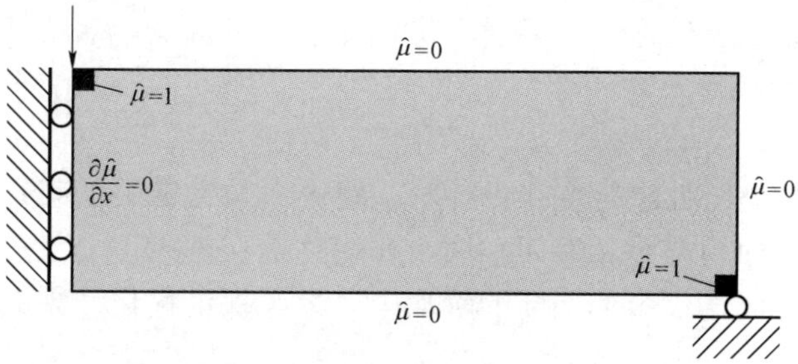


**图 5-14　MBB 梁边界条件示意图**

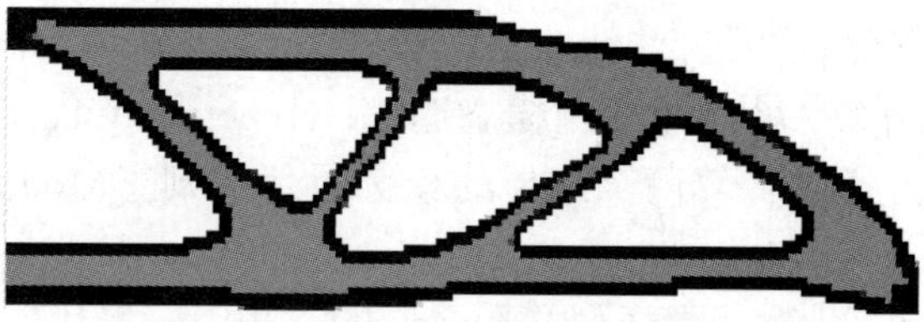

**图 5-15　MBB 梁壳-填充结构拓扑构型**

## 5.4　面向 NVH 的拓扑优化设计方法

随着汽车技术水平的发展和人们生活水平的提高，消费者对汽车舒适性的关注与日俱增。汽车的 NVH 特性不仅决定了其舒适性好坏，更影响到汽车的质量与安全。

面向 NVH 的优化是拓扑优化应用的又一重要领域，例如通过拓扑优化获得具有较高基频的拓扑构型，或者优化阻尼材料的分布以实现最优的减振、吸声效果。然而，面向 NVH 性能的拓扑优化在应用中还面临一些难点，如模态特征值重复的问题、如何高效识别模态等。本节主要着眼于模态、频率响应以及多尺度问题的拓扑优化方法。

### 5.4.1　模态优化

**1. 模态分析概述**

模态分析的目的在于了解系统的动态特性，从而在设计中避免共振。通过求解下式可得系统的模态频率（特征值的算数平方根）与模态振型（特征向量）：

$$(\boldsymbol{K}-\omega_i^2\boldsymbol{M})\boldsymbol{\Phi}_i=0 \tag{5-50}$$

式中，$\boldsymbol{K}$ 为系统的刚度矩阵；$\boldsymbol{M}$ 为系统的质量矩阵；$\omega_i$ 为第 $i$ 阶固有频率；$\boldsymbol{\Phi}_i$ 为固有频率对应的模态振型。

有关模态分析更进一步的内容，如模态灵敏度等，可参考“尺寸优化”章节，此处不再赘述。

**2. 特征值重复问题**

由于模态频率的数学本质是特征值，对于某些特殊情况会出现特征值重复的情况。在优化过程中，重特征值可能在优化的初始阶段就出现，也可能在优化中的某一迭代步由单个特征值与其相邻的特征值重合形成。由于重特征值对应的特征模态不唯一，导致了单个特征值对设计变量不可微。为解决重特征值情况下灵敏度求解困难的问题，许多学者开展了研究工作。Ma 等提出在拓扑优化过程中将连续的几阶特征值平均化的方法；Du 和 Olhoff 将重特征灵敏度分析方法应用到拓扑优化中，并建立优化算法将单特征和重特征最大化问题求解方案统一在一个优化框架下。

**3. 模态跟踪**

在对汽车车身的模态特性进行优化设计时，设计人员常常关注某几阶重要的模态频率，如基频、扭转模态、弯曲模态等。然而，由于在优化迭代中设计变量的更改，有时可能会造成相同的振型出现在不同迭代步的不同的阶次中，为了保证优化结果的有效性，需要在优化过程中对模态进行追踪。

在 Optistruct 中，有模态追踪的功能，（需设置选项 PARAM，MODETRAK，YES）。其他具有模态追踪功能的优化软件包括：LSOPT 和 Hyperstudy，其中 LSOPT 软件需要使用 LsDyna 求解器进行模态计算，才可以使用模态追踪；Hyperstudy 优化软件也具有模态追踪的功能，其内部计算过程是通过计算两个结果的模态置信准则（Modal Assurance Criterion，MAC）来完成的。

MAC 也称为振型相关系数，是振型向量之间的点积，一般用于评价模态振型在向量空间上的相关性，可以用于仿真和实验结果的验证分析，也可以用于对两个仿真结果的同一振型进行确认。MAC 的计算公式如下：

$$\mathrm{MAC}(\boldsymbol{\Phi}_{\mathrm{ref}}^{\mathrm{T}},\boldsymbol{\Phi}_j)=\frac{\left|\boldsymbol{\Phi}_{\mathrm{ref}}^{\mathrm{T}}\boldsymbol{\Phi}_j\right|^2}{(\boldsymbol{\Phi}_{\mathrm{ref}}^{\mathrm{T}}\boldsymbol{\Phi}_{\mathrm{ref}})(\boldsymbol{\Phi}_j^{\mathrm{T}}\boldsymbol{\Phi}_j)} \tag{5-51}$$

式中，$\boldsymbol{\Phi}_{\mathrm{ref}}$ 表示目标模态的理想振型，$\boldsymbol{\Phi}_j$ 表示结构的第 $j$ 阶振型。计算得到的 MAC 值在 0～1 之间，或用百分数来表示。MAC 值越接近 1，则表示第 $j$ 阶振型 $\boldsymbol{\Phi}_j$ 与参考振型 $\boldsymbol{\Phi}_{\mathrm{ref}}$ 的接近程度越高；越接近 0，则反之。可通过下式找出优化的目标振型：

$$\boldsymbol{\Phi}_{\mathrm{obj}}=\max_{1\leqslant j\leqslant N}[\mathrm{MAC}(\boldsymbol{\Phi}_{\mathrm{ref}}^{\mathrm{T}},\boldsymbol{\Phi}_j)] \tag{5-52}$$

式中，$N$ 为自由度个数；$\boldsymbol{\Phi}_{\mathrm{obj}}$ 为目标模态。

**4. 工程实例：刹车盘的固有频率优化**

刹车盘的有限元模型如图 5-16 所示。约束两个安装点的所有自由度，进行模态分析，得到刹车盘的一阶固有频率为 43.6 Hz。

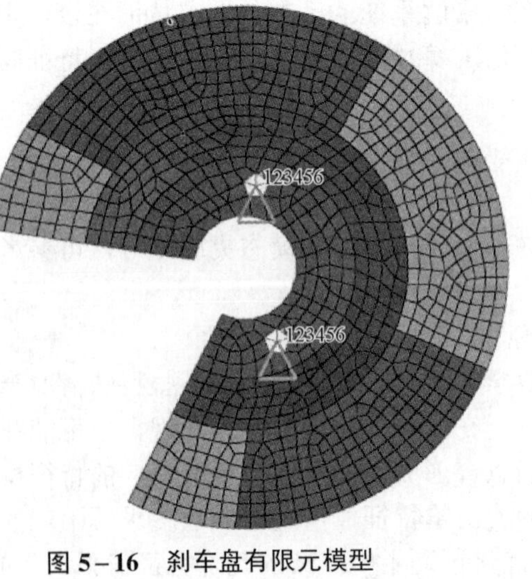


图 5-16　刹车盘有限元模型

对刹车盘的一阶固有频率进行拓扑优化。如图 5－16 所示，红色区域为设计域，厚度为 1 mm，为了保证结构的连续和完整，将基准厚度设为 0.3 mm，设计变量为单元密度，整个刹车盘优化后体积不超过原来体积的 0.4 倍。提交 Optistruct 计算求解，得到拓扑优化后的材料分布，如图 5－17 所示。

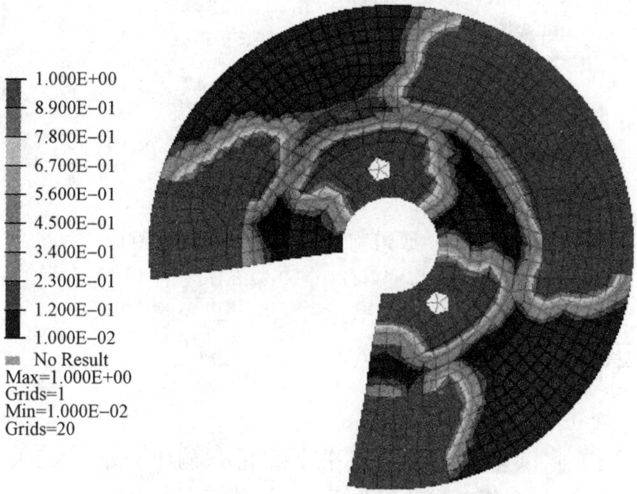


**图 5－17　刹车盘优化后材料分布**

以拓扑优化的结果为参考，修改刹车盘的原有结构，修改后的结构如图 5－18 所示。对比改进前后刹车盘的一阶固有频率，可以发现改进后刹车盘固有频率提高到了 85.0 Hz，而质量仅增加了 3.64%。改进前后的模态如图 5－19 所示。

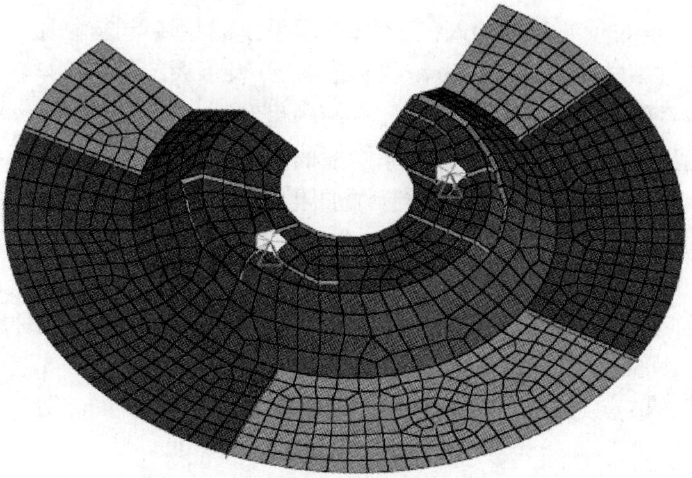

**图 5－18　修改后的刹车盘结构**

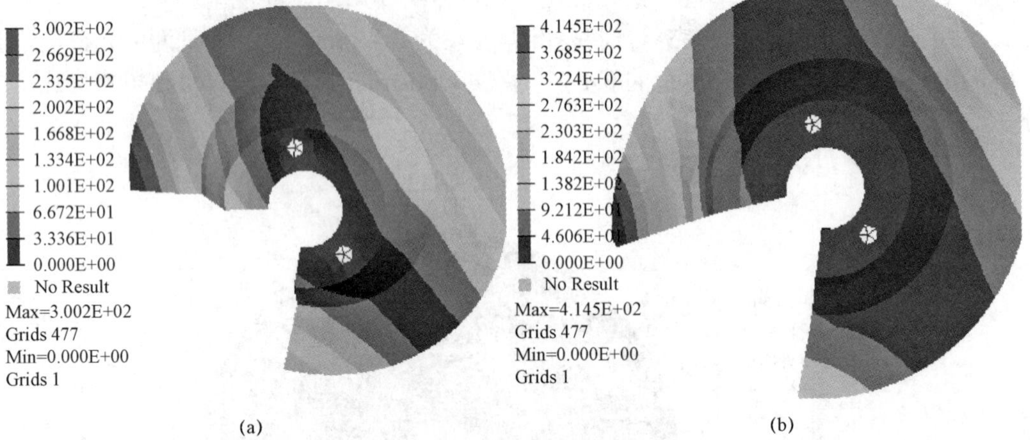


**图 5－19 改进前后刹车盘一阶模态对比**

（a）改进前；（b）改进后

### 5.4.2 频率响应优化

**1. 频率响应分析概述**

频率响应函数表征了测试系统对给定频率下的稳态输出与输入的关系。通过频率响应函数可以画出反映测试系统动态特性的各种图形，简明直观。此外，很多工程中的实际系统很难确切地建立其数学模型，更不易确定其模型中的参数，因此要完整地列出其微分方程式并非易事。所以，工程上常通过实验方法，对系统施加激励，测量其响应，根据输入、输出关系可以确立对系统动态特性的认识。因而频率响应函数有着重要的实际意义。

系统的频率响应函数可以表示为

$$H(\omega)=\frac{Y(\omega)}{X(\omega)} \tag{5-53}$$

式中，$X(\omega)$ 表示系统的频域激励输入；$Y(\omega)$ 表示系统的频域响应输出，包含位移、速度和加速度。当输入单位激励时，可以用系统的输出 $Y(\omega)$ 表示系统的频率响应函数 $H(\omega)$。

针对汽车车身系统的频率响应优化主要有两种思路：

（1）直接优化板件的结构，以实现频率响应的优化；

（2）对振动或声学贡献量大的板件进行添加阻尼处理，然后对阻尼的分布进行优化，从而达到减振降噪的效果。

**2. 工程实例：平板频率响应优化**

以平板的位移响应拓扑优化为例，简单介绍通过结构设计来实现构件频率响应的优化。平板有限元模型如图 5－20 所示，其位于 $XY$ 平面内。分别约束 1、2 节点全部自由度，4 节点的 3 自由度。在 3 节点处施加激励，激励的方向沿 $Z$ 轴正方向，可用下式表示激励与频率的函数关系：

$$F(f)=1\ \text{N},\quad \forall f\in[0,1\,000\ \text{Hz}] \tag{5-54}$$

式中，$F$ 表示激励，其大小始终为 1 N；$f$ 表示频率，范围在 0～1 000 Hz。由于施加的是单位激励，因此输出的响应与频率响应在数值上相等。

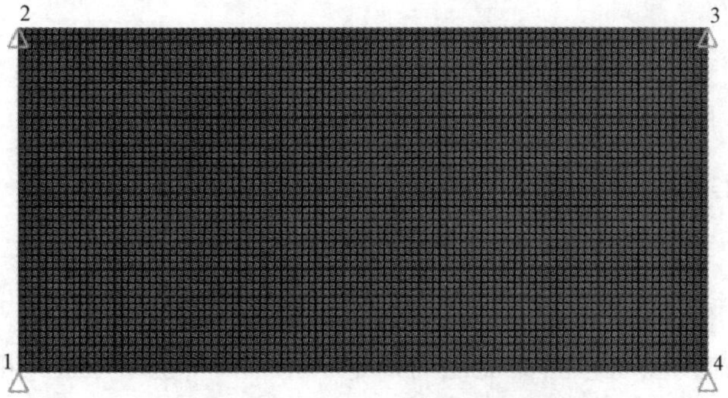


图 5－20　平板有限元模型

响应输出点依然为 3 节点，采用模态叠加法求该节点处的位移响应。为了保证模态叠加法的准确性，提取的模态频率范围应是频率响应分析的频率范围的 1.5 倍以上。此处频率响应分析的频率范围为 1～1 000 Hz，因此提取平板前 17 阶模态。结构阻尼设置为 0.05。

该优化问题的设计变量为单元密度，优化目标为平板的体积最小，将 3 节点的 $Z$ 向位移响应不超过 600 mm 作为约束条件。此外，该平板的初始厚度为 0.15 mm，在优化前将其厚度增加到 1 mm，并以初始厚度作为拓扑优化中的基准厚度。提交 Optistruct 求解，优化后平板的拓扑结构如图 5－21 所示，优化前后的位移响应曲线如图 5－22 所示，可以看出，优化后响应峰值明显下降。

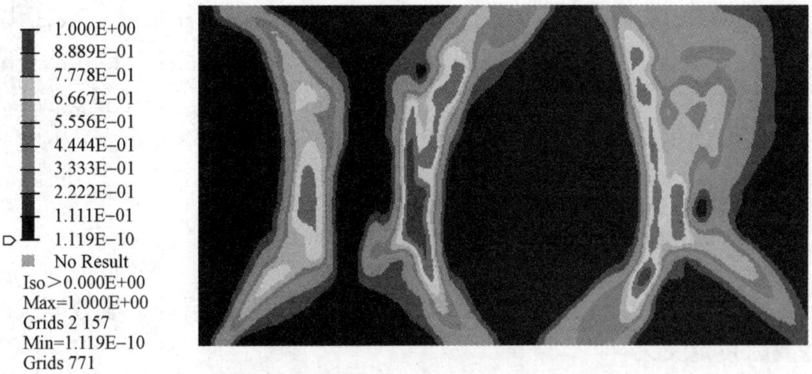


图 5－21　优化后平板的拓扑结构

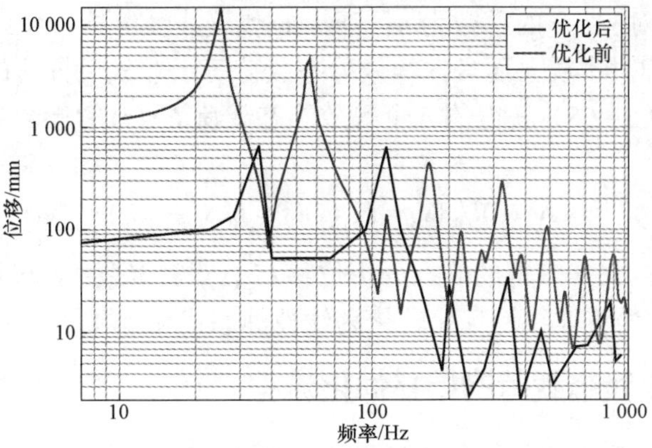


图 5－22　优化前后 3 节点的位移响应曲线对比

## 5.5 面向碰撞拓扑优化设计方法

### 5.5.1 标准的等效静态载荷拓扑优化方法

等效静态载荷法（Equivalent Static Loads，ESL）最早是由 Park 等应用于线性动态系统的尺寸优化和形状优化，随后又被 Shin 等推广到非线性静态和非线性动态的优化领域。而最早将 ESL 方法应用到线性动态拓扑优化的则是 Jang 等，随后 Lee 等将其推广到非线性动态优化领域。

ESL 法的基本思想是将一系列的静态载荷施加到分析模型上进行线性静态分析，使其产生与动态分析某一时刻相同的位移场，这样便保证了用于后续优化的线性静态分析模型与非线性动态分析模型的等价性，随后即可将非线性动态优化问题转化为“线性优化–非线性分析”的线性静态多工况迭代优化过程，这样便可利用成熟的线性优化算法来求解结构的动态优化。ESL 可以使用 VR&D 公司提供的 ESLDyna 软件完成等效静态载荷的计算、非线性分析和线性优化之间的数据转化，并调用 Genesis 软件内部的优化程序完成线性静态优化的计算。此外，大量的数值仿真和工程问题通过 ESL 方法获得了良好的优化结果，其中 Park 和 Lee 已证明基于 ESL 的优化方法满足 Karush–Kuhn–Tucker 条件，并且和直接动态优化方法具有数学上的等价性，验证了 ESL 法的可靠性。相较于混合元胞自动机法（Hybrid Cellular Automaton，HCA），ESL 法具有如下优势：首先，ESL 法可以利用成熟的线性优化方法求解，一般运行 5 次非线性分析和 25 轮线性优化便可达到收敛，优化效率和算法可靠性大大优于 HCA 法；其次，ESL 法可以选择不同的性能指标作为目标函数，如质量、位移和应变能等，而不仅限于内能密度均匀化一个目标，因而更符合工程实际的要求。因此，下文主要阐述 ESL 法在面向碰撞安全性能的拓扑优化中的应用。

### 5.5.2 基于等效静载的拓扑优化方法

在上文已经阐述了 ESL 法的基本思想的基础上，本小节介绍基于等效静载的拓扑优化方法。等效静态载荷可定义为

$$\boldsymbol{F}_{\mathrm{eq}}(s)=\boldsymbol{K}_{\mathrm{L}}(b)\boldsymbol{U}_{\mathrm{NL}}(t)(s=s_0,s_1,\cdots,s_n) \tag{5-55}$$

式中，$s$ 与时间 $t$ 相互对应，$s$ 的总数为 $n$；下标 L 代表线性分析，NL 表示非线性分析；$\boldsymbol{K}_{\mathrm{L}}$ 表示静态分析刚度矩阵。本质上而言，等效静态载荷等于非线性分析的位移场乘以线性分析的刚度矩阵。将由式（5–55）获得的 $n$ 个等效静态载荷 $\boldsymbol{F}_{\mathrm{eq}}(s)$ 的集合当作外载荷，施加于静态分析模型上，可得

$$\boldsymbol{K}_{\mathrm{L}}(b)\boldsymbol{U}_{\mathrm{L}}(s)=\boldsymbol{F}_{\mathrm{eq}}(s)(s=s_0,s_1,\cdots,s_n) \tag{5-56}$$

这样就保证了由式（5–56）获得的静态分析位移 $\boldsymbol{U}_{\mathrm{L}}(s)$ 与非线性动态分析位移 $\boldsymbol{U}_{\mathrm{NL}}(t)$ 在任意时刻 $t$ 上是相等的，这为将非线性优化转化为线性静态优化提供了必要的理论基础。

### 5.5.3 基于等效静态载荷的拓扑优化流程

基于 ESL 的非线性动态拓扑优化包括如下几个部分：非线性动态分析、等效静态载荷的

计算、线性静态拓扑优化和根据优化结果更新非线性动态分析模型，进行下一轮迭代循环。对于刚度为目标的设计，通常选择最大应变能位置或者附近的位移矢量来构造等效静态载荷。如果仅考虑最大应变能位置的位移向量，则优化后的下一次迭代，可能导致邻近位置成为应变能峰值点，因此采用加权应变能的方式，综合考虑最大应变能位置及邻近位置，优化问题的数学模型如式（5-57）。

$$\begin{aligned} &\min \sum_{i=1}^{q} w_i (\bar{\boldsymbol{F}}_i^{\mathrm{eq}} \bar{\boldsymbol{U}}_i) \\ &\text{s.t.}\quad \bar{\boldsymbol{K}}_{\mathrm{L}}(\boldsymbol{\rho})\bar{\boldsymbol{U}}_i = \bar{\boldsymbol{F}}_i^{\mathrm{eq}},\quad i=1,2,\cdots,q \\ &\boldsymbol{\rho}^{\mathrm{T}} v \leqslant \boldsymbol{v}_{\mathrm{frac}} V_{\mathrm{total}},\quad \boldsymbol{0} \leqslant \boldsymbol{\rho}_{\min} \leqslant \boldsymbol{\rho} \leqslant \boldsymbol{1} \end{aligned} \tag{5-57}$$

式中，$w_i$ 表示第 $i$ 个工况的权系数，$\bar{\boldsymbol{U}}_i$ 是线性静态响应拓扑优化中的第 $i$ 个工况时间点的位移向量，$\bar{\boldsymbol{F}}_i^{\mathrm{eq}}$ 是相对应的外部等效载荷边界条件，$\boldsymbol{\rho}$ 是单元密度向量，$\boldsymbol{v}$ 是单元体积，$\boldsymbol{V}_{\mathrm{total}}$ 是设计空间的总体积，$v_{\mathrm{frac}}$ 是给定的体积分数约束，$\boldsymbol{\rho}_{\min}$ 是设定的单元密度向量的下限，以防止数值奇异。

### 5.5.4 基于能量准则缩减的等效静态载荷的构造

传统等效静载方法在处理尺寸较小、单元数少的问题时已经取得良好的效果，然而在单元数较多的情况下，特别是在强烈非线性的碰撞问题中，仍然存在很多困难。为了克服传统等效静载方法中存在的一系列困难，本节针对碰撞载荷下的刚度目标拓扑优化，提出了基于能量缩减准则的改进等效静载拓扑优化算法，这种方法可以根据能量比自适应地调整等效静态载荷向量，以减小数值困难并提高算法的稳定性，其中，能量比定义为非线性碰撞分析中的应变能与线性静态响应拓扑优化中等效载荷边界条件产生的应变能之比：

$$\lambda_k = \frac{E_{\mathrm{ts}}^k}{E_{\mathrm{L}}^k} = \frac{2E_{\mathrm{ts}}^k}{\boldsymbol{U}^{*\mathrm{T}} \boldsymbol{K}_{\mathrm{L}} \boldsymbol{U}^*} \tag{5-58}$$

式中，$k$ 为迭代步；$\lambda_k$ 为能量比。非线性动态仿真应变能 $E_{\mathrm{ts}}^k$ 可以在仿真中第 $t$ 次时间步中得到，而线性静态响应模型应变能 $E_{\mathrm{L}}^k$ 可以通过提取线性静态刚度与位移向量相乘而得。

无论是从容易理解还是容易编程实现的角度，直接通过节点位移向量缩减载荷的方式通常都是较为复杂的。然而，借助能量比，可以很方便地直接缩减标准方法构造的等效静态载荷。基于数值实验，第 $k$ 次迭代的能量缩减因子可以如下构造，能量缩减因子直接作用在等效静载向量上：

$$\beta_k = \begin{cases} 1 & \lambda_k > \lambda_{\mathrm{thres}} \\ \sqrt{\lambda_k} & \lambda_k \leqslant \lambda_{\mathrm{thres}} \end{cases} \tag{5-59}$$

式中，$\beta_k$ 是能量缩减因子；$\lambda_{\mathrm{thres}}$ 是能量比的阈值，通常为一较小的量。引入能量缩减因子后，改进方法构造的等效静态载荷如下：

$$\boldsymbol{F}_{\mathrm{scale}}^{\mathrm{eq},k}(s) = \beta_k \boldsymbol{K}_{\mathrm{L}} \boldsymbol{U}_{\mathrm{NL}}(t_s),\quad s=1,2,\cdots,p \tag{5-60}$$

式中，$\boldsymbol{F}_{\mathrm{scale}}^{\mathrm{eq},k}$ 是第 $k$ 次迭代中，第 $s$ 个时间点的缩减等效静态载荷向量。通过缩减处理，等效静态载荷向量将被线性缩减，能量差异也将相对减小。实验验证得，当能量差异较小的时候，缩减的等效静态载荷与标准方法产生的等效静态载荷是相近的。式（5－60）所示的缩减操作，可以极大地保证结构分析与优化在线弹性范围内，这将有效提高分析的准确性和稳定性，因此适用于线性静态响应拓扑优化过程。

### 5.5.5　基于能量准则重构的拓扑优化问题及模型更新

基于能量缩减后的等效静态载荷向量，可以得到结构碰撞问题对应的线性静态响应拓扑优化的控制方程。在第 $k$ 次迭代中，SIMP 框架下基于最小应变能目标函数的拓扑优化问题可以如下构造：

$$
\begin{aligned}
&\min \sum_{i=1}^{q} w_i (\bar{\boldsymbol{F}}_{\text{scale},i}^{\text{eq},k} \bar{\boldsymbol{U}}_i) \\
&\text{s.t. } \bar{\boldsymbol{K}}_{\text{L}}(\boldsymbol{\rho})\bar{\boldsymbol{U}}_i = \bar{\boldsymbol{F}}_{\text{scale},i}^{\text{eq},k}, \quad i=1,2,\cdots,q \\
&\boldsymbol{\rho}^{\text{T}} v \leqslant \boldsymbol{v}_{\text{frac}} V_{\text{total}}, \quad \boldsymbol{0} \leqslant \boldsymbol{\rho}_{\min} \leqslant \boldsymbol{\rho} \leqslant \boldsymbol{1}
\end{aligned}
\tag{5-61}
$$

式中，$\bar{\boldsymbol{F}}_{\text{scale},i}^{\text{eq},k}$ 是第 $k$ 次迭代中，第 $i$ 个时间点缩减后的等效静态载荷向量；$w_i$ 是所关心的时间点的权重因子。本文中，选择最大应变能时间点作为最关心的位置，令其权重为 1。为了更全面地考量动态效应，最大应变能位置前后的两个时间点也包含在目标函数中。在本节中，罚因子 $p$ 的取值为 3，权因子则分别取值为 1，0.8，0.8。在实际应用中，准则优化法（OC）、序列线性规划（SLP）、序列二次规划（SQP）、移动渐近线方法（MMA）、移动可行方向法（MMFD）等优化方法均可作为优化模块求解结构优化问题。

图 5－23 给出了改进等效静态载荷拓扑优化方法的流程，该计算过程的细节如下：

第一步：建立基于 LsDyna 的非线性静态碰撞模型，基于 Nastran 定义构造等效静态载荷模型，基于 Optistruct 建立线性静态响应拓扑优化模型，根据一定的参数和规则进行初始化，例如设计变量的体积分数等。

第二步：进行非线性静态仿真，绘制碰撞过程的应变能曲线。

第三步：确定最大应变能时间点，提取对应的位移向量。

第四步：位移向量构件等效静态载荷。

第五步：通过式（5－58）和式（5－59）计算能量缩减因子，基于式（5－60）修正等效静态载荷。

第六步：过滤拓扑优化结果，生成新的分析空间和 LsDyna 模型。

第七步：判断外循环是否收敛，若收敛，则结束算法；否则重复第二步到第七步，直到满足收敛条件。

### 5.5.6　工程实例：中心侧碰和偏置侧碰拓扑优化

本算例着重研究了侧面碰撞拓扑优化的情况，并同时考虑了中心侧碰和偏置侧碰两种情况。正面碰撞约束了与碰撞面相对的底面，这种约束可以将结构整体等效为杆件的拉压问题，因此是相对容易收敛和稳定的；侧面碰撞问题需要约束与碰撞方向垂直的两个侧面，这种约束将问题等效为杆件的弯曲问题，显然使得问题更为复杂，优化过程更难以收敛，容易出现问题。在不施加制造性约束的前提下，对于侧碰工况的研究更具有一般性，更能验证算法的有效性。

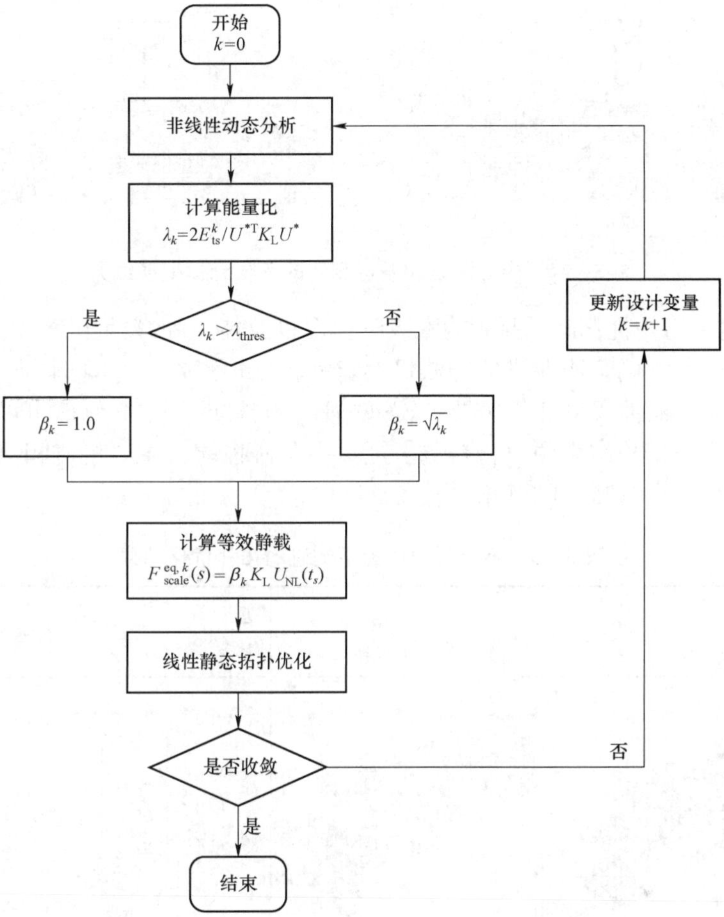


图 5-23　改进等效静态载荷拓扑优化方法的流程

本算例中，侧面碰撞结构有一个两端约束的 800 mm×200 mm×200 mm 的长方体区域，结构的有限元模型为 32 000 个三维六面体单元，该碰撞结构的质量为 0.864 kg。为了防止边角穿透问题的发生，刚性墙设置为半圆柱面，并以一定的初始速度碰撞长方体结构。该算例共考虑两种工况，第一种工况，碰撞发生于杆件的中心位置；第二种工况，碰撞发生于偏置 40 mm 处。两类侧碰问题的有限元模型如图 5-24 所示。

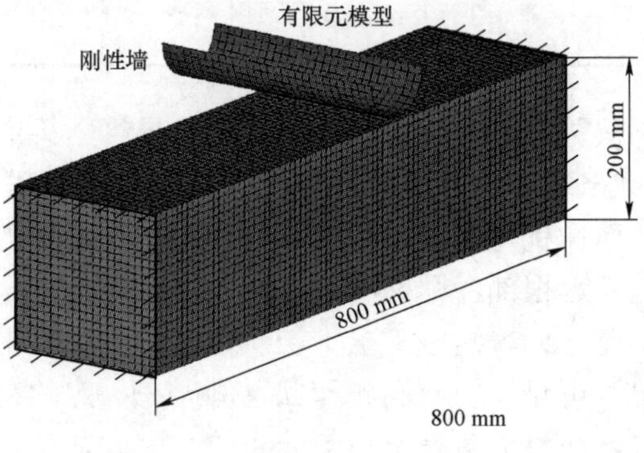


图 5-24　中心侧碰和偏置侧碰的有限元模型

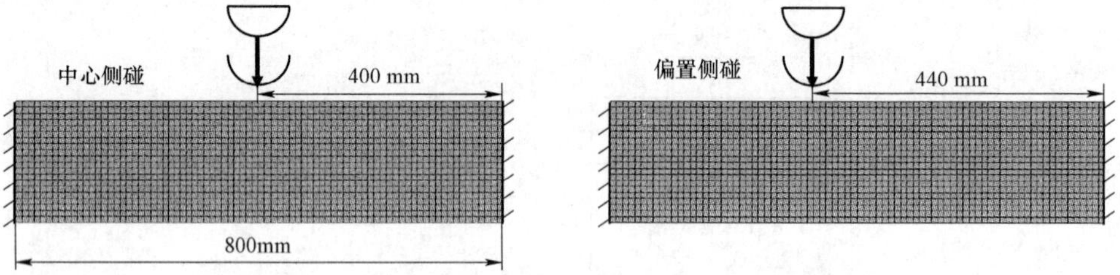


**图 5-24　中心侧碰和偏置侧碰的有限元模型（续）**

表 5-3 给出了拓扑优化的结果，能量吸收情况以及能量缩减因子变化历程曲线。通常对于不同的碰撞位置，算例证明改进的方法仍然能够较好地工作。本算例中，中心侧碰需要 5 次外循环达到收敛，而偏置侧碰则需要 8 次外循环。同样的，中心侧碰可以产生中心对称的结构，而偏置侧碰的拓扑结果中，材料更多地集中于碰撞端。中心侧碰相对于偏置侧碰，吸收的能量相对较少，也意味着刚度相对较大。

**表 5-3　不同碰撞位置下侧碰的拓扑优化结果**

| 碰撞位置 | 模型优化结果 | 数据优化结果 | 能量缩减因子 |
|---|---|---|---|
| 中心侧碰 |  （a）拓扑优化结果 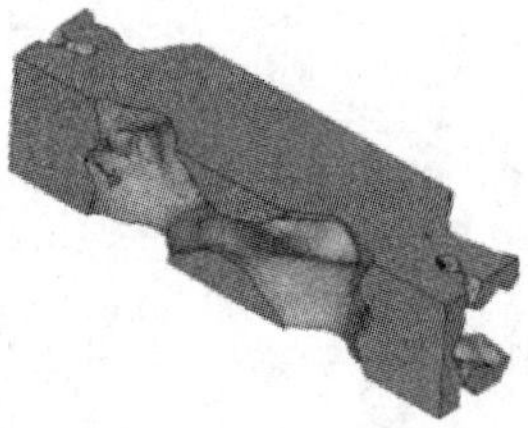 （b）CAD 模型 | 0.347 kg<br>40.1% | 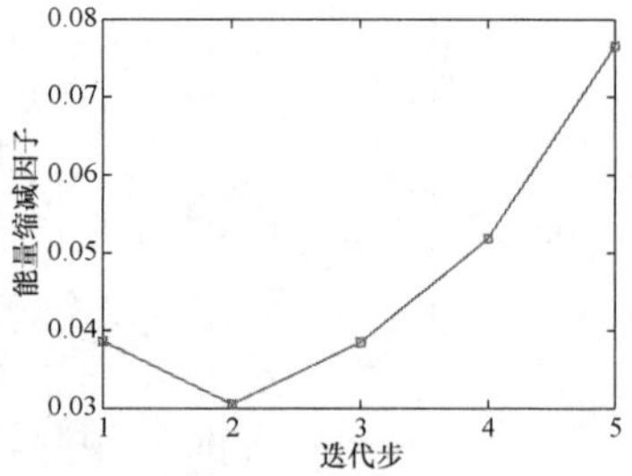  |
| 偏置侧碰 |  （a）拓扑优化结果  （b）CAD 模型 | 0.371 kg<br>42.9% | 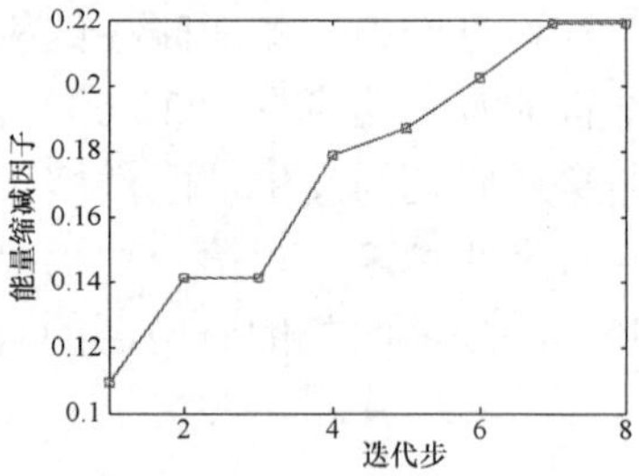  |

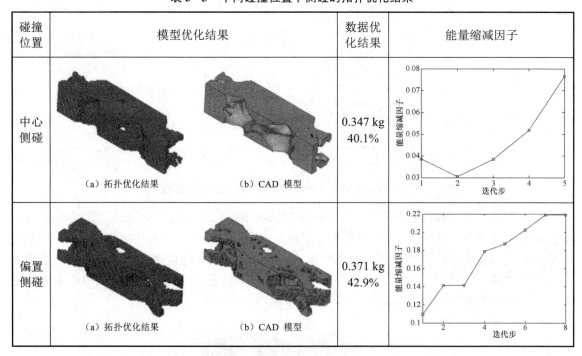

图 5-25 展示了中心和偏置侧碰中，初始设计空间与最终结果的碰撞反力曲线。可以看到，在侧碰工况中，由于中心部位是刚度最低的薄弱部位，中心侧碰是最危险的情况。因此，中心侧碰的碰撞过程最长，而在优化后的结构能够极大地削减碰撞力，而近乎同幅度地延长碰撞过程。相应地，碰撞越靠近根部，则整体刚度越大，碰撞的时间相应缩短。

图 5-26 展示了中心侧碰、偏置侧碰工况下初次迭代、最终结果非线性仿真中峰值位移与有效塑性应变分布的情况。可见，中心侧碰和偏置侧碰在一定的初速度工况下，都会呈现比较复杂的变形、失效模式，而且大多是不均匀分布的，因此，初次迭代往往产生极不均匀的结构，而又由于从初始设计空间到初次迭代结构的体积分数是从 100%变化至相应的数值，

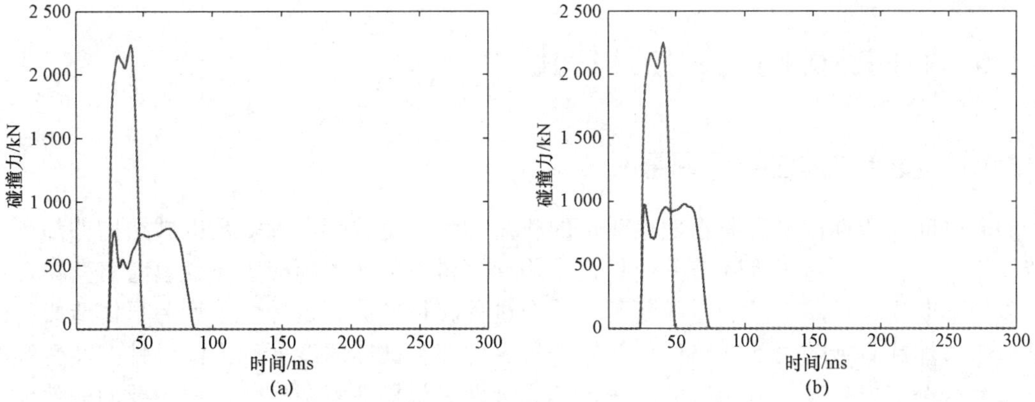


**图 5－25　中心侧碰、偏置侧碰过程中碰撞反力的变化**

（a）中心侧碰；（b）偏置侧碰

二者的差异是很大的，因此第一次迭代的结果体积分数往往较低。传统方法在这种情况下会出现数值不稳定的现象。而改进方法则可以抵抗这种现象，通过反复迭代，使得体积分数不断接近输入参数的要求，使得结构材料分布更加合理。图 5－26（c）显示，偏置侧碰中初次迭代显然由于局部结构薄弱发生了局部的大变形，事实上接触边界条件也显著改变了，而不断迭代之后，位移峰值降低了 80%以上，有效塑性应变的分布也更加合理。

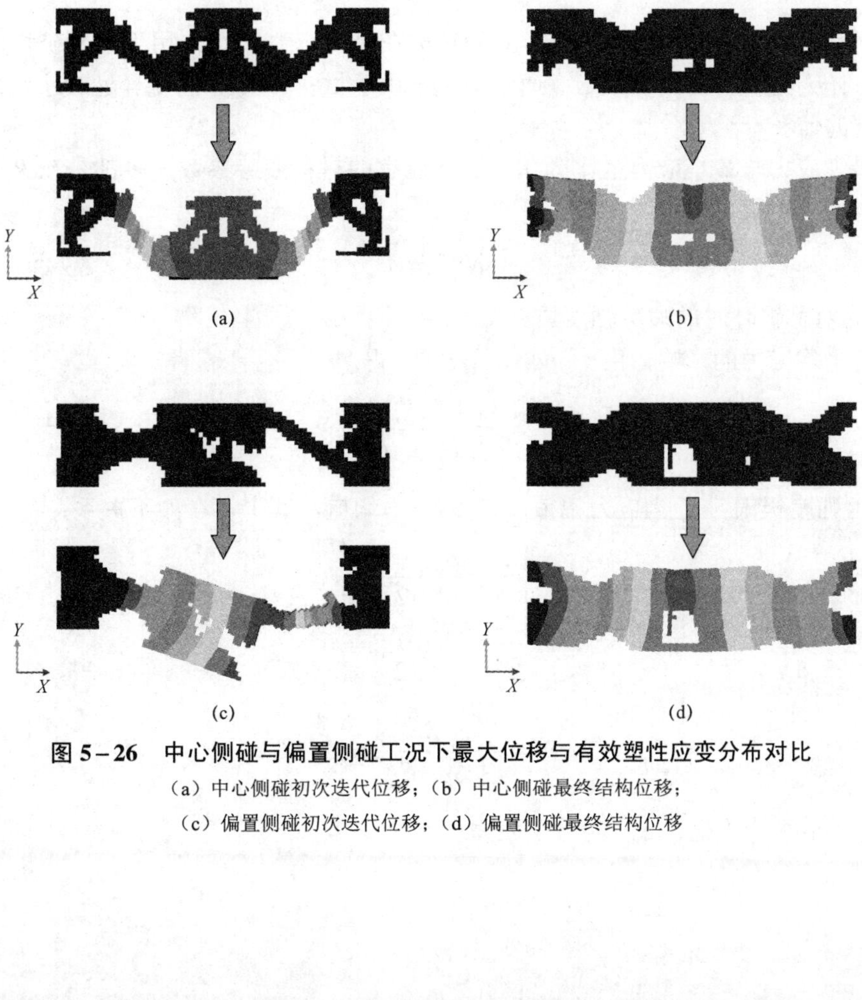


**图 5－26　中心侧碰与偏置侧碰工况下最大位移与有效塑性应变分布对比**

（a）中心侧碰初次迭代位移；（b）中心侧碰最终结构位移；

（c）偏置侧碰初次迭代位移；（d）偏置侧碰最终结构位移

## 5.6 面向疲劳耐久的拓扑优化

### 5.6.1 疲劳耐久性的研究意义

随着时间而周期性或者非周期性变化的载荷称为交变载荷，大多数机械结构件都在这种载荷作用下服役。正是因为载荷的变化，结构件材料内部产生的应力应变也随着变化，从而导致裂纹的萌生、扩展，最后造成断裂，这个过程就是疲劳。这种由于疲劳损伤造成的破坏就是疲劳破坏或者疲劳失效。结构件能够抵抗这种疲劳破坏的能力称为结构件的疲劳强度。车辆作为一个工况特殊的复杂机械系统，其零部件失效机理复杂多变，但主要的失效模式有疲劳损伤、机械磨损、腐蚀、蠕变、老化等。其中，车辆中大多数的关键零部件（例如汽车中的前桥、后桥、悬架等）都是疲劳失效。因此，关于车辆的疲劳耐久性研究是十分重要的。车辆在使用过程中多承受周期性载荷、多轴载荷和非比例载荷，因此我们关注高周疲劳，采用连续时间高周疲劳模型分析面向疲劳耐久的拓扑优化。

### 5.6.2 结构疲劳寿命

由 S－N 法，在给定应力比 $R$ 时，结构的疲劳寿命可表示为

$$NS_{\max}^{m}=A \tag{5-62}$$

式中，$S_{\max}$ 为结构所承受的最大应力；$N$ 为结构在最大应力 $S_{\max}$ 作用下达到破坏所需的循环次数；$m$ 和 $A$ 为结构材料疲劳参数。通常情况下由于材料参数 $m$ 的变异性较小，分析中常将 $m$ 视为确定的值。

定义最大应力与最小应力之比为 $R$，目前已有的材料疲劳参数大多都是在 $R=-1$ 的情况下测得的，因此上式可变为

$$NS_{-1}^{m}=A \tag{5-63}$$

式中，$S_{-1}$ 为对称循环时的疲劳强度。

若考虑平均应力的影响，由 Goodman 公式，得

$$S_{-1}=\frac{S_a}{1-S_m/S_b} \tag{5-64}$$

式中，$S_b$ 为强度极限；$S_a$ 为应力幅值；$S_m$ 为应力均值，其中存在如下关系：

$$\begin{cases} S_a=\dfrac{S_{\max}-S_{\min}}{2} \\ S_m=\dfrac{S_{\max}+S_{\min}}{2} \end{cases} \tag{5-65}$$

$$N=A\left(\frac{S_b}{S_b-S_m}S_a\right)^{-m} \tag{5-66}$$

式中，$S_{\max}$ 为最大应力值；$S_{\min}$ 为最小应力值。

当结构承受随机载荷时，由 Miner 法则可知结构的累积损伤为

$$D=\sum_{i=1}^{k}\frac{n_i}{N_i}=\frac{1}{A}\sum_{i=1}^{k}n_i\left(\frac{S_b}{S_b-S_{m_i}}S_{a_i}\right)^m=\frac{1}{A}\sum_{i=1}^{k}n_iS_{e_i}^m \tag{5-67}$$

式中，$k$ 为应力幅值水平的级数；$n_i$ 为应力幅值 $S_{a_i}$ 和应力均值 $S_{m_i}$ 的实际循环次数；$N_i$ 为结构在应力幅值为 $S_{a_i}$ 和应力均值 $S_{m_i}$ 的恒幅交变应力作用下达到破坏所需的循环次数；$S_{e_i}^m$ 为应力幅值水平的级数为 $i$ 时的等效应力，有

$$S_{e_i}=\frac{S_b}{S_b-S_{m_i}}S_{a_i} \tag{5-68}$$

当结构的累积损伤达到 $\Delta$ 时，结构发生破坏，则结构的疲劳寿命 $T_f$ 为

$$T_f=\frac{\Delta}{D}=\frac{\Delta A}{\sum\limits_{i=1}^{k}n_iS_{e_i}^m} \tag{5-69}$$

### 5.6.3　横向各向同性高周疲劳模型

在进行考虑高周疲劳的拓扑优化设计时，应考虑应力变化 $\sigma(t)$，其中 $t$ 属于时间间隔 $[0, T]$，是在疲劳分析中给出的。高周疲劳模型是基于耐力表面 $\{\boldsymbol{\sigma}|\beta(\boldsymbol{\sigma},\boldsymbol{\alpha})=0\}$ 的概念，其中 $\boldsymbol{\alpha}$ 为背应力张量，$\beta$ 为耐力函数。假定只有在应力状态位于耐力表面之外时（即 $\beta>0$ 且 $\dot{\beta}>0$ 时，点号表示函数的时间导数）才会出现疲劳损伤。背应力张量的变化率 $\boldsymbol{\alpha}$ 和疲劳损伤 $D$ 为

$$\dot{\boldsymbol{\alpha}}=A(\boldsymbol{s}-\boldsymbol{\alpha})H(\beta)H(\dot{\beta})\dot{\beta} \tag{5-70}$$

$$\dot{D}=K\exp(L\beta)H(\beta)H(\dot{\beta})\dot{\beta} \tag{5-71}$$

式中，$A>0$，$K>0$ 和 $L>0$ 是材料参数，$\boldsymbol{s}=\boldsymbol{\sigma}-\mathrm{tr}(\boldsymbol{\sigma})\boldsymbol{I}/3$ 是偏应力，tr( ) 表示是张量形式，$\boldsymbol{I}$ 是二阶恒等式张量。

横观各向同性材料特性的疲劳模型定义了纵向方向上的单位向量 $\boldsymbol{m}$，结构张量 $\boldsymbol{M}=\boldsymbol{m}\otimes\boldsymbol{m}$。横观各向同性高周疲劳模型的思想是将应力张量分为纵向 $\boldsymbol{\sigma}_{\parallel}$ 和横向 $\boldsymbol{\sigma}_{\perp}$ 应力张量，即 $\boldsymbol{\sigma}=\boldsymbol{\sigma}_{\parallel}+\boldsymbol{\sigma}_{\perp}$。使用投影张量 $\boldsymbol{P}$ 来获得 $\boldsymbol{\sigma}_{\perp}$，即

$$\begin{cases}\boldsymbol{P}=\boldsymbol{I}-\boldsymbol{M}\\ \boldsymbol{\sigma}_{\perp}=\boldsymbol{P}\boldsymbol{\sigma}\boldsymbol{P}\end{cases} \tag{5-72}$$

为了建立耐力函数，我们引入了四个不变量：$I_1=\mathrm{tr}(\boldsymbol{\sigma})$, $I_2=\frac{1}{2}\mathrm{tr}(\boldsymbol{\sigma}^2)$, $I_4=\mathrm{tr}(\boldsymbol{\sigma}\boldsymbol{M})$, $I_5=\mathrm{tr}(\boldsymbol{\sigma}^2\boldsymbol{M})$。然后将耐力函数写为

$$\beta(\boldsymbol{\sigma},\boldsymbol{\alpha})=\frac{1}{S_{\perp}}\left[\bar{\sigma}+A_{\parallel}\mathrm{tr}(\boldsymbol{\sigma}_{\parallel})+A_{\perp}\mathrm{tr}(\boldsymbol{\sigma}_{\perp})-((1-\xi(\boldsymbol{\sigma}))S_{\perp}+\xi(\boldsymbol{\sigma})S_{\parallel})\right] \tag{5-73}$$

其中 $S_{\parallel}>0$ 和 $S_{\perp}>0$ 是耐力应力，$A_{\parallel}>0$ 和 $A_{\perp}>0$ 是相应方向上的材料参数。有效应力 $\bar{\sigma}=\sqrt{\frac{3}{2}(\boldsymbol{s}-\boldsymbol{\alpha}):(\boldsymbol{s}-\boldsymbol{\alpha})}$。

式（5－73）中的标量$\xi$是应力比，为

$$\xi(\boldsymbol{\sigma})=\frac{\boldsymbol{\sigma}_{\parallel}:\boldsymbol{\sigma}_{\parallel}}{\boldsymbol{\sigma}:\boldsymbol{\sigma}}=\frac{2I_5-I_4^2}{2I_2} \tag{5-74}$$

由式（5－70）和式（5－74）可得式（5－73）的变化率为

$$\dot{\beta}(\boldsymbol{\sigma},\dot{\boldsymbol{\sigma}},\boldsymbol{\alpha})=\frac{1}{S_{\perp}+H(\beta)C\bar{\sigma}}\left[\begin{array}{l}\dfrac{3}{2}\dfrac{\boldsymbol{s}-\boldsymbol{\alpha}}{\bar{\sigma}}+(A_{\parallel}-A_{\perp})\boldsymbol{M}+A_{\perp}\boldsymbol{I}-\dfrac{(S_{\parallel}-S_{\perp})}{2I_2^2} \\ (I_2(4\boldsymbol{\sigma}-2I_4\boldsymbol{I})\boldsymbol{M}-(2I_5-I_4^2)\boldsymbol{\sigma})\end{array}\right]:\dot{\boldsymbol{\sigma}} \tag{5-75}$$

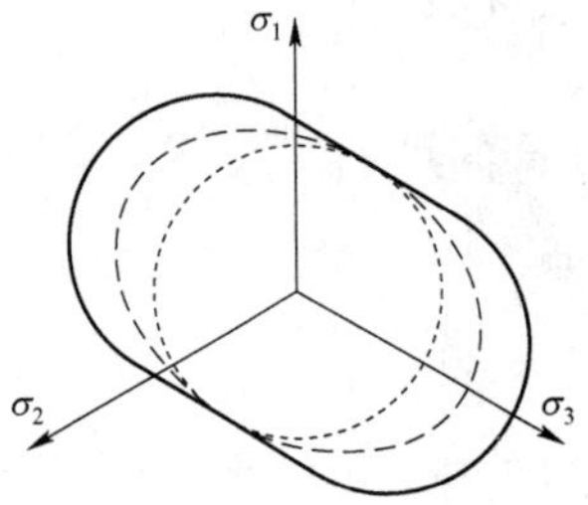


**图 5－27　耐力表面图，在偏平面上：虚线表示各向同性情况（$\boldsymbol{S}_{\parallel}=\boldsymbol{S}_{\perp}$），虚线和实线表示横向各向同性情况，其中 $\boldsymbol{S}_{\parallel}=\mathbf{1.5}\boldsymbol{S}_{\perp}$ 和 $\boldsymbol{S}_{\parallel}=\mathbf{2}\boldsymbol{S}_{\perp}$**

由图 5－27 可得，在各向同性的情况下，耐力极限值具有相同的值，均具有圆形形状；在横向各向同性的情况下，取决于耐力极限，耐力极限（$S_{\parallel}/S_{\perp}>1$）发生改变，表面的形状开始从圆形变为椭圆形。此外，对于较高的$S_{\parallel}/S_{\perp}$值，耐久表面的形状将具有非凸性（对于 $S_{\parallel}=2S_{\perp}$）。对于$S_{\parallel}/S_{\perp}>1$的材料，其纵向疲劳强度大于横向疲劳强度。在增材制造过程中，疲劳强度取决于构造方向和载荷方向，当构建方向和载荷方向相同时，疲劳强度最大；当方向互相垂直时，疲劳强度最小。

## 5.6.4　改善疲劳耐久性的拓扑优化

### 1. 疲劳约束的表述

本章进行基于疲劳寿命的汽车零部件结构优化，在定义拓扑优化问题时有两种思路，第一个思路是受到疲劳约束的质量最小化，第二个思路是受到疲劳约束和质量约束的柔韧性最小化。本章在设计过程中优先考虑满足疲劳寿命的要求，因此按照第一种思路进行，并使用平滑聚合函数定义全局疲劳约束。使用$P$范数为

$$D^{PN}(\boldsymbol{x})=\left[\sum_{e=1}^{n_e}(D_{N,e}(\boldsymbol{x}))^P\right]^{\frac{1}{P}} \tag{5-76}$$

当$P>1$时$D^{PN}$存在近似最大惩罚量，但是$P$的值太大会导致数值计算困难。现在使用$D^{PN}(\boldsymbol{x})$来表示拓扑优化问题：

$$\begin{cases}\min\limits_{x}\sum\limits_{e=1}^{n_e}m_e\rho_e(\boldsymbol{x}) \\ \text{s.t.}\quad \boldsymbol{F}^{\mathrm{T}}\boldsymbol{u}(\boldsymbol{x})\leqslant\bar{C}, \\ \qquad D^{PN}(\boldsymbol{x})\leqslant\bar{D}, \\ \qquad \varepsilon\leqslant x_e\leqslant 1,\qquad e=1,2,\cdots,n_d \\ \qquad x_e=\varepsilon\qquad,\qquad e=n_d+1,\cdots,n_e\end{cases} \tag{5-77}$$

式中，$m_e$是元素质量；$\bar{C}$是柔度的上限。最后一组元素$n_d$～$n_e$代表包含拓展元素的区域。这样做是为了在区域边界处获得更平滑的轮廓。当$n_d=n_e$时，不使用域扩展。

**2. 疲劳灵敏度**

使用伴随算法计算疲劳灵敏度，并在每个时间步引入状态变量 $\boldsymbol{v}_i$，背应力 $\boldsymbol{\alpha}$ 和疲劳损伤 $D$：

$$\boldsymbol{v}_i=[\boldsymbol{v}_{i,1},\boldsymbol{v}_{i,2},\cdots,\boldsymbol{v}_{i,n_e}]^{\mathrm{T}},\ \boldsymbol{v}_{i,e}=[\boldsymbol{\alpha}_{i,e},D_{i,e}]^{\mathrm{T}},\quad i=1,2,\cdots,N \tag{5-78}$$

当我们在拓扑优化问题中使用高周疲劳模型时，几何形状和材料属性都不会受到影响，这意味着刚度矩阵保持恒定。

**3. 结果与讨论**

本章将对比两种不同材料的拓扑优化结果，即 AISI－SAE 4340 合金钢和 34CrMo6 锻钢，这些材料的参数如表 5－4 所示。它们的疲劳性能有所不同，AISI－SAE 4340 合金钢具有各向同性，而 34CrMo6 锻钢具有各向异性，其纵向疲劳强度大于横向疲劳强度。我们将惩罚参数的值设为 $q=3$ 和 $r=0.5$。

**表 5－4　材料参数**

| 参数 \ 材料 | $S_{\parallel}$（MPA） | $S_{\perp}$（MPA） | $A_{\parallel}$ | $A_{\perp}$ | $C$ | $K$ | $L$ |
|---|---|---|---|---|---|---|---|
| AISI－SAE 4340 | 490 | 490 | 0.225 | 0.225 | 1.25 | 2.65E－5 | 14.4 |
| 34CrMo6 | 447 | 360 | 0.225 | 0.300 | 7.8 | 3.39E－5 | 4.7 |

处理图 5－28 所示的 L 形横梁，$L=10$ mm。该模型由 6 400 个双线性四边形元素离散化。光束的顶部边缘被夹紧。创建了两个载荷工况，其中第一个载荷工况为静态载荷 $F=1\ 000$ N，以进行柔顺性评估，而第二个载荷工况采用如图 5－29 所示的非周期性载荷历程，$\tilde{F}(t)=FS_f(t)$。图 5－28 中的灰色区域表示利用域扩展方法的元素，$x_e=\varepsilon$。

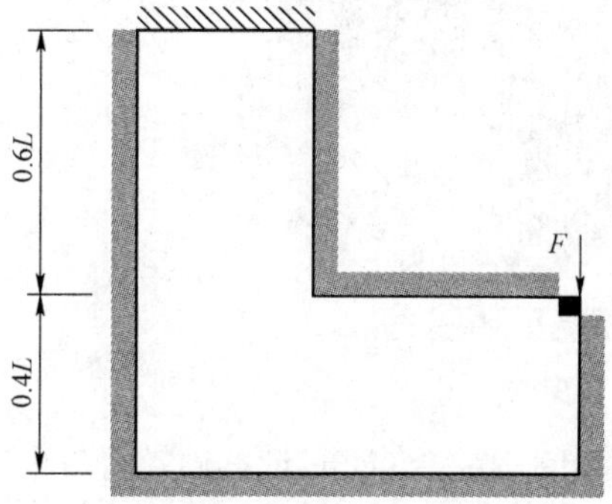


**图 5－28　L 形横梁几何形状**

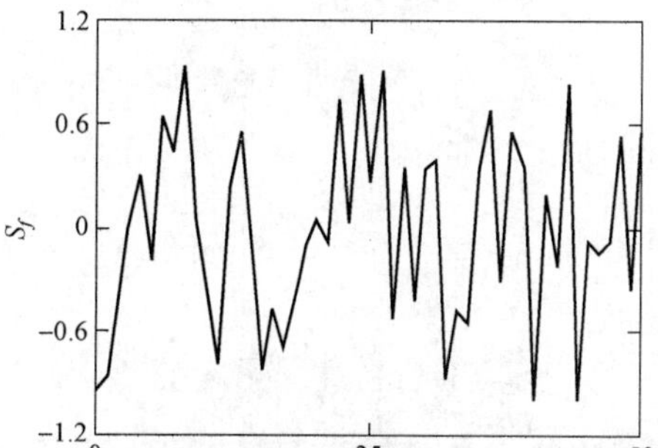


**图 5－29　非周期性载荷历程**

图 5－30 给出了 L 形梁的优化结果。由图可得，当不包括疲劳约束时，优化设计结果如图 5－30（a）所示，可见在优化设计中获得的轮廓在凹角处仍具有材料，因此拓扑仍将具有较高的应力集中，因此不会改善疲劳寿命。而在图 5－30（b）中，受疲劳约束，优化模型的轮廓在凹角处具有平滑的半径，从而减少了高应力集中并因此延长了寿命。此外，我们比较了各向同性和各向异性材料的优化设计结果。图 5－30（b）和（c）两个轮廓的凹角均具有平滑的半径，都可延长结构疲劳寿命。

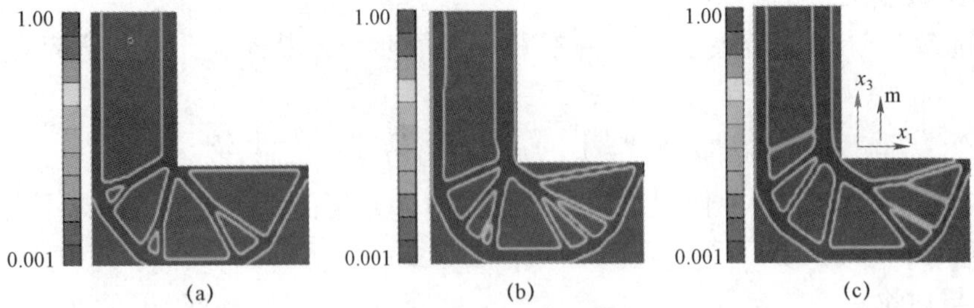


**图 5-30　L 形梁的优化结果**

(a) 没有疲劳约束；(b) 对于 AISI-SAE 4340 合金钢具有疲劳约束；(c) 对于 34CrMo6 锻钢具有疲劳约束

## 5.7　工程应用实例

### 5.7.1　车身前部结构拓扑优化

**1. 模型与边界条件**

将沃尔沃 S80 汽车的灰车身（Body in Gray，BIG，即包含车窗的车身）A 柱切割线的前部作为结构拓扑优化的对象。如图 5-31 所示，车身结构主要由金属板构成，并用点焊和胶水缝合。

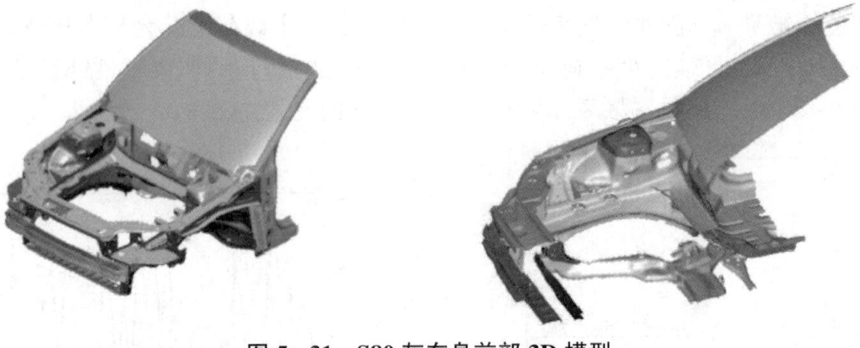

**图 5-31　S80 灰车身前部 3D 模型**

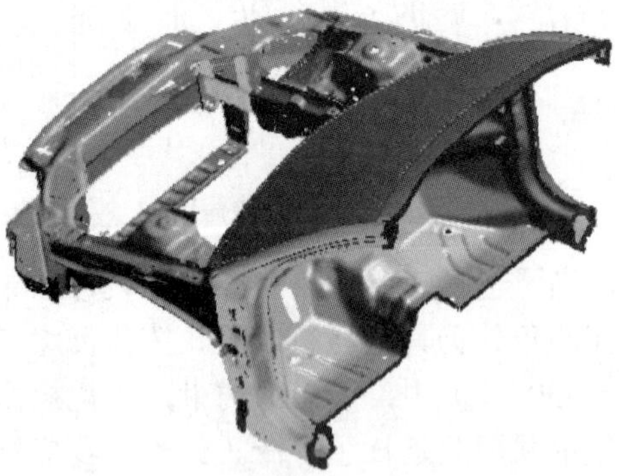

**图 5-32　模型的边界条件**

本算例中研究的负载情况一部分来自汽车的真实工况，另一部分则取自汽车行业中用于测量一般刚度的标准负载。首先定义适用于所有载荷工况的边界条件——约束 A 柱切割线上端点的所有自由度，可以看作图 5-32 中车身右侧的深色切割线。其次，本算例中所有的负载都是静态载荷，以数字的形式命名图 5-33 中各类载荷工况，便于后文指代。

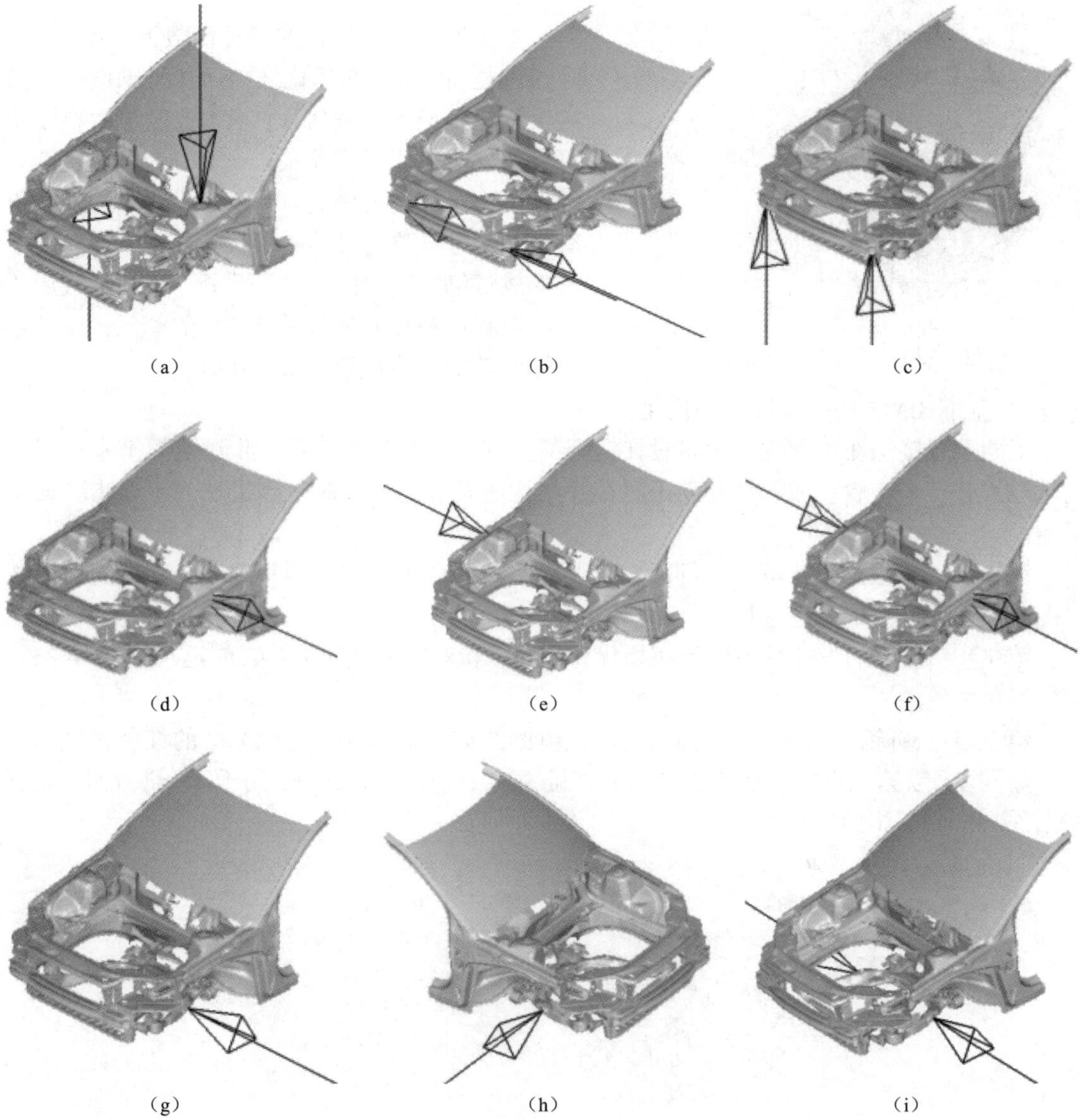

图 5-33　各类载荷工况

（a）301-扭转刚度；（b）303-侧向刚度；（c）304-向上弯曲；（d）331-左侧上车轮悬架；（e）332-右侧上车轮悬架；（f）334-两侧悬架塔压缩；（g）341-左侧下车轮悬架；（h）342-右侧下车轮悬架；（i）344-副车架压缩

**2. 拓扑优化**

1）确定设计域

首先综合考虑 NVH 和安全性能，确定设计域连接结构面。考虑 NVH 性能，需要保证振动不通过连接的结构面传递到车内从而降低乘员舒适性；考虑安全性，需要保证不改变碰撞吸能关键部件。其次，考虑几何条件的限制，如发动机、散热器等部件的布置空间等。此外，还需要考虑汽车的外轮廓和行人安全等限制条件。基于此，构建汽车前端结构设计域模型，即图 5-34 中的深色部分。

图 5-34 设计空间可视化

2）优化参数

本算例中拓扑优化的目标函数为柔度最小，同时约束材料质量。在优化之前添加可制造性约束有利于优化结果的工程实现。在本算例中主要使用的可制造性约束主要有两类：一类是对称性约束，这不仅是出于制造性考虑，更是为了汽车的外观更加有魅力；另一类是最小成员尺寸约束，这有助于限制形成过细、过薄的结构。此外，还规定最后的设计结果将过滤相对密度低于 0.1 的单元，以及定义目标函数的收敛准则为 0.000 5。

3）基于 SIMP 法的步进拓扑优化

不同于直接法在一次优化中将设计空间减少到一个实际的权重，步进法的基本思想是将优化过程分几个步骤完成，这有助于对拓扑结构的发展进行控制。步进法的主要步骤如下文所述：

第一步：在原始设计域中进行一次拓扑优化，再在优化结果的基础上建立新的设计域，如图 5-35（a）中的绿色区域；

第二步：在新的设计域中进行拓扑优化，显示相对密度大于 0.1 的单元，如图 5-35（b）中的蓝色区域；

第三步：移除孤立的局部增强部位，保留梁结构，如图 5-35（c）中的红色区域；

第四步：以第三步中被保留的结构为基础建立一个新的设计域，用于下一次的优化过程，如图 5-35（d）中的绿色区域。

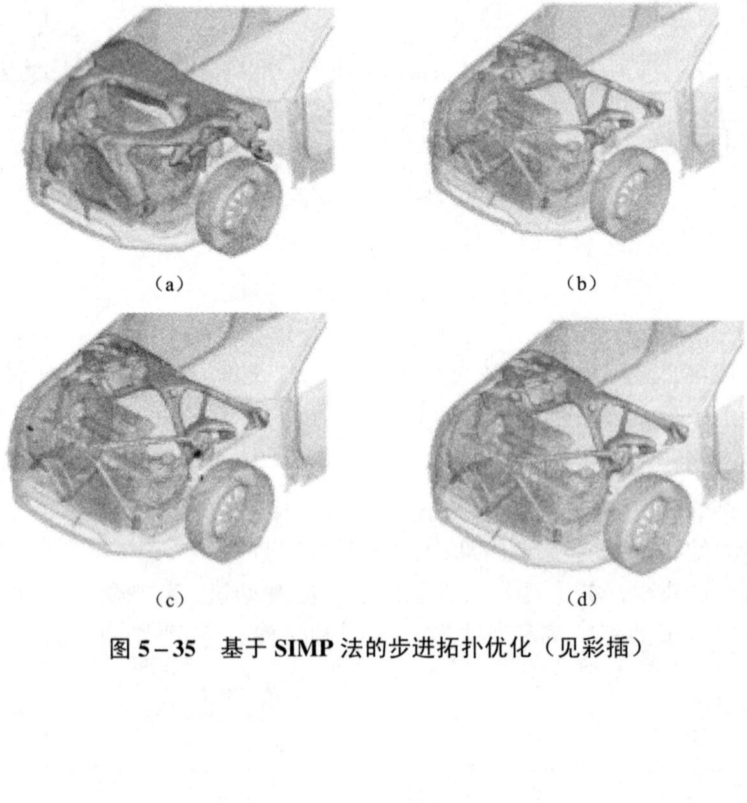

（a）　（b）　（c）　（d）

图 5-35 基于 SIMP 法的步进拓扑优化（见彩插）

### 3. 拓扑优化结果

分别针对每种负载情况进行步进拓扑优化，这出于两方面的考虑。首先，这些载荷情况被用作衡量车辆车身刚度的标准，如果想增加特定负载情况下的性能，针对单独负载的优化结果可以提供指导。其次，对几种负载情况进行优化比较复杂，一般需要对不同工况下的柔度进行加权处理，而权重系数的确定非常复杂。图 5-36 展示了不同负载情况（以数字代号表示）下的优化结果。

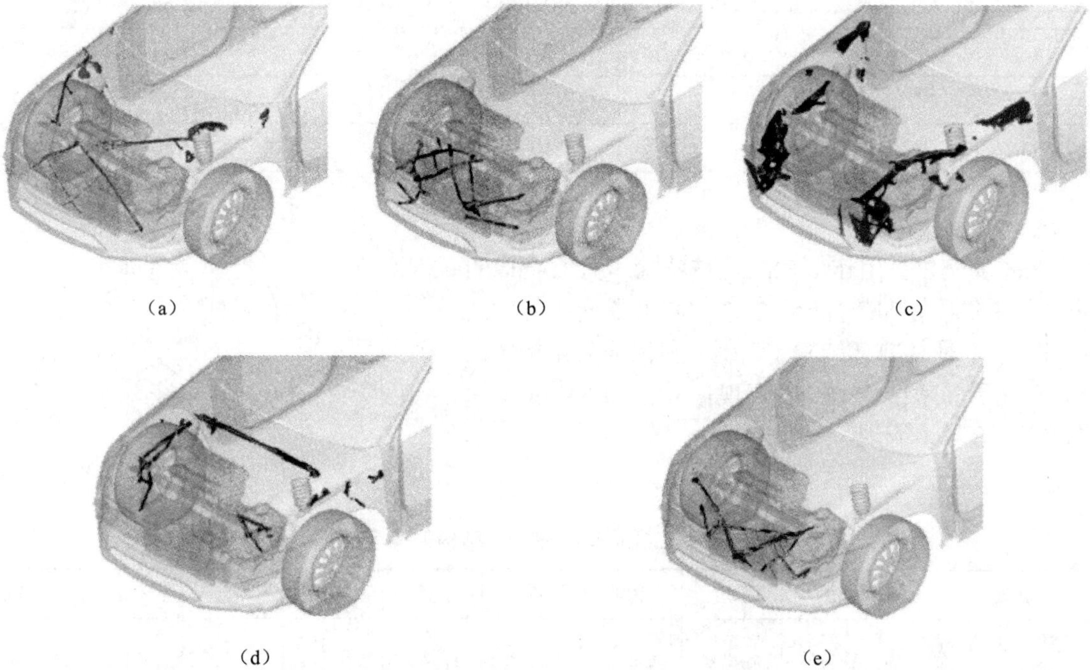


**图 5-36　不同负载情况（以数字代号表示）下的拓扑优化结果**

（a）301；（b）303；（c）304；（d）331-332-334 加权组合；（e）341-342-344 加权组合

由于本设计的目的主要是通过拓扑优化为汽车前部梁的布局提供指导，而不是寻找局部增强的方法，因此对拓扑优化得到的结果进行简化和删除孤立的局部增强部分，最终确定汽车前部的梁的布局，如图 5-37 所示。

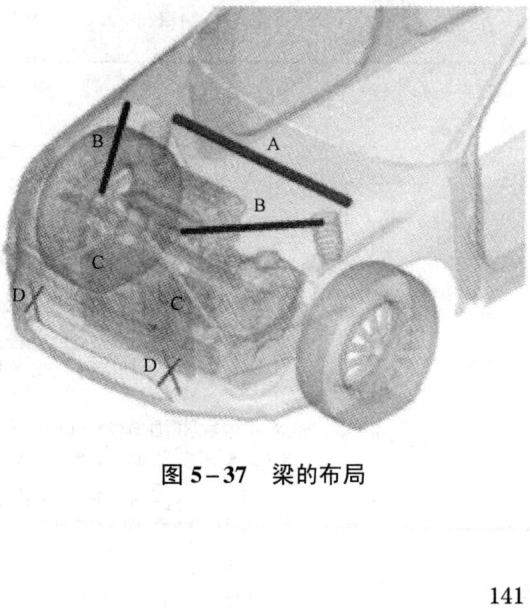


**图 5-37　梁的布局**

### 4. 尺寸优化

为了进一步减重，对图 5-37 中的梁进行尺寸优化。首先确定梁的横截面为圆环的形式，如图 5-38 所示，则所进行的尺寸优化拥有两个设计变量——外径 $D$ 和厚度 $T$。目标函数是柔度最小，约束条件如表 5-5 所示。最终的优化结果如表 5-6 所示，其中梁的颜色对应于图 5-37。

**表 5-5　设计约束**

| 最大质量 | 最大外径 | 最小厚度 |
|---|---|---|
| 1.2 kg | 40 mm | 1.5 mm |

**表 5-6　尺寸优化结果**

| 梁 | 外径/mm | 厚度/mm |
|---|---|---|
| A | 40.0 | 2.62 |
| B | 17.4 | 1.51 |
| C | 9.80 | 1.50 |
| D | 13.1 | 1.50 |

### 5. 优化前后对比

在本算例中，用作参考的是被移除所有梁结构的汽车前部的柔度性能，表 5-7 分别列出了最初前部结构（钢制）、最初前部结构（铝制）和优化后结构（铝制）对比于参考结构的刚度表现，并在图 5-39 中用柱状图更直观地表现。

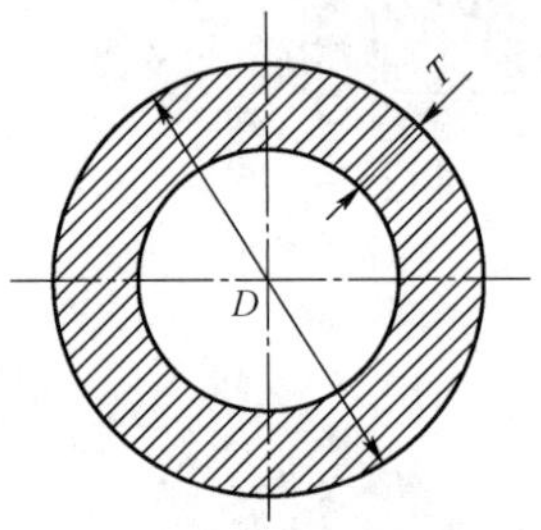


**图 5-38　梁的截面选择与两个设计变量**

**表 5-7　三类构型相较参考结构的柔度改进**

| 负载工况 | 301 | 303 | 304 | 331 | 332 | 334 | 341 | 342 | 344 |
|---|---|---|---|---|---|---|---|---|---|
| 最初前部结构（钢制，2.7 kg） | 12.0% | 8.8% | 0.3% | 13.9% | 15.4% | 28.0% | 11.1% | 11.1% | 0.1% |
| 最初前部结构（铝制，1.2 kg） | 10.7% | 8.1% | 0.3% | 13.6% | 14.9% | 27.3% | 9.0% | 9.1% | 0.1% |
| 优化后结构（铝制，1.2 kg） | 14.3% | 31.4% | 9.4% | 14.4% | 27.3% | 53.5% | 14.1% | 13.9% | 0.3% |

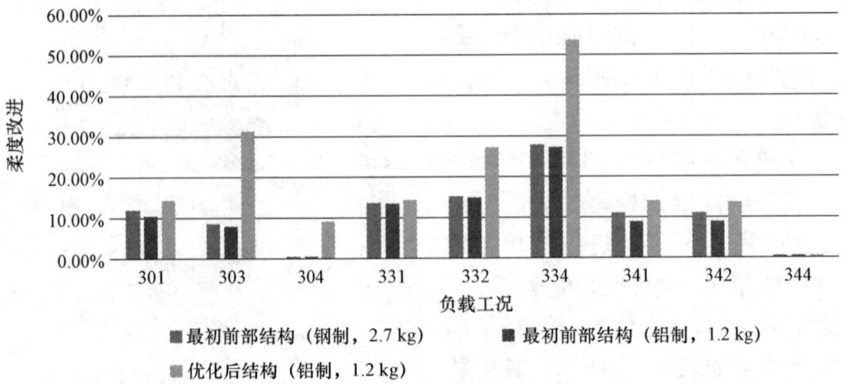


**图 5-39　对优化前后刚度性能评估**

### 5.7.2　底盘零部件拓扑优化

本小节以某型号车辆底盘的拓扑优化为例，简单介绍基于能量准则改进的等效静载方法在工程中的应用。

图 5–40 所示的底盘结构为钢架结构，设定各向同性材料本构，模量为 210 GPa，泊松比为 0.3。全区域采用 CTRIA3 与 CQUAD4 两类壳单元。为了使工程算例更加直观，更能体现等效静载方法的优越性，本节选取如图 5–41 所示的三个重要构件，利用改进等效静载方法进行拓扑优化。可以看到，这些零件的结构设计显然是有欠缺的，除必要的固定孔、装配位置以外，基本没有设计减重结构，或纯依靠经验布置了圆形减重孔，而车辆底盘构件的受力情况通常较为复杂，传统线性静态响应拓扑优化较难解决问题，因此有必要采用改进等效静载方法，将塑性、接触、动态响应等情况全面地计入影响。本节仅对相应部位发生碰撞的情况展开优化，实际上改进等效静载方法可拓展到多情况、多目标的综合优化中，本算例不做过多扩展。

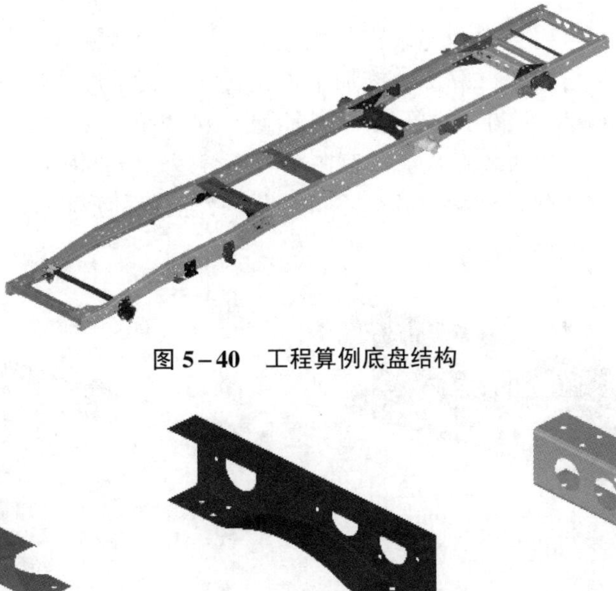

图 5–40　工程算例底盘结构

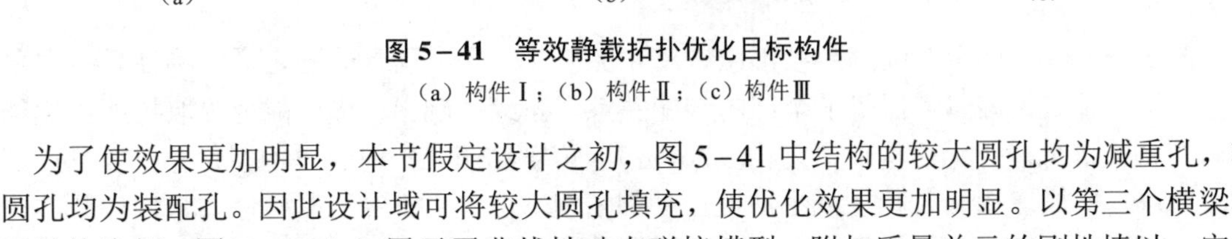

(a)　(b)　(c)

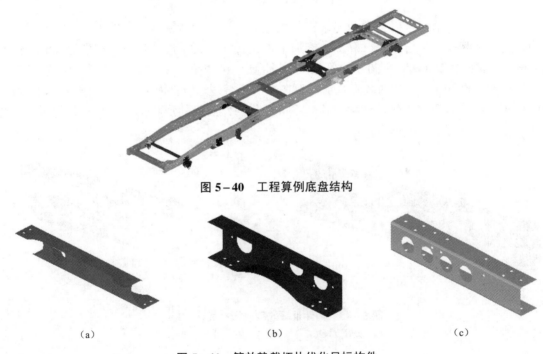

图 5–41　等效静载拓扑优化目标构件

(a) 构件Ⅰ；(b) 构件Ⅱ；(c) 构件Ⅲ

为了使效果更加明显，本节假定设计之初，图 5–41 中结构的较大圆孔均为减重孔，较小圆孔均为装配孔。因此设计域可将较大圆孔填充，使优化效果更加明显。以第三个横梁构件Ⅲ结构为例，图 5–42（a）展示了非线性动态碰撞模型，附加质量单元的刚性墙以一定的初速度从一端碰撞构件，构件的另一端则在固定孔上添加固定约束。图 5–42（b）展示了线性静态拓扑优化模型，材料属性为通用钢材，模量 210 GPa，泊松比取 0.3。其中紫色部分为设计域，边缘与装配孔周围设置了非设计域，这满足算法要求，也符合实际情况。在原始模型中，该构件的厚度为 4 mm，在等效静载拓扑优化中，可以通过增大厚度、设置一定的体积分数，例如令厚度为 10 mm，体积分数为 40%，这样能更好地对比体现算法的效果。特别地，在目标函数设定中，采用了应变能系数作为目标函数，将一阶模态频率正则后计入目标函数。

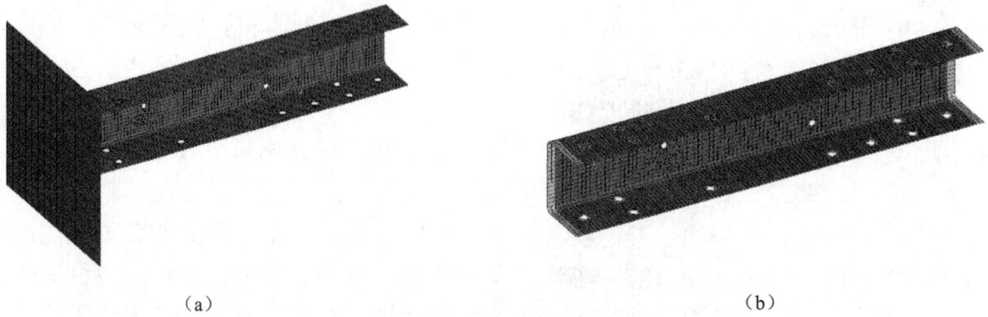


**图 5－42　构件Ⅲ碰撞分析模型及线性静态响应拓扑优化模型（见彩插）**

（a）碰撞模型；（b）优化模型

图 5－43（a）展示了经过等效静载拓扑优化后，设计变量密度分布的情况。由于是工程算例，为了使结构更加合理化，算例中施加了最大尺寸、最小尺寸约束，分别为 60 mm 和 15 mm。过滤掉相对密度小于 0.3 的单元，可以看到，产生的结构已经具备了一定的合理性，相当接近最终设计了。局部的装配孔仍然存在数学上合理，但物理上、工程上不合理的情况，但由于拓扑优化是概念优化，这种问题是不可避免的，后续的形状优化、尺寸优化以及工程优化，正是用来解决这类问题的。

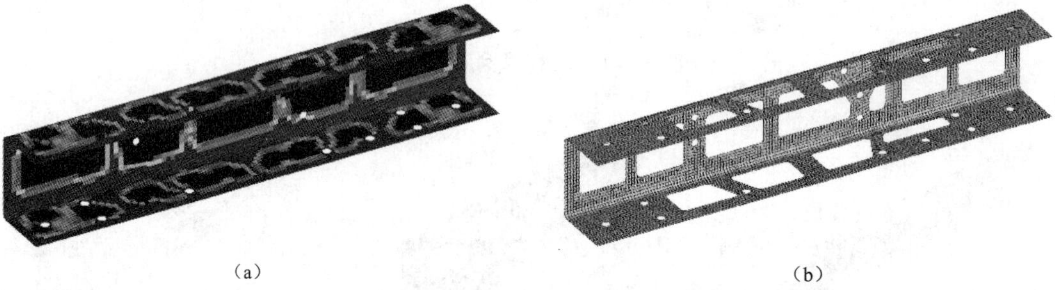


**图 5－43　构件Ⅲ等效静载拓扑优化结果**

（a）设计变量密度分布；（b）优化设计最终结果

图 5－43（b）展示了经过后续形状、尺寸优化，以及工程上改进之后的构件Ⅲ有限单元模型。可以看到，该模型保留了全部的装配关系，在此基础上，尽可能地提取拓扑优化结果的构型特征信息。优化后构件厚度由 3.2 mm 增加为 4.2 mm，但通过构型优化，质量反而减少了 70 g。增加厚度同时也能减小薄壁振动的情况。图 5－44 展示了构件Ⅰ与构件Ⅱ的优化结果，可以看到，对于构件Ⅱ，本节假定原始孔均为装配孔，并保留了所有的特征，实验证明该算例也能取得较好的结果。构件Ⅰ原始厚度为 4 mm，质量为 6.66 kg，改进构型厚度为 5.5 mm，质量为 6.46 kg；构件Ⅱ原始厚度为 3.2 mm，4.26 kg，改进构型厚度为 3.6 mm，质量为 4.15 kg。

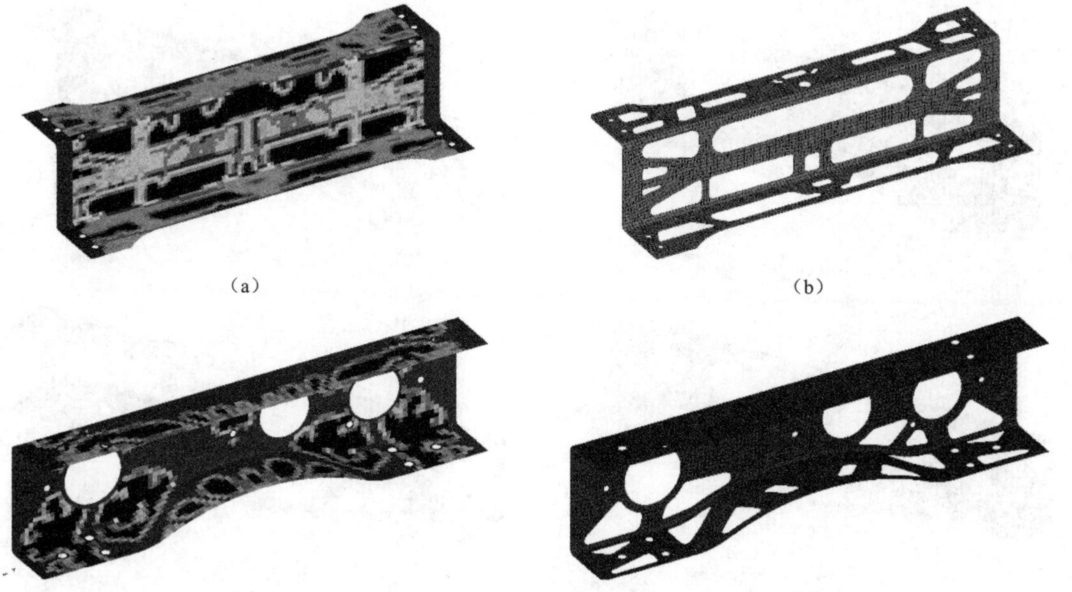

(a)　(b)　(c)　(d)

**图 5-44　构件Ⅰ、构件Ⅱ等效静载拓扑优化结果**

(a) 构件Ⅰ设计变量密度分布；(b) 构件Ⅰ设计最终结果；(c) 构件Ⅱ设计变量密度分布；(d) 构件Ⅱ设计最终结果

下面通过对比原始构型与优化构型的一阶固有频率，验证改进等效静载方法的效用。图 5-45 展示了三个构件原始构型与改进构型的一阶模态振型分布。由于拓扑优化目标函数中纳入了一阶固有频率，因此，在质量相近的情况下，一阶固有频率有显著的提高。构件Ⅰ原始构型一阶固有频率为 62.1 Hz，改进后一阶固有频率为 77.6 Hz，提高 25%；构件Ⅱ原始构型一阶固有频率为 294.8 Hz，改进后一阶固有频率为 323.8 Hz，提高 8.4%；构件Ⅲ原始构型一阶固有频率为 266.7 Hz，改进后一阶固有频率为 305.6 Hz，提高 14.6%。

本算例利用改进等效静载拓扑优化方法，对工程实际中的杆件等结构进行了优化，在控制质量保持不变的情况下，较大幅度提高了固有频率。实践证明，改进等效静载拓扑优化方法具有良好的适应性，能够处理较为复杂的情况，对目标函数的响应良好。

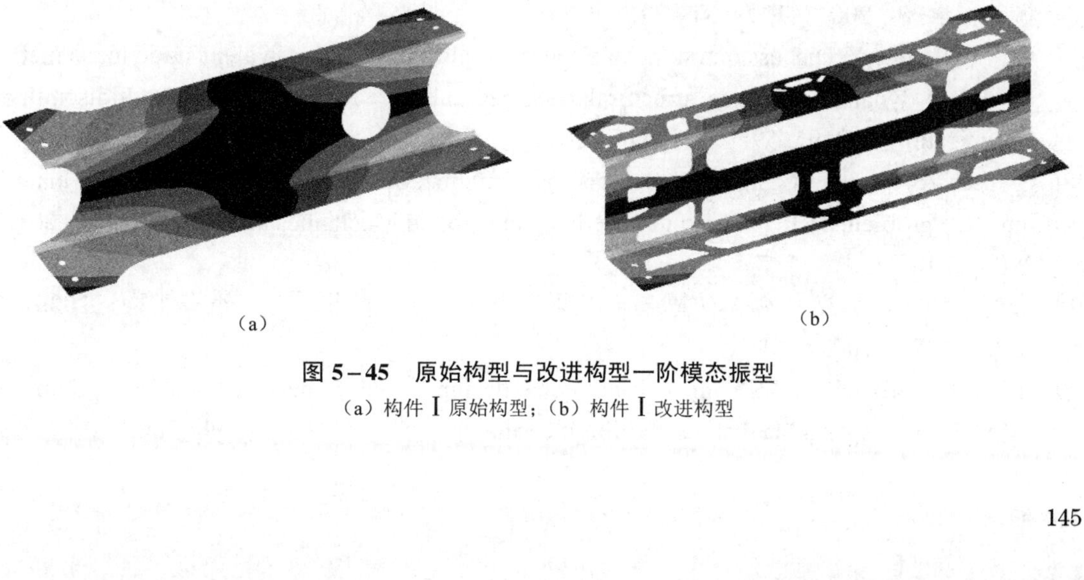

(a)　(b)

**图 5-45　原始构型与改进构型一阶模态振型**

(a) 构件Ⅰ原始构型；(b) 构件Ⅰ改进构型

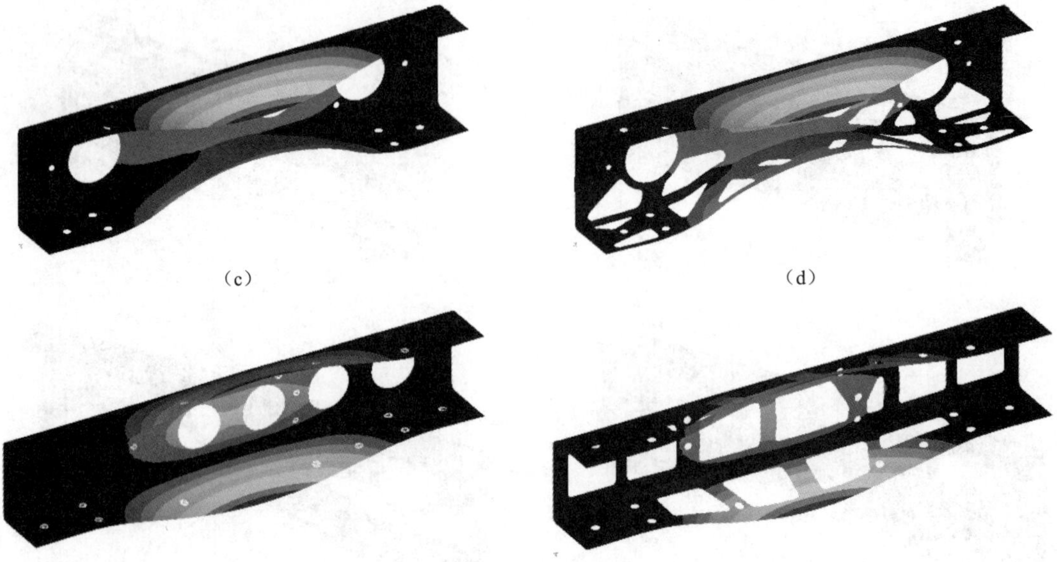

（c）　（d）　（e）　（f）

**图 5-45　原始构型与改进构型一阶模态振型（续）**

（c）构件Ⅱ原始构型；（d）构件Ⅱ改进构型；（e）构件Ⅲ原始构型；（f）构件Ⅲ改进构型

# 参考文献


［1］李政. 多工况载荷下自卸车车架的拓扑优化设计与有限元分析［D］. 西安：长安大学，2012.

［2］师可. 基于多工况拓扑优化的电机外壳轻量化设计［D］. 北京：北京林业大学，2019.

［3］孟凡龙. 轻卡变速箱壳体静动态特性分析及多目标拓扑优化［D］. 太原：中北大学，2017.

［4］任晓辉. 连续体结构拓扑优化方法研究［D］. 西安：长安大学，2007.

［5］Sigmund O. A 99 line topology optimization code written in Matlab［J］. Structural and Multidisciplinary Optimization，2001，21（2）：120－127.

［6］左孔天，陈立平，钟毅芳，等. 基于人工材料密度的新型拓扑优化理论和算法研究［J］. 机械工程学报，2004（12）：31－37.

［7］Park G J，Lee Y. Discussion on the optimality condition of the equivalent static loads method for linear dynamic response structural optimization［J］. Structural and Multidisciplinary Optimization，2019，59（1）：311－316.

［8］Clausen A，Aage N，Sigmund O. Topology optimization of coated structures and material interface problems［J］. Computer Methods in Applied Mechanics and Engineering，2015，290：524－541.

［9］惠巍，刘更，吴立言.轿车声固耦合低频噪声的有限元分析［J］. 汽车工程，2006，28（12）：1070－1073，1077.

［10］Ma Z D，Kikuchi N，Cheng H. Topological design for vibrating structures［J］. Computer Methods in Applied Mechanics and Engineering，1995，121（1）：259－280.

[11] Du J B，Olhoff N. Topological design of freely vibrating continuum structures for maximum values of simple and multiple eigenfrequencies and frequency gaps [J]. Structural and Multidisciplinary Optimization，2007，34（2）：91–110.
[12] Norberg E，Lövgren S. Topology optimization of vehicle body structure for improved ride & handling [J]. Master of Science Thesis，2011.
[13] Lee H A，Park G J. Nonlinear dynamic response topology optimization using the equivalent static loads method [J]. Computer Methods in Applied Mechanics and Engineering，2015，283：956–970.
[14] Choi W S，Park G J. Structural optimization using equivalent static loads at all the time intervals [J]. Computer Methods in Applied Mechanics and Engineering，2002，191（19–20）：2105–2122.
[15] Shin M K，Park K J，Park G J. Optimization of structures with nonlinear behavior using equivalent loads [J]. Computer Methods in Applied Mechanics and Engineering，2007，196（4–6，1）：1154–1167.
[16] Kim Y I，Park G J. Nonlinear dynamic response structural optimization using equivalent static loads [J]. Computer Methods in Applied Mechanics and Engineering，2010，199（9–12）：660–676.
[17] Jang H H，Lee H A，Park G J. Preliminary study on linear dynamic response topology optimization using equivalent static loads [J]. Transactions of the Korean Society of Mechanical Engineers A，2009，33（12）：1401–1409.
[18] Jang H H，Lee H A，Lee J Y，et al. Dynamic response topology optimization in the time domain using equivalent static loads [J]. AIAA Journal，2012，50（1）：226–234.
[19] Lee H A，Park G J. Topology optimization for structures with nonlinear behavior using the equivalent static loads method [J]. Journal of Mechanical Design，2012，134（3）：031004.
[20] Bendsøe M P，Kikuchi N. Generating optimal topologies in structural design using a homogenization on method [J]. Computer Methods，1988，71：197–224.
[21] Rong J H，Xie Y M，Yang X Y，et al. Topology optimization of structures under dynamic response constraints [J]. Journal of Sound and Vibration，2000，234（2）：177–189.
[22] Diaz A R，Bendsøe M P. Shape optimization of structures for multiple loading conditions using a homogenization method [J]. Structural optimization，1992，4（1）：17–22.
[23] Pereira J T，Fancello E A，Barcellos C S. Topology optimization of continuum structures with material failure constraints [J]. Structural and Multidisciplinary Optimization，2004，26（1–2）：50–66.
[24] 荣见华，姜节胜，胡德文，等. 基于应力及其灵敏度的结构拓扑渐进优化方法 [J]. 力学学报，2003，33（5）：584–591.
[25] Yang X Y，Xie Y M，Steven G P，et al. Bidirectional evolutionary method for stiffness optimization [J]. AIAA Journal，1999，37（11）：1483–1488.
[26] Altair 中国. OptiStruct 教学视频–优化教程 [EB/OL].（2020–03–04）[2020–10–24]. https://spacc.bilibili.com/478537404/.

# 第 6 章
# 汽车结构尺寸优化方法

## 6.1 汽车结构尺寸优化简介

尺寸优化是在不改变系统结构的形状和拓扑结构的前提下，调整特定尺寸，以寻求最优的材料性能。由于受到形状和结构拓扑的限制，尺寸优化的设计自由度并不高。尺寸优化的设计变量可分为两类：第一类是材料参数，如弹性模量 $E$ 和密度 $\rho$ 等；第二类是几何尺寸参数，如梁的截面积、转动惯量、板的厚度、弹性支承刚度、两部件之间的连接刚度等。其特点是设计变量容易表达，运用有限元法进行尺寸优化时基本不需重新划分网格，直接利用灵敏度分析和适当的优化算法就能完成。因此尺寸优化的研究重点也主要集中在优化算法和灵敏度分析上。当前，尺寸优化的理论趋于成熟，应用也很广泛。在汽车轻量化设计中，尺寸优化设计通常应用于详细设计阶段。尺寸优化中主要考虑基础特性、NVH 性能、碰撞安全性能、疲劳耐久性能等。

## 6.2 面向刚度性能的尺寸优化

结构受一定范围内的力或力矩作用时会产生弹性变形，结构抵抗弹性变形的能力就称为刚度。刚度可分为静刚度和动刚度两种。静刚度是指结构受静力或静力矩时抵抗弹性变形的能力，一般包括弯曲刚度和扭转刚度。动刚度用车身低阶模态来衡量，其模态频率应避开载荷的激振频率。本节主要关注的是汽车车身结构的静刚度。按照车身的分类，车身刚度又可分为白车身刚度、内饰车身刚度和整车刚度。在汽车车身的刚度分析中，主要从白车身入手，计算分析以及优化白车身的刚度，这是由于白车身是内饰车身与整车车身的基础，将基础打牢，整车的整体刚度也不会差。

### 6.2.1 刚度分析的意义

车身的弯曲和扭转静刚度是汽车车身结构设计的最基础和最主要的性能指标之一。车身的刚度不足会导致一系列的问题：

（1）车身变形过大问题。如果白车身刚度不足，在使用过程中车身会产生难以接受的大变形，特别是立柱、车门框架、前后挡风玻璃框架等关键部位的变形过大，就可能造成门锁变形、内饰脱离、整车密封性差甚至车门卡死、框内玻璃被挤碎等现象。

（2）NVH 和异响问题。当车身整体刚度不足的时候，整车的模态频率会偏低，容易与外界激励频率发生共振，产生剧烈的噪声和振动。而且刚度不足引起的车身变形过大，还会导致汽车通过在不平路面时车身部件之间相互碰撞产生异响，以及高速行驶时整车密封性差，存在缝隙引起风噪。

（3）可靠性问题。车身整体刚度是决定疲劳强度的重要因素之一。刚度不足引起部件的较大变形，多次反复加载后就可能产生疲劳破坏。疲劳寿命过短将导致汽车的可靠性变差。

（4）碰撞安全问题。车身拥有足够的刚度可以在碰撞过程中为乘员保持一定的生存空间。但并不是车身所有部件的刚度越高，汽车的被动安全性能越好，过大的刚度导致车身无法吸收碰撞能量，引起乘员与内饰产生二次碰撞，反而会降低碰撞安全性能。

### 6.2.2　刚度的评价

车身结构的抵抗弹性变形的能力，即刚度，一般通过应变能或观测点的位移来衡量。根据位移和负载的大小可以计算得到弯曲和扭转静刚度。此外，由于柔度与刚度互为倒数，工程中也可用柔度来间接反映刚度性能，柔度值为单元总应变能值。下文将以某商用车驾驶室白车身为例，展示车身结构静刚度的评价方法。值得注意的是，各机构和厂商对静刚度的分析设置方法存在不同，本节仅给出了其中一种方法。

**1. 扭转刚度评价**

当车身上作用有反对称垂直载荷时，结构处于扭转工况，左右载荷将使车身产生扭转变形。在进行白车身扭转刚度（$K_t$）分析时，设置边界条件为：约束左后安装点和右后安装点的 $X$、$Y$、$Z$ 三方向的平动自由度和绕 $X$、$Z$ 两轴的转动自由度；并在左前安装点和右前安装点分别施加沿 $Z$ 轴大小相等、方向相反的载荷。对于乘用车白车身，约束施加在左后、右后减振器安装支座中心点；载荷施加在左前和右前减振器安装支座中心点。边界条件如图 6－1 所示，得到的扭转刚度计算公式如下：

$$K_t = \frac{FL}{\arctan\left(\dfrac{z_1 - z_2}{L}\right)} \tag{6-1}$$

式中，$F$ 为加载力；$L$ 为两加载点之间的距离；$z_1$ 和 $z_2$ 分别为加载点处沿 $Z$ 轴正方向和负方向的位移。

**2. 弯曲刚度评价**

车身结构的弯曲刚度($K_b$)分析中可以近似地把白车身看作一根简支梁。通过在门槛中部施加的载荷与车身底部纵梁的最大垂直挠度的比值来表示弯曲刚度大小。在进行弯曲刚度分析时，所设的边界条件为：约束左后安装点 $X$、$Y$ 和 $Z$ 方向的平动自由度，右后安装点 $X$ 和 $Z$ 方向的平动自由度，左前安装点 $Y$ 和 $Z$ 方向平动的自由度，以及右前安装点 $Z$ 方向的平动自由度。在左右纵梁上方中部各沿 $Z$ 轴负方向施加载荷。对于乘用车白车身，约束施加在前后左右四个减震器安装支座中心点；载荷可以施加在座椅安装位置或前后减震器支座连线中心点且垂直于门槛梁的位置。边界条件如图 6－2 所示，得到的弯曲刚度计算公式如下：

$$K_b = \frac{2F}{|z_1 + z_2|/2} \tag{6-2}$$

式中，$F$ 为加载力；$z_1$ 和 $z_2$ 分别为左右两加载点处沿 $Z$ 轴负方向的位移。

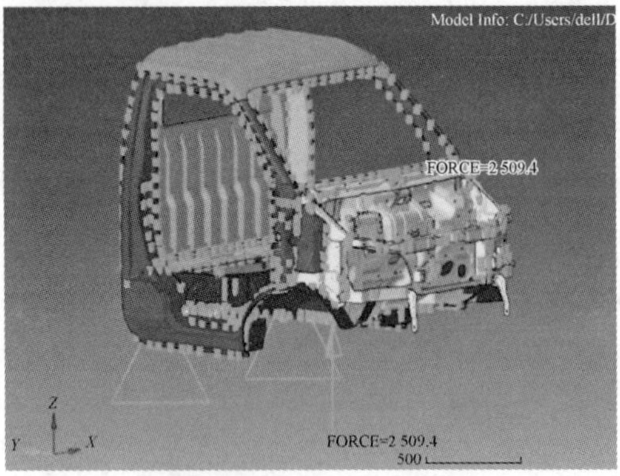


图 6-1　扭转刚度分析的边界条件

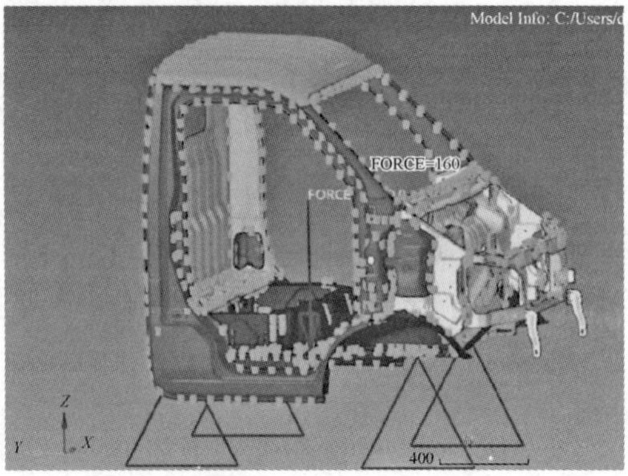


图 6-2　弯曲刚度分析的边界条件

**3. 评价刚度性能的其他指标**

工程中，一般还通过门窗开口变形量和两侧纵梁观测点 $Z$ 向挠度曲线两个指标来评价车身结构的静刚度性能。门窗框架开口变形过大会影响到车身的密封性，严重时会造成车门卡死、玻璃破碎、渗水等问题。因此有必要校验白车身开口部分的变形。另外，根据两侧纵梁观测点 $Z$ 向挠度绘成曲线，可以表示出车身刚度变化是否平顺。

### 6.2.3　刚度的灵敏度分析

灵敏度分析是除优化算法外，面向刚度性能的尺寸优化问题的主要关键点。以驾驶室白车身尺寸优化设计为例，通过设计变量即板件壳单元厚度属性的灵敏度分析，可以把结构的优化设计转变为数值优化问题。下面推导刚度对设计变量的灵敏度表达式。

灵敏度定义为结构响应对设计变量的偏导数，即结构响应的梯度。静力学问题的有限元方程为

$$\boldsymbol{KU}=\boldsymbol{F} \tag{6-3}$$

式中，$\boldsymbol{K}$ 表示刚度矩阵；$\boldsymbol{U}$ 表示单元节点的位移矢量；$\boldsymbol{F}$ 表示单元节点的载荷矢量。对以上有限元方程两边求设计变量 $X$ 的偏导数得

$$\frac{\partial \boldsymbol{K}}{\partial X}\boldsymbol{U}+\boldsymbol{K}\frac{\partial \boldsymbol{U}}{\partial X}=\frac{\partial \boldsymbol{F}}{\partial X} \tag{6-4}$$

通常情况下，结构响应，例如约束函数 $g$，可以用位移矢量 $\boldsymbol{U}$ 的函数来表达：

$$g=\boldsymbol{Q}^{\mathrm{T}}\boldsymbol{U} \tag{6-5}$$

将式（6-4）代入式（6-3）得到结构响应的灵敏度公式：

$$\frac{\partial g}{\partial X}\boldsymbol{U}=\frac{\partial \boldsymbol{Q}^{\mathrm{T}}}{\partial X}\boldsymbol{U}+\boldsymbol{Q}^{\mathrm{T}}\frac{\partial \boldsymbol{U}}{\partial X} \tag{6-6}$$

以上的灵敏度求解方法为直接法，一般在约束条件数量大于设计变量数的情况下使用，如尺寸优化设计。相反，当约束条件数量小于设计变量数时，一般选用伴随变量法，如拓扑优化设计。此时，计算灵敏度时要增加伴随变量 $\boldsymbol{D}$，$\boldsymbol{D}$ 满足：

$$\boldsymbol{KD}=\boldsymbol{Q} \tag{6-7}$$

将式（6－7）代入式（6－6）求得

$$\frac{\partial g}{\partial X}\boldsymbol{U}=\frac{\partial \boldsymbol{Q}^{\mathrm{T}}}{\partial X}\boldsymbol{U}+\boldsymbol{D}^{\mathrm{T}}\left(\frac{\partial \boldsymbol{F}}{\partial X}-\frac{\partial \boldsymbol{K}}{\partial X}\boldsymbol{U}\right) \tag{6-8}$$

灵敏度分析还用于刚度优化问题的设计变量的选取。根据灵敏度分析的结果可以确定设计变量（即壳单元厚度属性）对刚度影响的大小。假设车身的弯曲刚度为 $K_{\mathrm{b}}$，扭转刚度为 $K_{\mathrm{t}}$，根据上一节的阐述，柔度（Compliance）或观察点的 $Z$ 向位移 $d=\Delta Z$ 都能用以反映刚度性能。于是 $K_{\mathrm{b}}$ 和 $K_{\mathrm{t}}$ 的灵敏度可以转化为对应柔度 $C$ 或位移的灵敏度。因此定义弯曲刚度和扭转刚度的灵敏度分别为

$$S_{\mathrm{b}}=\frac{\partial C_1}{\partial t},S_{\mathrm{t}}=\frac{\partial C_2}{\partial t};\ S_{\mathrm{b}}=\frac{\partial d_1}{\partial t},S_{\mathrm{t}}=\frac{\partial d_2}{\partial t} \tag{6-9}$$

用柔度 $C$ 反映刚度：壳单元厚度属性 $t$ 增加，使之抵抗变形的能力增强，柔度减小，故 $S_{\mathrm{b}}$ 和 $S_{\mathrm{t}}$ 均为负值。由于柔度与刚度互为倒数，因此柔度减小，对应了刚度增加。

用观察点 $Z$ 向位移反映刚度：对于弯曲刚度而言，由于单元厚度属性 $t$ 增加使位移 $d_1$ 变大，由于坐标系的设定，$d_1$ 为负，即 $d_1$ 绝对值减小，对应了弯曲刚度增强，即因变量 $d_1$ 与自变量 $t$ 的变化方向相同，计算得到的 $S_{\mathrm{b}}$ 为正。同理，对于扭转刚度而言，由于单元厚度属性 $t$ 增加使位移 $d_2$ 变小，车身扭转刚度增强。

尺寸优化的最终目标是优化驾驶室刚度性能，因此，针对灵敏度值较大的零部件，增加单元厚度可以提高结构性能。但是优化过程中还要考虑约束条件——在本章中即为质量约束——若无限制地增加结构厚度，必然违背车身轻量化的发展趋势。与此同时，可以考虑灵敏度值较小的零部件，通过减少其厚度，给其他零部件留出增重余量，但要注意不能破坏结构、降低整体性能。综上所述，灵敏度值较大和较小的零部件值得关注。

通过以上的分析可以发现，零部件的自身质量对其直接灵敏度值产生影响，这导致无法判断设计变量是否作为尺寸优化对象。因此将各性能的直接灵敏度除以另一个直接灵敏度——质量灵敏度 $S_{\mathrm{w}}$，得到一个相对指标，对弯曲刚度相对灵敏度及扭转刚度相对灵敏度作如下定义：

$$R_{\mathrm{b}}=\frac{S_{\mathrm{b}}}{S_{\mathrm{w}}},\ R_{\mathrm{t}}=\frac{S_{\mathrm{t}}}{S_{\mathrm{w}}} \tag{6-10}$$

增大相对灵敏度绝对值大的尺寸变量，减小相对灵敏度绝对值小的尺寸变量，可以在满足质量约束的前提下实现提高车身刚度的优化目标。

### 6.2.4 工程实例

本节以驾驶室白车身为例，展现尺寸优化在提升车身刚度方面的应用。

**1. 有限元模型的建立**

首先建立如图 6－3 所示的有限元模型，包含该有限元模型共含有 200 245 个单元，其中 CHEXA 单元 1 157 个，CQUAD4 单元 185 023 个，CTRIA3 单元 14 065 个。并且按照 6.2.2 节中所述，施加弯曲工况下的载荷和约束。满载情况下，该驾驶室可坐两人，以每张座椅 10 kg，每人体重 70 kg 计算，取 $g$ =10 N/kg，并取动载系数为 2，因此在驾驶室的左右两侧各施加

2×10×(10+70)=1 600 (N)的载荷。

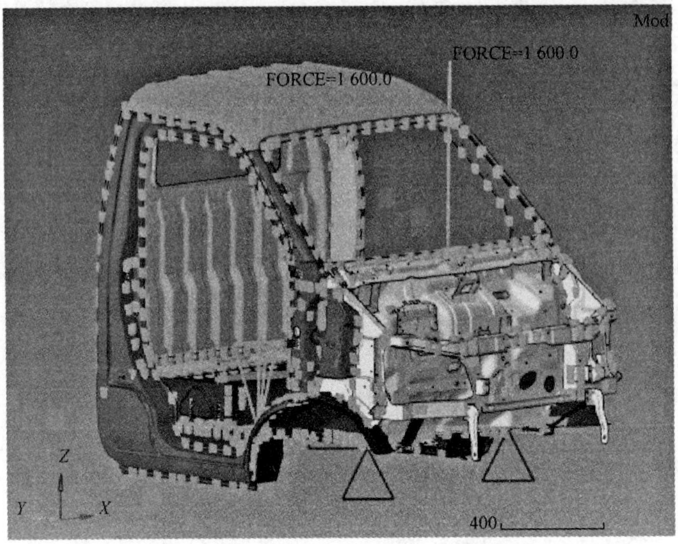


图 6–3　弯曲工况下的有限元模型

**2. 弯曲刚度分析**

提交求解计算，得到如图 6–4 所示的 $Z$ 向位移云图。以载荷施加点为观测点，得到左右两个观测点的 $Z$ 向位移，分别为 $z_1=-1.270$ mm，$z_2=-1.272$ mm，根据式（6–2）计算得到该驾驶室的弯曲刚度为 2 517.7 N/mm。

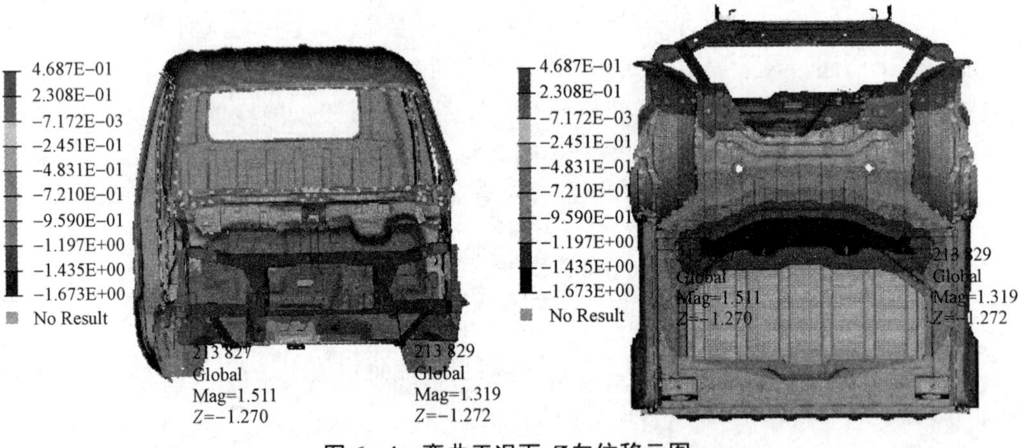


图 6–4　弯曲工况下 $Z$ 向位移云图

**3. 定义优化问题**

第三步是定义优化问题。在本小节中，从白车身的板件中挑选 20 块板件，以它们的厚度作为优化问题的设计变量；用柔度间接反映驾驶室的刚度性能，如式（6–9），故优化目标是弯曲工况下的柔度 $C_1$ 最小；同时约束驾驶室白车身的质量 $M$ 不超过 92 kg。优化问题的数学模型如下式：

$$\begin{cases} \max C_1(\boldsymbol{X}) \\ \text{s.t. } M(\boldsymbol{X}) \leqslant 92 \text{ kg} \\ X_{\mathrm{L}} \leqslant X_i \leqslant X_{\mathrm{U}} \\ \boldsymbol{X} = [X_1, X_2, \cdots, X_{20}]^{\mathrm{T}} \end{cases} \tag{6-11}$$

式中，$\boldsymbol{X}$ 为设计变量构成的向量；$X_{\mathrm{L}}$ 和 $X_{\mathrm{U}}$ 分别为设计变量的下限 0.5 mm 和上限 3.0 mm。

**4. 灵敏度分析**

进行灵敏度分析以筛选 20 个设计变量。分别分析弯曲工况下柔度和驾驶室质量对板件厚度的灵敏度。柔度灵敏度分析是用来间接反映厚度变化对弯曲刚度的影响程度；由于驾驶室体积与质量成正比，因此可以用体积灵敏度间接反映质量灵敏度。该驾驶室白车身共有 122 个零件，忽略其中的小零件，仅对 60 个主要板件进行灵敏度分析，如图 6－5 所示。

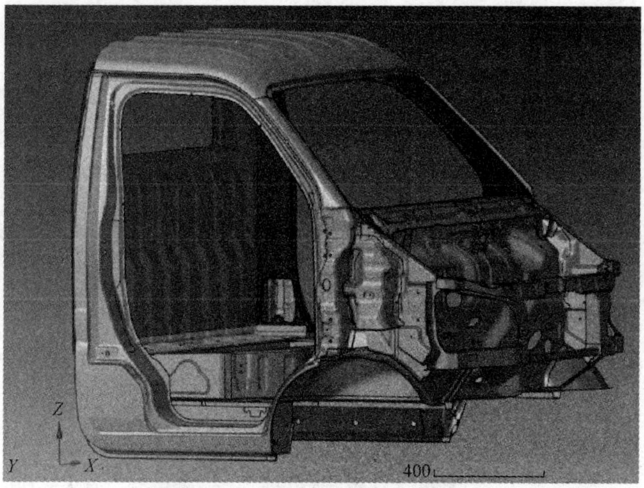


**图 6－5　灵敏度分析的板件**

在这 60 个板件中，有 22 对板件是左右对称的，为了保证车身结构的对称性，以及更好地衡量对称板件对白车身弯曲刚度的影响程度，本节将左右对称的板件的厚度作为一组变量。因此，共建立了 22+(60－22×2)=38 组板件厚度变量。变量的命名有如下规则：H 表示后围，C 表示侧围，TOP 表示顶盖，D 表示地板，Q 表示前围，字母后的序号表示板件的编号。例如，C13－22 表示侧围 13 号和 22 号板件左右对称，构成一组变量。

弯曲工况下柔度的灵敏度均为负值，体积灵敏度均为正值，表示板件越厚，柔度越小，弯曲刚度越高，质量越大。基于式（6－10）得到相对灵敏度。相对灵敏度的柱状图如图 6－6 所示，挑选相对灵敏度绝对值最大的 10 个板件和绝对值最小的 10 个板件，它们的厚度即为尺寸优化问题的设计变量。

**5. 优化结果**

优化前的基准厚度与优化后的板件厚度如表 6－1 所示，考虑到板件的制造精度，将优化结果精确到 0.1 mm。优化后的 Z 向位移云图如图 6－7 所示，两个观测点的 Z 向位移分别为 $z_1=-0.878$ mm，$z_2=-0.883$ mm，根据式（6－2）计算得到该驾驶室的弯曲刚度为 3 639.3 N/mm。优化前后弯曲刚度与驾驶室质量对比如表 6－2 所示。优化后，弯曲刚度提高了 44% 且驾驶室质量略有减小。

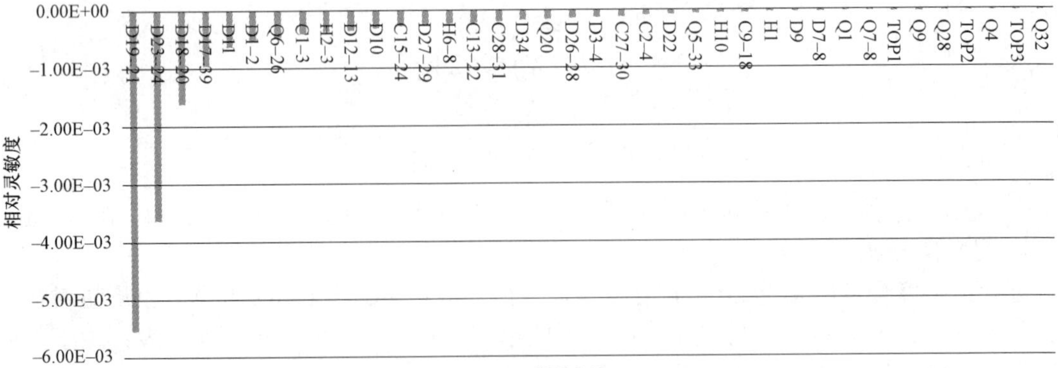


**图 6-6　相对灵敏度柱状图**

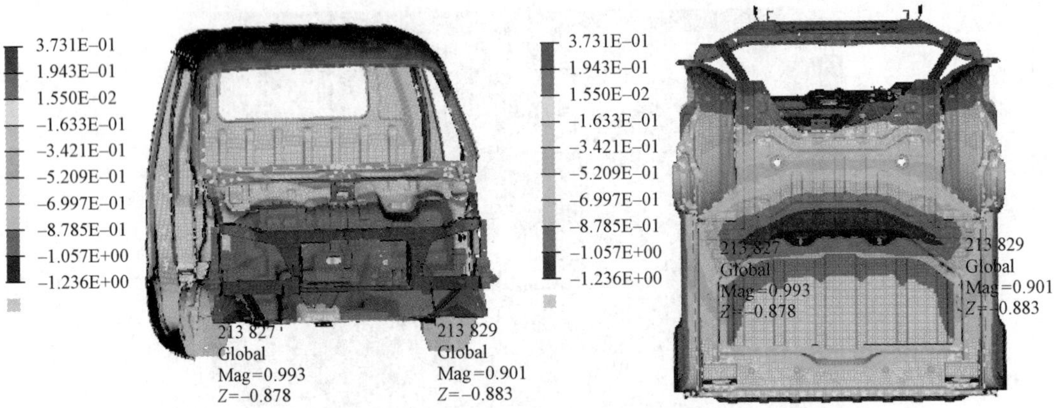


**图 6-7　优化后弯曲工况 $Z$ 向位移云图**

**表 6-1　板件厚度优化结果**

| 板件名称 | 基准厚度/mm | 优化结果/mm | 板件名称 | 基准厚度/mm | 优化结果/mm |
|---|---|---|---|---|---|
| D19－21 | 2.0 | 3.0 | D7－8 | 1.5 | 0.6 |
| D23－24 | 1.5 | 3.0 | Q1 | 1.2 | 0.6 |
| D18－20 | 2.0 | 3.0 | Q7－8 | 1.2 | 0.5 |
| D17－19 | 2.0 | 2.8 | TOP1 | 0.8 | 0.5 |
| D11 | 0.8 | 1.0 | Q9 | 1.0 | 0.5 |
| D1－2 | 0.8 | 0.9 | Q28 | 1.0 | 0.5 |
| Q6－26 | 0.8 | 0.9 | TOP2 | 0.8 | 0.5 |
| C1－3 | 0.8 | 0.8 | Q4 | 1.2 | 0.5 |
| H2－3 | 0.8 | 0.8 | TOP3 | 0.8 | 0.5 |
| D12－13 | 1.0 | 0.9 | Q32 | 1.2 | 0.7 |

表 6－2　优化结果

| 性能指标 | 优化前 | 优化后 |
|---|---|---|
| 弯曲刚度 $K_b$ /（N・$mm^{-1}$） | 2 517.7 | 3 639.3 |
| 质量 $M$/kg | 92.1 | 91.9 |

## 6.3　面向 NVH 性能的尺寸优化

Noise（噪声）、Vibration（振动）和 Harshness（声振粗糙度）这三个英文单词的缩写即为 NVH。汽车的制造水平在其 NVH 性能好坏上得到了全面的体现。“如何改进汽车的 NVH 特性”这一问题，自 1886 年卡尔・本茨发明汽车以来就一直伴随着汽车的发展。随着制造技术的提升和高速公路的普及，汽车车速不断提高，NVH 问题日益突显。根据 1996 年针对欧洲市场的调查，由于汽车性能和质量均已到达较高水准，汽车舒适性已经成为消费者的第二大诉求，仅次于汽车款式。

汽车 NVH 特性的重要性体现在以下几个方面。首先，汽车 NVH 特性的好坏直接影响乘员乘坐舒适性，严重的噪声和振动问题甚至会损害乘员的身体健康。乘员长期处于噪声、振动环境下，容易疲劳，出现头晕脑胀、耳鸣等症状。其次，NVH 特性一定程度上反映了汽车的可靠性。据统计资料表明，汽车的 NVH 性能关系到整车近 1/3 的故障问题；车身的振动也会让顾客对汽车的安全性产生怀疑。此外，汽车噪声已经成为城市声污染问题的主要源头之一。随着环保形势日益严峻，噪声问题也越来越受到政府政策和法律法规的约束。

现如今，NVH 特性已经是体现一辆车档次和驾乘质感的最重要的品质之一，它也反映了整车厂的技术水平。一些大型整车厂为了提高汽车产品的 NVH 性能所花费的成本占到整车研发成本的 20%左右。同时，汽车是一个复杂的系统，仅仅解决振动和噪声的问题是不够的。如何实现汽车 NVH 特性得到改进而不牺牲轻量化、可靠性、碰撞安全等性能，在未来将是研究的重点。

### 6.3.1　汽车 NVH 问题概述

#### 1. 汽车噪声与振动的特征

汽车的噪声与振动有两个特点：一是与发动机的转速和汽车的行驶速度有关；二是不同的噪声振动源有不同的频率范围。低速时，发动机是主要噪声振动源；中速时，轮胎与路面的摩擦是主要噪声振动源；高速时，车身与空气之间的摩擦变成了最主要的噪声振动源。发动机对低频噪声贡献较大，轮胎与路面摩擦和车身与空气摩擦的贡献随着频率增加而增加；中频时，变速箱和风噪占主导成分；高频时，主要考虑的问题是说话和听话的声音是否清晰，即所谓的声品质问题。

噪声按传递路径不同又可以分为结构声和空气声两类。所谓结构声是指源激励结构振动，激发车身壁板等结构振动，传递到接收者附近，再向外辐射噪声到达接收者的位置；所谓空气声是指声音在空气中传播，通过车身壁板及门窗上所有的孔、缝直接传入车内。固体传播和空气传播噪声能量的比例因车型结构和噪声不同、频率成分的变化而有所差别。一般情况下，500 Hz 以上空气声占主导地位，400 Hz 以下固体传声占主导地位。噪声的传递路径不同，频率特性不同，所采取的降噪措施也因此不同。

**2. 噪声与振动的评价**

噪声（Noise）和振动（Vibration）水平都可以用客观的物理量来描述，但声振粗糙度（Harshness）则指乘员对车辆不平顺性的主观评价。总的来说，NVH 性能的评价指标有主客观之分。

1）主观评价指标

当前，人对声音的主观感受尚无法用现有的测试仪器和相关方法准确量化描述。国内外进行的声品质主观评价方面的研究，其基本思路和流程大体相同。首先，组织评价者对多个不同的有效车辆噪声采样信号进行评分。常用评价方法有两种：等级评分法和成对比较法。前者可以获得声音评价的绝对数值（如表 6–3 所示），后者则可以提供多个噪声采样之间的相对排序。其次，以统计学方法对噪声样本进行多重回归分析，确定主观评分等级与客观物理参数之间的相关性。最后，建立用心理声学参数表达声品质函数公式，并以此作为汽车产品设计和制造的声学参考和评价指标。

**表 6–3　噪声的主观等级评价**

<table>
<tr><td colspan="4">不能接受</td><td colspan="2">临界</td><td colspan="4">可接受</td></tr>
<tr><td>1</td><td>2</td><td>3</td><td>4</td><td>5</td><td>6</td><td>7</td><td>8</td><td>9</td><td>10</td></tr>
<tr><td colspan="3">非常差</td><td>差</td><td>临界</td><td>接受</td><td>一般</td><td>好</td><td>非常好</td><td>出色</td></tr>
<tr><td colspan="3">车辆无法运行，功能严重失效</td><td>感觉车辆功能失效</td><td>所有客户感觉烦躁</td><td>部分客户感觉烦躁</td><td>所有客户可察觉到</td><td>挑剔客户可察觉到</td><td>专业人员可察觉到</td><td>专业人员无法察觉</td></tr>
<tr><td colspan="5">需要整改</td><td>二次评估</td><td colspan="4">—</td></tr>
</table>

2）客观评价指标

对汽车产品的 NVH 性能评价分为车内和车外两个方面。车外噪声一般由国家相关法规强制要求，而常见的车内振动噪声客观评价标准则是通过将乘员的主观评价转化为相应物理量得到的。常用的汽车 NVH 性能客观评价标准包括乘员耳朵处的噪声、转向盘的振动、地板的振动以及座椅的振动等。

对车内噪声的评价主要是由驾驶员和乘客耳朵处的噪声大小决定的。乘员耳边的噪声信号具有一定的声压幅值和频率。同时人耳是一个非线性的结构，对于不同频率噪声的听觉敏感程度是不一样的。将噪声信号的客观幅值、频率与乘员的主观感受准确对应起来，有助于准确评价汽车的 NVH 性能。

坐在车内的驾驶员和乘客能够感受到发动机、传动系和路面传递过来的振动，这些振动可能使乘员有头晕恶心等不舒适的感受，甚至引起人体内脏的共振、伤害人的脊柱。为客观衡量汽车的平顺性，可以测量座椅、地板和转向盘等位置振动信号的位移幅值、加速度幅值以及频率等物理量。人对振动的敏感程度是与频率、坐姿、接触面积以及振动方向等因素有关的。因此，也需要将测量得到的振动物理量与乘员主观感受联系起来。

### 6.3.2　NVH 问题优化思路

改善汽车的 NVH 性能的各种方式大致可以分成两类途径：一类是研究分析车辆的结构动态特性，然后针对分析所得出的不足之处，运用结构优化等方法进行改进；另一类是研究车内的振动、声学特性，然后加以改进。

**1. 针对模态频率的结构优化**

对汽车车身的结构动态特性分析主要是指对车身进行模态分析。在工程中模态分析有两种手段：数值仿真分析和试验分析。在数学上，固有频率、振型等模态参数是力学系统运动微分方程的特征值和特征向量：

$$(\boldsymbol{K}-\omega_i^2\boldsymbol{M})\boldsymbol{\Phi}_i=0 \tag{6-12}$$

式中，$\boldsymbol{K}$ 为系统的刚度矩阵；$\boldsymbol{M}$ 为系统的质量矩阵；$\omega_i$ 为第 $i$ 阶固有频率；$\boldsymbol{\Phi}_i$ 为固有频率对应的模态振型。在试验中，则是试验测得的系统的极点（固有频率和阻尼）和振型（模态向量）。将数值仿真结果与试验结果进行对比，可以验证有限元模型的精确性。汽车的模态特性对 NVH 性能有非常重要的影响，它关系到共振是否发生、传递特性等许多重要问题。在整车设计时，通常需要进行模态规划（如图 6－8 所示），避免汽车在使用过程中产生共振从而影响其 NVH 性能。

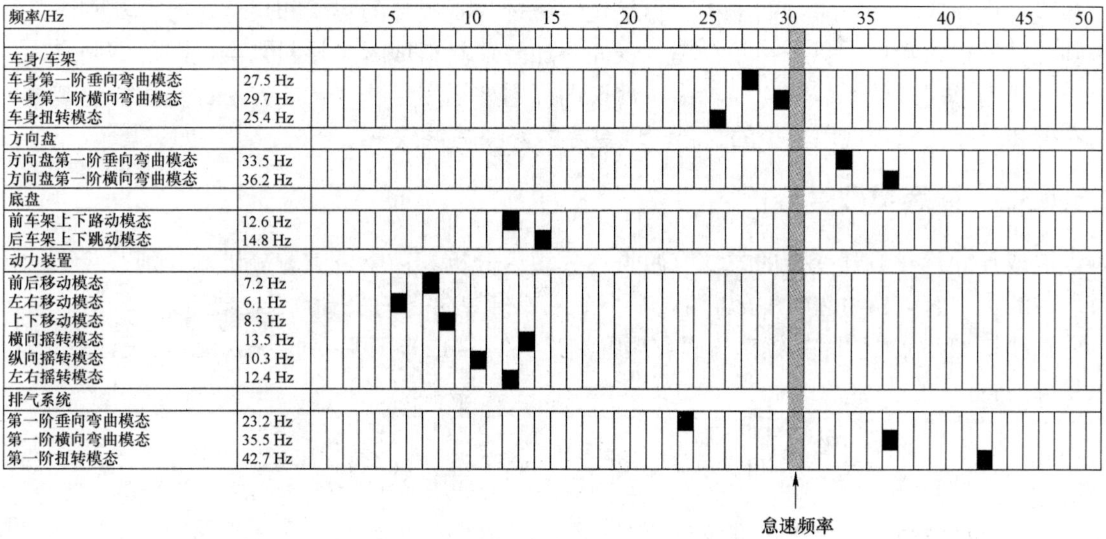


**图 6－8　整车模态规划卡片**

通过模态分析，可以找出汽车结构特性存在的不足之处。以白车身的模态分析为例，整体的弯曲模态和扭转模态是最受关注的模态特性。这是因为模态频率过低容易受路面不平或发动机怠速激励引起共振，而白车身的局部模态在整车装配完成之后常常发生很大改变乃至消失，因此重要性不如整体的弯扭模态。对弯扭模态频率不达标的白车身需要进行结构优化。

一般将拓扑优化与尺寸优化相结合，改善材料的拓扑结构，增减白车身板件的厚度以及杆梁的截面尺寸。

**2. 针对振动和声学特性的结构优化**

这一思路由两步骤组成，首先是预测振动响应和车内的声场，识别声源以及分析传递路径；然后针对分析找出的问题改进车内的振动和声学特性。

根据频率的不同，应采用不同手段分析预测车内噪声和振动。有限元法主要解决低频问题，统计能量法用于分析高频问题，而对于中频问题则需要运用各种混合算法。系统的传递函数是预测车内噪声和振动响应的关键。传递函数 $T(\omega)$定义为输出响应 $Y(\omega)$与输入激励 $X(\omega)$的比值：

$$T(\omega)=\frac{Y(\omega)}{X(\omega)} \tag{6-13}$$

系统的传递函数可分为两类：振动传递函数（Vibration Transfer Function，VTF）和噪声传递函数（Noise Transfer Function，NTF）。VTF 主要受车身结构的影响，而 NTF 则还需要考虑车内声腔的影响。汽车内部是由车身壁板围城的一个封闭空间，充满空气，它也拥有自己的模态频率和模态振型，称为声腔模态。而且在低频范围内，声腔模态和车身结构模态存在很强的耦合。因此，在预测车内声场时，应该以声固耦合模型为数值分析对象。对于在车身上某点施加低频激励并求车内响应的数值仿真问题，一般有两类解决方案：直接解析法和模态叠加法，由于后者的计算效率更高，结果也有足够的精度，故应用比较普遍。

目前，在改进车内振动和声学特性方面主要有两种方法，一种是利用拓扑优化、形状优化和尺寸优化等方法对车身的结构进行优化，合理控制板件的形状和尺寸，改善其刚度从而控制板件的辐射噪声；另一种是在车身表面添加阻尼材料或吸声材料来实现降低驾驶室内的噪声，而为了实现整车轻量化的约束条件，同样需要运用结构优化的方法优化声学包装材料的布置和尺寸，以实现用更少的材料实现更好的降噪减振效果。

### 6.3.3 模态灵敏度分析

选取尺寸优化设计变量的方法有两类：灵敏度分析和声学贡献量分析，分别对应上一小节所述的优化 NVH 性能的两条思路。本小节主要推导模态灵敏度的表达式。

结构第 $i$ 阶模态的固有频率与固有振型满足式（6－12），然后将式（6－12）对设计变量 $X_k$ 求偏导，得

$$\left(\frac{\partial \boldsymbol{K}}{\partial X_k}-2\omega_i\frac{\partial \omega_i}{\partial X_k}\boldsymbol{M}-\omega_i^2\frac{\partial \boldsymbol{M}}{\partial X_k}\right)\boldsymbol{\Phi}_i+(\boldsymbol{K}-\omega_i^2\boldsymbol{M})\frac{\partial \boldsymbol{\Phi}_i}{\partial X_k}=0 \tag{6-14}$$

用固有振型可以将质量矩阵正则化：

$$\boldsymbol{\Phi}_i^{\mathrm{T}}\boldsymbol{M}\boldsymbol{\Phi}_i=1 \tag{6-15}$$

同时对式（6－12）两端转置且利用 $\boldsymbol{K}$ 与 $\boldsymbol{M}$ 的对称性，那么

$$\boldsymbol{\Phi}_i^{\mathrm{T}}(\boldsymbol{K}-\omega_i^2\boldsymbol{M})=0 \tag{6-16}$$

对式（6-14）两边同时乘$\boldsymbol{\Phi}_i^{\mathrm{T}}$，得

$$\left(\boldsymbol{\Phi}_i^{\mathrm{T}}\frac{\partial \boldsymbol{K}}{\partial X_k}\boldsymbol{\Phi}_i-2\omega_i\frac{\partial \omega_i}{\partial X_k}\boldsymbol{\Phi}_i^{\mathrm{T}}\boldsymbol{M}\boldsymbol{\Phi}_i-\omega_i^2\boldsymbol{\Phi}_i^{\mathrm{T}}\frac{\partial \boldsymbol{M}}{\partial X_k}\boldsymbol{\Phi}_i\right)+\boldsymbol{\Phi}_i^{\mathrm{T}}\left(\boldsymbol{K}-\omega_i^2\boldsymbol{M}\right)\frac{\partial \boldsymbol{\Phi}_i}{\partial X_k}=0 \tag{6-17}$$

将式（6-15）和式（6-16）代入上式，整理得

$$\frac{\partial \omega_i}{\partial X_k}=\frac{1}{2\omega_i}\boldsymbol{\Phi}_i^{\mathrm{T}}\left(\frac{\partial \boldsymbol{K}}{\partial X_k}-\omega_i^2\frac{\partial \boldsymbol{M}}{\partial X_k}\right)\boldsymbol{\Phi}_i \tag{6-18}$$

基于有限元法的模态灵敏度为

$$\frac{\partial \omega_i}{\partial X_k}=\frac{1}{2\omega_i}\sum_{e=(1)}^{(m)}\left(\boldsymbol{\Phi}_i^e\right)^{\mathrm{T}}\left(\frac{\partial \boldsymbol{K}^e}{\partial X_k}-\omega_i^2\frac{\partial \boldsymbol{M}^e}{\partial X_k}\right)\boldsymbol{\Phi}_i^e \tag{6-19}$$

其中 $m$ 为与设计变量 $X_k$ 相关的单元个数。

式（6-18）和式（6-19）即为模态频率的灵敏度。

### 6.3.4　工程实例

以轻型商用车驾驶室的扭转模态尺寸优化为例，展现面向 NVH 性能的尺寸优化流程。

**1. 建立有限元模型**

对图 6-3 所示的商用车驾驶室有限元模型进行考虑模态频率的尺寸优化。由于进行的是自由模态分析，因此去除了图 6-3 中显示的约束和载荷。

**2. 结构模态分析**

进行自由模态分析，其一阶扭转模态和一阶弯曲模态分别如图 6-9 的（a）和（b）所示，固有频率、体积及质量如表 6-4 所示。

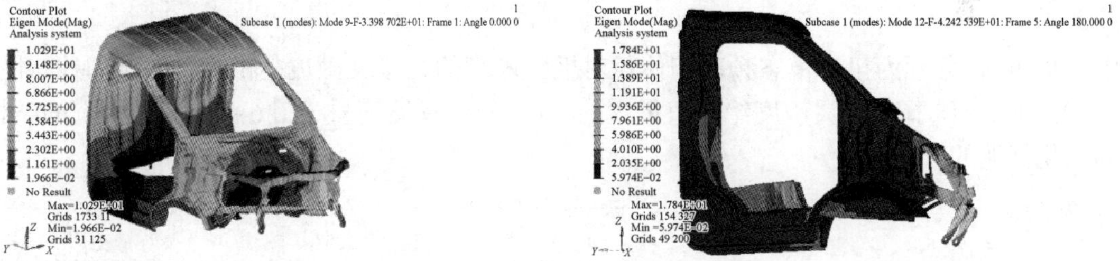


(a)　　(b)

**图 6-9　一阶扭转模态（a）和一阶弯曲模态（b）**

**表 6-4　固有频率、体积及质量**

| 参数 | 数值 |
| --- | --- |
| 一阶扭转模态频率 $\omega_t$ / Hz | 33.99 |
| 一阶弯曲模态频率 $\omega_b$ / Hz | 42.42 |
| 体积 $V$ / $mm^3$ | $1.166\times10^7$ |
| 质量 $M$ / kg | 92.1 |

**3. 定义优化问题**

在本小节中，从白车身的板件中挑选 10 块板件，以它们的厚度作为优化问题的设计变量；优化目标是最大化一阶扭转模态对应的固有频率 $\omega_{\mathrm{t}}$；同时约束驾驶室白车身的质量 $M$ 不超过 92 kg。优化问题的数学模型如下式：

$$\begin{cases} \max \omega_{\mathrm{t}}(\boldsymbol{X}) \\ \text{s.t.}\ M(\boldsymbol{X}) \leqslant 92\ \text{kg} \\ X_{\mathrm{L}} \leqslant X_i \leqslant X_{\mathrm{U}} \\ \boldsymbol{X} = [X_1, X_2, \cdots, X_{10}] \end{cases} \tag{6-20}$$

式中，$\boldsymbol{X}$ 为设计变量构成的向量；$X_{\mathrm{L}}$ 和 $X_{\mathrm{U}}$ 分别为设计变量的下限 0.5 mm 和上限 3.0 mm。

**4. 灵敏度分析**

为了筛选 10 个设计变量，需要进行灵敏度分析。分别分析扭转模态频率和驾驶室质量对板件厚度的灵敏度。扭转模态频率的灵敏度分析基于式（6－19）；由于驾驶室体积与质量成正比，因此可以用体积灵敏度间接反映质量灵敏度。模态频率灵敏度分析的设置与 6.2.4 节中工程实例类似，此处不做过多阐述，灵敏度分析的板件如图 6－5 所示。

体积灵敏度都为正，而扭转模态频率对板件厚度变化的灵敏度有正有负，表示：随着板件厚度增加，驾驶室体积和质量都增加；扭转模态频率的升降与具体板件有关。增加模态频率灵敏度为正的板件的厚度，可以提高扭转模态频率；减小模态频率灵敏度为负的板件的厚度，不仅也能提高模态频率，还能减小驾驶室质量。而分析得到的灵敏度是直接灵敏度，仅能表示板件厚度变化对单一响应的影响程度。例如选择厚度对扭转模态影响大的板件进行增厚，尽管可以提升扭转模态频率，但可能该板件的厚度对体积的影响也大，导致车身质量增加明显。因此，定义相对灵敏度如下式：

$$R_{\omega} = \frac{S_{\omega}}{S_V} \tag{6-21}$$

式中，$S_{\omega}$ 和 $S_V$ 分别为扭转模态频率和体积对板件厚度的直接灵敏度。相对灵敏度的柱状图如图 6－12 所示，选择相对灵敏度绝对值最大的 10 个板件厚度变量（图 6－10 中被框选的条柱）作为优化问题的设计变量。

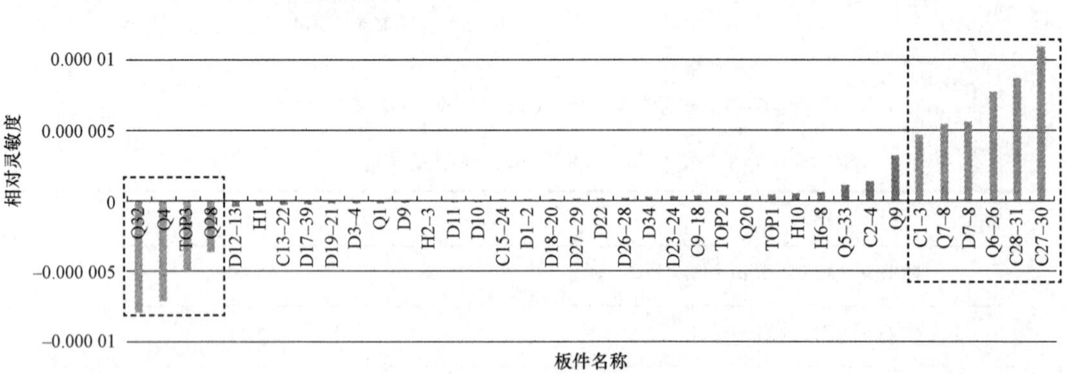


**图 6－10　相对灵敏度柱状图**

**5. 优化结果**

优化前的基准厚度与优化后的板件厚度如表 6－5 所示，考虑到板件的制造精度，将优化结果精确到 0.1 mm。优化前后扭转模态频率与驾驶室质量对比如表 6－6 所示。优化后，一阶扭转模态频率升高 2.08 Hz，且驾驶室质量略有降低。

**表 6－5　尺寸优化前后设计变量对比**

| 板件名称 | 基准厚度/mm | 优化厚度/mm | 板件名称 | 基准厚度/mm | 优化厚度/mm |
|---|---|---|---|---|---|
| C1－3 | 0.8 | 0.8 | Q7－8 | 1.2 | 1.1 |
| C27－30 | 0.7 | 1.1 | Q6－26 | 0.8 | 0.8 |
| C28－31 | 0.8 | 1.1 | Q4 | 1.2 | 0.5 |
| TOP3 | 0.8 | 0.5 | Q32 | 1.2 | 0.5 |
| D7－8 | 1.5 | 1.4 | Q28 | 1.0 | 0.6 |

**表 6－6　优化结果**

| 性能指标 | 优化前 | 优化后 |
|---|---|---|
| 一阶扭转模态频率 $\omega_t$ /Hz | 33.99 | 36.07 |
| 质量 $M$/kg | 92.1 | 91.8 |

# 6.4　面向碰撞性能的尺寸优化

随着社会的不断进步和发展，汽车逐渐走进千家万户，它为人们的生活提供便利服务，同时也导致了交通事故的频繁发生。汽车安全性问题已经是当今世界汽车工业急需解决的一大难题。从概念上来说，汽车安全性问题可分为主动安全和被动安全两类。汽车被动安全系统可以分为安全车身结构和乘员保护系统。其中安全车身结构的作用是减少一次碰撞带来的危害，而乘员保护系统是为了减少二次碰撞造成的乘员损伤或避免二次碰撞。本节讨论的是在被动安全中，汽车碰撞性能的尺寸优化问题。

汽车耐撞性能的好坏主要取决于安全车身结构的作用。安全车身结构必须具备如下功能：车辆发生碰撞时，其碰撞能量必须被车身结构的指定部位吸收，从而保证碰撞后车身座舱的生存空间，减少碰撞造成的乘员伤害，防止由于碰撞作用导致的乘员与室内部件的撞击；此外，必须充分利用车身结构的变形来吸收碰撞能量，从而尽可能缓和和吸收车辆及成员的运动能量。

## 6.4.1　碰撞性能评价指标

汽车以较高速度发生碰撞（如 30 km/h 以上）时，其碰撞回复系数几乎为零，即碰撞后的汽车速度约为零；且汽车与路面、汽车与固定壁障之间的摩擦力也可以忽略。综上所述，可以认为汽车在高速碰撞时，碰撞前的总能量 Eng 几乎全部被车身的变形所吸收。因此，可以得到下式：

$$\text{Eng}=\frac{1}{2}mv_0^2=\int_0^S F\text{d}s=m\int_0^T a(t)v(t)\text{d}t \tag{6-22}$$

式中，$m$ 为汽车质量；$v_0$ 为汽车的初速度；$F$ 为汽车碰撞过程中所受的载荷；$S$ 为整个碰撞过程中汽车质心的位移；$T$ 为碰撞持续的时间；$a(t)$为车身的减速度；$v(t)$为碰撞过程中汽车质心的速度。

根据式（6-22），汽车碰撞吸收的能量与汽车质心的加速度和速度有关，而速度又由质心的加速度决定，因此汽车的碰撞能量 Eng 与碰撞过程中质心加速度 $a(t)$和碰撞时间 $T$ 密切相关。碰撞过程中的最大加速度 $a_{\max}$ 越大，表示碰撞过程中汽车所受的最大载荷越大，则碰撞安全性越差。

汽车的碰撞事故有多种形式，不同的形式对应了不同的评价指标，但基本都与碰撞加速度相关。

**1. 正面碰撞**

在汽车可能发生的各种碰撞事故中，正面碰撞发生的概率最高。针对正面碰撞的试验方法可分为全宽碰撞、斜角碰撞和偏置碰撞 3 种形式，其中 100%正面碰撞导致乘员死亡的概率最高，重叠率在 30%～40%的碰撞事故容易造成乘员严重受伤。

正面碰撞下汽车耐撞性能的评价指标包括中央通道后端点的 $X$ 方向加速度峰值和碰撞方向 $X$ 方向侵入量等。

**2. 侧面碰撞**

尽管侧面碰撞的发生概率和造成的伤害相对正面碰撞较低，但也值得引起重视。而且我国道路形式的特点是平面交叉路口多，也容易引起侧面碰撞事故频发。相比于正面碰撞有较多的吸能部件和较大的生存空间，侧面碰撞中吸能部件少，且乘员生存空间小。因此，侧面碰撞的安全性主要取决于 B 柱、顶盖横梁、门槛梁等部件的吸能和抗撞特性。

综上所述，侧面碰撞中将 B 柱下端点 $Y$ 方向的加速度峰值、B 柱中间点 $Y$ 方向的侵入量等作为耐撞性评价指标。

**3. 后面碰撞**

后面碰撞在碰撞事故中所占的比重并不高，但却极易导致乘员受伤。这是因为人类的颈部是比较脆弱的位置，而追尾事故等后面碰撞恰恰容易导致乘员的颈部受伤。此外，后面碰撞事故容易导致油箱或燃油系统管路泄漏，因此有引起自燃的风险。

综上所述，考虑乘员以及燃油系统的安全性，将中央通道后端点的 $X$ 方向加速度峰值和碰撞方向 $X$ 方向侵入量等作为后面碰撞的评价指标。

**4. 一定位移压迫下的抗撞性要求**

在交通事故中，车辆侧翻滚事故造成乘员死亡或受伤的概率也很高。为了防止车辆由于侧翻滚导致车身严重变形从而威胁乘员生存空间，车门和车顶等位置需要拥有一定的静压强度。因此，该试验将汽车车身各方向主要受挤压部件的压缩量作为评价指标。

此外，在汽车碰撞性能的优化问题中，一般也将表 6-7 中的指标作为优化目标或约束条件。

表 6-7　车身碰撞性能优化指标

| 指标名称 | 符号 | 含义 | 计算公式 |
| --- | --- | --- | --- |
| 总吸能 | Int En | 变形过程中的总吸能 | $\text{Int En}=\int_0^{\delta}F(x)\mathrm{d}x$ |
| 比吸能 | SEA | 结构总吸能/结构总质量 | $\text{SEA}=\frac{\text{Int En}}{M}$ |
| 平均撞击载荷 | Mean $L$ | 总吸能/碰撞行程 $\delta$ | $\text{Mean}\,L=\frac{\text{Int En}}{\delta}$ |
| 最大撞击载荷 | Max PL | 变形过程中的最大峰值载荷 | / |
| 碰撞力系数 | CFE | 评价薄壁梁承受侧向冲击时的稳定性 | $\text{CFE}=\frac{\text{Max PL}}{\text{Mean}\,L}$ |

### 6.4.2　碰撞性能设计方法

面向碰撞性能的车身结构优化对象主要包括板件厚度、截面形状、结构形态以及预变形的优化设计，除此之外还包括加强筋、肋板以及减重孔的优化设计。目前，汽车碰撞安全性设计的主要方法有两类。

**1. 试验法**

该方法即通过试验得到整车碰撞过程中车辆自身的与碰撞安全性相关的指标及乘员的损伤情况。该方法的优点是可以较为真实地反映出碰撞过程中整车及内部乘员的损伤情况。然而，该方法周期长、费用高，若应用于优化设计，其耗费的人力、物力及财力是巨大的，因此不适用于对未成熟的车型进行优化设计，只适用于研究整车及零部件碰撞性能是否满足相关法规及标准要求。

**2. 数学分析法**

数学分析法包括解析法、多刚体动力学法及有限元法等。其不需要对真实的车型进行碰撞试验，而是通过数学的方法进行仿真计算，模拟整车碰撞过程，根据碰撞结果对其进行优化设计，大大降低了开发成本，缩短了开发周期。利用计算机对汽车碰撞过程进行仿真计算，可以减少样车试制、碰撞试验的次数，直接在仿真模型上进行改进及计算，直到仿真结果满足要求后再进行试验，可以很大程度地提高开发效率，缩减开发成本。

由于成本昂贵，因此试验法逐步被数学分析法所取代。在数学分析法中，有限元法的应用最为广泛。碰撞有限元法可以对碰撞试验进行模拟并分析，如进行整车碰撞的分析、零部件碰撞的分析、假人在碰撞过程中的损伤分析等。其可求解碰撞过程中整车性能指标的变化，同时可得到车内乘员的损伤情况，用以对碰撞性能进行优化设计。但整车碰撞过程是一个非线性程度较高的过程，其充满了不稳定性及不确定性，同时有限元法的计算机仿真时间较长，无法满足迭代优化设计计算要求。因此需利用代理模型代替有限元模型，用以减少仿真时长，提高计算效率。

利用计算机模拟汽车碰撞过程主要需要两个过程：

（1）建立近似代理模型以代替有限元模型。先构造一个计算量小，但计算结果与碰撞仿真分析相近的数学模型来“代理”仿真分析模型，然后用这个数学模型来对相关问题进行优化设计。

（2）优化设计算法的建立。利用数值仿真算法对结构进行优化设计，进而达到优化目标的要求。

### 6.4.3 代理模型

碰撞问题是一个非常复杂的物理问题，其中包含了很多非线性的特征，如材料的非线性、几何大变形等，但灵敏度分析仅适用于解决线性问题，所以用有限元分析碰撞问题仅能用来判断车身结构是否符合设计需求，而无法给出优化方向。此外，碰撞问题的有限元分析也耗费巨大的计算成本。基于上述原因，代理模型法在碰撞问题中得到了广泛应用。

代理模型是在不降低精度的情况下构造的一个计算量小、计算周期短，但计算结果与数值分析或物理实验结果相近的数学模型，是一种对离散数据拟合的数学方法，实际上是“模型的模型”。建立代理模型不仅可以耗时较少地预测汽车的碰撞性能，而且便于调整参数进行迭代优化计算。

代理模型技术的主要内容包括：样本点生成、数值模拟、生成代理模型。样本点生成就是试验设计方法决定了代理模型样本点的个数和样本点的分布情况。常用的试验设计方法有中心复合设计、正交设计、均匀设计及拉丁超立方设计等。常用的近似模型有多项式响应面模型、克里金（Kriging）模型、径向基函数模型、人工神经网络模型等。这些代理模型各有其优缺点：

（1）多项式响应面模型形式简单，具有显示表达式并且在执行优化时收敛速度较快，但其对强非线性问题的处理能力稍差；

（2）Kriging 模型具有可进行局部估计的特点，且在处理非线性问题时易于收敛，但构造该模型耗时较长，计算效率偏低；

（3）径向基函数模型能够较好地平衡计算效率和非线性近似精度，但模型对数值噪声比较敏感；

（4）人工神经网络模型有很强的非线性拟合能力，可映射任意复杂的非线性关系，具有很强的鲁棒性和容错性，但其对样本点容量需求较高，构造过程中容易丢失信息，容易出现过学习、过拟合的现象。

对于代理模型技术，目前还有两大问题需要完善：一是探索一种更有效的样本点生成方法，用尽可能少的样本点得到高精度的代理模型；二是当输入变量较多时如何得到高精度的代理模型。

### 6.4.4 工程实例

通过基于近似多目标耐撞性优化方法的铝合金薄壁梁壁厚设计的工程实例，展示尺寸优化在汽车碰撞安全领域的应用。

**1. 构造多项式响应面模型**

基于一步构造代理模型的多目标耐撞性优化方法可以有效提高设计效率，其仅执行一次优化求解，在求解前完成各耐撞性设计准则的代理模型构造。代理模型的构造首先是通过实验设计一次性的采样，然后基于样本信息，利用多项式响应面模型对各耐撞性设计准则进行近似。如果预先指定响应面模型的阶次，则无法保证后续优化精度的最佳化，因此引入模型阶次的选择方法，进而发展出一种基于模型阶次选取准则的近似多目标耐撞性优化方法。

1）最优拉丁超立方采样方法

通过实验设计指导采样是一步构造代理模型多目标耐撞性优化方法得以实现的首要步骤。本小节采用集成优化准则的最优拉丁超立方采样（Optimal Ladin Hypercube Sampling，OLHS）方法生成空间分布最为均匀的一组样本点，抽取用于多项式响应面模型构造与评价的训练样本池及测试样本池。

2）多项式响应面模型

完成采样并获取对应于各样本点的真实系统响应值后，需要通过拟合或者插值的方式构造代理模型。作为最常用的代理模型之一，多项式响应面（Polynomial Response Surface，PRS）是采用代数多项式作为基函数并通过最小二乘原理获取多项式参数进而构造近似函数的一种拟合方法。PRS 的一般数学表达式为

$$\tilde{f}(x)=\boldsymbol{\beta}^{\mathrm{T}}\boldsymbol{B}(x)=\beta_1 b_1(x)+\beta_2 b_2(x)+\ldots+\beta_n b_n(x) \tag{6-23}$$

式中，$b_1(x),b_2(x),\cdots,b_n(x)$ 为模型中的多项式基函数，$\beta_1,\beta_2,\cdots,\beta_n$ 则为各多项式对应的系数。当选取的样本点个数大于基函数的个数 $n$ 时，系数矩阵 $\boldsymbol{\beta}$ 可由下式计算得出：

$$\boldsymbol{\beta}=(\boldsymbol{B}^{\mathrm{T}}(x)\boldsymbol{B}(x))^{-1}\boldsymbol{B}^{\mathrm{T}}(x)\boldsymbol{F}(x) \tag{6-24}$$

式中：

$$\boldsymbol{B}(x)=\begin{bmatrix} b_1(x^1) & \cdots & b_n(x^1) \\ \vdots & \ddots & \vdots \\ b_1(x^m) & \cdots & b_n(x^m) \end{bmatrix} \tag{6-25}$$

$$\boldsymbol{F}(x)=[f(x^1)\quad f(x^2)\cdots f(x^m)]^{\mathrm{T}} \tag{6-26}$$

本节将采用 PRS 模型对多目标耐撞性优化中各设计准则进行模拟。

3）模型阶次选取准则

事实上，阶次的选择将直接影响 PRS 模型对于各耐撞性设计准则的逼近程度。此外，PRS 模型的最高次项建议不超过 4 阶。因此，首先分别为每个耐撞性设计准则构造 1～4 阶 PRS 模型，而后基于 OLHS 抽取的测试样本池信息结合代理模型精度评价准则来为各耐撞性设计准则筛选出综合精度最高的模型阶次。一般来讲，包括决定系数 $R^2$、相对平均绝对误差（RAAE）及相对最大绝对误差（RMAE）在内的 3 种评价准则较为常用，其数学表达式具体如下：

$$R^2=1-\frac{\sum_{i=1}^{q}(f(x^i)-\tilde{f}(x^i))^2}{\sum_{i=1}^{q}(f(x^i)-\bar{f}(x))^2} \tag{6-27}$$

$$\mathrm{RAAE}=\frac{\sum_{i=1}^{q}\left|f(x^i)-\tilde{f}(x^i)\right|}{\sum_{i=1}^{q}\left|f(x^i)-\bar{f}(x)\right|} \tag{6-28}$$

$$\mathrm{RMAE}=\frac{\max\left\{\left|f(x^i)-\tilde{f}(x^1)\right|,\ldots,\left|f(x^i)-\tilde{f}(x^q)\right|\right\}}{\sum_{i=1}^{q}\left|f(x^i)-\bar{f}(x)\right|/q} \tag{6-29}$$

式中，$\bar{f}(x)$为$q$个测试样本点真实响应值的平均值。一方面，如果$R^2$越大且越接近于1，则RAAE越小，这表明构造的代理模型在整个设计空间内具有较高的精度；另一方面，如果RMAE越小，则意味着模型的局部精度越高。综合考虑以上3种准则的特性，定义式（6-30）为模型阶次选取准则，基于其为每个耐撞性设计准则选出最适合的PRS模型：

$$R_r=\max_i\{\lambda R_i^2-\lambda\mathrm{RAAE}_{(i)}-\lambda\mathrm{RMAE}_{(i)}\} \tag{6-30}$$

式中，$i=1,2,3,4$，代表PRS模型的阶次。$\lambda$为分配给各评价准则的权重值，这里取$\lambda=1/3$。

**2. 多目标粒子群优化算法**

求解优化问题的算法采用多目标粒子群优化算法（Multi-objective Particle Swarm Optimization Algorithm，MPSO）。作为智能算法中的一种，由于具有待调参数少、算法实现速度快、易于收敛、鲁棒性好等优点，粒子群优化算法（Particle Swarm Optimization Algorithm，PSO）在工程优化问题中得到广泛应用。在PSO中，优化问题的候选解被转换成为搜索空间中的一个粒子。随机生成的粒子群分别在搜索空间中搜寻最优值，经过多次迭代后即可得到全局最优值。算法流程如图6-11所示。

**3. 铝合金薄壁梁的截面形式初始设计**

选用半圆面铝合金薄壁梁作为基本研究对象，通过对其内部的加强结构几何形式以及各部分厚度进行详细设计，可提高其综合侧向耐撞性。铝合金材料的牌号为6060-T66。

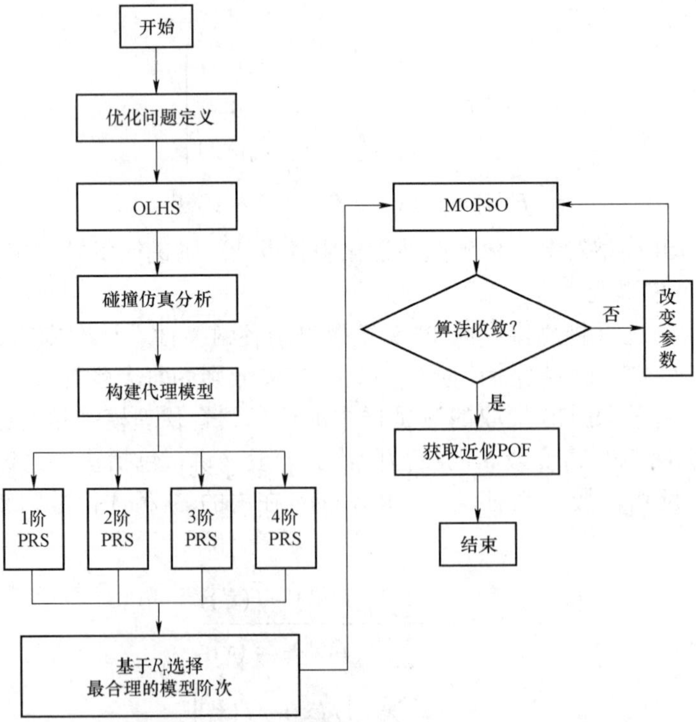


**图6-11 基于模型阶次选取准则的近似多目标耐撞性优化方法的算法流程**

1）有限元仿真

为了研究铝合金薄壁梁在准静态侧向冲击下的耐撞性，建立相应的有限元仿真模型。侧碰工况如图 6－12（a）所示：长度 $L$=500 mm，半径 $R$=60 mm 的半圆形截面铝合金薄壁梁其半圆弧面部分置于跨度 $S$=400 mm 的两个支撑之上，薄壁梁平面部分的中间部位承受来自圆柱形冲头的冲击。冲头以恒定速度 $v$=10 m/s，沿平行于全局坐标系 $Z$ 轴的方向（垂直于薄壁梁轴线）冲击薄壁梁，冲击行程为 60 mm（与薄壁梁半圆形截面的半径 $R$ 大小相同）。与薄壁梁相比，在冲击过程中支撑以及冲头几乎没有发生变形，因此在仿真中将支撑及冲头定义为刚体，将材料的性能参数直接用于薄壁梁的碰撞仿真分析。另外，在薄壁梁与支撑、冲头之间定义了摩擦系数为 0.3 的“自动面－面接触”，在薄壁梁上定义了摩擦系数为 0.3 的“自动单面接触”，用以模拟冲击过程中各部分之间的接触物理现象并防止发生穿透。建立好的基础铝合金薄壁梁（无内部加强结构）准静态侧碰有限元模型如图 6－12（b）所示。

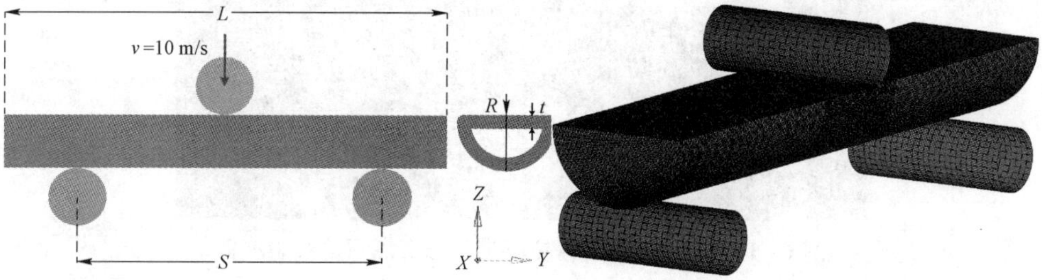


(a)　　　　(b)

**图 6－12　基础铝合金薄壁梁准静态侧碰工况示意图及有限元仿真模型**

（a）薄壁梁准静态侧碰工况示意图；（b）薄壁梁准静态侧碰有限元模型

2）实验验证

为了验证有限元模型的精度与可靠性，本小节将开展基础铝合金薄壁梁的准静态三点弯实验研究。由于实验条件的限制，基于挤压工艺制备的 6060－T66 铝合金薄壁梁样件的几何参数设定为：长度 $L$=300 mm，半径 $R$=15 mm，壁厚 $t$=2 mm，加工成型后的薄壁梁如图 6－13 所示。

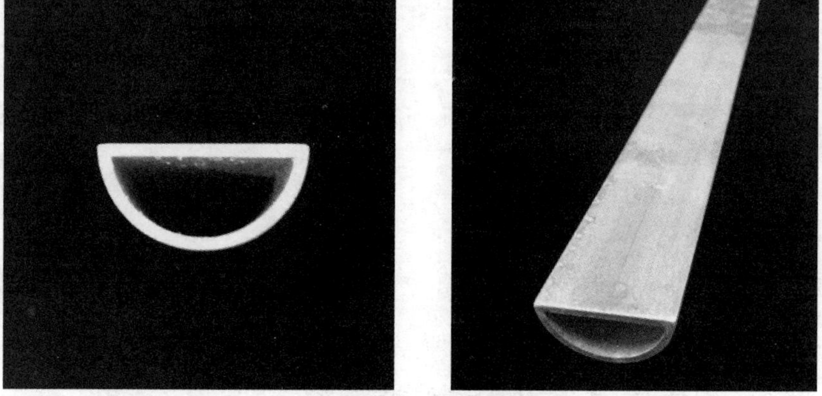

(a)　　　　(b)

**图 6－13　基础铝合金薄壁梁样件**

（a）截面形式；（b）样件整体外观

如图 6-14 所示，薄壁梁样件置于电子万能材料试验机的夹具上，夹具之间的跨度为 190 mm。冲头前端为圆柱形，半径为 10 mm，宽度为 50 mm。为了保证在实验过程中薄壁梁始终保持平稳状态，实验开始前在冲头施加了 10 N 的预紧力。实验中冲头的行程定为 15 mm，加载速度为 0.5 mm/min。

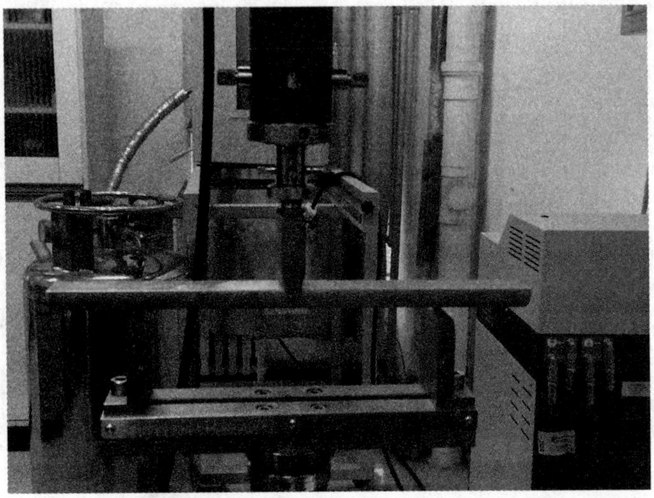

**图 6-14　基础铝合金薄壁梁准静态三点弯曲实验准备**

通过对之前建立的有限元仿真模型的相关参数进行相应调整，得到了与实验对应的数值模拟结果。图 6-15 为准静态冲击结束后，通过实验与仿真得到的薄壁梁变形模式的对比。由图中可以看出，从薄壁梁变形层面考虑，有限元仿真与实验具有很高的吻合度。另外，图 6-16 给出了由实验与仿真分别得到的冲头在碰撞过程中的力－位移曲线。从该图可知，仿真得到的结果可以捕获到薄壁梁在准静态冲击弯曲过程中的有效信息，与实验结果相比其误差可以接受。综上所述，薄壁梁准静态侧碰有限元仿真分析模型的精度与可靠性得到了验证。

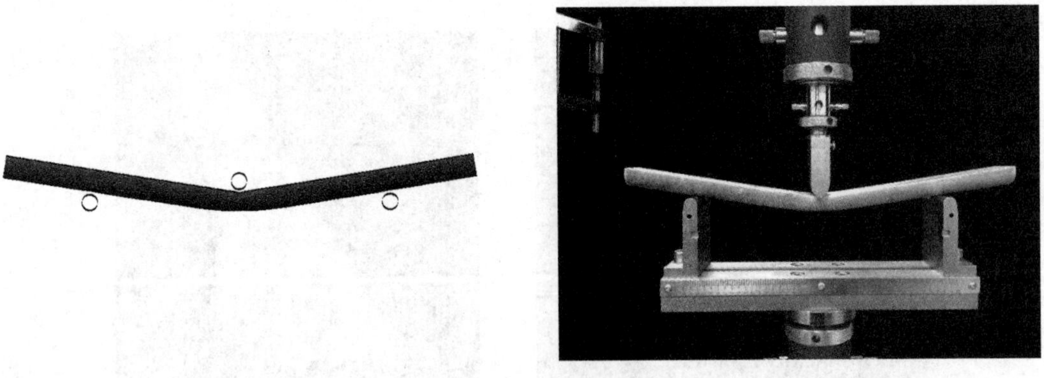

(a)　　　　　　　　　　(b)

**图 6-15　实验与仿真后基础铝合金薄壁梁的变形模式对比**

(a) 仿真后样件的整体变形模式；(b) 实验后样件的整体变形模式

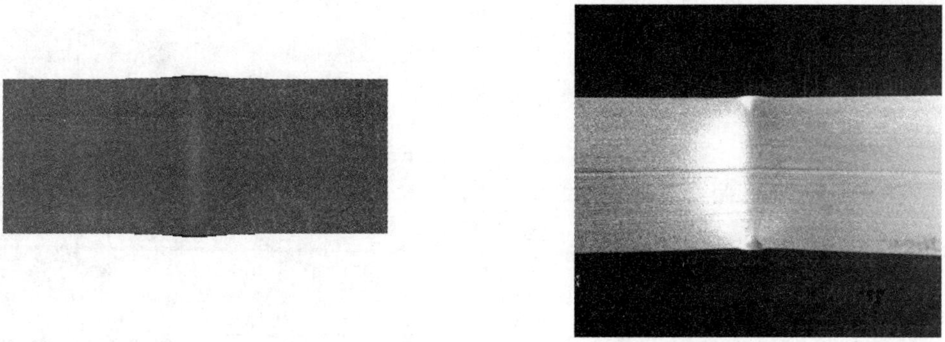

（c） （d）

**图6-15 实验与仿真后基础铝合金薄壁梁的变形模式对比（续）**

（c）仿真后样件的局部变形模式；（d）实验后样件的局部变形模式

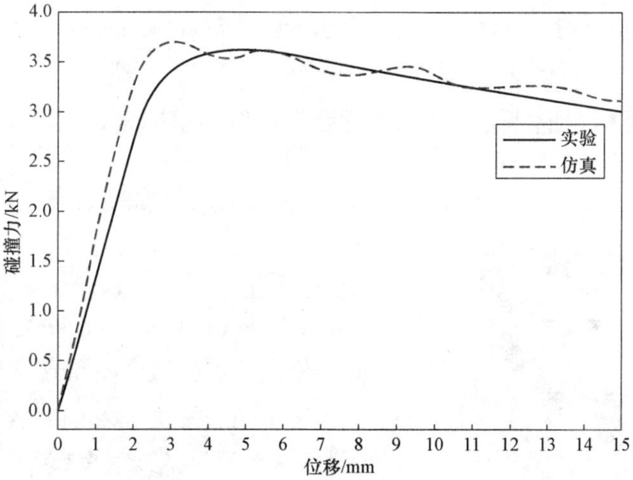


**图6-16 实验与仿真后冲头的力-位移曲线对比**

3）铝合金薄壁梁内部加强结构设计

在质量、长度、长径比等一定的情况下，具有复杂截面形式的铝合金薄壁梁在冲击工况中展现出更为良好的力学特性。首先，本小节给出了几类薄壁梁内部加强结构备选设计方案，如图6-17所示。

基于有限元模型，仿真各类铝合金梁在碰撞过程中的表现，然后依据表6-7所示的车身碰撞性能优化指标，评价各类梁的耐撞性，从而从中挑选出最合适的内部结构形式。需要注意的是，为了规避耐撞性设计准则的质量敏感性，保持这11种铝合金梁的质量相同。根据分析（由于不是本章重点，此处略），选择3号薄壁梁的截面形式，即“半圆形截面基础薄壁梁+矩形截面加强结构”，作为铝合金薄壁梁的最终截面拓扑形式。为进一步提高薄壁梁的综合侧碰耐撞性，将在下文中针对其壁厚开展多目标尺寸优化设计研究。

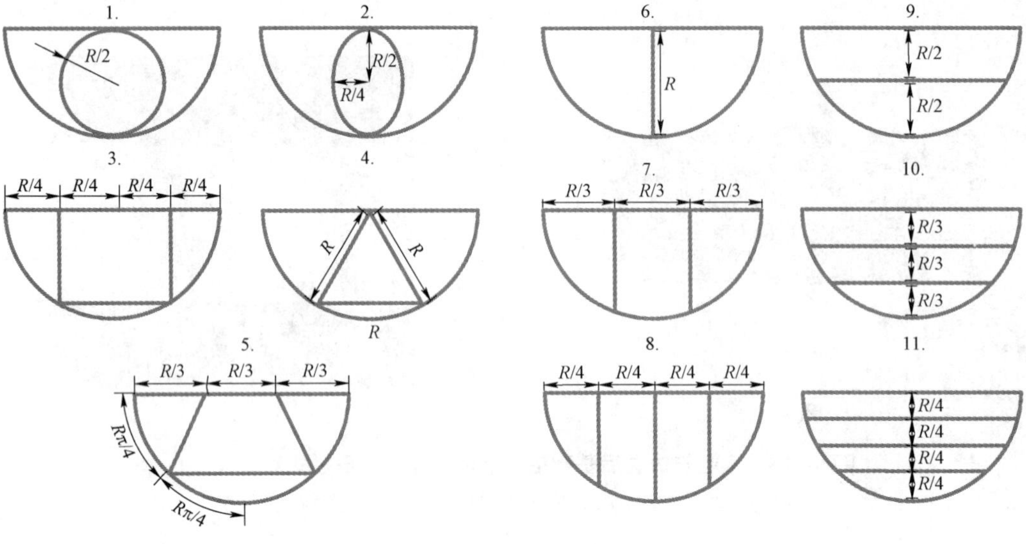


(a)　　　　　　(b)

**图 6-17　组合后铝合金薄壁梁系列的截面形式**

（a）内部结构为基础几何形状；（b）内部结构为加强筋

**4. 基于近似多目标耐撞性优化方法的铝合金薄壁梁壁厚设计**

1）优化问题

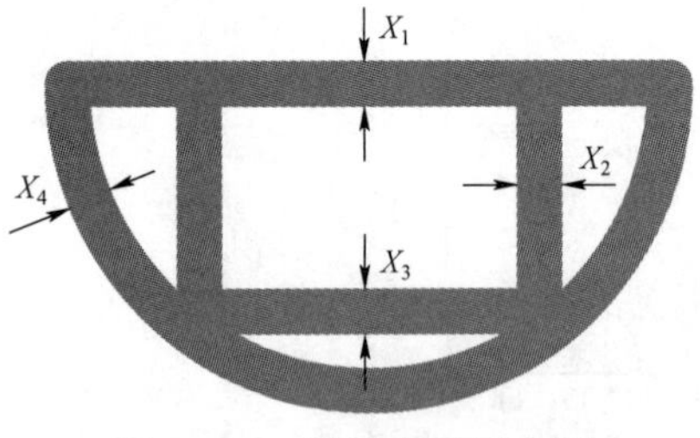


**图 6-18　设计变量示意图**

如图 6-18 所示，薄壁梁各部分的壁厚被选作设计变量，考虑到工程中的实际应用情况，其范围均设定为 3～5 mm。作为薄壁梁耐撞性设计中最为关注的两个性能准则，Int En 与 Max PL 将被选作本节尺寸优化的设计目标。因此，薄壁梁尺寸优化数学模型建立如下：

$$\begin{cases} \min\{\mathrm{Int\,En}(\boldsymbol{X}), \mathrm{Max\,PL}(\boldsymbol{X})\} \\ \text{s.t. } \boldsymbol{X} = [X_1, X_2, X_3, X_4]^{\mathrm{T}} \\ 3\ \mathrm{mm} \leqslant X_1, X_2, X_3, X_4 \leqslant 5\ \mathrm{mm} \end{cases} \tag{6-31}$$

2）结果分析

为了获取足够的信息进而在整个设计空间构造高精度 PRS 模型，采用 OLHS 方法一次性地抽取了 99 个训练样本点及 20 个测试样本点。获取所有样本点对应的仿真结果后，基于模型阶次选取准则式（6-30）对代理模型的综合精度进行评价，并将对比结果总结在表 6-8 中。从表中可以得出，没有某一阶 PRS 模型能同时适用于本节的两个耐撞性设计准则。与其他 3 种 PRS 模型相比，3 阶 PRS 模型的 $R_{\mathrm{r}}$ 值最大，因此其是最适合 Int En 的模型。同理，2 阶 PRS 则是最适合 Max PL 的模型。因此，为 Int En 及 Max PL 建立的 3 阶及 2 阶 PRS 模型如式（6-32）所示。

$$\begin{aligned} \mathrm{Int\,En} = & -1.1 - 0.2X_1 + 0.8X_2 - 0.04X_3 - 0.2X_4 + 0.04X_1^2 - 0.3X_2^2 \\ & + 0.03X_3^2 + 0.05X_4^2 + 0.005X_1X_2 - 0.004X_1X_3 - 0.01X_1X_4 \\ & + 0.002X_2X_3 + 0.02X_2X_4 - 0.003X_3X_4 - 0.002X_1^3 \\ & + 0.03X_2^3 - 0.002X_3^3 - 0.004X_4^3 \end{aligned} \tag{6-32}$$

$$
\begin{aligned}
\text{Max PL} = & -800.8+409.3X_1-8.6X_2+3.8X_3-4.8X_4-32.5X_1^2+0.5X_2^2 \\
& -1.9X_3^2+X_4^2+0.7X_1X_2-1.4X_1X_3-1.23X_1X_4+0.3X_2X_3 \\
& +0.4X_2X_4+0.1X_3X_4
\end{aligned}
$$

优化计算得到近似的 Pareto 前沿面（Pareto Front，POF），提取 POF 上的“拐点”作为该复杂截面铝合金薄壁梁的设计方案。优化前与优化后的设计方案对比如表 6－9 所示。优化后，薄壁梁的 Int En 从 1.35 kJ/kg 提高到 1.42 kJ/kg，提高幅度达到 5.2%；而 Max PL 从 176.1 kN 降低到 111.3 kN，降低幅度达到 36.8%。综上所述，该复杂截面铝合金薄壁梁在准静态侧碰工况下的综合耐撞性提升明显。

**表 6－8　不同 PRS 模型的综合精度评价**

| 设计准则 | 代理模型 | $R_r$ |
|---|---|---|
| Int En | 1 阶 PRS | 0.101 0 |
| | 2 阶 PRS | 0.115 0 |
| | 3 阶 PRS | 0.176 6 |
| | 4 阶 PRS | 0.175 5 |
| Max PL | 1 阶 PRS | －0.074 6 |
| | 2 阶 PRS | －0.019 7 |
| | 3 阶 PRS | －0.029 4 |
| | 4 阶 PRS | －0.029 2 |

**表 6－9　优化方案与初始设计方案的对比**

| 设计目标与设计变量 | | 初始方案 | 代理模型 | 有限元 |
|---|---|---|---|---|
| 设计目标 | Int En /（kJ • $kg^{-1}$） | 1.35 | 1.43 | 1.42（+0.70%） |
| | Max PL/kN | 176.1 | 107.6 | 111.3（−3.3%） |
| 设计变量 | $X_1$/mm | 4.20 | 3.00 | — |
| | $X_2$/mm | 4.20 | 4.33 | — |
| | $X_3$/mm | 4.20 | 3.00 | — |
| | $X_4$/mm | 4.20 | 3.13 | — |

## 6.5　面向疲劳耐久的尺寸优化

“汽车的质量和可靠性”是消费者关注的重要指标。可靠性是指产品在规定的条件下和规定的时间内完成规定功能的能力。疲劳破坏是汽车车身零部件失效的主要形式，因此为了提高汽车的可靠性，提升产品竞争力，增加疲劳寿命是极为重要的环节。

传统的车身强度和疲劳性能设计采用基于静强度的无限寿命设计思想——车身材料的许用应力被限制得很低，以保证足够的疲劳寿命。这造成了车身的许多零部件都会出现强度“过剩”的情况，产生极大的材料冗余和浪费，对车身的轻量化、油耗和成本控制十分不利。而且车身结构的疲劳破坏是一个动态问题，静态应变场难以代替动态应力应变场。综上所述，采用多种手段预测和优化汽车的疲劳耐久性能，对实现现代车身结构等强度、等寿命设计的原则具有重要意义。

### 6.5.1 疲劳寿命

**1. 疲劳破坏的产生**

当材料或者结构承受多次交变载荷后，即使其应力响应比材料的强度极限小，甚至在未达到弹性极限时都有发生破坏的可能，这种由交变载荷造成材料或者结构破坏的现象，就是疲劳破坏。车身的失效主要是由零件结构疲劳以及焊点疲劳引起的。在不断变化的道路状况下，车身的一些零部件承受着不断变化的外力的冲击，当车辆行驶到一定里程，就会发生疲劳破坏。一般来说，车身结构疲劳问题可以分为三类：

（1）结构几何尺寸不连续（如孔、切口等）造成过大应力而引起的结构疲劳破坏；

（2）施加于零件上的载荷过大而引起的疲劳破坏；

（3）结构共振引起的疲劳破坏。

**2. 疲劳寿命**

材料在疲劳破坏前所经历的应力循环数称为疲劳寿命。影响疲劳寿命的因素多种多样，大致可以分为工作条件因素、材料本身因素、加工制造因素以及尺寸因素四类。

1）工作条件因素

工作环境的温度会影响疲劳寿命，温度降低疲劳强度升高，温度升高则反之。零部件的工作环境中如果存在腐蚀介质，会在零件表面产生蚀坑缺陷从而降低疲劳强度。此外，零部件工作时所受交变载荷的变化幅度和频率也会影响疲劳寿命。应力变化范围和频率大小不超过一定极限，可以大大延长疲劳寿命。

2）材料本身因素

合金材料的成分会影响疲劳寿命的长短，例如钢材中的碳含量过低或过高都对疲劳强度不利。同时，材料的微观金相组织也会影响疲劳寿命，细化晶粒可以抗滑移变形的能力，增加疲劳裂纹沿晶界扩展的阻力。此外，材料内部均匀无暗伤也对疲劳寿命有积极影响。

3）加工制造因素

加工得到的零件表面粗糙度越低，材料的疲劳极限越高；反之，表面粗糙度越高，疲劳极限越低，而且零件表面有刀痕、擦伤或者圆角、孔等几何形状突然变化处会引起应力的集中，从而导致疲劳破坏。对零件表面强化处理也能提高疲劳耐久性，它具有双重作用：提高表层强度；提供表层残余压应力，抵消一部分表层拉应力。

4）尺寸因素

零件尺寸对疲劳强度也有较大的影响，在弯曲、扭转载荷作用下其影响更大。一般来说，随着机件尺寸的增大，其疲劳强度下降，这种现象称为疲劳强度尺寸效应。

### 6.5.2 疲劳寿命的预测

**1. 试验法和数值分析法**

现代汽车车身的疲劳寿命设计分析方法包括试验分析方法与数值模拟分析方法两种。现代试验分析主要采用电测法，运用传感器、数据采集与分析仪器，对车身或零部件进行加载测试。试验分析方法的特点是比较直观可信，同时获得的信息数据比较片面。试验分析需要实际的零件，成本较高，时间较长。所以试验分析往往应用于汽车车身设计的后期验证。数值模拟分析方法主要是有限元分析方法。这种方法根据车身的几何、材料及边界条件等信息建立有限元分析模型，应用有限元分析软件计算分析车身的静态和动态特性指标。有限元分析方法能在产品试制与生产之前就能有效地预测产品的性能，故能提高产品研发的成功率，缩短产品开发周期，降低产品成本。

**2. 疲劳寿命预测理论**

疲劳寿命的预测方面目前主要有两种理论方法：一是基于断裂力学的疲劳寿命预测，该理论认为疲劳寿命主要是由裂纹的萌生、扩展和最终瞬时断裂三大部分构成的，对于裂纹萌生阶段的寿命采用应力、应变理论求解，裂纹扩展阶段的寿命采用断裂力学求解；二是基于疲劳损伤累积的疲劳寿命分析理论，该理论认为只要材料应力大于疲劳极限，每次交变载荷循环都会对材料产生一定的损伤，且这种情况的损伤是可累积而不可逆转的，当累计的损伤达到某个临界值时，材料就会产生疲劳失效。

对于车辆领域，尤其是针对汽车车身结构，基于累计损伤法则的疲劳寿命预测方法应用最为广泛，其中包括适用于高周疲劳问题的全寿命分析理论（名义应力法）和适用于低周疲劳问题的应变–寿命方法（局部应变法）。高周疲劳问题的特点是部件的应力水平低，疲劳寿命较长；低周疲劳问题的特点则与之相反。本节主要介绍基于累计损伤法预测高周疲劳问题的疲劳寿命。

**3. 全寿命分析理论**

全寿命分析理论认为，试件的疲劳寿命取决于材料的力学性能和其承受的应力水平，三者之间的对应关系可以由材料的 $S-N$ 曲线反映。$S-N$ 曲线一般由试验或是通过经验公式获得。

一般用平均应力 $\sigma_m$、应力幅值 $\sigma_a$ 或应力比 $R$ 反映循环应力水平，这三个物理量任意知道两个即可：

$$\sigma_m = \frac{\sigma_{max} + \sigma_{min}}{2} \tag{6-33}$$

$$\sigma_a = \frac{\sigma_{max} - \sigma_{min}}{2} \tag{6-34}$$

$$R = \frac{\sigma_{min}}{\sigma_{max}} \tag{6-35}$$

式中，$\sigma_{max}$ 和 $\sigma_{min}$ 分别为交变应力的最大值和最小值。

应力水平 $S$ 和标准试样疲劳寿命 $N$ 这两者之间的关系曲线就叫作 $S-N$ 曲线，不同材料的 $S-N$ 曲线也不同。一般用交变应力的应力幅值 $\sigma_a$ 与失效循环次数的双对数形式来表述和绘画 $S-N$ 曲

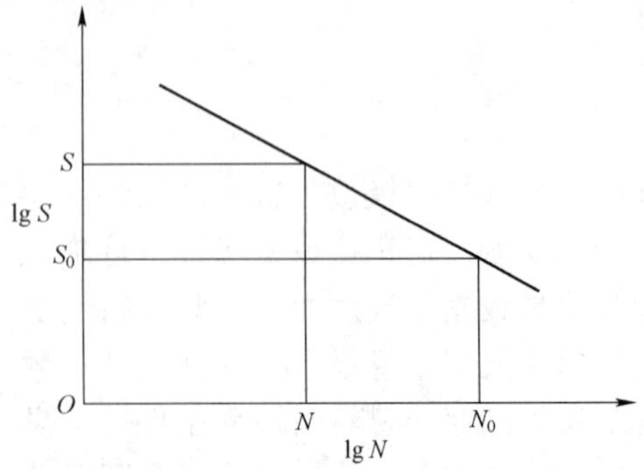


图 6-19 理想的 S-N 曲线

线。理想的 $S-N$ 曲线是一条直线，如图 6-19 所示，即 $S$ 和 $N$ 满足如下关系式：

$$SN^m = A \tag{6-36}$$

式中，$m$ 和 $A$ 为关系式中的两个参数。两边取对数，得

$$\lg S = -m\lg N + \lg A \tag{6-37}$$

根据 $S-N$ 曲线的关系式或者图像即可求应力水平 $S$ 对应的疲劳寿命 $N$。上述的 $S-N$ 曲线仅适用于弹性变形的情况，即构件在受载过程中不能出现明显的塑性效应，所以一般要求循环寿命 $N$ 大于 $10^4$ 次。在 1～$10^3$ 次循环范围内的 $S-N$ 曲线，属于低周疲劳问题，应使用考虑塑性影响的应变-寿命分析方法。

**4. 疲劳累计损伤理论**

疲劳累计损伤理论认为，零部件在交变载荷的作用下逐渐累积损伤，最终到达疲劳破坏。在某一循环载荷的作用下，部件的循环寿命为 $N$（由 $S-N$ 曲线获得），则可认为每个循环造成 $1/N$ 的平均损伤，到了第 $n$（$n \leqslant N$）个循环的累计损伤为 $C = n/N$。假设部件依次经历了 $l$ 级交变载荷，第 $i$ 级载荷的循环次数用 $n_i$ 表示，第 $i$ 级载荷下的疲劳寿命为 $N_i$。那么，所累积的损伤 $D$ 可表示为

$$D = \sum_{i=1}^{l} \frac{n_i}{N_i} \tag{6-38}$$

当 $D=1$ 时，则可以认为发生了疲劳破坏，其疲劳寿命 $N_{\text{sum}}$ 等于：

$$N_{\text{sum}} = n_1 + n_2 + n_3 + \ldots + n_l \tag{6-39}$$

## 6.5.3 疲劳耐久性优化的思路

疲劳寿命的优化有多种方式，可以分为直接法和间接法。

**1. 直接法**

直接法通过有限元分析，预测得到的疲劳寿命作为优化问题的目标函数或者约束条件，然后以适当的算法解决优化问题。在这类优化问题中，形状优化和形貌优化应用比较普遍，这是由于这两类优化方法可以通过减少应力集中部位来增加疲劳寿命。相对而言，面向疲劳耐久性的尺寸优化应用则较少。

**2. 间接法**

汽车车身的刚度以及模态等动态特性都对车身结构的疲劳寿命有重要影响，因此可以通过优化车身的刚度和模态特性，减小车身变形，避免低频共振，以此间接提升疲劳寿命。

## 6.5.4 工程实例

以卡车驾驶室的疲劳寿命优化为例，介绍面向疲劳耐久的尺寸优化方法。

**1. 有限元模型的建立和验证**

首先建立卡车驾驶室的有限元模型，并通过试验分析得到卡车驾驶室的模态频率、扭转

刚度以及疲劳寿命，对比数值仿真和试验的结果以验证有限元模型的精度。有限元模型与驾驶室实体分别如图 6–20 的（a）和（b）所示。

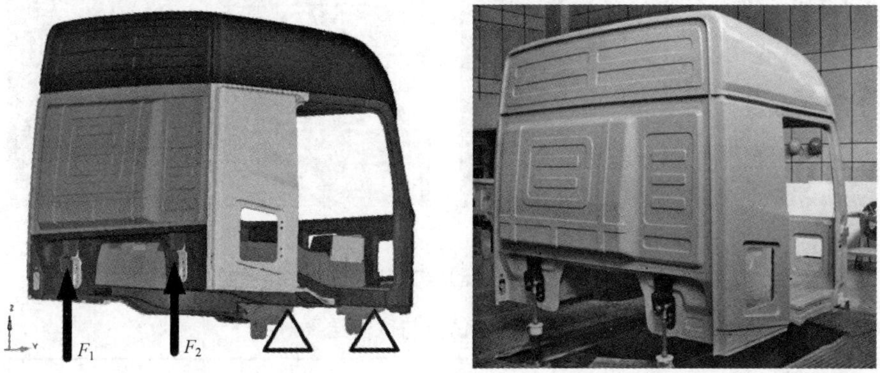


(a)　　(b)

**图 6–20　有限元模型（a）与驾驶室实体（b）**

对于疲劳耐久性能分析，此处分析驾驶室受扭转载荷下的疲劳寿命。$F_1$ 和 $F_2$ 形成扭转力矩，其幅值与频率如表 6–10 所示。采用疲劳累计损伤理论预测疲劳寿命，可分为 3 个步骤：

（1）采用雨流计数法将不规则的应变历程转换为等幅循环块；

（2）利用 $S–N$ 曲线和简单线性假设来累计疲劳损伤；

（3）对所有循环的损伤值进行求和，直到达到临界损伤和（失效准则）。

**表 6–10　疲劳分析的载荷特征**

| 工况序号 | 循环次数 | 幅值/（kN·m） | 频率/Hz |
|---|---|---|---|
| 1 | 0～86 000 | 5 | 1 |
| 2 | 86 001～200 000 | 5 | 2 |

因此，疲劳寿命 $N$ 可以由下式计算得到：

$$N=\begin{cases} c_1=\dfrac{1}{d_1},\ d_1\times 86\,000>1 \\ c_1+c_2=8\,600+\dfrac{1-d_1\times 86\,000}{d_2},\ d_1\times 86\,000<1 \end{cases} \tag{6–40}$$

式中，$d_1$ 和 $d_2$ 分别为工况 1 和工况 2 下一次循环造成的疲劳损伤；$c_1$ 和 $c_2$ 分别为驾驶室所经历的工况 1 和工况 2 下的循环次数。本节中卡车驾驶室的板件所用材料为低碳钢。

数值仿真和试验分析的结果如表 6–11 所示。疲劳仿真和疲劳试验的结果如图 6–21 所示，可见数值仿真和试验具有相同的疲劳失效位置。由此得出结论，有限元模型的误差可以接受，精度足够。

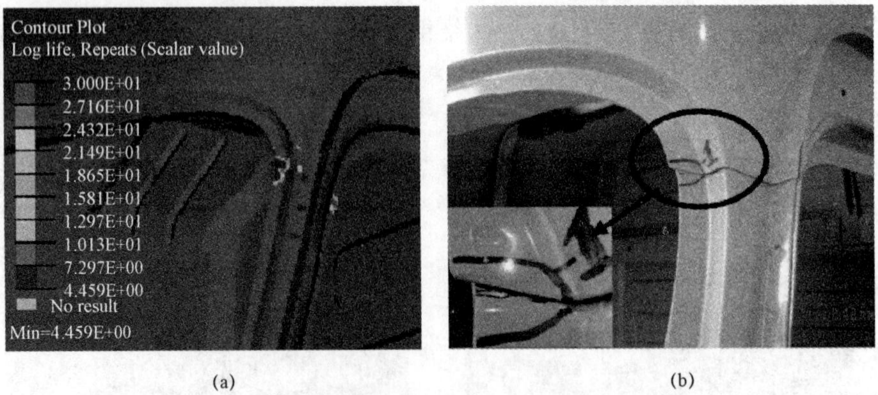


图 6-21　疲劳仿真（a）与疲劳试验（b）的结果

表 6-11　数值仿真与试验结果对比

| 参数 | 数值仿真 | 试验 |
| --- | --- | --- |
| 一阶扭转模态 | 20.06 Hz | 19.94 Hz |
| 一阶弯曲模态 | 29.64 Hz | 28.47 Hz |
| 扭转刚度 | 2 689 kN · m/rad | 2 476 kN · m/rad |
| 疲劳寿命（lg） | 4.46 | 4.60 |

**2. 定义优化问题**

在本节中，优化问题的设计变量为板件的厚度，目标函数为疲劳寿命最大化，约束条件为驾驶室质量和板件厚度。因此可以建立如下数学模型：

$$\begin{cases} \max F(\boldsymbol{X}) \\ \text{s.t. } m(\boldsymbol{X}) \leqslant 475.20\ \text{kg} \\ X_{\text{L}} \leqslant X_i \leqslant X_{\text{U}} \\ \boldsymbol{X} = [x_1, x_2, \ldots, x_{11}]^{\text{T}} \end{cases} \tag{6-41}$$

式中，$F(\boldsymbol{X})$为疲劳寿命取对数；$m(\boldsymbol{X})$为驾驶室的质量，与板件的厚度成线性关系；$\boldsymbol{X}$ 为设计变量空间，图 6-22 给出了 11 个厚度设计变量，每个设计变量在 0.6～2.0 mm 范围内。

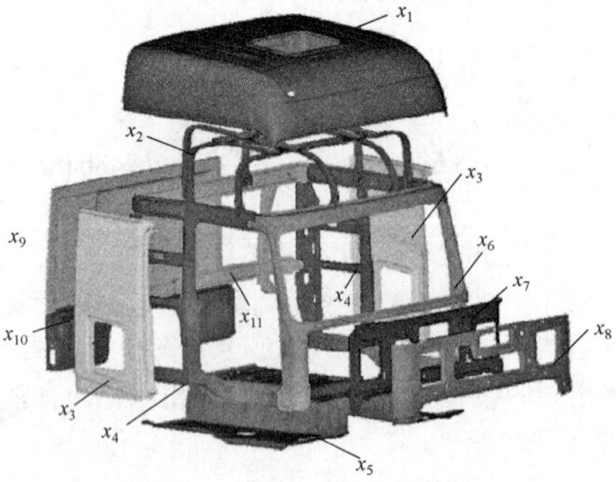


图 6-22　设计变量图解

**3. 代理模型和算法**

1）代理模型

为了在不降低精度的前提下提高计算效率，同样建立代理模型以参与优化迭代计算。首先，需要生成样本点。在本小节中，使用最优拉丁超立方设计方法（OLHS）生成 100 套采样数据用于建立代理模型。然后分别建立多项式响应面模型（PRS）、Kriging 模型（KRG）、径向基函数模型（Radial Basis Function，RBF）三类代理模型。不同的代理模型通常得到相当不同的建模精度和设计结果。为了充分利用不同代理模型的优势，以相对较少的样本点提取尽可能多的信息，另外建立组合代理模型。基于下式，建立组合代理模型：

$$\hat{y}_{\text{ens}}=\sum\nolimits_{i=1}^{3}\omega_i\hat{y}_i,\ \text{其中}\sum\nolimits_{i=1}^{3}\omega_i=1 \tag{6-42}$$

式中，$\hat{y}_{\text{ens}}$ 为组合代理模型预测响应；$\omega_i$ 为权重系数；$\hat{y}_i$ 为单个代理模型的预测响应。依此可将 PRS、KRG、RBF 三类代理模型组合。根据权重系数的生成方法不同，又可建立 3 类组合代理模型：

（1）简单加权平均代理（Simple Weighted Average Surrogate，SWS），将相同的权重系数分配给每个代理函数，即 $\omega_i=1/3$；

（2）基于平方和的加权平均代理（Prediction-sum-of-squares-based Weighted Average Surrogate，PWS），基于启发式计算的权重因子选择；

（3）最佳加权代理（Optimal Weighted Surrogate，OWS），基于误差最小化的权重因子选择。

综上所述，共建立了 6 类代理模型，其中 3 类为单个代理模型，3 类为组合代理模型。根据优化结果的对比可以找出最为合适的代理模型建模方法。

2）优化算法

本小节采用的优化算法也有两类：

（1）粒子群优化算法（PSO）：尽管在广泛的应用中表现出良好的性能，该算法在高维多模态问题中容易出现过早收敛现象；

（2）混合粒子群算法（Hybrid Particle Swarm Optimization，HPSO）：结合标准 PSO 算法的全局搜索优势和顺序二次规划（Sequential Quadratic Programming，SQP）算法的局部搜索特征。

**4. 结果分析**

为了评估这 6 种不同的代理方案的建模精度，另外生成了 10 个新的验证点，并通过下式评估代理模型的精度，$R^2$ 越接近 1，说明全局精度越高：

$$R^2=1-\frac{\sum\nolimits_{i=1}^{10}(y_i-\hat{y}_i)^2}{\sum\nolimits_{i=1}^{10}(y_i-\overline{y})^2} \tag{6-43}$$

各类代理模型的精度如表 6－12 所示，基于两类优化算法的解决方案如表 6－13 和表 6－14 所示，基于两类优化算法的优化结果如表 6－15 和表 6－16 所示。可得出如下结论：

（1）6 类代理模型的精度都足够，总的来说组合代理模型的精度优于单个代理模型的精度（表 6－12）；

（2）设计变量 $x_6$ 在所有最优解决方案中都接近上限 2.0 mm，这表明 $x_6$ 对驾驶室疲劳寿命影响最为关键（表 6－13 和表 6－14）；

（3）与优化前相比，驾驶室疲劳寿命都得到了显著提升，且驾驶室质量没有增加，甚至有所减少（表 6－15 和表 6－16）；

（4）从预测精度和获得的最优结果两个方面来看，组合代理模型优于单个代理模型，因此建议采用组合代理模型（表 6－15 和表 6－16）；

（5）对于相同的代理模型，混合 PSO 相比标准 PSO 能更好地收敛到最优解（表 6－15 和表 6－16）；

（6）最精确的代理模型不一定能保证最佳的优化结果（对比表 6－12、表 6－15 和表 6－16）。

**表 6－12 各类代理模型的精度评估**

| 代理模型 | | $R^2$ | 代理模型 | | $R^2$ |
|---|---|---|---|---|---|
| 单个代理模型 | PRS | 0.962 4 | 组合代理模型 | SWS | 0.984 5 |
| | RBF | 0.954 6 | | PWS | 0.988 3 |
| | KRG | 0.987 7 | | OWS | 0.990 3 |

**表 6－13 基于标准 PSO 算法的最优解决方案**

| 设计变量 | 初值 | 优化后的值 | | | | | |
|---|---|---|---|---|---|---|---|
| | | PRS | RBF | KRG | SWS | PWS | OWS |
| $x_1$ | 0.9 | 0.95 | 0.61 | 0.87 | 1.22 | 0.74 | 1.02 |
| $x_2$ | 1.5 | 1.21 | 1.88 | 0.72 | 1.95 | 0.61 | 1.03 |
| $x_3$ | 0.9 | 1.17 | 0.61 | 0.77 | 0.61 | 1.88 | 0.80 |
| $x_4$ | 1.5 | 1.18 | 2.00 | 1.86 | 1.95 | 0.60 | 1.43 |
| $x_5$ | 1.0 | 0.93 | 0.60 | 0.64 | 0.65 | 0.60 | 0.64 |
| $x_6$ | 1.5 | 2.00 | 1.99 | 1.94 | 1.98 | 1.98 | 1.98 |
| $x_7$ | 1.5 | 1.33 | 0.60 | 1.96 | 0.66 | 1.84 | 1.97 |
| $x_8$ | 1.7 | 1.23 | 0.61 | 1.90 | 0.64 | 2.00 | 1.40 |
| $x_9$ | 0.9 | 1.15 | 0.61 | 0.68 | 0.62 | 0.66 | 0.87 |
| $x_{10}$ | 1.2 | 1.17 | 0.60 | 1.35 | 0.66 | 1.04 | 1.37 |
| $x_{11}$ | 1.5 | 1.30 | 0.64 | 1.83 | 0.62 | 1.94 | 1.77 |

**表 6－14 基于混合 PSO 算法的最优解决方案**

| 设计变量 | 初值 | 优化后的值 | | | | | |
|---|---|---|---|---|---|---|---|
| | | PRS | RBF | KRG | SWS | PWS | OWS |
| $x_1$ | 0.9 | 0.60 | 0.98 | 0.83 | 1.43 | 0.60 | 1.08 |
| $x_2$ | 1.5 | 2.00 | 1.23 | 0.73 | 2.00 | 0.60 | 1.08 |

续表

| 设计变量 | 初值 | 优化后的值 | | | | | |
|---|---|---|---|---|---|---|---|
| | | PRS | RBF | KRG | SWS | PWS | OWS |
| $x_3$ | 0.9 | 0.60 | 1.15 | 0.74 | 0.60 | 2.00 | 0.80 |
| $x_4$ | 1.5 | 2.00 | 1.16 | 2.00 | 2.00 | 0.60 | 1.51 |
| $x_5$ | 1.0 | 0.60 | 0.96 | 0.60 | 0.60 | 0.60 | 0.60 |
| $x_6$ | 1.5 | 2.00 | 2.00 | 1.95 | 2.00 | 1.95 | 1.99 |
| $x_7$ | 1.5 | 0.60 | 1.33 | 2.00 | 0.60 | 2.00 | 2.00 |
| $x_8$ | 1.7 | 0.60 | 1.25 | 2.00 | 0.60 | 2.00 | 1.22 |
| $x_9$ | 0.9 | 0.60 | 1.08 | 0.60 | 0.60 | 0.60 | 0.73 |
| $x_{10}$ | 1.2 | 0.60 | 1.17 | 1.31 | 0.60 | 0.60 | 1.37 |
| $x_{11}$ | 1.5 | 0.60 | 1.28 | 2.00 | 0.60 | 2.00 | 1.79 |

**表 6－15　基于标准 PSO 算法的优化结果**

| 代理模型 | | 疲劳寿命（lg） | | | 质量/kg |
|---|---|---|---|---|---|
| | | 预测 | 仿真 | 误差 | |
| 单个 | PRS | 6.916 1 | 5.034 9 | 37.36% | 474.84 |
| | RBF | 5.505 6 | 4.865 5 | 13.16% | 425.38 |
| | KRG | 5.167 4 | 5.159 9 | 0.15% | 474.54 |
| 组合 | SWS | 5.380 2 | 4.986 0 | 7.90% | 464.30 |
| | PWS | 5.229 5 | 5.187 0 | 0.82% | 441.60 |
| | OWS | 5.138 5 | 5.105 9 | 0.64% | 473.68 |

**表 6－16　基于混合 PSO 算法的优化结果**

| 代理模型 | | 疲劳寿命（lg） | | | 质量/kg |
|---|---|---|---|---|---|
| | | 预测 | 仿真 | 误差 | |
| 单个 | PRS | 7.074 4 | 4.883 1 | 44.88% | 425.37 |
| | RBF | 5.513 5 | 5.037 1 | 9.46% | 475.20 |
| | KRG | 5.177 0 | 5.180 6 | －0.07% | 475.20 |
| 组合 | SWS | 5.468 2 | 5.019 9 | 8.93% | 475.20 |
| | PWS | 5.302 6 | 5.216 3 | 1.65% | 427.97 |
| | OWS | 5.142 3 | 5.083 4 | 1.16% | 475.20 |

# 6.6 工程应用

汽车的结构设计是一个庞大、复杂的系统性问题，需要综合权衡质量、刚度、NVH、碰撞安全、疲劳耐久性等多方面的性能指标。结合前文所述，本节以纯电动客车车身结构的优化设计为例，将轻量化作为设计目标，同时选取弯曲刚度、扭转刚度以及固有频率作为约束条件，展示尺寸优化在汽车工程中的综合运用。

## 6.6.1 多材料车身结构

首先，选用轻质材料有助于减小车身结构的质量。该纯电动客车的车身结构采用钢铝混合车身，有助于减小质量，增加续驶里程。车身结构的材料分布呈现如下特征：电池架和底盘结构采用高强钢，而车顶、前围、后围和左右侧围均采用 6061T6 铝合金制成，如图 6-23 所示，铝合金（灰色）和高强钢（黑色）各占车身结构总质量的 56%和 41%。两类材料的特性参数如表 6-17 所示。

表 6-17 相应材料特性参数

| 材料 | 牌号 | 弹性模量/MPa | 泊松比 | 密度/(kg・m$^{-3}$) |
|---|---|---|---|---|
| 铝合金 | 6061T6 | $6.9\times10^4$ | 0.33 | 2 700 |
| 高强钢 | QSTE700TM | $2.1\times10^5$ | 0.30 | 7 800 |

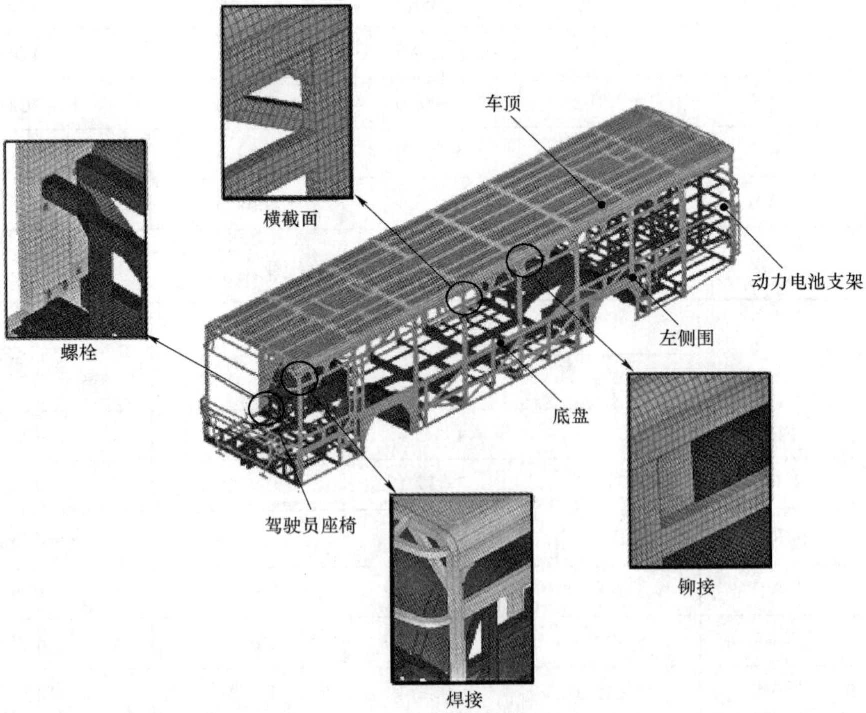


图 6-23 钢铝混合车身的材料分布

单纯用铝合金代替钢材可能无法充分发挥不同材料的优势性能，因此一般还需要采用结构优化的方法探索最优结构。

### 6.6.2　构建和验证有限元模型

**1. 构建有限元模型**

纯电动客车车身结构的有限元模型如图 6–24 所示，共包含 21 264 个三角形单元，1 781 333 个四边形单元。此外，还需要分别建立模态分析、弯扭静刚度分析的边界条件。其中，模态分析进行自由模态分析；弯曲刚度和扭转刚度的载荷和约束施加情况分别如图 6–24 和图 6–25 所示。

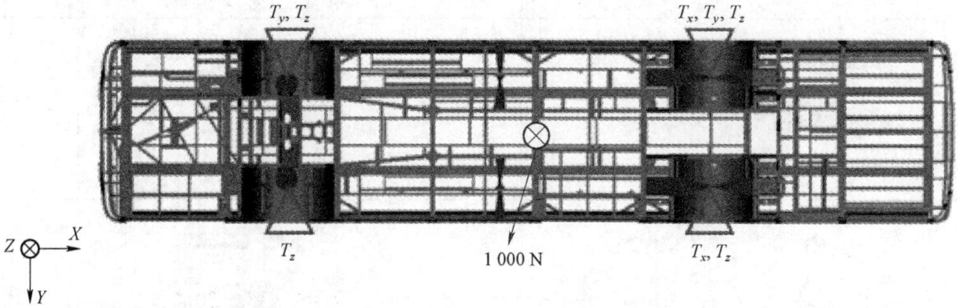


**图 6–24　弯曲刚度工况边界条件**

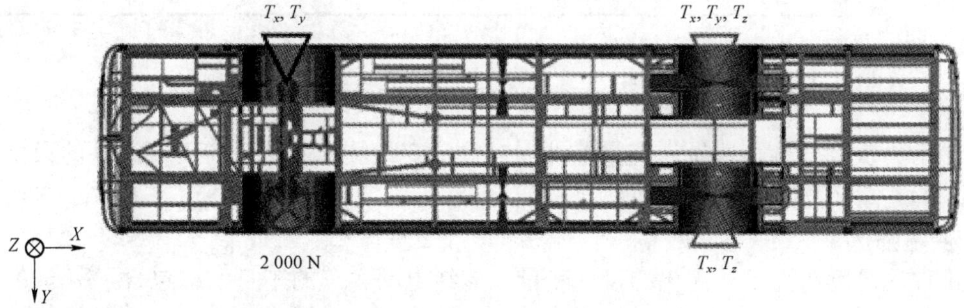


**图 6–25　扭转刚度工况边界条件**

针对弯曲刚度，其计算公式如下式：

$$K_b = \frac{F_b}{u_b} \tag{6-44}$$

式中，$F_b = 1\,000\ \text{N}$；$K_b$ 为弯曲刚度；$u_b$ 为 $Z$ 向最大位移。

对于扭转刚度，其计算公式如下式：

$$K_t = \frac{F_t L}{\arctan\left(\dfrac{u_t}{L}\right)} \tag{6-45}$$

式中，$F_t = 2\,000\ \text{N}$；$L$ 为前轴长度；$K_t$ 为扭转刚度；$u_t$ 为前轴左右端点 $Z$ 向位移之差。

**2. 验证有限元模型**

为了验证有限元模型的精度，将有限元模态分析的结果与模态试验分析的结果进行对比。用模态置信准则（MAC）保证试验结果的准确性，如下式所示：

$$\mathrm{MAC}_{ij}=\frac{\left|\boldsymbol{\Phi}_i^{\mathrm{T}}\boldsymbol{\Phi}_j\right|^2}{(\boldsymbol{\Phi}_i^{\mathrm{T}}\boldsymbol{\Phi}_i)(\boldsymbol{\Phi}_j^{\mathrm{T}}\boldsymbol{\Phi}_j)} \tag{6-46}$$

式中，$\boldsymbol{\Phi}_i$ 和 $\boldsymbol{\Phi}_j$ 分别表示第 $i$ 和第 $j$ 个模态振型。一阶弯曲模态和一阶扭转模态之间的 MAC 等于 0.047，接近于 0，说明了两个模态振型相互独立，从而验证了试验结果的准确性。

有限元仿真与试验结果的对比如表 6－18 所示。可知车身结构的一阶扭转模态的误差为 2.78%，一阶弯曲模态的误差为 4.32%。因此，误差可以接受，有限元模型的精度足够。

**表 6－18　对比模态仿真与试验的结果**

| 模态 | 有限元仿真 | 模态试验 | 误差 /% |
|---|---|---|---|
| 1 |  14.7 Hz | 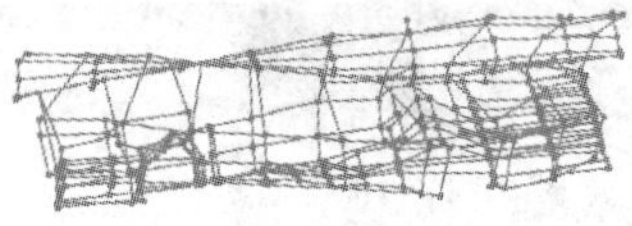 14.4 Hz | 2.78 |
| 2 |  16.9 Hz | 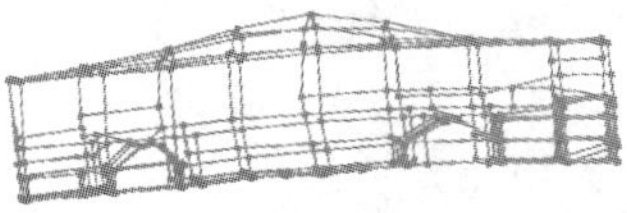 16.2 Hz | 4.32 |

## 6.6.3　构建和求解优化模型

首先用灵敏度分析筛选设计变量，然后对设计变量施加对称性等可制造性约束，再分别构建和求解连续和离散的优化模型。

**1. 变量筛选**

将部件的厚度作为尺寸优化的设计变量。该纯电动客车的车身结构包含了 1 500 余个部件，将它们都作为设计变量显然是不现实的。从中挑选主要的 46 个部件作为灵敏度分析的对象，然后再从这 46 个部件中筛选出真正用于尺寸优化的设计变量。

模态频率对设计变量的灵敏度：

$$\frac{\partial\omega_i}{\partial X_k}=\frac{1}{2\omega_i}\sum_{e=(1)}^{(m)}\left(\boldsymbol{\Phi}_i^e\right)^{\mathrm{T}}\left(\frac{\partial\boldsymbol{K}^e}{\partial X_k}-\omega_i^2\frac{\partial\boldsymbol{M}^e}{\partial X_k}\right)\boldsymbol{\Phi}_i^e \tag{6-19}$$

弯曲刚度和扭转刚度对设计变量的灵敏度分别如式（6－47）和式（6－48）所示：

$$\frac{\partial K_{\mathrm{b}}}{\partial X_k}=-\frac{F_{\mathrm{b}}}{(u_{\mathrm{b}})^2}\frac{\partial u_{\mathrm{b}}}{\partial X_k} \tag{6-47}$$

$$\frac{\partial K_{\mathrm{t}}}{\partial X_k}=-\frac{F_{\mathrm{t}}}{\arctan^2\left(\dfrac{u_{\mathrm{t}}}{L}\right)\left[1+\left(\dfrac{u_{\mathrm{t}}}{L}\right)^2\right]}\frac{\partial u_{\mathrm{t}}}{\partial X_k} \tag{6-48}$$

由此可以得到一阶弯曲模态、一阶扭转模态、弯曲刚度和扭转刚度对设计变量的灵敏度，如图 6－26 所示。从而根据灵敏度分析的结果筛选出图 6－27 所示的 14 个部件，将它们的厚度作为设计变量。

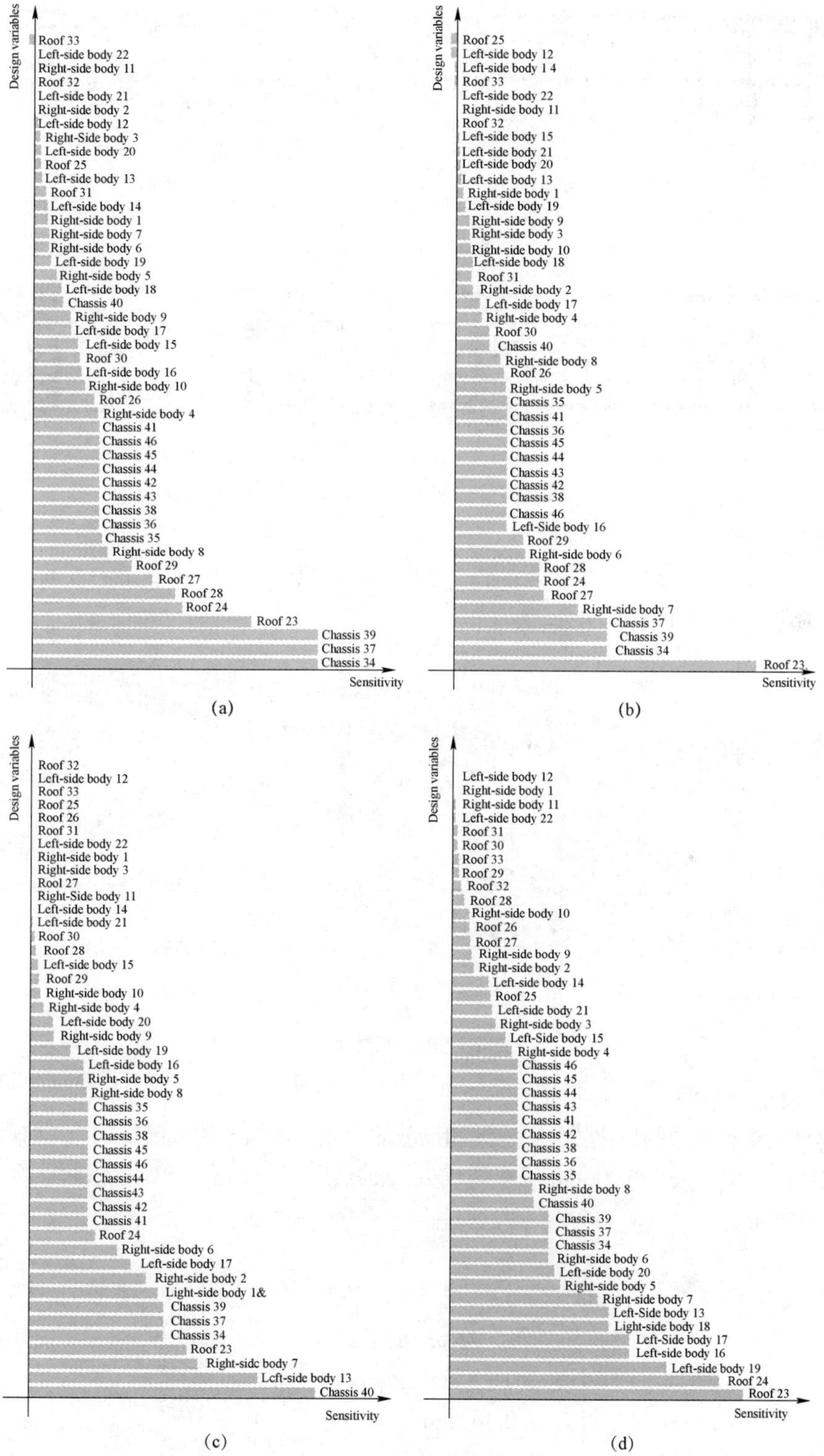


**图 6-26　灵敏度分析结果**

（a）一阶弯曲模态；（b）一阶扭转模态；（c）弯曲刚度；（d）扭转刚度

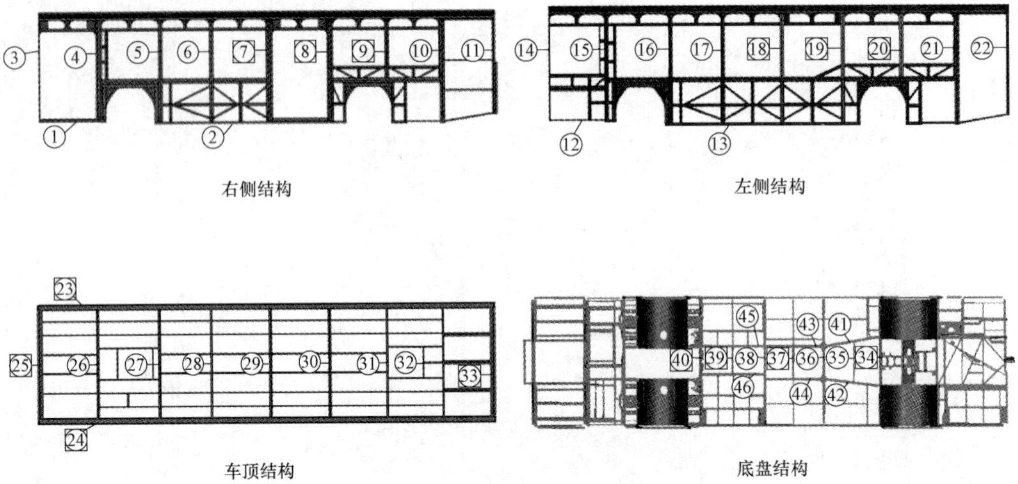


图 6－27　灵敏度分析对象及候选设计变量（框选）

**2. 对称性约束**

考虑到制造成本，客车车身结构的左右两侧的部件需要保持对称，因此对位于左右侧围的设计变量添加对称约束，如图 6－28 所示。

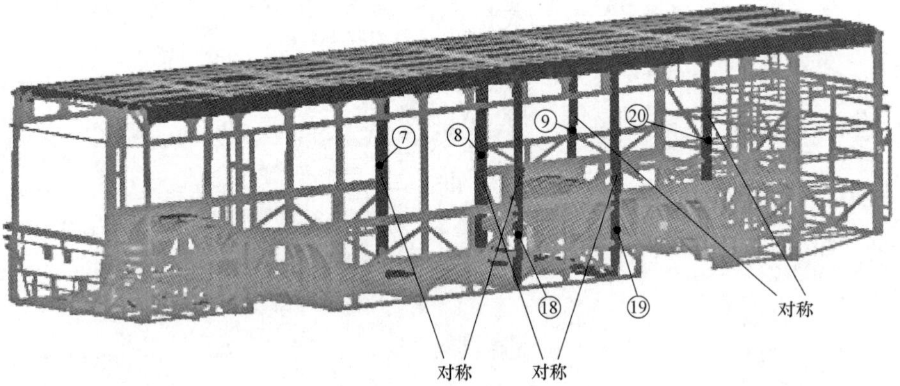


图 6－28　对称约束

**3. 优化模型和求解**

分别建立连续和离散的优化模型。连续和离散的尺寸优化问题的收敛准则为：前后两个迭代步之间的优化目标之差不大于 0.000 5；最多迭代 20 次。然后，基于可行方向法求解这两个优化问题。

1）连续优化

优化模型：

$$\text{Find } \boldsymbol{X}=[X_1,X_2,\cdots X_{14}]^{\mathrm{T}}$$

$$\text{Min } Mass$$

$$\text{s.t.}\begin{cases}\omega_{\mathrm{b}}\geqslant 16.9\ \text{Hz},\ \omega_{\mathrm{t}}\geqslant 14.7\ \text{Hz}\\ u_{\mathrm{b}}\leqslant 0.36\ \text{mm}\\ u_{\mathrm{t}}\leqslant 1.8\ \text{mm}\\ X_1=X_4,\ X_2=X_5,\ X_3=X_6\\ 2\ \text{mm}\leqslant X_i\leqslant 6\ \text{mm},\ i=1,2,\cdots,6\end{cases} \tag{6-49}$$

优化结果如表 6－19 所示（保留两位小数）。

**表 6－19　连续厚度优化结果**

| 设计变量 | 代号 | 基准厚度/mm | 优化结果/mm |
| --- | --- | --- | --- |
| Right-side body 7 | $X_1$ | 4.00 | 5.00 |
| Right-side body 8 | $X_2$ | 4.00 | 5.00 |
| Right-side body 9 | $X_3$ | 4.00 | 5.00 |
| Left-side body 18 | $X_4$ | 4.00 | 5.00 |
| Left-side body 19 | $X_5$ | 4.00 | 5.00 |
| Left-side body 20 | $X_6$ | 4.00 | 5.00 |
| Roof 23 | $X_7$ | 4.00 | 3.48 |
| Roof 24 | $X_8$ | 4.00 | 2.00 |
| Roof 25 | $X_9$ | 4.00 | 3.75 |
| Roof 33 | $X_{10}$ | 4.00 | 2.00 |
| Chassis 34 | $X_{11}$ | 5.00 | 5.00 |
| Chassis 37 | $X_{12}$ | 5.00 | 5.00 |
| Chassis 39 | $X_{13}$ | 5.00 | 5.00 |
| Chassis 40 | $X_{14}$ | 5.00 | 2.91 |

2）离散优化

为了便于制造，将设计变量离散化为 2～6 mm 之间的整数，可得优化模型：

$$
\begin{aligned}
&\text{Find}\ \boldsymbol{X}=[X_1,X_2,\cdots X_{14}]^{\mathrm{T}}\\
&\text{Min Mass}\\
&\text{s.t.}\begin{cases}\omega_{\mathrm{b}}\geqslant 16.9\ \text{Hz},\ \omega_{\mathrm{t}}\geqslant 14.7\ \text{Hz}\\ u_{\mathrm{b}}\leqslant 0.36\ \text{mm}\\ u_{\mathrm{t}}\leqslant 1.8\ \text{mm}\\ X_1=X_4,\ X_2=X_5,\ X_3=X_6\\ X_i=\{2,3,4,5,6\}\ i=1,2,\cdots,6\end{cases}
\end{aligned}
\tag{6-50}
$$

优化结果如表 6－20 所示。

**表 6－20　离散厚度优化结果**

| 设计变量 | 代号 | 基准厚度/mm | 优化结果/mm |
| --- | --- | --- | --- |
| Right-side body 7 | $X_1$ | 4.00 | 5.00 |
| Right-side body 8 | $X_2$ | 4.00 | 5.00 |

续表

| 设计变量 | 代号 | 基准厚度/mm | 优化结果/mm |
|---|---|---|---|
| Right-side body 9 | $X_3$ | 4.00 | 5.00 |
| Left-side body 18 | $X_4$ | 4.00 | 5.00 |
| Left-side body 19 | $X_5$ | 4.00 | 5.00 |
| Left-side body 20 | $X_6$ | 4.00 | 5.00 |
| Roof 23 | $X_7$ | 4.00 | 3.00 |
| Roof 24 | $X_8$ | 4.00 | 3.00 |
| Roof 25 | $X_9$ | 4.00 | 3.00 |
| Roof 33 | $X_{10}$ | 4.00 | 2.00 |
| Chassis 34 | $X_{11}$ | 5.00 | 5.00 |
| Chassis 37 | $X_{12}$ | 5.00 | 5.00 |
| Chassis 39 | $X_{13}$ | 5.00 | 5.00 |
| Chassis 40 | $X_{14}$ | 5.00 | 3.00 |

### 6.6.4 结论

将优化前的车身结构性能、连续厚度优化结果以及离散厚度优化结果列表进行对比，如表 6－21 所示。

**表 6－21　优化前后的性能对比**

| 性能指标 | 优化前 | 连续优化 | 离散优化 | 离散－连续 |
|---|---|---|---|---|
| 弯曲刚度 / (N • mm$^{-1}$) | 2 778 | 3 846 | 3 846 | 0 |
| 扭转刚度/[N • m • (°) $^{-1}$] | 121 204 | 128 334 | 126 180 | －2 154 |
| 一阶弯曲模态/Hz | 16.9 | 16.9 | 17.0 | +0.1 |
| 一阶扭转模态/Hz | 14.7 | 14.8 | 15.0 | +0.1 |
| 质量/kg | 2 709 | 2 642 | 2 652 | +10 |

可以发现，离散优化得到的优化质量为 2 652 kg，而连续优化得到的质量为 2 642 kg，这意味着离散优化结果相对保守。通过离散优化获得的弯曲和扭转频率均优于通过连续优化获得的弯曲和扭转频率。仅对于扭转刚度，离散优化结果略差于连续优化结果。此外，离散优化的结果更有利于工程制造。因此，经过综合考量，可以认为离散优化的结果更佳。

## 6.7　本章小结

本章主要介绍面向刚度、NVH、碰撞安全以及疲劳耐久性四方面性能的尺寸优化方法，并以具体的工程应用为例，分别清晰直观地说明了以这四方面性能为设计目标的尺寸优化流程。可以认为，算法是所有尺寸优化问题的关键，而面向不同性能的优化又各有其关键环节。针对刚度和模态特性的尺寸优化问题，灵敏度分析是其中的关键；面向碰撞性能做优化时，构造代理模型是其中的重点；而对于疲劳耐久性的优化，其中的关口是预测疲劳寿命以及构建代理模型。最后，展示了一个纯电动客车车身结构多材料尺寸优化，以便读者把握工程实践中尺寸优化方法的应用流程。该案例以车身结构轻量化为设计目标，以弯、扭刚度和一阶弯、扭模态频率为约束条件，通过灵敏度分析挑选设计变量，分别进行了设计变量连续和离散的尺寸优化。当前，考虑刚度、NVH、碰撞安全等性能指标的尺寸优化方法已经形成了成熟的理论，并得到了广泛的应用，但面向疲劳耐久的尺寸优化仍有待进一步探索。

## 参考文献

［1］陈吉清，兰凤崇. 汽车结构轻量化设计与分析方法［M］. 北京：北京理工大学出版社，2017.

［2］徐中明，刘洪光，苏昱. 一种轻型商用车驾驶室结构有限元分析［J］. 重庆电子工程职业学院学报，2011，20（02）：157－160.

［3］倪新帅. 驾驶室结构和声学特性分析与优化［D］. 重庆：重庆大学，2012.

［4］杜庆贺. 某 MPV 车身 NVH 性能仿真分析与结构优化［D］. 武汉：武汉理工大学，2018.

［5］左文杰. 一维有限单元法［M］. 北京：科学出版社，2018.

［6］林逸，马天飞，姚为民，张建伟. 汽车 NVH 特性研究综述［J］. 汽车工程，2002（03）：177－181，186.

［7］庞剑. 汽车车身噪声与振动控制［M］. 北京：机械工业出版社，2015.

［8］高丰岭. 基于代理模型的汽车结构多目标耐撞性优化方法及应用研究［D］. 北京：北京理工大学，2018.

［9］高轶男. 基于组合代理模型的汽车碰撞安全性多目标优化研究［D］. 重庆：重庆大学，2016.

［10］张立新，隋允康，高学仕，等. 基于响应面方法的结构碰撞优化［J］. 力学与实践，2005，3（27）：35－39.

［11］Forsberg J，Nilsson L. Evaluation of response surface methodologies used in crashworthiness optimization［J］. International Journal of Impact Engineering，2006，32（5）：759－777.

［12］Kleijnen J P. Kriging metamodeling in simulation：A review［J］. European Journal of Operational Research，2009，192（3）：707－716.

［13］李恩颖. 近似模型优化体系关键技术研究及应用［D］. 长沙：湖南大学，2009.

［14］Zurada J. Introduction to artificial neural systems［M］. St. Paul：West Publishing Company，1992.

［15］吴富民. 结构疲劳强度［M］. 西安：西北工业大学出版社，1985.
［16］许冰. 某微型客车车身门框疲劳耐久分析及优化设计［D］. 长春：吉林大学，2011.
［17］Miao B R，Luo Y X，Qiu Y J，et al. Research on multidisciplinary fatigue optimization design method in structural design of high speed train［J］. Procedia Structural Integrity，2019：102－109.
［18］Fang J，Gao Y，Sun G，et al. Fatigue optimization with combined ensembles of surrogate modeling for a truck cab［J］. Journal of Mechanical Science and Technology，2014，28（11）：4641－4649.
［19］Fu C L，Bai Y，Lin C，et al. Design optimization of a newly developed aluminum-steel multi-material electric bus body structure［J］. Structural and Multidisciplinary Optimization，2019，60（5）：2177－2187.

# 第 7 章
# 汽车结构可靠性优化设计方法

汽车产品设计和生产制造过程中存在大量的不确定性，如材料属性、几何形状、边界条件及载荷等。这些不确定性将对汽车的安全性和可靠性造成较大的影响，可能直接导致基于确定性设计的响应超出约束。因此，针对汽车结构开展基于可靠性的优化设计是非常有必要的。

本章首先介绍了结构可靠性优化设计的基本模型，然后介绍三种不确定参数度量模型及相关可靠性分析指标，进一步介绍了常用的可靠性分析方法及迭代格式，最后从优化求解策略的角度介绍了嵌套方法、单环方法和序列方法。

## 7.1 结构可靠性优化设计模型

典型的确定性优化模型可表述为

$$\begin{gathered}\min\ f(\boldsymbol{d})\\ \text{s.t. } h_i(\boldsymbol{d})\leqslant 0\quad (i=1,2,\cdots,N_p)\\ \boldsymbol{d}_{\mathrm{l}}\leqslant\boldsymbol{d}\leqslant\boldsymbol{d}_{\mathrm{u}}\end{gathered}\tag{7-1}$$

式中，$\boldsymbol{d}=[d_1,d_2,\cdots,d_n]^{\mathrm{T}}$ 为确定性设计变量；$f(\cdot)$ 为目标函数；$h_i(\boldsymbol{d})$ 为第 $i$ 个约束函数；$\boldsymbol{d}_{\mathrm{l}}$ 和 $\boldsymbol{d}_{\mathrm{u}}$ 分别是设计变量下界和上界；$N_p$ 为约束函数个数。

在实际工程应用中，优化问题往往还会涉及不确定参数，则模型相应地变为不确定性优化模型。记 $\boldsymbol{X}$ 为不确定参数向量，模型的基本表达式变为

$$\begin{gathered}\min\ f(\boldsymbol{d})\\ \text{s.t. } \mathrm{Prob}(g_i(\boldsymbol{d},\boldsymbol{X})\leqslant 0)< P_{i,\mathrm{t}}\quad (\mathrm{i}=1,2,\cdots,N_p)\\ \boldsymbol{d}_{\mathrm{l}}\leqslant\boldsymbol{d}\leqslant\boldsymbol{d}_{\mathrm{u}}\end{gathered}\tag{7-2}$$

式中，$g_i(\boldsymbol{d},\boldsymbol{X})$ 为第 $i$ 个功能函数；$P_{i,\mathrm{t}}$ 为预先给定的许可失效概率。式（7-2）给出的是基本的不确定性优化模型，具有普适性，当不确定参数向量 $\boldsymbol{X}$ 的种类或分布发生变化时，具体模型也会随之调整。

## 7.2 结构不确定参数及度量

在汽车的实际生产制造过程中，由于材料力学性能、零部件加工过程以及结构实际承受载荷的不确定性，极大地影响着车辆结构的安全性及可靠性，所以需要开展相应的不确定性

优化设计。在不确定性优化设计中，首先需要对相应的参数开展不确定性建模，其建模方式将直接影响可靠性分析及优化。

结构可靠性分析及优化理论根据研究问题包含的不确定因素的类型以及对数据的掌握程度可以分为三类：概率可靠性理论、非概率可靠性理论和模糊可靠性理论。这三种可靠性理论分别拥有相应的数学模型，即概率模型（也称随机模型）、凸模型以及模糊集模型。除此之外还包括更具一般性的证据理论，证据理论是经典概率论的推广，可以对随机不确定性、模糊不确定性及区间不确定性进行有效的处理。

### 7.2.1 区间模型

在一些情况下，不确定性参数准确的统计学分布是难以确定的，但是其不确定性的范围易于获得。凸模型是函数或者向量的凸集合，集合表示不确定性事件的数量，集合内的每一个元素都表示一个不确定性事件的可能实现。凸模型的形状反映对事件的已知程度，而大小反映不确定事件的波动性或偏离程度。凸模型的具体形式一般应根据工程问题的具体情况来确定，其建立只需要不确定事件集合的界限，而不要求其内部结构，具有较强的适用性和实用性，常用的凸模型有区间模型和椭球模型。

区间模型将结构参数的不确定范围用一个具有上、下限的区间来定义。假定 $\mathbf{R}$ 为实数集，设计变量为 $d$，某不确定变量 $X \in \mathbf{R}$ 的上、下限分别为 $X_{\mathrm{u}}$ 与 $X_{\mathrm{l}}$，区间模型表示为 $d \in [d_{\mathrm{l}}, d_{\mathrm{u}}]$，$X \in [X_{\mathrm{l}}, X_{\mathrm{u}}]$。

在区间模型中，区间的名义值或区间中点表示为 $\hat{X} = (X_{\mathrm{l}} + X_{\mathrm{u}})/2$，而区间半径为 $\Delta X = (X_{\mathrm{u}} - X_{\mathrm{l}})/2$。

如果存在 $n$ 个不确定变量，用向量表示为 $\boldsymbol{X} \in \mathbf{R}^n$，区间模型将每个不确定变量用其相应的区间集来描述，即

$$X_i \in [X_{i,\mathrm{l}}, X_{i,\mathrm{u}}],\ i=1,2,\cdots,n \tag{7-3}$$

在几何上，式（7－3）表现为一个 $n$ 维超立方盒，因此多维区间也称为“超立方盒模型”。图 7－1 为 $n$=2 时的二维区间模型，其表现形式为一个矩形区域。区间模型不需要大量的样本信息构造不确定参数的精确概率密度函数，只需要通过少量的样本即可获取不确定参数的边界，大大降低了对样本信息量的需求，使得工程结构不确定性建模与可靠性分析设计更为方便经济。

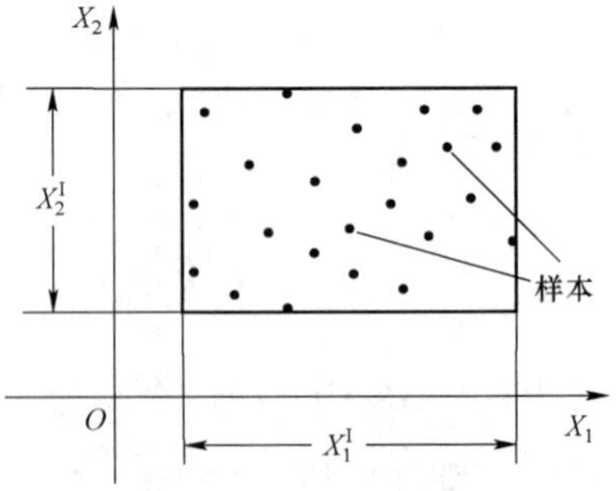

图 7－1　二维区间模型

### 7.2.2 随机模型

随机性是自然界各种事物固有的特性，如荷载的波动、材料性能等。确定性分析认为这些因素可用平均值来表示，忽略了它们在平均值附近的变化。随机模型的特性是对不确定的诸因素进行统计处理，考虑了它们在平均值附近变化的影响和各因素之间的相关性，为结构安全度和寿命估计提供比较符合实际的参考数据，为不确定性问题的定量处理提供了一种有力的手段。

随机模型用具有一定分布特征的随机变量或随机场来描述，同时假设结构的响应也为随

机变量或随机场，通过概率分析理论的手段计算结构的可靠度和失效概率，如图 7－2 所示。

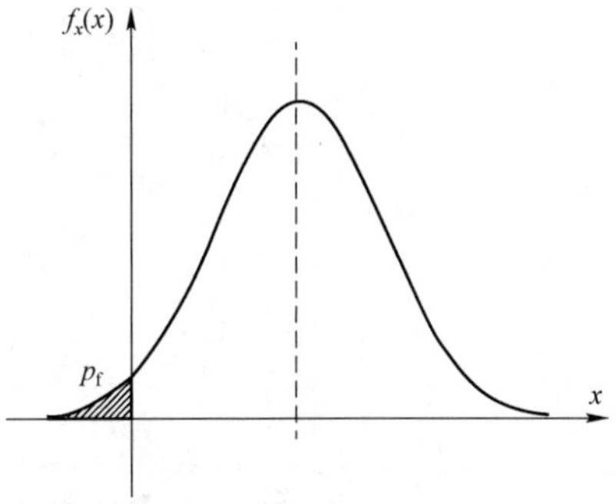

图 7－2　随机模型

结构完成预定功能的概率用可靠概率 $p_r$ 或安全概率 $p_s$ 表示；相反，结构不能完成预定功能的概率用失效概率 $p_f$ 表示。结构的可靠与失效是两个不相容事件，它们的和事件是必然事件，即存在以下关系：

$$p_r+p_f=1 \tag{7-4}$$

所以，可靠概率 $p_r$ 和失效概率 $p_f$ 都可用来表示结构的可靠度，常因计算和表达上的方便而使用失效概率 $p_f$。

考虑结构功能函数 $Z$ 为连续随机变量，设 $Z$ 的概率密度函数为 $f_Z(z)$，累积分布函数为 $F_Z(z)$，由可靠概率和实效概率的意义可知

$$p_r=P(Z>0)=\int_0^{\infty} f_Z(z)\mathrm{d}z=1-F_Z(0) \tag{7-5}$$

$$p_f(Z\leqslant 0)=\int_{-\infty}^{0} f_Z(z)\mathrm{d}z=F_Z(0) \tag{7-6}$$

设基本随机变量 $\boldsymbol{X}=(X_1,X_2,...,X_n)^{\mathrm{T}}$ 的联合概率密度函数 $f_X(\boldsymbol{x})=f_X(x_1,x_2,...,x_n)$，联合累积分布函数为 $F_X(\boldsymbol{x})=F_X(x_1,x_2,...,x_n)$，则结构的失效概率可表示为

$$\begin{aligned}p_f&=\int_{Z\leqslant 0}\mathrm{d}F_X(\boldsymbol{x})=\int_{Z\leqslant 0} f_X(\boldsymbol{x})\mathrm{d}\boldsymbol{x}\\&=\int\cdots\int_{Z\leqslant 0} f_X(x_1,x_2,\cdots,x_n)\mathrm{d}x_1\mathrm{d}x_2\cdots\mathrm{d}x_n\end{aligned} \tag{7-7}$$

若各 $X_i$ 相互独立，$X_i$ 的概率密度函数为 $f_{X_i}(x_i)$，则

$$p_f=\int\cdots\int_{Z\leqslant 0} f_{X_1}(x_1)f_{X_2}(x_2)\cdots f_{X_n}(x_n)\mathrm{d}x_1\mathrm{d}x_2\cdots\mathrm{d}x_n \tag{7-8}$$

### 7.2.3　模糊模型

模糊模型针对的是工程应用中的模糊性信息。与随机性参数不同的是，模糊性参数的边界并不清晰，其涉及事物本身的概念是模糊的，即一个对象是否符合这个概念是难以确定的。模糊模型采用模糊集合来描述这种不确定信息，利用模糊统计方法来研究不确定现象。

经典数学所研究的集合 $Z=\{z_1,z_2,\cdots,z_m\}$ 都具有明确的边界。任意元素 $z_i\in Z$ 或者 $z_i\notin Z$，二者必居其一。但由于有些事物本身的定义或评定标准具有模糊性，相应的集合也具有了模糊的边界。$Z$ 的一个模糊子集可以记为

$$\tilde{Z}=\frac{\mu_{Z,1}}{z_1}+\frac{\mu_{Z,2}}{z_2}+\cdots+\frac{\mu_{Z,m}}{z_m} \tag{7-9}$$

式中加号不代表算术“和”，而是“联”的意思，而 $0\leqslant\mu_{Z,i}=\mu_Z(z_i)\leqslant 1$ 表示元素 $z_i$ 对模糊子集 $\tilde{Z}$ 的隶属度。

当 $z$ 可用实数连续表示时，模糊集合

$$\tilde{Z}=\int_{\mathrm{R}}\frac{\mu_z(z)}{z}\quad (z\in \mathrm{R}) \tag{7-10}$$

是实数域 **R** 上的一个模糊子集，式中积分号也只代表“联”的意思，$\mu_z(z)$ 称为 $\tilde{Z}$ 的隶属函数。

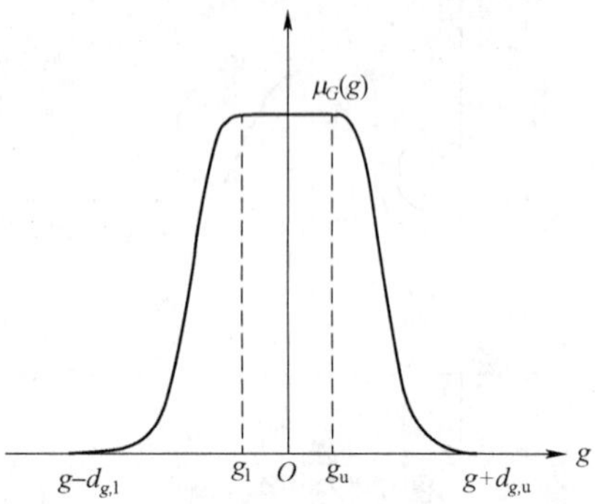


**图 7-3　隶属函数**

从模糊统计的角度来说，约束函数 $g$ 的允许范围 $G$ 构成实数域上的一个模糊子集：

$$G=\left\{\int_{R}\frac{\mu_G(g)}{g}\right\} \tag{7-11}$$

它的隶属函数 $\mu_G(g)$ 具有图 7-3 所示的性质。图中 $d_{g,u}$ 和 $d_{g,l}$ 是过渡区长度，也就是上限 $g_u$ 和下限 $g_l$ 的容许偏差。

模糊性一般以隶属函数来描述，隶属函数的曲线部分主要是表示物理量允许取值范围边界的逐渐过渡性。隶属函数在[0,1]闭区间中取值，其实质上定义了模糊量的模糊允许区间。

### 7.2.4　证据理论

证据理论是经典概率论的推广，可以对随机不确定性、模糊不确定性及区间不确定性进行有效的处理，是一种更为一般性的不确定性建模理论。因此，证据理论具有处理多源不确定性的能力，目前已被广泛应用于多目标识别、多传感器信息融合、图像处理、核工业系统管理等领域。

证据理论是建立在辨识框架 Θ 上的不确定性推理和决策理论，其理论基础包括基本概率分配函数、信度函数、似真度函数等基本概念及 Dempster 证据合成法则。以下将简要介绍这些基本定义。

**1. 辨识框架（Frame of Discernment，FD）**

辨识框架（FD）包含一系列相互独立的基本事件，类似于概率论中随机变量的有限样本空间，例如，辨识框架为 $X=\{X_1,X_2,X_3\}$，其中包含三个相互独立的命题 $X_1,X_2$ 和 $X_3$。对于上述问题，辨识框架下所有可能的子命题将组成幂集

$$2^X=\{\varnothing,\{X_1\},\{X_2\},\{X_3\},\{X_1,X_2\},\{X_1,X_3\},\{X_2,X_3\},\{X_1,X_2,X_3\}\} \tag{7-12}$$

**2. 基本概率分配（Basic Probability Assignment，BPA）**

作为证据理论中的重要概念，基本概率分配（BPA）表征对任一命题的信度。对于辨识框架 $X$，如果集函数 $m:2^X\to[0,1]$ 满足

$$m(A)\geqslant 0 \text{ for } \forall A\in 2^X \tag{7-13}$$

$$m(\varnothing)=0 \tag{7-14}$$

$$\sum_{A\in 2^X} m(A)=1 \tag{7-15}$$

则 $m$ 为辨识框架 $X$ 上的基本概率分配。式（7-14）反映了对于空集的信度为 0，而式（7-15）反映了对于所有命题赋予的总信度为 1。对于任一命题 $A$ 满足 $m(A)\geqslant 0$，则称为焦元。证据理论由于本身固有的灵活性，能够构造多种不同的基本概率分配结构，常见的有如图 7-4 所示的三种证据结构。

**3. 信度函数与似真度函数**

由于缺乏足够的样本信息构建不确定参数的精确概率分布，采用概率上下界度量对任一命题的信度相较于概率论中确定的概率值将更为合理。在证据理论中，采用信度 Belief（Bel）和似真度 Plausibility（Pl）作为概率下界和上界

$$\text{Bel}(A)=\sum_{C\subseteq A}m(C) \tag{7-16}$$

$$\text{Pl}(A)=\sum_{C\cap A\neq\varnothing}m(C) \tag{7-17}$$

通过式（7－16）和式（7－17）可知：命题 $A$ 的信度是将全部支持命题 $A$ 的证据的基本概率分配求和，而命题 $A$ 的似真度则是将全部和部分支持命题 $A$ 的证据的基本概率分配求和。

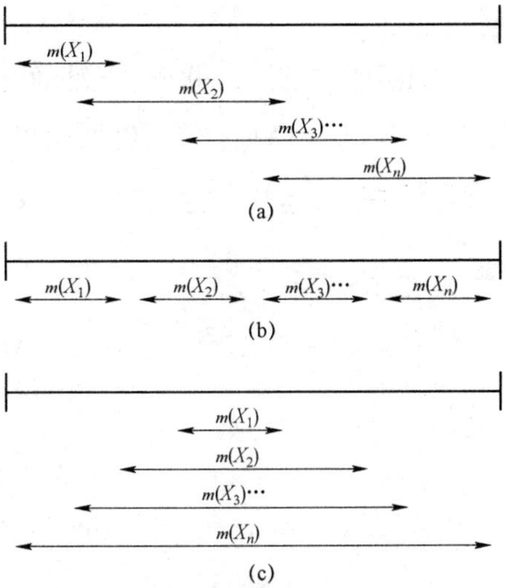


**图 7－4　常见的三种证据结构**

（a）General 证据结构；（b）Bayesian 证据结构；（c）Consonant 证据结构

**4. 证据融合法则**

证据融合法则反映证据的联合作用，对于来自不同专家意见或实验信息的证据需要通过证据合成法则合成。设 $\text{Bel}_1$ 和 $\text{Bel}_2$ 为同一辨识框架上的两个信度函数，$m_1$ 和 $m_2$ 分别是其对应的基本概率分配，则通过 Dempster 证据合成法则求解融合证据 $m$：

$$m(A)=\frac{\sum_{B\cap C=A}m_1(B)m_2(C)}{1-K} \tag{7-18}$$

式中 $A\neq 0$，且有

$$K=\sum_{B\cap C=0}m_1(B)m_2(C) \tag{7-19}$$

式中，$K$ 表示不同来源证据的冲突程度。

## 7.3　可靠性指标定义

### 7.3.1　极限状态方程

设 $\boldsymbol{X}$ 是影响结构功能的不确定参数，可以是结构的几何尺寸、材料的性能参数、结构所受的作用等。称随机函数

$$Z=g(\boldsymbol{X}) \tag{7-20}$$

为结构的功能函数、失效函数或极限状态函数。规定 $Z>0$ 表示结构处于可靠状态，$Z<0$ 表示结构处于失效状态，$Z=0$ 表示结构处于极限状态。

特别地，方程

$$Z=g(\boldsymbol{X})=0 \tag{7-21}$$

称为结构的极限状态方程。它表示 $n$ 维基本随机变量空间中的 $n-1$ 维超曲面，称为极限状态

面或失效面。

如图 7-5 所示，极限状态曲面 $g(\boldsymbol{X})=0$ 将问题定义域 $\Omega$ 划分为可靠域 $\Omega_{\mathrm{r}}=\{\boldsymbol{X} \mid g(\boldsymbol{X})>0\}$ 和失效域 $\Omega_{\mathrm{f}}=\{\boldsymbol{X} \mid g(\boldsymbol{X}) \leqslant 0\}$ 两个区域，即

$$Z=g(\boldsymbol{X})>0 \Leftrightarrow \boldsymbol{X} \in \Omega_{\mathrm{r}} \tag{7-22}$$

$$Z=g(\boldsymbol{X}) \leqslant 0 \Leftrightarrow \boldsymbol{X} \in \Omega_{\mathrm{f}} \tag{7-23}$$

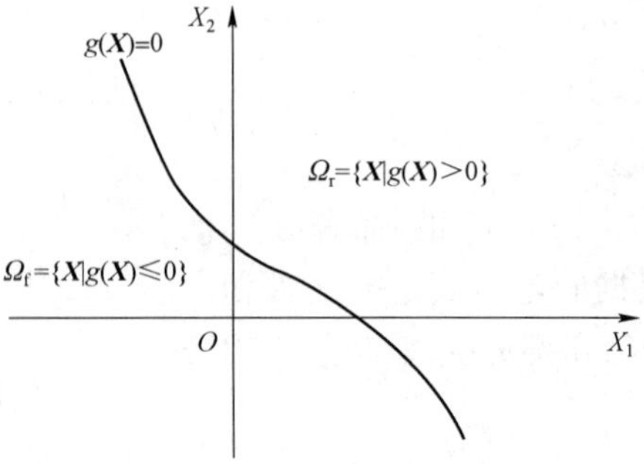


**图 7-5　可靠域与失效域**

## 7.3.2　可靠性指标

基本随机变量的联合概率密度在实际应用中是难以获得的，多重积分的计算有时也会非常困难，故直接采用定义来计算失效概率的效果往往不太理想。可靠性指标是一个和失效概率有对应关系的参数，它在满足精度要求的同时提供了一种更为简便的计算方法。

**1. 基于区间模型的可靠性指标**

在区间模型中，对于某区间变量向量 $\boldsymbol{X}$，其上下界分别是 $\boldsymbol{X}_{\mathrm{u}}$、$\boldsymbol{X}_{\mathrm{l}}$，则区间变量的均值 $\boldsymbol{C}$、半径 $\boldsymbol{W}$ 为

$$\boldsymbol{C}=\frac{\boldsymbol{X}_{\mathrm{u}}+\boldsymbol{X}_{\mathrm{l}}}{2}, \quad \boldsymbol{W}=\frac{\boldsymbol{X}_{\mathrm{u}}-\boldsymbol{X}_{\mathrm{l}}}{2} \tag{7-24}$$

均值和半径是反映区间变量特征的重要参数。区间变量上的任意区间变量 $\boldsymbol{X}$ 可以表示为

$$\boldsymbol{X}=\boldsymbol{C}+\boldsymbol{W}[\varDelta] \tag{7-25}$$

式中 $[\varDelta]$ 为标准化区间，取值范围为 $[-1,1]$。

对于某标准化区间空间，系统的非概率可靠性指标 $\beta$ 定义为

$$\beta=\min(\|\varDelta\|_{\infty}) \tag{7-26}$$

$$\|\varDelta\|_{\infty}=\max(|\delta_1|,|\delta_2|\cdots,|\delta_n|) \tag{7-27}$$

式中，$\varDelta$ 满足条件

$$M=g(X_1,X_2,\cdots,X_n)=G(\varDelta)=0 \tag{7-28}$$

式中，$M=g(X_1,X_2,\cdots,X_n)$ 是系统的极限状态方程，标准化区间变量 $\varDelta=(\delta_1,\delta_2,\cdots,\delta_n)$ 是区间变量 $\boldsymbol{X}=(X_1,X_2,\cdots,X_n)$ 通过标准化得到的。$\beta$ 的求解实质为在标准化空间中失效面上寻找无穷范数最小的点，图 7-6 为二维标准化空间中的可靠性指标。

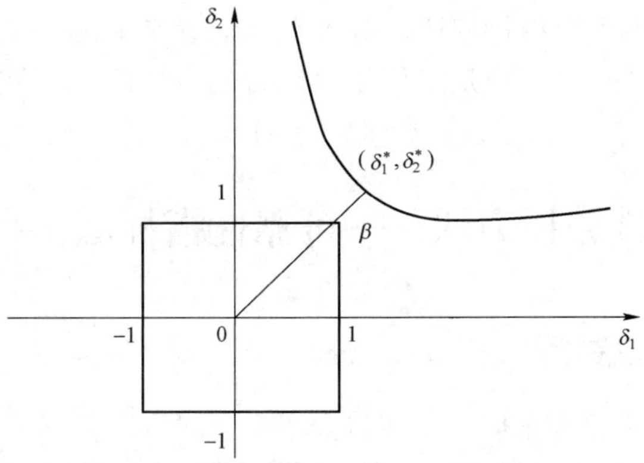


图 7－6　二维标准化空间中的可靠性指标

**2. 基于概率模型的可靠性指标**

随机模型中 $n$ 维独立正态变量空间，随机变量为 $\boldsymbol{X}=(X_1,X_2,\cdots,X_n)$，其失效曲面可用如下的非线性函数表示：

$$g(\boldsymbol{X})=g(X_1,X_2,\cdots,X_n)=0 \tag{7-29}$$

将随机变量转换为标准正态形式：

$$\mu_i=\frac{X_i-\mu_{X_i}}{\sigma_{X_i}} \tag{7-30}$$

式中：$\mu_{X_i}$，$\sigma_{X_i}$ 分别为 $X_i$ 的均值和标准差。标准正态随机变量 $\mu_i$ 的均值和标准差分别等于 0 和 1。

标准正态分布向量 $\boldsymbol{U}=\{\mu_1,\mu_2,\cdots,\mu_n\}^{\mathrm{T}}$ 的任意正交变换形成一组新的独立正交向量，因而，向量 $\boldsymbol{U}$ 的分布关于二阶矩分布旋转对称。经过式（7－30）的变换，原始空间（$\boldsymbol{X}$ 空间）中的均值点映射到了正态空间（$\boldsymbol{U}$ 空间）中的原点，并且，如图 7－7 所示，$\boldsymbol{X}$ 空间中的失效曲面 $g(\boldsymbol{X})=0$ 映射到了 $\boldsymbol{U}$ 空间中对应失效曲面 $g(\boldsymbol{U})=0$。由于 $\boldsymbol{U}$ 空间二阶矩的旋转对称性，$\boldsymbol{U}$ 空间的原点到失效曲面 $g(\boldsymbol{U})=0$ 上任意点的几何距离从数值上等于 $\boldsymbol{X}$ 空间的均值点到失效曲面 $g(\boldsymbol{X})=0$ 上对应点的标准差。均值点到失效曲面的距离可以由可靠度指数函数来度量，即

$$\beta(\boldsymbol{U})=(\boldsymbol{U}^{\mathrm{T}}\boldsymbol{U})^{1/2}=\|\boldsymbol{U}\|_2,\ \boldsymbol{U}\in g(\boldsymbol{U})=0 \tag{7-31}$$

可靠度指数 $\beta$ 表示为原点到失效曲面 $g(\boldsymbol{U})=0$ 的最短距离，即

$$\beta=\min_{\boldsymbol{U}\in g(\boldsymbol{U})=0}(\boldsymbol{U}^{\mathrm{T}}\boldsymbol{U})^{1/2} \tag{7-32}$$

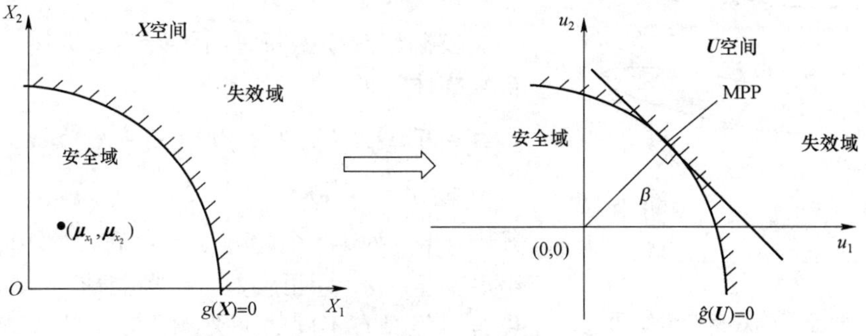


图 7－7　失效曲面从 $\boldsymbol{X}$ 空间到 $\boldsymbol{U}$ 空间的映射

同基于区间模型的可靠性指标相比，两者在几何意义上都是寻求原点到失效曲面距离最小的点，只是在求解形式上一个是采用无穷范数的方式度量，另一个则是标准化后的几何距离。

# 7.4 结构可靠性分析方法——可靠性指标法（RIA）

## 7.4.1 凸模型可靠性指标法

区间模型在 7.2.1 节中已经阐明，下面将介绍多椭球凸模型。

实际工程中，所考虑的不确定性可能来源于几何尺寸的不精确、材料性质的不稳定以及荷载的扰动等。当考虑到多个不确定参数时，部分不确定参数可能相互独立，如图 7－8（a），或与其他不确定参数存在某种制约关系，如图 7－8（b）。因此比较合适的处理是，根据不确定性的种类或相关性，将所有不确定参数分为若干组，每个组内的参数存在某种联系，而组与组之间的参数则完全独立，此时则需要采用多椭球凸模型。

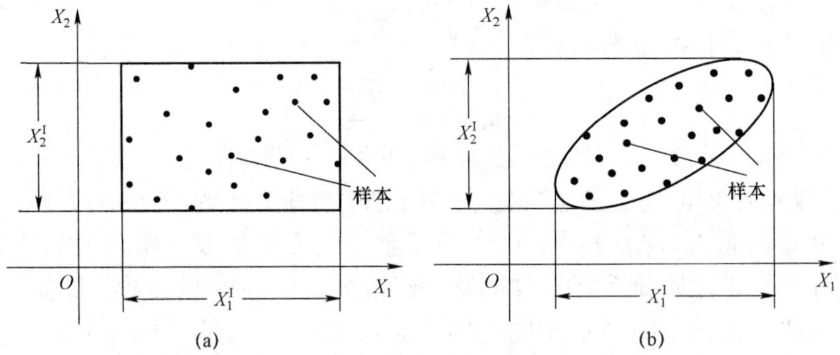


**图 7－8　区间模型和椭圆模型**

（a）区间模型；（b）椭圆模型

假定所有不确定参数分为 $N_E$ 组，用向量形式表示为

$$\boldsymbol{X}^{\mathrm{T}}=\{\boldsymbol{X}_1^{\mathrm{T}},\boldsymbol{X}_2^{\mathrm{T}},\cdots,\boldsymbol{X}_{N_E}^{\mathrm{T}}\} \tag{7-33}$$

其中，$\boldsymbol{X}_i\ (i=1,2,\cdots,N_E)$ 表示第 $i$ 组不确定参数，且 $\sum_{i=1}^{N_E} n_i = n$。

多椭球凸模型将每组不确定参数用一个超椭球集合来描述，即

$$\boldsymbol{X}\in \boldsymbol{E}\equiv\{\boldsymbol{X}\,|\,(\boldsymbol{X}_i-\hat{\boldsymbol{X}}_i)W_{\mathrm{e},i}(\boldsymbol{X}_i-\hat{\boldsymbol{X}}_i)\leqslant \varepsilon_{\mathrm{e},i}^2\}\quad (i=1,2,\cdots,N_E) \tag{7-34}$$

其中，$W_{\mathrm{e},i}$ 为第 $i$ 个超椭球集合的特征矩阵；$\hat{\boldsymbol{X}}_i$ 为第 $i$ 组名义值；$\varepsilon_{\mathrm{e},i}$ 为正实数。在多椭球凸模型中，各椭球集合可能具有不同的维数，图 7－9 为考虑不确定参数分组为 $\{X_1,X_2\}$ 和 $\{X_3\}$ 时的多椭球凸模型。

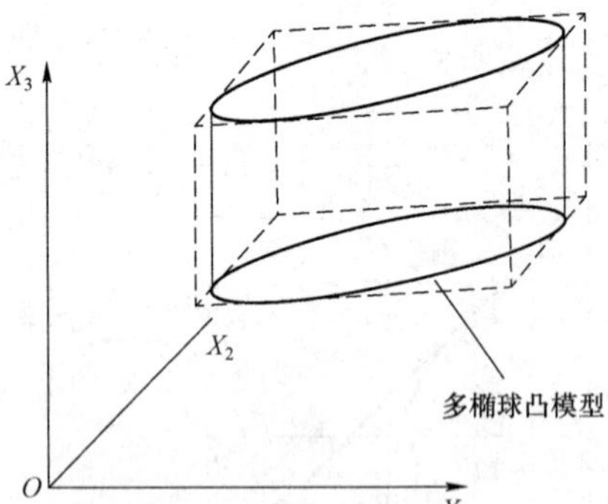


**图 7－9　考虑不确定参数分组为 $\{X_1,X_2\}$ 和 $\{X_3\}$ 时的多椭球凸模型**

若仅包含一个组，多椭球凸模型即退化为单椭球模型；若每组集合仅包含一个不确定参数，则多椭球凸模型退化为超立方盒模型。更为一般的情况下，多椭球凸模型能模拟各种各样形状的参量不确定范围。

在式（7－34）表示的多椭球凸集中，将不确定参数向量 $\boldsymbol{X}$ 无量纲化为相对变差向量 $\boldsymbol{\delta}$（相对于其名义值），两者的分量元素有如下关系式：

$$X_i = \hat{X}_i \times (1+\delta_i)\ (i=1, 2, \cdots, n) \tag{7-35}$$

则可用无量纲化的多椭球凸模型来描述不确定性，即

$$\boldsymbol{X} \in \boldsymbol{E} \equiv \{\boldsymbol{\delta} \mid \boldsymbol{\delta}_i^{\mathrm{T}} \boldsymbol{W}_i \boldsymbol{\delta}_i \leqslant \varepsilon_{\mathrm{e},i}^2\}\ (i=1, 2, \cdots, N_E) \tag{7-36}$$

式中，$\boldsymbol{W}_i$ 称为无量纲特征矩阵。

对各无量纲特征矩阵 $\boldsymbol{W}_i$ 分别进行特征值分解：

$$\boldsymbol{Q}_i^{\mathrm{T}} \boldsymbol{W}_i \boldsymbol{Q}_i = \boldsymbol{\Lambda}_i,\ \boldsymbol{Q}_i^{\mathrm{T}} \boldsymbol{Q}_i = \boldsymbol{I} \tag{7-37}$$

式中，$\boldsymbol{Q}_i$ 为由特征向量组成的正交矩阵，$\boldsymbol{\Lambda}_i$ 为由特征值组成的对角矩阵，$\boldsymbol{I}$ 为单位矩阵。

令

$$\boldsymbol{q}_i = \frac{1}{\varepsilon_{\mathrm{e},i}} \boldsymbol{\Lambda}_i^{\frac{1}{2}} \boldsymbol{Q}_i^{\mathrm{T}} \boldsymbol{\delta}_i \tag{7-38}$$

并代入式（7－36），原多椭球凸模型可以转换为

$$E_{\mathrm{c}} \equiv \{\boldsymbol{q} \mid \sqrt{\boldsymbol{q}_i^{\mathrm{T}} \boldsymbol{q}_i} \leqslant 1 \text{或} \|\boldsymbol{q}_i\| \leqslant 1\}\ (i=1, 2, \cdots, N_E) \tag{7-39}$$

可见，经标准化变换后，多椭球凸模型成为标准空间（或 $\boldsymbol{q}$ 空间）下的多个单位超椭球体（半径为 1）集合 $E_{\mathrm{c}}$。称 $\boldsymbol{q}_i$ 为第 $i$ 组不确定参数向量 $\boldsymbol{X}_i$ 对应的标准化向量。

对于超立方盒的特殊情况，标准化模型退化为

$$E_{\mathrm{c}} \equiv \{\boldsymbol{q} \mid -1 \leqslant q_i \leqslant 1\}\ (i=1, 2, \cdots, N_E) \tag{7-40}$$

其标准化变量简化为 $q_i = (x_i - \hat{x}_i) / \Delta x_i$。

一般情况下结构不确定性参数可用多椭球凸模型来描述。对于式（7－39）中采用 $N_E$ 个超椭球集合描述不确定性的情况，定义标准 $\boldsymbol{q}$ 空间中向量 $\boldsymbol{q}^{\mathrm{T}} = \{\boldsymbol{q}_1^{\mathrm{T}}, \boldsymbol{q}_2^{\mathrm{T}}, \cdots, \boldsymbol{q}_{N_E}^{\mathrm{T}}\}$ 的“长度”为

$$\begin{aligned} \|\boldsymbol{q}\| &= \left\| \sqrt{\boldsymbol{q}_1^{\mathrm{T}} \boldsymbol{q}_1}, \sqrt{\boldsymbol{q}_2^{\mathrm{T}} \boldsymbol{q}_2}, \cdots, \sqrt{\boldsymbol{q}_{N_E}^{\mathrm{T}} \boldsymbol{q}_{N_E}} \right\|_\infty \\ &= \max\left(\sqrt{\boldsymbol{q}_1^{\mathrm{T}} \boldsymbol{q}_1}, \sqrt{\boldsymbol{q}_2^{\mathrm{T}} \boldsymbol{q}_2}, \cdots, \sqrt{\boldsymbol{q}_{N_E}^{\mathrm{T}} \boldsymbol{q}_{N_E}}\right) \end{aligned} \tag{7-41}$$

因此，如图 7－10 所示，标准化多椭球凸集合的边界可用 $\|\boldsymbol{q}\| = 1$ 来表示。故定义多椭球凸模型下非概率可靠性指标 $\eta$ 为

$$\begin{aligned} &\eta = \mathrm{sgn}(g(0)) \cdot \min\{\max(\sqrt{\boldsymbol{q}_1^{\mathrm{T}} \boldsymbol{q}_1}, \sqrt{\boldsymbol{q}_2^{\mathrm{T}} \boldsymbol{q}_2}, \cdots, \sqrt{\boldsymbol{q}_{N_E}^{\mathrm{T}} \boldsymbol{q}_{N_E}})\} \\ &\text{s.t.}\ \ g(\boldsymbol{q}) = 0 \end{aligned} \tag{7-42}$$

式（7－42）定义的非概率可靠性指标能够合理地度量结构的可靠性。如果 $\eta = 1$，则失效区与不确定性凸集区域刚好相切或相交，结构处于“临界”失效的状态；如果 $\eta > 1$，则不确定参数的可能取值均处于可靠区内，此时结构是可靠的，并且保留了一定程度的安全裕量；如果 $-1 < \eta < 1$，则不确定参数集合有一个非空子集处于不可靠区内；如果 $\eta \leqslant -1$，则不确

定参数集合全部处于不可靠区内。对于后两种情况，结构是不可靠的，而$\eta$值越大，结构所能容许的不确定性程度越大，结构越可靠。

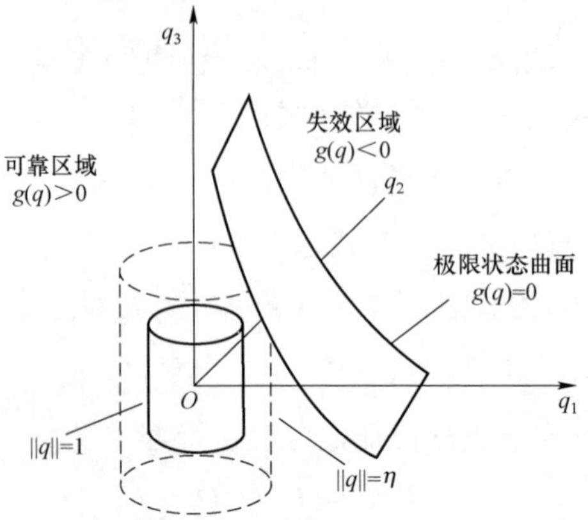


**图 7－10　多椭球凸模型下的非概率可靠性度量**

### 7.4.2　概率模型的可靠性指标法

如前所述，不确定性优化模型的数学模型通常表示为

$$\begin{gathered}\min\ f(\boldsymbol{d})\\ \text{s.t. } \operatorname{Prob}(g_i(\boldsymbol{d},\boldsymbol{X})\leqslant 0)<P_{i,\mathrm{t}}\ \ (i=1,2,\cdots,N_{\mathrm{p}})\\ \boldsymbol{d}_{\mathrm{l}}\leqslant\boldsymbol{d}\leqslant\boldsymbol{d}_{\mathrm{u}}\end{gathered}\tag{7-43}$$

当$\boldsymbol{X}$为随机变量时，结构的失效概率可以通过下式获得：

$$P_{\mathrm{f}}(g_i(\boldsymbol{d},\boldsymbol{X})\leqslant 0)=\int_{g_{i(\boldsymbol{d},\boldsymbol{X})\leqslant 0}} f(\boldsymbol{X})\mathrm{d}\boldsymbol{X}=F_{g_i}(0,\boldsymbol{d})\tag{7-44}$$

式中$f(\boldsymbol{X})$为随机变量$\boldsymbol{X}$的联合概率密度函数；$F_{g_i}(\cdot,\boldsymbol{d})$为$g_i(\boldsymbol{d},\boldsymbol{X})$的累积分布函数。

又因为$p_{\mathrm{f}}=\varPhi(-\beta)$，则概率约束可进一步表述为

$$\beta_i(d)=-\varPhi^{-1}(F_{g_i}(0,\boldsymbol{d}))>\beta_{i,\mathrm{t}}\tag{7-45}$$

其中$\beta_i(d)$为第$i$个状态函数的可靠性指标；$\beta_{i,\mathrm{t}}$为对应于许可失效概率$P_{i,\mathrm{t}}$的目标可靠性指标。若用式（7－43）来描述概率结构优化设计中的概率约束，则有

$$\begin{gathered}\min\ f(\boldsymbol{d})\\ \text{s.t. } \beta_i(d)>\beta_{i,\mathrm{t}}\ \ (i=1,2,\cdots,N_p)\\ \boldsymbol{d}_{\mathrm{l}}\leqslant\boldsymbol{d}\leqslant\boldsymbol{d}_{\mathrm{u}}\end{gathered}\tag{7-46}$$

式（7－46）即为概率结构优化设计的可靠性指标法。

在利用随机模型求解结构可靠度问题时，常常遇到基本随机变量是非正态分布的，且变量具有一定相关性的情况。然而现有的结构可靠度计算方法绝大多数是建立在随机变量为独立标准正态变量的基础上的，所以为了求解变量为相关非正态式结构的可靠度，需要将相关非正态变量进行转化。目前使用比较广泛的方法有如下几种：Rosenblatt 变换、Nataf 变换和 HL－RF 方法等。

**1. Rosenblatt 变换**

Rosenblatt 变换是将一组非正态随机变量变换成为一组等效的独立正态随机变量的通用方法。设有 $n$ 维随机变量 $\boldsymbol{X}=(X_1,X_2,\cdots,X_n)^{\mathrm{T}}$，其联合累积分布函数为 $F_X(\boldsymbol{x})$，一组相互独立的标准正态变量 $\boldsymbol{Y}=(Y_1,Y_2,\cdots,Y_n)^{\mathrm{T}}$ 可以通过以下方程获得：

$$\begin{cases}\boldsymbol{\Phi}(Y_1)=F_{X_1}(x_1)\\ \boldsymbol{\Phi}(Y_2)=F_{X_2|X_1}(x_2|x_1)\\ \cdots\\ \boldsymbol{\Phi}(Y_n)=F_{X_n|X_1,X_2,\cdots,X_{n\text{-}1}}(x_n|x_1,x_2,\cdots,x_{n\text{-}1})\end{cases}\tag{7-47}$$

式中 $F_{X_i|X_1,X_2,\ldots,X_{i\text{-}1}}(x_i|x_1,\ldots,x_{i\text{-}1})$ 为条件累积分布函数。

对式（7－47）求逆，就可得期望的独立标准正态变量 $\boldsymbol{Y}$，即

$$\begin{cases}Y_1=\boldsymbol{\Phi}^{-1}[F_{X_1}(x_1)]\\ Y_2=\boldsymbol{\Phi}^{-1}[F_{X_2|X_1}(x_2|x_1)]\\ \cdots\\ Y_n=\boldsymbol{\Phi}^{-1}[F_{X_n|X_1,X_2,\cdots,X_{n\text{-}1}}(x_n|x_1,x_2,\cdots,x_{n-1})]\end{cases}\tag{7-48}$$

式（7－48）即为 Rosenblatt 变换，其逆变换为

$$\begin{cases}x_1=F_{X_1}^{-1}[\boldsymbol{\Phi}(Y_1)]\\ x_2=F_{X_2|X_1}^{-1}[\boldsymbol{\Phi}(Y_2)|X_1]\\ \cdots\\ x_n=F_{X_n|X_1,X_2,\cdots,X_{n\text{-}1}}^{-1}[\boldsymbol{\Phi}(Y_n)|X_1,X_2,\cdots,X_{n-1}]\end{cases}\tag{7-49}$$

经过上式的 Rosenblatt 逆变换后，结构的功能函数为 $Z=g_X(\boldsymbol{X})=g_Y(\boldsymbol{Y})$，则结构的失效概率为

$$\begin{aligned}p_{\mathrm{f}}&=\int_{g_X(\boldsymbol{x})\leqslant 0}f_X(\boldsymbol{x})\mathrm{d}\boldsymbol{x}\\&=\int\cdots\int_{g_X(\boldsymbol{x})\leqslant 0}f_{X_1}(x_1)f_{X_2|X_1}(x_2|x_1)\cdots\\&\quad f_{X_n|X_1,X_2,\cdots,X_{n\text{-}1}}(x_n|x_1,x_2,\cdots,x_{n\text{-}1})\mathrm{d}x_1\mathrm{d}x_2\cdots\mathrm{d}x_n\\&=\int\cdots\int_{g_Y(\boldsymbol{y})\leqslant 0}\prod_{i=1}^{n}\varphi(y_i)\mathrm{d}y_1\mathrm{d}y_2\cdots\mathrm{d}y_n\\&=\int_{g_Y(\boldsymbol{y})\leqslant 0}\varphi_n(\boldsymbol{y})\mathrm{d}\boldsymbol{y}\end{aligned}\tag{7-50}$$

式中，$\varphi_n(\boldsymbol{y})=\prod_{i=1}^{n}\varphi(y_i)$ 为 $n$ 维独立标准正态变量的概率密度函数。

Rosenblatt 变换的精度很高，但是它的应用条件非常苛刻，它要求已知变量联合概率密度函数，这在实际工程中是难以满足的。它适用的变量分布类型以及变量间相关系数的取值范围都非常有限。常用的办法是根据经验选择一个合适的变量顺序进行可靠度计算，但这显然具有一定的人为因素。

**2. Nataf 变换**

当基本随机变量 $\boldsymbol{X}$ 为统计相关且非正态分布时，Rosenblatt 变换方法是最具一般性的精确变换方法，但需要已知 $\boldsymbol{X}$ 的联合累积分布函数，这通常是很困难的。Nataf 变换利用变量的边缘概率密度函数、相关系数矩阵及 $n$ 维标准正态概率密度函数，考虑了变换引起的变量相关性的改变，克服了 Rosenblatt 变换的弊端。

设已知相关随机变量 $\boldsymbol{X}$ 的相关系数矩阵为 $\boldsymbol{\rho}_X=[\rho_{X_iX_j}]_{n\times n}$，其边缘概率密度函数为 $f_{X_i}(x_i)$，边缘累积分布函数 $F_{X_i}(x_i)$ 是连续递增函数，经过等概率边缘变换

$$F_{X_i}(x_i)=\Phi(Y_i) \tag{7-51}$$

$$Y_i=\Phi^{-1}[F_{X_i}(x_i)] \tag{7-52}$$

后，得到相关标准正态随机变量 $\boldsymbol{Y}$，其相关系数矩阵为 $\boldsymbol{\rho}_Y=[\rho_{Y_iY_j}]_{n\times n}$，此时 $\boldsymbol{X}$ 的联合概率密度函数可写成

$$f_X(\boldsymbol{x})=\det \boldsymbol{J}_{YX}\varphi_n(\boldsymbol{y}|\boldsymbol{\rho}_Y) \tag{7-53}$$

式中，$\det \boldsymbol{J}_{YX}$ 为 $Y_i=\Phi^{-1}[F_{X_i}(x_i)]$ 的雅可比行列式，即

$$\det \boldsymbol{J}_{YX}=\prod_{i=1}^{n}\frac{f_{X_i}(x_i)}{\varphi(y_i)} \tag{7-54}$$

而 $\boldsymbol{X}$ 的相关系数可以表示成

$$\rho_{X_iX_j}=\int_{-\infty}^{\infty}\int_{-\infty}^{\infty}\frac{x_i-\mu_{X_i}}{\sigma_{X_i}}\frac{x_j-\mu_{X_j}}{\sigma_{X_j}}\varphi_2(y_i,y_j\left|\rho_{Y_iY_j}\right.)\mathrm{d}y_i\mathrm{d}y_j \tag{7-55}$$

式（7-53）和式（7-54）称为 Nataf 分布。等概率边缘密度变换式即式（7-55）能够将变量 $\boldsymbol{X}$ 变换成标准正态变量 $\boldsymbol{Y}$，并且能够用式（7-54）确定 $\boldsymbol{Y}$ 的相关系数矩阵。这种变换考虑了变换引起的变量相关性的改变，称为 Nataf 变换。

**3. HL-RF 方法**

HL-RF 方法是一种不需要进行多重积分的近似变换法，且这种方法计算结果和由多重积分概率公式得到的精确解有很好的一致性。

当随机变量相互独立时，变换表达式为

$$u_i=\Phi^{-1}[F_{x_i}(x_i)] \tag{7-56}$$

式中，$\Phi^{-1}[\bullet]$ 为 $\Phi[\bullet]$ 的逆。

获得等效正态分布的第一种方法是泰勒级数展开法，当忽略非线性项的影响时，式（7-56）在设计验算点 $X^*$ 处的泰勒级数展开式表示为

$$u_i=\Phi^{-1}[F_{x_i}(x_i^*)]+\frac{\partial}{\partial x_i}([\Phi^{-1}F_{x_i}(x_i)])\Big|_{x_i^*}(x_i-x_i^*) \tag{7-57}$$

式中

$$\frac{\partial}{\partial x_i}([\Phi^{-1}F_{x_i}(x_i)])=\frac{f_{x_i}(x_i)}{\varphi(\Phi^{-1}[F_{x_i}(x_i)])} \tag{7-58}$$

将式（7-58）代入式（7-57）中，并移项，得

$$u_i=\frac{x_i-[x_i^*-\varPhi^{-1}[F_{x_i}(x_i^*)]\varphi(\varPhi^{-1}[F_{x_i}(x_i^*)])/f_{x_i}(x_i^*)]}{\varphi(\varPhi^{-1}[F_{x_i}(x_i^*)])/f_{x_i}(x_i^*)} \tag{7-59a}$$

上式可以转化为

$$u_i=\frac{x_i-\mu_{x_i'}}{\sigma_{x_i'}} \tag{7-59b}$$

式中，$F_{x_i}(x_i)$ 为边缘累积分布函数；$f_{x_i}(x_i)$ 为概率密度函数；$\mu_{x_i'}$，$\sigma_{x_i'}$ 分别为近似正态分布函数的等效均值和标准差，$\mu_{x_i'}$ 和 $\sigma_{x_i'}$ 的表达式为

$$\mu_{x_i'}=x_i^*-\varPhi^{-1}[F_{x_i}(x_i^*)]\sigma_{x_i'} \tag{7-60a}$$

$$\sigma_{x_i'}=\frac{\varphi(\varPhi^{-1}[F_{x_i}(x_i^*)])}{f_{x_i}(x_i^*)} \tag{7-60b}$$

获得等效正态分布的另一种方法是根据累积分布函数和概率密度函数相等的原则确定，即满足原始非正态随机变量的累积分布函数和概率密度函数与设计验算点处近似或等效正态随机变量的累积分布函数和概率密度函数值相等。假设 $x_i'$ 为等效正态分布随机变量，则令 $x_i$ 和 $x_i'$ 的累积分布函数值相等，即

$$F_{x_i}(x_i^*)=F_{x_i'}(x_i^*) \tag{7-61}$$

或

$$F_{x_i}(x_i^*)=\varPhi\left(\frac{x_i^*-\mu_{x_i'}}{\sigma_{x_i'}}\right) \tag{7-62}$$

因此，有

$$\mu_{x_i'}=x_i^*-\varPhi^{-1}[F_{x_i}(x_i^*)]\sigma_{x_i'} \tag{7-63}$$

同样，$x$ 及 $x_i'$ 在 $x_i^*$ 点处的概率密度函数值也相等，即

$$f_{x_i}(x_i^*)=f_{x_i'}(x_i^*) \tag{7-64}$$

$$f_{x_i}(x_i^*)=\frac{1}{\sigma_{x_i'}}\phi\left(\frac{x_i^*-\mu_{x_i'}}{\sigma_{x_i'}}\right) \tag{7-65}$$

根据式（7-63）和式（7-65），得到了近似正态分布函数的等效均值 $\mu_{x_i'}$ 及等效标准差 $\sigma_{x_i'}$。根据式（7-60a）和式（7-60b），容易将 $\boldsymbol{X}$ 空间中的随机变量转换到 $\boldsymbol{U}$ 空间中，并能获得 $\boldsymbol{U}$ 空间中功能函数 $g(\boldsymbol{U})$ 的近似解。

凸模型中也可以采用 HL-RF 方法进行迭代计算，重新表示单椭球模型下非概率可靠性指标为

$$\begin{gathered}\min_{q}\sqrt{\boldsymbol{q}^{\mathrm{T}}\boldsymbol{q}}\\ \text{s.t. }\ g(\boldsymbol{q})=0\\ \eta=\begin{cases}\sqrt{\boldsymbol{q}^{*\mathrm{T}}\boldsymbol{q}^*} & \text{if } g(0)\geqslant 0\\ -\sqrt{\boldsymbol{q}^{*\mathrm{T}}\boldsymbol{q}^*} & \text{if } g(0)<0\end{cases}\end{gathered} \tag{7-66}$$

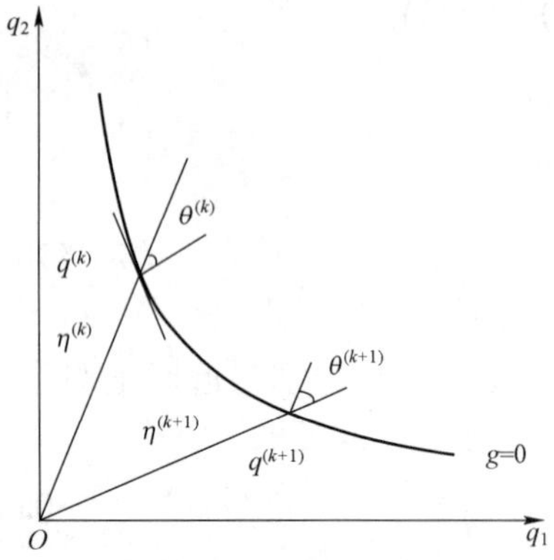


**图 7－11　HL－RF 方法迭代过程示意图**

迭代算法首先选定一个迭代初始点，然后根据迭代格式确定下一个迭代点，直至满足收敛条件。如图 7－11 所示，设 $\boldsymbol{q}^k$ 是在标准空间中第 $k$ 次迭代得到的点，令 $k+1$ 次迭代点到原点的距离为 $\boldsymbol{\eta}^{k+1}$，并选取迭代方向为 $\boldsymbol{\alpha}^{k+1}$，极限状态曲面上点 $\boldsymbol{q}^k$ 处负梯度方向的单位向量，即

$$\boldsymbol{\alpha}^{k+1} = -\nabla g(\boldsymbol{q}^k) / \left\|\nabla g(\boldsymbol{q}^k)\right\| \tag{7-67}$$

其中

$$\begin{aligned}\nabla g &= \left\{\frac{\partial g}{\partial q_1}, \frac{\partial g}{\partial q_2}, \cdots, \frac{\partial g}{\partial q_n}\right\}^{\mathrm{T}} \\ &= \varepsilon_{\mathrm{e}} \boldsymbol{Q}\boldsymbol{\Lambda}^{-1/2}\left\{\bar{X}_1 \frac{\partial g}{\partial X_1}, \bar{X}_2 \frac{\partial g}{\partial X_2}, \cdots, \bar{X}_n \frac{\partial g}{\partial X_n}\right\}^{\mathrm{T}}\end{aligned} \tag{7-68}$$

则有

$$\boldsymbol{q}^{k+1} = \boldsymbol{\eta}^{k+1}\boldsymbol{\alpha}^{k+1} \tag{7-69}$$

确定迭代方向后，考虑到临界失效点 $\boldsymbol{q}^*$ 必须满足极限状态方程 $g(\boldsymbol{q})=0$，则 $\boldsymbol{q}^*$ 与坐标原点的距离 $\boldsymbol{\eta}^{k+1}$ 可通过对该非线性方程进行一维搜索得到。为避免一维搜索，减少计算量，一般将极限状态方程在 $\boldsymbol{q}^k$ 点处进行线性化近似，并令 $\boldsymbol{q}^{k+1}$ 满足该近似方程，结合式（7－69）可得到

$$g(\boldsymbol{q}^k) + \nabla g(\boldsymbol{q}^k)^{\mathrm{T}}(\boldsymbol{\eta}^{k+1}\boldsymbol{\alpha}^{k+1} - \boldsymbol{q}^k) = 0 \tag{7-70}$$

从而

$$\eta^{k+1} = \frac{\nabla g\left(\boldsymbol{q}^k\right)^{\mathrm{T}} \boldsymbol{q}^k - g\left(\boldsymbol{q}^k\right)}{\nabla g\left(\boldsymbol{q}^k\right)^{\mathrm{T}} \boldsymbol{\alpha}^{k+1}} \tag{7-71}$$

因此可以构造如下迭代算法：

$$\boldsymbol{q}^{k+1} = \frac{\nabla g\left(\boldsymbol{q}^k\right)^{\mathrm{T}} \boldsymbol{q}^k - g\left(\boldsymbol{q}^k\right)}{\nabla g\left(\boldsymbol{q}^k\right)^{\mathrm{T}} \nabla g\left(\boldsymbol{q}^k\right)} \nabla g\left(\boldsymbol{q}^k\right) \tag{7-72}$$

显式表达式（7－72）即为凸模型的一次二阶矩 HL－RF 法迭代公式。

## 7.5　结构可靠性分析方法——功能度量法（PMA）

功能度量法的具体表述为概率功能度量值应当不小于 0，其中概率功能度量是指在许可可靠度标准下的最小功能函数值。与可靠指标法相比，功能度量法更高效、稳定和较少依赖于随机变量的概率分布类型。

对 $\beta_i(d) = -\Phi^{-1}(F_{g_i}(0,\boldsymbol{d})) > \beta_{i,\mathrm{t}}$ 进行逆变换，则有

$$G_{\mathrm{p}i}(\boldsymbol{d}) = F_{g_i}^{-1}(\Phi(-\beta_{i,\mathrm{t}}),\boldsymbol{d}) \geqslant 0 \tag{7-73}$$

其中 $G_{\mathrm{p}i}(\boldsymbol{d})$ 为第 $i$ 个功能函数 $g_i(\boldsymbol{d},\boldsymbol{X})$ 的概率功能度量。若采用上式来描述概率约束，则有

$$\begin{gathered}\min f(\boldsymbol{d}) \\ \text{s.t. } G_{\mathrm{p}i}(\boldsymbol{d})>0 \quad (i=1,2,\cdots,N_p) \\ \boldsymbol{d}^{\mathrm{L}} \leqslant \boldsymbol{d} \leqslant \boldsymbol{d}^{\mathrm{U}}\end{gathered} \tag{7-74}$$

式（7－74）即为功能度量法（Performance Measure Approach，PMA）。

与可靠指标法类似，概率功能度量法的求解在本质上也是一个优化问题，为在标准正态空间中目标可靠指标球面上搜索最小功能函数值，优化模型如下：

$$\begin{gathered}\min g(\boldsymbol{d},\boldsymbol{U}) \\ \text{s.t. } \|\boldsymbol{U}\|=\beta_i \\ G_{\mathrm{p}}=g(\boldsymbol{d},\boldsymbol{u}^*)\end{gathered} \tag{7-75}$$

但功能度量法中只计算各功能函数的概率功能度量，用概率功能度量是否小于 0 来判断概率约束是否满足，并没有计算可靠指标，即没有计算其失效概率或可靠度。这样，对于有些需要用到可靠指标或失效概率的问题功能度量法可能就不适用。功能度量法的求解方法有改进均值法和混合均值法等。

（1）改进均值法（Advanced Mean Value，AMV）由于其简单高效经常被用来求解概率的功能度量。改进均值法可通过优化问题（7－77）的 KKT 条件推导得到，其迭代格式为

$$\boldsymbol{u}^{k+1}=-\beta_{\mathrm{t}} \frac{\nabla_{\mathrm{U}} g\left(\boldsymbol{d},\boldsymbol{u}^k\right)}{\left\|\nabla_U g\left(\boldsymbol{d},\boldsymbol{u}^k\right)\right\|} \quad G_{\mathrm{p}}=g\left(\boldsymbol{u}^*\right) \tag{7-76}$$

其中 $\boldsymbol{u}^k$ 表示第 $k$ 次迭代点；$\boldsymbol{u}^*$ 为迭代收敛后所得到的最小功能目标点；$G_{\mathrm{p}}$ 为概率功能度量。改进均值法迭代过程如图 7－12 所示，其中 $\boldsymbol{n}(\boldsymbol{u}^k)$ 为功能函数在点 $\boldsymbol{u}^k$ 处的负梯度方向。

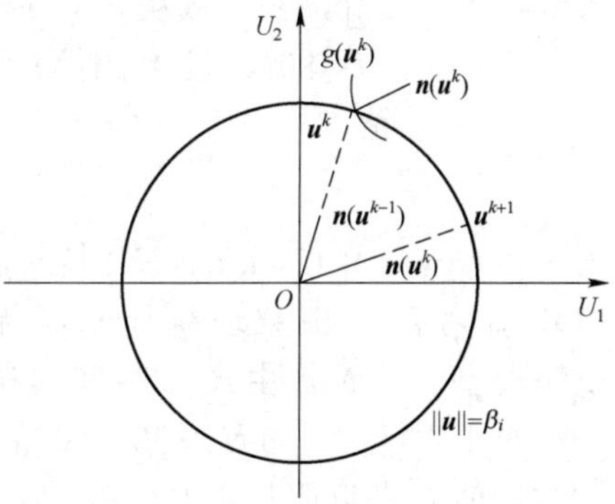

图 7－12　改进均值法迭代过程示意图

改进均值法虽然对于极限状态曲面非线性程度较低的问题和凸函数具有良好的收敛性能，但是对于非线性程度较高的问题和凹函数，该方法经常会出现局部振荡、混沌等不收敛现象。

（2）混合均值法（Hybrid Mean Value，HMV）是在共轭均值法（Conjugate Mean Value，CMV）及改进均值法基础上提出的。当功能函数为凹函数时，改进均值法通常由于在迭代过程中缺乏修正信息而导致收敛较慢甚至无法收敛。该方法利用了当前和前两次的迭代点的法向量信息来获得新的迭代点。共轭均值法迭代格式如下：

$$\begin{gathered}\boldsymbol{u}_{\mathrm{CMV}}^0=\boldsymbol{0},\boldsymbol{u}_{\mathrm{CMV}}^1=\boldsymbol{u}_{\mathrm{AMV}}^1,\boldsymbol{u}_{\mathrm{CMV}}^2=\boldsymbol{u}_{\mathrm{AMV}}^2 \\ \boldsymbol{u}_{\mathrm{CMV}}^{k+1}=\beta_{\mathrm{t}} \frac{\boldsymbol{n}\left(\boldsymbol{u}_{\mathrm{CMV}}^k\right)+\boldsymbol{n}\left(\boldsymbol{u}_{\mathrm{CMV}}^{k-1}\right)+\boldsymbol{n}\left(\boldsymbol{u}_{\mathrm{CMV}}^{k-2}\right)}{\left\|\boldsymbol{n}\left(\boldsymbol{u}_{\mathrm{CMV}}^k\right)+\boldsymbol{n}\left(\boldsymbol{u}_{\mathrm{CMV}}^{k-1}\right)+\boldsymbol{n}\left(\boldsymbol{u}_{\mathrm{CMV}}^{k-2}\right)\right\|}, k \geqslant 2\end{gathered} \tag{7-77}$$

其中

$$\boldsymbol{n}\left(\boldsymbol{u}_{\mathrm{CMV}}^k\right)=-\frac{\nabla_{\mathrm{U}} g\left(\boldsymbol{u}_{\mathrm{CMV}}^k\right)}{\left\|\nabla_{\mathrm{U}} g\left(\boldsymbol{u}_{\mathrm{CMV}}^k\right)\right\|} \tag{7-78}$$

式中，$\boldsymbol{u}_{\mathrm{AMV}}^1$ 和 $\boldsymbol{u}_{\mathrm{AMV}}^2$ 为采用 AMV 方法获得的迭代点；$\boldsymbol{u}_{\mathrm{CMV}}^k$ 为采用 CMV 方法求得的第 $k$ 次迭代点；$\boldsymbol{n}\left(\boldsymbol{u}_{\mathrm{CMV}}^k\right)$ 为第 $k$ 次迭代点处的最速下降方向。

## 7.6 结构可靠性分析方法——蒙特卡洛法

在某些情况下，问题涉及概率分布的随机变量，需要进行蒙特卡洛（Monte Carlo）模拟。这包括重复的模拟过程，在每一次模拟中都利用由相应的概率分布生成的随机变量值，得到解的样本，故蒙特卡洛法又称直接采样法或一般采样方法。

设结构的功能函数为 $Z=g_X(\boldsymbol{X})$，基本随机变量 $\boldsymbol{X}$ 的概率密度函数为 $f_X(\boldsymbol{x})$。按 $f_X(\boldsymbol{x})$ 对 $\boldsymbol{x}$ 进行随机抽样，用所得样本值 $\boldsymbol{x}$ 计算功能函数值 $Z=g_X(\boldsymbol{X})$。若 $Z<0$，则模拟中结构失效一次。若总共进行了 $N$ 次模拟，$Z<0$ 出现了 $n_{\mathrm{f}}$ 次，由概率论中的大数定律中的 Bernoulli 定理可知，随机事件 $Z<0$ 在 $N$ 次独立试验中的频率 $n_{\mathrm{f}}/N$ 依概率收敛于该事件的概率 $p_{\mathrm{f}}$，于是结构失效概率 $p_{\mathrm{f}}$ 的估计值为

$$\hat{p}_{\mathrm{f}}=\frac{n_{\mathrm{f}}}{N} \tag{7-79}$$

利用式（7-79），得结构失效概率

$$\begin{aligned} p_{\mathrm{f}} &= \int_{g_X(\boldsymbol{x})\leqslant 0} f_X(\boldsymbol{x})\mathrm{d}\boldsymbol{x} \\ &= \int_{R^n} I[g_X(\boldsymbol{x})] f_X(\boldsymbol{x})\mathrm{d}\boldsymbol{x} = E\{I[g_X(\boldsymbol{x})]\} \end{aligned} \tag{7-80}$$

式中，$I(\bullet)$ 为指示函数或示性函数，规定当 $x<0$ 时为 $I(x)=1$，$x\geqslant 0$ 时为 $I(x)=0$。通过引入函数 $I[g_X(\boldsymbol{x})]$，积分域从 $g_X(\boldsymbol{x})\leqslant 0$ 的非规则失效域扩充至无穷大规则域。

根据式（7-80），设 $\boldsymbol{X}$ 的第 $i$ 个样本值为 $x_i$，则 $p_{\mathrm{f}}$ 的估计值为

$$\hat{p}_{\mathrm{f}}=\frac{1}{N}\sum_{i=1}^{N} I[g_X(x_i)] \tag{7-81}$$

其中，$I[g_X(x_i)]\ (i=1,2,\cdots,N)$ 是从总体 $I[g_X(\boldsymbol{x})]$ 中得到的样本值，根据式（7-81）可得样本值均值为 $\hat{p}_{\mathrm{f}}$。由数理统计知，无论 $I[g_X(\boldsymbol{x})]$ 服从什么概率分布，都有 $\mu_{\hat{p}_{\mathrm{f}}}=\mu_{I[g_X(\boldsymbol{x})]}$，$\sigma_{\hat{p}_{\mathrm{f}}}^2=\sigma_{I[g_X(\boldsymbol{x})]}^2/N$。由式（7-80）和式（7-81），$\mu_{\hat{p}_{\mathrm{f}}}=\hat{p}_{\mathrm{f}}$，说明 $\hat{p}_{\mathrm{f}}$ 是 $p_{\mathrm{f}}$ 的无偏估计量。

对于大样本（如 $N>30$，蒙特卡洛法通常都能满足要求），根据概率论的中心极限定理，样本均值 $\hat{p}_{\mathrm{f}}$ 渐近服从正态分布。因此，总体 $I[g_X(\boldsymbol{x})]$ 的参数 $p_{\mathrm{f}}$ 的置信区间长度的一半，即模拟的绝对误差可表示为

$$\Delta=\left|\hat{p}_{\mathrm{f}}-p_{\mathrm{f}}\right|\leqslant\frac{u_{\alpha/2}}{\sqrt{N}}\sigma_{I[g_X(\boldsymbol{x})]}=u_{\alpha/2}\sigma_{\hat{p}_{\mathrm{f}}} \tag{7-82}$$

式中，$u_{\alpha/2}>0$ 为标准正态分布的上 $\alpha/2$ 分位点，即 $\int_{u_{\alpha/2}}^{\infty}\varphi(x)\,\mathrm{d}x=\alpha/2=\Phi(-u_{\alpha/2})$。模拟的相对误差为

$$\varepsilon=\frac{\Delta}{p_{\mathrm{f}}}=\frac{\Delta}{\mu_{\hat{p}_{\mathrm{f}}}}\leqslant u_{\alpha/2}V_{\hat{p}_{\mathrm{f}}} \tag{7-83}$$

根据式（7-82）或式（7-83），为减小蒙特卡洛法的误差，可增加模拟次数，即样本容

量 $N$；或采用方差缩减技术，即减缩失效概率估计值的方差 $\sigma_{\hat{p}_f}^2$ 或变异系数 $V_{\hat{p}_f}$。

随机试验值 $I[g_X(x_i)]$ 只有两个可能结果，出现的概率为 $p_f$，不出现的概率为 $p_r=1-p_f$，则 $N$ 重独立试验 $I[g_X(x_i)]$ 为 Bernoulli 试验，服从二项分布 $B(N,p_f)$。试验中发生 $n_f=\sum_{i=1}^{N}I[g_X(x_i)]\ (n_f=0,1,\cdots,N)$ 次的均值为 $\mu_{n_f}=N_{n_f}$，方差为 $\sigma_{n_f}^2=Np_f(1-p_f)$。根据式（7－82），$\hat{p}_f$ 的方差为

$$\sigma_{\hat{p}_f}^2=\frac{\sigma_{n_f}^2}{N^2}=\frac{1}{N}p_f(1-p_f) \tag{7-84}$$

$\hat{p}_f$ 的变异系数

$$V_{\hat{p}_f}=\frac{\sigma_{\hat{p}_f}}{\mu_{\hat{p}_f}}=\sqrt{\frac{1-p_f}{Np_f}} \tag{7-85}$$

利用 $\Delta=\left|\hat{p}_f-p_f\right|\leqslant\frac{u_{\alpha/2}}{\sqrt{N}}\sigma_{I[g_X(x)]}=u_{\alpha/2}\sigma_{\hat{p}_f}$ 和 $\sigma_{\hat{p}_f}^2=\frac{\sigma_{n_f}^2}{N^2}=\frac{1}{N}p_f(1-p_f)$，或 $\varepsilon=\frac{\Delta}{p_f}=\frac{\Delta}{\mu_{\hat{p}_f}}\leqslant u_{\alpha/2}V_{\hat{p}_f}$ 和 $V_{\hat{p}_f}=\frac{\sigma_{\hat{p}_f}}{\mu_{\hat{p}_f}}=\sqrt{\frac{1-p_f}{Np_f}}$，当给定显著性水平 $\alpha$ 进而已知分位值 $u_{\alpha/2}$ 时，可将 $p_f$ 代以 $\hat{p}_f$，估计一定模拟次数时的误差或指定模拟精度所需的模拟次数。一般抽样方法的计算量是相当大的，故常用于模拟精度要求不高或 $p_f$ 较大的情况。

## 7.7　结构可靠性优化求解策略

以结构可靠性分析为基础进行优化设计，可以将可靠度设计的要求反映到优化设计问题的约束函数或目标函数中，从而得到更能反映实际使用状况的结构最佳设计方案。在可靠性优化过程中，求解的效率和精度是优化方法的关键，常用的结构可靠性优化求解策略有嵌套方法、单环方法和序列方法。

### 7.7.1　嵌套方法

嵌套方法是解决基于可靠性的结构优化问题的传统方法，即在优化循环中嵌套结构可靠性分析。其优点是思路清晰，计算方式直接。但对于复杂的工程结构，嵌套方法最明显的缺点是计算量大、成本昂贵。图 7－13 展示了嵌套方法的基本思路。

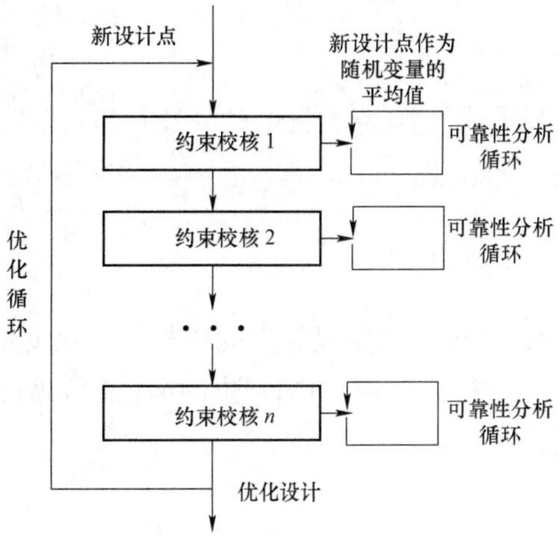

图 7－13　嵌套方法示意图

### 7.7.2　单环方法

典型的 RBDO 问题中的可靠性约束方程为

$$\text{Prob}\left(g_i(\boldsymbol{d},\boldsymbol{X},\boldsymbol{P})>0\right)=\int_{g_i(\boldsymbol{d},\boldsymbol{X},\boldsymbol{P})>0}\cdots\int F_{\boldsymbol{X},\boldsymbol{P}}(\boldsymbol{X},\boldsymbol{P})\mathrm{d}\boldsymbol{X}\mathrm{d}\boldsymbol{P} \tag{7-86}$$

式中，$\int F_{\boldsymbol{X},\boldsymbol{P}}(\boldsymbol{X},\boldsymbol{P})$ 是联合概率密度函数。为了方便

表达，将随机变量和参数合并为 $\boldsymbol{V}=[\boldsymbol{X},\boldsymbol{P}]^{\mathrm{T}}=[X_1,X_2,\cdots,X_m,P_1,P_2,\cdots,P_q]^{\mathrm{T}}$，其均值和导数向量分别是 $\boldsymbol{\mu}_V=[\boldsymbol{\mu}_X,\boldsymbol{\mu}_P]^{\mathrm{T}}$ 和 $\boldsymbol{\sigma}_V=[\boldsymbol{\sigma}_X,\boldsymbol{\sigma}_P]^{\mathrm{T}}$，则上式简化为

$$\mathrm{Prob}\left(g_i(\boldsymbol{d},\boldsymbol{V})>0\right)=\int_{g_i(\boldsymbol{d},\boldsymbol{V})>0}\cdots\int F_{\boldsymbol{V}}(\boldsymbol{V})\mathrm{d}\boldsymbol{V} \tag{7-87}$$

为了计算上式中的概率，采用以下变形：

$$v_j^u=\frac{v_j-\mu_{v_j}}{\sigma_{v_j}} \tag{7-88}$$

$$j=1,2,\cdots,m,m+1,\cdots,m+q$$

其中上标 $u$ 表示标准正态分布空间。

引入拉格朗日乘数法，可以得到

$$\beta_{s_i}=\Phi^{-1}\left(\int_{g_i^u(\boldsymbol{d},\boldsymbol{V})>0}\cdots\int F_{\boldsymbol{V}}^u(\boldsymbol{V}^u)\mathrm{d}\boldsymbol{V}^u\right)\approx\frac{-\sum_j v_j^{u^*}(\partial g_i/\partial v_j^u)_*}{\sqrt{\sum_j(\partial g_i/\partial v_j^u)_*^2}} \tag{7-89}$$

其中偏导数 $(\partial g_i/\partial v_j^u)_*$ 在 MPP 点 $(v_1^{u*},v_2^{u*},\cdots,v_{m+q}^{u*})$ 处计算，$\Phi^{-1}$ 是标准正态分布函数的逆变换。而标准正态空间中失效面上的 MPP 点为

$$v_j^{u^*}=-\frac{(\partial g_i/\partial v_j^u)_*}{\sqrt{\sum_j(\partial g_i/\partial v_j^u)_*^2}}\beta_{s_i} \tag{7-90}$$

其中 $v_j^{u^*}$ 是 $\boldsymbol{V}^{u^*}$ 的元素，$(\partial g_i/\partial v_j^u)_*/\sqrt{\sum_j(\partial g_i/\partial v_j^u)_*^2}$ 是沿轴 $v_j^u$ 的余弦方向。

由式（7－88），可以得到

$$(v_j^u)'=\frac{(v_j)'}{\sigma_{v_j}} \tag{7-91}$$

$$\frac{\partial g_i}{\partial v_j^u}=\frac{\partial g_i}{\partial v_j}\frac{\mathrm{d}v_j}{\mathrm{d}v_j^u}=\sigma_{v_j}\frac{\partial g_i}{\partial v_j} \tag{7-92}$$

利用式（7－88）、式（7－91）和式（7－92），可以将式（7－90）转换为原始设计空间：

$$v_j^*=\mu_{v_j}-\beta_{s_i}\sigma_{v_j}^2\frac{\left(\partial g_i/\partial v_j\right)_*}{\sqrt{\sum_j\left(\sigma_{v_j}\left(\partial g_i/\partial v_j\right)\right)_*^2}} \tag{7-93}$$

其中*表示原始设计空间中与归一化变量空间中 MPP 对应的点，通常称为逆 MPP。

典型的 RBDO 问题中所需的可靠性 $r_{d_i}$ 可以表示为可靠性指标格式，即

$$r_{d_i}=\Phi(\beta_{d_i}) \tag{7-94}$$

$$\beta_{d_i}=\Phi^{-1}(r_{d_i}) \tag{7-95}$$

利用式（7－89）、式（7－94）和式（7－95）中的可靠性指标格式，可能性约束可以重写为

$$\beta_{s_i} \geqslant \beta_{d_i} \quad (i=1,\cdots,n) \tag{7-96}$$

为了满足可靠性要求，将式（7－93）中的 $\beta_{d_i}$ 替换为 $\beta_{s_i}$，有

$$\upsilon_j^* = \mu_{\upsilon_j} - \beta_{d_i}\sigma_{\upsilon_j}^2 \frac{(\partial g_i / \partial \upsilon_j)_*}{\sqrt{\sum_j (\sigma_{\upsilon_j}(\partial g_i / \partial \upsilon_j))_*^2}} \tag{7-97}$$

在优化过程中，每一个 $\mu_{\upsilon_j}$ 都有一个对应的逆 MPP 点 $\upsilon_j^*$。当 $\beta_{d_i}$ 给定，$\upsilon_j^*$ 可能会变化，但会随着 $\mu_{\upsilon_j}$ 的变化而停留在失效面上。此外，$\mu_{\upsilon_j}$ 始终位于标准正态分布空间的起点。因此，假设可以评估约束函数 $g_i(\boldsymbol{d},\boldsymbol{X},\boldsymbol{P})$ 的梯度，我们在式（7－97）中于相应的均值点 $\mu_{\upsilon_j}$ 用 $(\partial g_i / \partial \mu_{\upsilon_j})$ 替换 $(\partial g_i / \partial \upsilon_j)_*$ 来评估近似方向余弦部分 $\sigma_{\upsilon_j}(\partial g_i / \partial \upsilon_j)_* / \sqrt{\sum_j (\sigma_{\upsilon_j}(\partial g_i / \partial \upsilon_j))_*^2}$。因此，我们有

$$\upsilon_j^* \approx \mu_{\upsilon_j} - \beta_{d_i}\sigma_{\upsilon_j}^2 \frac{\partial g_i / \partial \mu_{\upsilon_j}}{\sqrt{\sum_j \left(\sigma_{\upsilon_j}\left(\partial g_i / \partial \mu_{\upsilon_j}\right)\right)^2}} \tag{7-98}$$

式（7－97）使得能够在任何设计点 $\mu_\upsilon$ 处直接计算逆 MPP 点 $\upsilon^*$，从而完成内环的解析。值得指出的是，可以通过 Rosenblatt 变换将非正态分布输入随机变量转换为标准正态空间，那么 MPP 的概念也将适用于式（7－97）和式（7－98）。

单环方法使用潜在最优值 $\mu_\upsilon$ 的导数（$\boldsymbol{X}$ 和 $\boldsymbol{P}$ 的均值）来近似逆 MPP 点 $\upsilon^*$ 的导数，因此可以直接通过式（7－98）计算逆 MPP 点，过程中没有迭代过程或双循环。由于不需要迭代搜索，因此不需要任何特殊程序或工具即可解决 RBDO 问题。RBDO 可以简单地归结于可以使用任何优化工具直接解决的标准优化问题。从根本上说，式（7－98）有助于完全解决 RBDO 中的双重循环，所以这种方法是一种完整的单循环方法。作为式（7－98）的自然扩展，在此提出了一个新概念可靠设计空间 RDS，以帮助重新定义 RBDO。

在优化过程中，确定性失效表面上的任何点都可能变为与设计点相对应的逆 MPP。然后，与极限状态函数上的逆 MPP 相对应的一组设计点 $\mu_V$ 形成边界，并且该边界中所有设计点均满足设计可靠性要求。在几何上，图 7－14 所示的概率约束形成一个新的边界，在该边界内所有设计点都是可行且可靠的。然后将由概率约束定义的空间称为可靠性设计空间 RDS，它应该是可行设计空间（FDS）的子集，对于可靠性设计空间，不考虑任何不确定性。下面给出可靠性设计空间 $S_r$ 的定义：

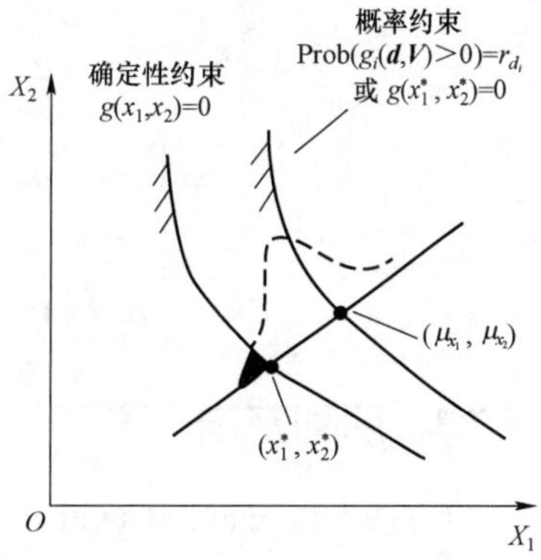


图 7－14　概率约束与确定性约束示意图

$$\begin{aligned} S_r &= (\boldsymbol{d},\boldsymbol{\mu}_x,\boldsymbol{\mu}_p,f(\boldsymbol{d},\boldsymbol{\mu}_x,\boldsymbol{\mu}_p),g_i(\boldsymbol{d},\boldsymbol{X},\boldsymbol{P})) \\ &= \{D\in \mathbf{R}^k, U_X \in \mathbf{R}^m \text{ and } U_p \in \mathbf{R}^q \mid \boldsymbol{d}\in D, \boldsymbol{\mu}_x \in U_x \\ &\quad \text{and } \boldsymbol{\mu}_p \in U_p, f(\boldsymbol{d},\boldsymbol{\mu}_x,\boldsymbol{\mu}_p)\in \mathbf{R} \\ &\quad \text{and } \mathrm{Prob}(g_i(\boldsymbol{d},\boldsymbol{X},\boldsymbol{P})>0)>r_{d_i}\}\ (i=1,\cdots,n) \end{aligned} \tag{7-99}$$

可靠性设计空间是变量 $\boldsymbol{d},\boldsymbol{\mu}_x,\boldsymbol{\mu}_p$ 的取值范围，空间内目标函数 $f(\boldsymbol{d},\boldsymbol{X},\boldsymbol{P})$ 是有效的并且满足概率约束 $\mathrm{Prob}(g_i(\boldsymbol{d},\boldsymbol{X},\boldsymbol{P})>0)>r_{d_i},i=1,\cdots,n$ 。

假设所有约束函数 $g_i(\boldsymbol{d},\boldsymbol{X},\boldsymbol{P})$ 的梯度信息都是可获得的，用式（7-98）中的 $\upsilon^*$ 代替原始的确定性约束函数 $g(\cdot)$ ，该函数最终将成为 $\boldsymbol{\mu}_X$ 或 $\boldsymbol{d},\boldsymbol{\mu}_x,\boldsymbol{\mu}_p$ 的函数 $g_i^*$：

$$g_i(\boldsymbol{d},\boldsymbol{X},\boldsymbol{P})\Rightarrow g_i^*\left(\boldsymbol{d},\boldsymbol{\mu}_V\right)\Rightarrow g_i^*\left(\boldsymbol{d},\boldsymbol{\mu}_X,\boldsymbol{\mu}_P\right)>0 \tag{7-100}$$

定义了可靠性设计空间之后，典型的 RBDO 问题可以利用可靠性设计空间的方法转化为简单的确定性优化问题：

$$\begin{aligned}&\min_{d,\mu_x}\ f\left(\boldsymbol{d},\boldsymbol{\mu}_X,\boldsymbol{\mu}_P\right)\\ \text{s.t.}\ &g_i^*\left(\boldsymbol{d},\boldsymbol{\mu}_X,\boldsymbol{\mu}_P\right)>0\quad(i=1,\cdots,n)\\ &\boldsymbol{d}_l\leqslant\boldsymbol{d}\leqslant\boldsymbol{d}_u,\ \mu_X^{\mathrm{l}}\leqslant\mu_X\leqslant\mu_X^u\end{aligned} \tag{7-101}$$

图 7-15 通过使用标准化变量空间说明了形成可靠性设计空间 RDS 的过程。当设计点 $\mu_\upsilon^u$ 的位置在优化中更新时，MPP 的位置 $\upsilon^{u*}$ 也随之改变。但是设计可靠性 $\beta_{d_i}$ 不变。换句话说，在标准化空间中设计点和 MPP 之间的最小所需距离是固定的。此外，为了满足概率约束，MPP 点 $\upsilon^{u*}$ 必须位于确定性失效表面或确定性可行空间内。破坏面上的所有点都可能成为设计点的 MPP。对应于破坏面上的 MPP 的设计点构成了概率约束，即可靠性设计空间 RDS 的边界。

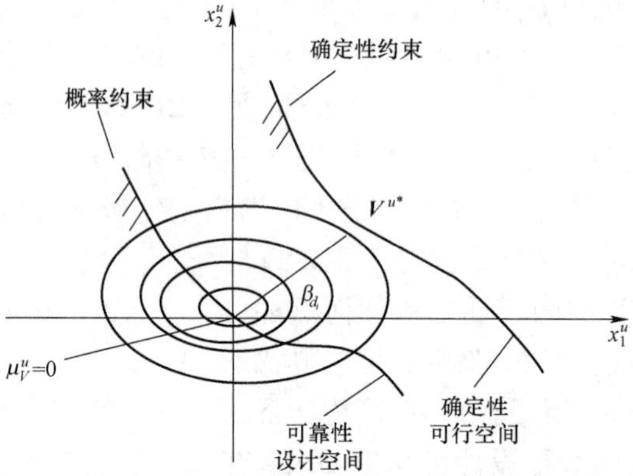


**图 7-15　归一化变量空间中的空间转换示意图**

### 7.7.3　序列方法

序列方法（Sequential Optimization and Reliability Assessment，SORA）旨在通过解耦可靠性评估与优化来提高基于可靠性优化的计算效率。SORA 方法将典型可能性设计模型转换为一系列顺序等效的确定性优化问题，然后进行可靠性确认。从一次迭代到下一次迭代，算法将根据上一次迭代的可靠性评估获得的 MPP 信息，更新新周期中的确定性优化公式，并重复此过程直到收敛为止。SORA 方法引入了三个主要思想：

（1）仅在所需的可靠性水平（$R$）使用 $R$-百分位公式来评估设计可行性；

（2）采用等效的确定性优化和单循环策略以减少可靠性评估的次数；

（3）使用有效的 MPP 搜索算法进行可靠性评估。

当实际可靠性较高，需要更多的计算量时，就会使用 $R$ – 百分位公式代替原始的可靠性评估。对于概率约束，我们的关注点不是寻找极限状态函数的实际可靠性，而是确定它是否可行。一些概率约束可能永远不会起作用，其可靠性非常接近 1。使用 $R$ – 百分位公式，并非是要找到极限状态的实际可靠性，而是在所需水平 $R_i$ 上执行可靠性评估，以提高效率。

令满足约束的概率等于所需的可靠性（或百分等级）$R$，即 $P\{g(\boldsymbol{d},\boldsymbol{x},\boldsymbol{p}) \geqslant g^R\} = R$。常数 $g^R$ 称为 $g$ 的百分位数性能。在图 7–16 中，记 $g$ 的概率密度函数为 $f(g)$，如果阴影区域面积等于所需的可靠性 $R$，则 $g$ 轴上的左端点 $g^R$ 被称为函数 $g$ 的 $R$ – 百分性能。如果 $g^R$ 不小于零，则极限状态的可靠性不小于所需的可靠性，就认为该约束是可行的。原始概率约束 $P\{g(\boldsymbol{d},\boldsymbol{x},\boldsymbol{p}) \geqslant 0\} \geqslant R$ 可以转换为以下等效形式：

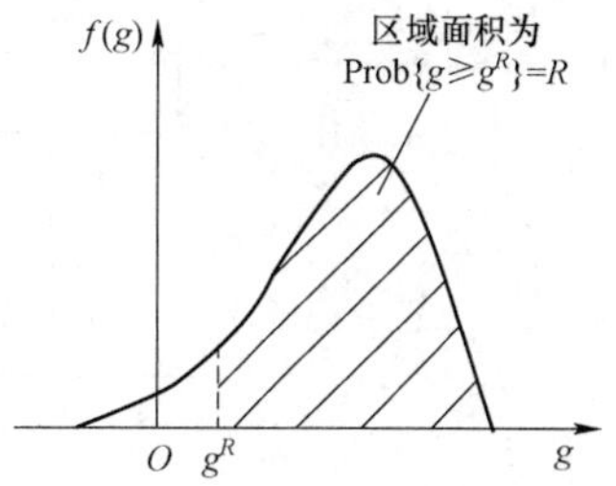

**图 7–16　约束函数的 $R$ 百分位性能**

$$g^R \geqslant 0 \tag{7–102}$$

以要求的可靠性级别为基础，为了确定极限状态函数的 MPP 函数，$R$ 百分性能由下式给出：

$$g^R = g\left(\boldsymbol{d},\boldsymbol{u}_{\mathrm{MPP}}\right) = g\left(\boldsymbol{d},\boldsymbol{x}_{\mathrm{MPP}},\boldsymbol{p}_{\mathrm{MPP}}\right) \tag{7–103}$$

则典型可能性优化模型变为

$$\begin{aligned} &\min f(\boldsymbol{d},\boldsymbol{\mu}_x,\boldsymbol{\mu}_p) \\ &\text{s.t. } g_i(\boldsymbol{d},\boldsymbol{x}_{\mathrm{MPP}},\boldsymbol{p}_{\mathrm{MPP}}) \geqslant 0 \end{aligned} \tag{7–104}$$

SORA 方法的流程图如图 7–17 所示。在每个周期中，首先执行确定性优化，然后对 $g_i(\boldsymbol{d},\boldsymbol{x}_{\mathrm{MPP}},\boldsymbol{p}_{\mathrm{MPP}}) \geqslant 0$ 进行可靠性检查。如果不是所有的概率约束都满足可靠性要求，则在当前周期中确定的 MPP 信息将用于制定下一个周期中的确定性优化。重复此过程，直到收敛为止。可靠性评估的次数将大大减少，因为评估次数等于所使用的周期数。

在新周期中制定的确定性优化是为了提高违背概率约束的可行性。如图 7–18 所示，如果确定性优化的结果是可靠性约束不可行，则其在优化模型中的边界 $g_i(\boldsymbol{d},\boldsymbol{x}_{\mathrm{MPP}},\boldsymbol{p}_{\mathrm{MPP}}) = 0$，基于上一次找到的 MPP，向可行区域移动了一小段距离 $s$。

在图 7–18 中，采用了移动距离（以虚线显示），以使 MPP 移动到确定性边界 $g = 0$ 上。这种方式减少了下一个确定性优化的可行区域，使可靠性得到提高。移动距离由以下表达式给出：

$$\boldsymbol{s}_i^{k+1} = \boldsymbol{\mu}_x^k - \boldsymbol{x}_{i,\mathrm{MPP}}^k \tag{7–105}$$

确定性优化模型中的约束重新表示为

$$g_i(\boldsymbol{d},\boldsymbol{\mu}_x - \boldsymbol{s}_i^{k+1},\boldsymbol{p}_{i,\mathrm{MPP}}) \geqslant 0 \quad (i = 1,2,\cdots,m) \tag{7–106}$$

SORA 方法与现有的双环方法相比，效率更高，精度也令人满意，已成功应用于基于可靠性的侧面碰撞车辆防撞性设计，以及小型飞机发动机减速器的综合可靠性和鲁棒性设计。

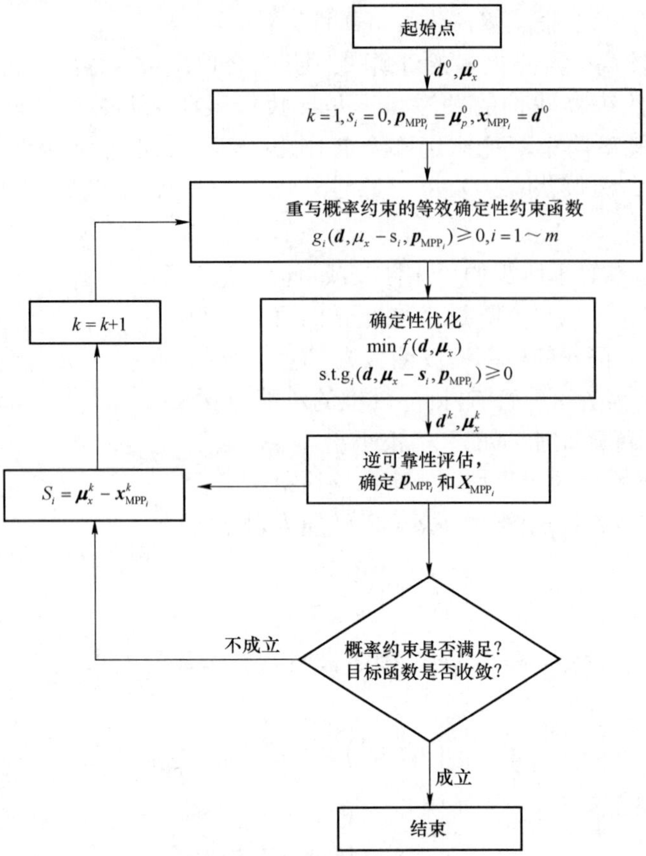


图 7-17　序列方法流程图

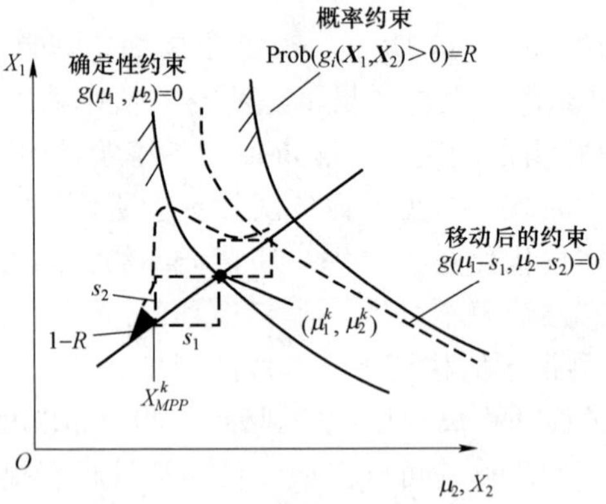


图 7-18　概率边界的移动距离

## 7.8　工程应用

### 7.8.1　十杆桁架结构

图 7-19 为十杆桁架结构，该结构在优化设计领域得到广泛应用。在十杆桁架结构的优

化设计中，以结构总质量为目标函数，以应力和位移为约束条件，实现满足应力及位移约束的结构轻量化设计。由于桁架结构的水平杆、垂直杆以及倾斜杆分别取自 3 种不同类型的铝合金杆件，将这 3 种杆件结构的横截面积 $A_1$、$A_2$ 和 $A_3$ 考虑为设计变量，则这 3 个设计变量具有潜在的不确定性。假设水平杆的横截面积 $A_1$、垂直杆的横截面积 $A_2$ 以及倾斜杆的横截面积 $A_3$ 均为正态分布随机变量，这 3 个随机变量的均值分别为 $8.39\times10^{-3}\ \mathrm{m}^2$，$1.29\times10^{-3}\ \mathrm{m}^2$ 和 $5.81\times10^{-3}\ \mathrm{m}^2$，而变异系数均为 0.1。假设结构其他参数，如弹性模量、材料密度、杆件长度以及作用载荷均为确定性变量：载荷 $p$=45 359.24 kg，杆件长度 $L$=9.14 m，弹性模量 $E$=68 947.57 MPa，材料密度 $\rho$= $2.77\times10^3\ \mathrm{kg/m^3}$，杆件 3 和 7 的需用应力值 $\sigma_{\mathrm{allow}}$=13.79 MPa，顶点 2 的许用位移值 $d_{\mathrm{allow}}$=0.102 m。

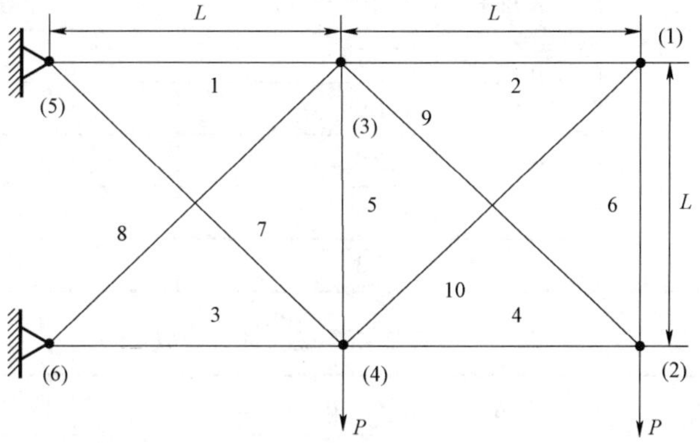


**图 7－19　十杆桁架结构**

采用可靠性分析方法检验优化设计点位移及应力约束的统计特性。为了建立极限状态函数，采用有限元分析程序求得了如下的闭环解析表达式。节点 2 顶点位移的极限状态函数为

$$g_{\mathrm{disp}} = \frac{pL}{A_1A_3E}\left\{\frac{4\sqrt{2}A_1^3(24A_2^2+A_3^2)+A_3^3(7A_1^2+26A_2^2)}{D_{\mathrm{T}}}+\frac{4A_1A_2A_3\left\{(20A_1^2+76A_1A_2+10A_3^2)+\sqrt{2}A_3(25A_1+29A_2)\right\}}{D_{\mathrm{T}}}\right\}-d_{\mathrm{allow}}=0$$

式中，$D_{\mathrm{T}}=4A_2^2\left(8A_1^2+A_3^2\right)+4\sqrt{2}A_1A_2A_3\left(3A_1+4A_2\right)+A_1A_3^2\left(A_1+6A_2\right)$。

杆件 3 和 7 结构应力的极限状态函数表示为

$$g_3=\frac{p}{A_1}\left\{2+\frac{A_1A_2A_3\left(2\sqrt{2}A_1+A_3\right)}{D_{\mathrm{T}}}\right\}-\sigma_{\mathrm{allow}}=0$$

$$g_7=\frac{p}{A_3}\left\{2+\frac{\sqrt{2}A_1A_2A_3\left(2\sqrt{2}A_1+A_3\right)}{D_{\mathrm{T}}}\right\}-\sigma_{\mathrm{allow}}=0$$

当许用约束值 $\sigma_{\mathrm{allow}}$ 和 $d_{\mathrm{allow}}$ 不同时，分别采用一阶可靠性法（FORM）以及蒙特卡洛法计算了每个极限状态函数的失效概率，如表 7－1～表 7－3 所示。

表 7-1　节点 2 顶点位移的失效概率

| 极值 $d_{allow}$/m | 蒙特卡洛法（100 000 次） | 一阶可靠性方法（FORM） |
|---|---|---|
| 0.076 2 | 0.999 60 | 0.999 78 |
| 0.088 9 | 0.844 20 | 0.819 94 |
| 0.094 4 | 0.524 40 | 0.500 00 |
| 0.101 6 | 0.176 40 | 0.152 43 |
| 0.114 3 | 0.007 20 | 0.005 73 |

表 7-2　杆件 3 结构应力的失效概率

| 极值 $\sigma_{allow}$/MPa | 蒙特卡洛法（100 000 次） | 一阶可靠性方法（FORM） |
|---|---|---|
| 103.42 | 0.774 12 | 0.773 46 |
| 111.17 | 0.501 00 | 0.500 00 |
| 137.90 | 0.025 92 | 0.026 11 |
| 144.79 | 0.010 00 | 0.010 01 |
| 151.68 | 0.003 38 | 0.003 73 |

表 7-3　杆件 3 结构应力的失效概率

| 极值 $\sigma_{allow}$/MPa | 蒙特卡洛法（100 000 次） | 一阶可靠性方法（FORM） |
|---|---|---|
| 118.75 | 0.499 18 | 0.500 00 |
| 137.90 | 0.079 32 | 0.079 75 |
| 144.79 | 0.034 56 | 0.034 18 |
| 151.68 | 0.014 20 | 0.013 88 |

## 7.8.2　基于证据理论的嵌套优化策略与序列优化策略对比数值算例

某单学科可靠性优化设计问题的数学模型如下：

$$\min_{(d_s,d_1,d_2)} \ v(d)=d_s^2+d_1^2+d_2^2$$

$$\text{s.t. } p_r\{G_1(d,x)=x_1-x_s-d_s-d_1-d_2\leqslant 0\}\geqslant R_1$$

$$p_r\{G_2(d,x)=x_s+d_s-2d_1+d_2-x_2\leqslant 0\}\geqslant R_2$$

式中，$R_1=R_2=\varPhi(\beta)=0.998\,7,\beta=3$，$d_1,d_2,d_s$ 为优化设计变量，且优化区间均为［0，5］；不确定设计变量为 $x_s,x_1,x_2$，且 $x_1\sim N(5,0.5),x_2\sim N(1,0.3)$，$x_s$ 符合证据理论模型，其可信度分配见表 7-4。

表 7-4　可信度分配表

| 区间 | ［0.6，0.8］ | ［0.8，0.9］ | ［0.9，1.2］ |
|---|---|---|---|
| 概率分配 | 0.3 | 0.5 | 0.2 |

对上述算例分别采用嵌套优化策略的可靠性设计方法与序列优化策略的可靠性设计方法。计算结果对比见表 7－5。

**表 7－5　序列优化与嵌套优化结果对比表**

| 对比项目 | 序列优化 | 嵌套优化 |
| --- | --- | --- |
| $V$ | 10.703 | 10.613 |
| $(d_1,d_2,d_s)$ | [1.739 8，2.156 3，1.739] | [1.738 1，2.138，1.738 1] |
| $MPP_1(x_1,x_2,x_s)$ | [6.519 4，1，0.883 54] | [6.519 4，1，0.883 54] |
| $MPP_2(x_1,x_2,x_s)$ | [5，0.077 01，0.910 03] | [5，0.077 01，0.910 03] |
| 约束 1 函数值 | －2.154 1e－10 | －2.145 8e－10 |
| 约束 2 函数值 | 3.383 4e－10 | 3.573e－10 |
| 可靠性分析次数 | 40 | 351 |

通过对比上表的数值发现：

（1）两种方法求得的约束函数值均接近 0，即均满足约束条件，所以两种方法对解决这个问题都是有效的；

（2）两种方法求得的 MMP 是相同的，优化变量的数值与目标函数的结构也较接近，这证明了采用序列优化的策略可以达到与嵌套优化策略相同的求解效果；

（3）对比两种方法的可靠性分析次数发现在序列优化策略的指导下分析次数只有 40 次，而嵌套优化策略却有 351 次之多，这充分证明了序列优化策略在解决可靠性优化设计问题中的高效性。

### 7.8.3　曲柄滑块机构

如图 7－20 所示的偏心曲柄滑块机构中，已知曲柄的长度 $a$，连杆的长度 $b$，加载在滑块上的压力 $p$，连杆材料的杨氏模量 $E$ 及屈服强度 $S$ 都是不确定变量，且各个变量均服从概率分布，具体分布见表 7－6。杆件的截面中内径与外径数据为 $d=[d_1,d_2]=[15.5,26.5]$，滑块与地面的摩擦系数 $\mu$ 以及机构的偏置 $e$ 均服从证据理论模型，具体分布情况见表 7－7。

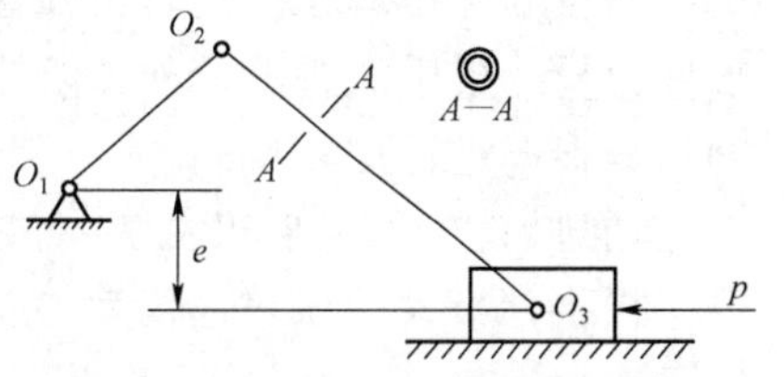

图 7－20　曲柄滑块机构示意图

为保证机构运行的安全可靠，机构需要满足一定的约束条件，即材料本身原因限定的强度极限以及由一定外载荷条件下限定的屈服极限，数学表达式为

$$G_1 = g_1(X,Y) = S - \frac{4p(a+b)}{\pi(\sqrt{(a+b)^2 - e^2 - \mu e})(d_2^2 - d_1^2)}$$

$$G_2 = g_2(d,X,Y) = \frac{\pi^3 E(d_2^4 - d_1^4)}{64b^2} - \frac{p(a+b)}{\sqrt{(a+b)^2 - e^2} - \mu e}$$

$$S_1=\{X,Y|\ g_1(X,Y)\geqslant 0\}$$

$$S_2=\{X,Y|\ g_2(X,Y)\geqslant 0\}$$

试确定机构的可靠概率并求出不确定变量的 MMP 点。

**表 7–6 不确定变量概率分布情况**

| 变量 | 变量符号 | 均值 | 标准差 | 概率模型 |
|---|---|---|---|---|
| $X_1$ | $a$ | 100 mm | 0.01 mm | 正态分布 |
| $X_2$ | $b$ | 300 mm | 0.01 mm | 正态分布 |
| $X_3$ | $p$ | 250 kN | 25 kN | 正态分布 |
| $X_4$ | $E$ | 200 GPa | 30 GPa | 正态分布 |
| $X_5$ | $S$ | 290 MPa | 29 MPa | 正态分布 |

**表 7–7 不确定变量基本可信度分配**

| 变量 | | 区间 | BPA |
|---|---|---|---|
| $Y_1$ | $e$ | [100，120] | 0.2 |
| | | [120，140] | 0.4 |
| | | [140，150] | 0.4 |
| $Y_2$ | $\mu$ | [0.15，0.18] | 0.3 |
| | | [0.18，0.23] | 0.3 |
| | | [0.23，0.25] | 0.4 |

上述机构不确定变量部分符合概率分布而另一部分采用证据理论模型描述，因此，这是基于概率与证据理论的混合可靠性分析问题，常规的一次二阶矩法无法对系统进行有效的可靠性分析。采用改进的一次二阶矩法解决此问题，并且将求得的可靠概率与蒙特卡洛法求得的可靠概率进行比较。

通过比较表 7–8 和表 7–9 数据发现，改进的一次二阶矩法与蒙特卡洛法求得可靠概率误差极小，最大的误差也仅为 0.37%，这充分说明了这种方法在计算可靠性问题上具有很高的精度。

**表 7–8 可靠概率结果对比表**

| 功能函数 | 改进一次二阶矩法求得的可靠概率 | 蒙特卡洛法求得的可靠概率 | 误差 |
|---|---|---|---|
| $g_1$ | 0.985 2 | 0.981 6 | 0.37% |
| $g_2$ | 0.990 8 | 0.991 3 | 0.05% |

表 7-9　变量结果对比表

| 变量 | 符号 | MPP1 | MPP2 |
|---|---|---|---|
| $X_1$ | $a$ | 100 | 100 |
| $X_2$ | $b$ | 300 | 300 |
| $X_3$ | $p$ | 281.32 | 272.19 |
| $X_4$ | $E$ | 200 | 135.89 |
| $X_5$ | $S$ | 228.23 | 280 |
| $Y_1$ | $e$ | 142.39 | 141.04 |
| $Y_2$ | $\mu$ | 0.228 44 | 0.230 43 |

### 7.8.4　三杆桁架结构

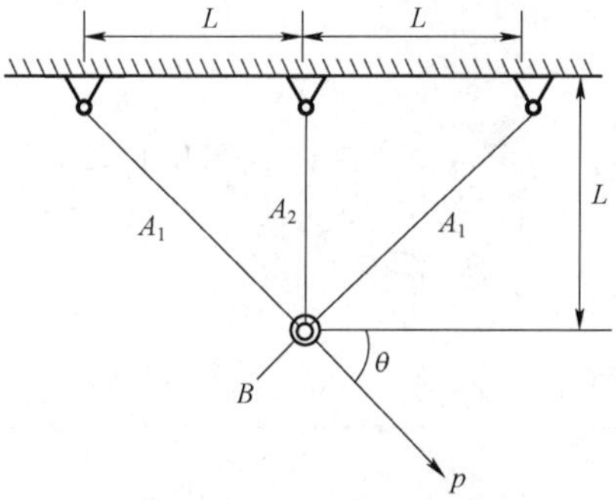


图 7-21　三杆桁架结构

某三杆桁架结构如图 7-21 所示。其中 $L=0.508$ m，$\theta=45°$。三杆件的材料均相同，材料的密度为 $\rho=2.768\times10^{-3}$ kg/cm$^3$，弹性模量 $E=6.895\times10^4$ MPa；材料能承受的最大拉应力 $\sigma^+$ 为区间变量：均值为 $\sigma_c^+=344.75$ MPa，离差为 $\sigma_r^+=66.54$ MPa；材料能承受的最大压应力 $\sigma^-$ 为区间变量：均值为 $\sigma_c^-=68.25$ MPa，离差为 $\sigma_r^+=13.17$ MPa。作用载荷 $p$ 为区间变量：均值为 $p_c=1779.2$ kN，离差为 $p_r=343.4$ kN。自由节点 $B$ 水平能承受的最大位移 $u_x$ 为区间变量：其均值为 $u_{xc}=2.85\times10^{-3}$ m，离差为 $u_{xr}=5.5\times10^{-4}$ m；铅直方向能承受的最大位移 $u_y$ 为区间变量：其均值为 $u_{yc}=2.17\times10^{-3}$ m，离差为 $u_{yr}=4.2\times10^{-4}$ m。杆件的截面面积为设计变量，杆件 1、3 的截面面积均为 $A_1$，杆件 2 的截面面积为 $A_2$。

以杆件截面为设计变量，以结构的质量最小为目标函数。结构优化的数学表达式如下所示：

$$\min\ W=\rho L(2\sqrt{2}A_1+A_2)$$

$$\text{s.t.}\ g_1=\frac{\sqrt{2}pL\cos\theta}{A_1E}-u_x\leqslant 0$$

$$g_2=\frac{\sqrt{2}pL\sin\theta}{\left(A_1+\sqrt{2}A_2\right)E}-u_y\leqslant 0$$

$$g_3=\frac{\sqrt{2}}{2}\left(\frac{p\cos\theta}{A_1}+\frac{p\sin\theta}{A_1+\sqrt{2}A_2}\right)-\sigma^+\leqslant 0$$

$$g_4=\frac{\sqrt{2}p\sin\theta}{A_1+\sqrt{2}A_2}-\sigma^+\leqslant 0$$

$$g_5 = \frac{\sqrt{2}}{2}\left(\frac{p\cos\theta}{A_1} - \frac{p\sin\theta}{A_1+\sqrt{2}A_2}\right) - \sigma^- \leqslant 0$$

$$p \in \left[p_c - \eta^* p_r, p_c + \eta^* p_r\right]; \sigma^+ \in \left[\sigma_c^+ - \eta^* \sigma_r^+, \sigma_c^+ + \eta^* \sigma_r^+\right]$$

$$\sigma^- \in \left[\sigma^-{}_c - \eta^* \sigma_r^-, \sigma_c^- + \eta^* \sigma_r^-\right]; u_x \in \left[u_{xc} - \eta^* u_{xr}, u_{xc} + \eta^* u_{xr}\right]$$

$$u_y \in \left[u_{yc} - \eta^* u_{yr}, u_{yc} + \eta^* u_{yr}\right]$$

$$A_1, A_2 \geqslant 0.645\ 16$$

对约束方程进行简单的分析后可知，当荷载取最大值，材料能承受应力取最小值，而自由节点能承受的位移取最小值时，结构最容易失效，约束方程的最小值与设计变量无关，该优化中不可控变量为一确定值。假设结构需要的可靠性指标为$\eta$，则上式中不可控变量为

$$p = p_c + \eta^* p_r$$

$$\sigma^+ = \sigma_c^+ - \eta^* \sigma_r^+$$

$$\sigma^- = \sigma_c^- - \eta^* \sigma_r^-$$

$$u_x = u_{xc} - \eta^* u_{xr}$$

$$u_y = u_{yc} - \eta^* u_{yr}$$

将约束方程线性化，则该优化变成了一个线性规划问题。使用 MATLAB 编写优化程序，线性规划采用 MATLAB 自带的优化工具箱。当可靠性指标$\eta$=1.5，迭代的起点为（63，14）时，迭代的结果见表 7－10。

**表 7－10　$\eta = 1.5$ 的迭代优化结果**

| 迭代步数 | $A_1$/（$10^{-4}$ m$^2$） | $A_2$/（$10^{-4}$ m$^2$） | 质量/kg |
|---|---|---|---|
| 1 | 78.919 4 | 17.507 5 | 33.849 4 |
| 2 | 83.958 5 | 18.606 3 | 36.008 1 |
| 3 | 84.300 8 | 18.679 5 | 36.154 5 |
| 4 | 84.302 2 | 18.679 8 | 36.155 1 |

非概率可靠性指标取不同的值，迭代的起点仍然为（63，14），其稳健性优化设计结果见表 7－11。

**表 7－11　桁架稳健性优化设计的结果**

| 非概率可靠性指标$\eta$ | $A_1$/（$10^{-4}$ m$^2$） | $A_2$/（$10^{-4}$ m$^2$） | 质量/kg |
|---|---|---|---|
| 0.8 | 63.101 1 | 13.982 1 | 27.062 5 |
| 0.9 | 65.697 4 | 14.557 3 | 28.176 0 |
| 1 | 68.420 2 | 15.160 7 | 29.343 7 |
| 1.1 | 71.279 1 | 15.794 2 | 30.569 9 |
| 1.2 | 74.284 6 | 16.460 1 | 33.215 6 |
| 1.3 | 77.448 1 | 17.161 1 | 33.215 6 |

续表

| 非概率可靠性指标 $\eta$ | $A_1/(10^{-4}\ \mathrm{m}^2)$ | $A_2/(10^{-4}\ \mathrm{m}^2)$ | 质量/kg |
|---|---|---|---|
| 1.4 | 80.782 6 | 17.900 0 | 34.645 7 |
| 1.5 | 84.302 2 | 18.679 8 | 36.155 1 |
| 1.6 | 88.022 8 | 19.504 3 | 37.750 8 |
| 1.7 | 91.962 1 | 20.377 1 | 39.440 3 |
| 1.8 | 96.140 1 | 21.302 9 | 41.232 0 |

由上表可知，结构的质量随着非概率可靠性指标的增大而增大。

### 7.8.5　汽车侧面碰撞

图 7－22 展示了所提出的可靠性优化设计（Reliability-based Design Optimization，RBDO）方法在车辆侧面碰撞设计中的应用。系统模型包括整车有限元结构模型，有限元侧面碰撞假人模型和有限元变形侧面碰撞障碍模型。模型由 85 941 个壳单元和 96 122 个节点组成。在侧面碰撞事件的有限元模拟中，障碍物的初始速度为 13.88 m/s，并影响车辆结构。设计目标是提高侧面碰撞的性能，同时最大限度地减小车辆的质量。

图 7－22　车辆侧面碰撞模型

对于侧面碰撞保护，车辆设计必须满足车辆侧面碰撞要求。两项主要的侧面碰撞防护准则是针对联邦机动车安全标准（FMVSS）和加拿大机动车安全标准（CMVSS）的国家公路交通安全管理局（NHTSA）侧面碰撞规程，以及欧洲增强型车辆安全委员会（EEVC）侧面碰撞规程（适用于欧洲车辆）的。在这项研究中，采用了 EEVC 侧面冲击测试配置。假人的响应是副作用研究的主要指标，包括头部受伤标准（HIC）、腹部负荷、耻骨联合力、VC（黏液标准）和肋骨挠度（上、中和下）。假人的响应必须符合表 7－12 中所述的 EEVC 标准，侧面碰撞设计中的其他问题是 B 柱中点的速度和前门 B 柱的速度。

在这项研究中，优化任务是维持或改善通过表 7－12 所示的侧面碰撞最高安全等级标准衡量的假人安全性能，同时减小质量。安全评分包括对假人的四个测量值：HIC、腹部负荷、肋骨挠度或 VC 和耻骨联合力。这些项目每项的最高安全等级为 4 分（带有滑动刻度），车辆侧面碰撞最多可获取 16 分。

表 7－12　车辆侧面碰撞的规定和要求

| 性能 | | EEVC 标准 | 最高安全评价标准 | 初始设计值 |
|---|---|---|---|---|
| 腹部负荷/kN | | 2.5 | ≤1.0 | 0.663 |
| 肋骨挠度 | 上 | 42 | ≤22 | 28.5 |
| | 中 | | | 29.0 |
| | 下 | | | 34.0 |

续表

| 性能 | | EEVC 标准 | 最高安全评价标准 | 初始设计值 |
|---|---|---|---|---|
| VC/（m·$s^{-1}$） | 上 | 1.0 | ≤0.32 | 0.22 |
| | 中 | | | 0.21 |
| | 下 | | | 0.31 |
| 耻骨联合力/kN | | 6 | ≤3.0 | 4.067 |
| 头部受伤标准/kN | | 1 000 | ≤650 | 229.4 |

由于涉及碰撞分析的费用较高，因此采用响应面方法（RSM）来验证所提出的 RBDO 方法用于车辆的耐撞性。为此，采用最佳拉丁超立方采样法（OLHS）来生成全局代理模型，并结合二次反向逐步回归（SR）方法。OLHS 方法设计基于熵非负准则（即 $H(X)=E[-\ln f_X(\mathrm{x})]$），通过在整个设计区域上均匀分布样本点，来最小化均方差的偏差部分。熵越低，数据在近似响应面上的精度越高。此外，为了以较少的计算量构建合理准确的响应表面，OLHS 方法需要 $3N$ 个采样点，其中 $N$ 为系统变量的总数，包括设计参数和随机参数。SR 方法以包含所有二次候选回归变量的模型开始，通过一次删除一个琐碎的回归变量，SR 方法开发了逐步最终回归模型，该模型仅包含对响应有较大影响的回归变量集。具有 OLHS 的 SR 方法生成了针对目标函数和约束的全局响应面，可以归纳如下：

$$\mathrm{Cost(weight)} = 1.98 + 4.90x_1 + 6.67x_2 + 6.98x_3 + 4.01x_4 + 1.78x_5 + 2.73x_7$$

$$\mathrm{Load}_{\mathrm{Abdomen}} = 1.16 - 0.371\,7x_2x_4 - 0.009\,31x_2x_{10} - 0.484x_3x_9 + 0.013\,43x_6x_{10}$$

$$\mathrm{Deflection}_{\mathrm{rib\_u}} = 28.98 + 3.818x_3 - 4.2x_1x_2 + 0.020\,7x_5x_{10} + 6.63x_6x_9 - 7.7x_7x_8 + 0.32x_9x_{10}$$

$$\mathrm{Deflection}_{\mathrm{rib\_m}} = 33.86 + 2.95x_3 + 0.179\,2x_{10} - 5.057x_1x_2 - 11.0x_2x_8 - 0.0215x_5x_{10} - 9.98x_7x_8 + 22.0x_8x_9$$

$$\mathrm{Deflection}_{\mathrm{rib\_1}} = 46.36 - 9.9x_2 - 12.9x_1x_8 + 0.110\,7x_3x_{10}$$

$$\mathrm{Deflection}_{\mathrm{rib\_1}} = 46.36 - 9.9x_2 - 12.9x_1x_8 + 0.110\,7x_3x_{10}$$

$$\begin{aligned}\mathrm{VC}_{\mathrm{upper}} = {} & 0.261 - 0.015\,9x_1x_2 - 0.188x_1x_8 - 0.019x_2x_7 + 0.014\,4x_3x_5 \\ & + 0.000\,8757x_5x_{10} + 0.080\,45x_6x_9 + 0.001\,39x_8x_{11} + 0.000\,0157\,5x_{10}x_{11}\end{aligned}$$

$$\begin{aligned}\mathrm{VC}_{\mathrm{middle}} = {} & 0.214 + 0.008\,17x_5 - 0.131x_1x_8 - 0.070\,4x_1x_9 + 0.030\,99x_2x_6 - 0.018x_2x_7 + 0.020\,8x_3x_8 \\ & + 0.121x_3x_9 - 0.003\,64x_5x_6 + 0.000\,771\,5x_5x_{10} - 0.000\,535\,4x_6x_{10} + 0.001\,21x_8x_{11}\end{aligned}$$

$$\mathrm{VC}_{\mathrm{lower}} = 0.74 - 0.061x_2 - 0.163x_3x_8 + 0.001\,232x_3x_{10} - 0.166x_7x_9 + 0.227x_2^2$$

$$\mathrm{Force}_{\mathrm{public}} = 4.72 - 0.5x_4 - 0.19x_2x_3 - 0.012\,2x_4x_{10} + 0.009\,325x_6x_{10} + 0.000\,191x_{11}^2$$

$$\mathrm{Velocity}_{\mathrm{B\text{-}pillar}} = 10.58 - 0.674x_1x_2 - 1.95x_2x_8 + 0.020\,54x_3x_{10} - 0.019\,8x_4x_{10} + 0.028x_6x_{10}$$

$$\mathrm{Velocity}_{\mathrm{door}} = 16.45 - 0.489x_3x_7 - 0.843x_5x_6 + 0.043\,2x_9x_{10} - 0.055\,6x_9x_{11} - 0.000\,786x_{11}^2$$

基于 RBDO 方法的车辆耐撞性模型如下：

$$
\begin{aligned}
&\min \text{Weight}(\boldsymbol{d})\\
&\text{s.t. } P(\text{abdomen load} \leqslant 1.0\text{kN}) \geqslant P_s\\
&P(\text{upper/middle/lower VC} \leqslant 0.32\text{mls}) \geqslant P_s\\
&P(\text{upper/middle/lower rib deflection} \leqslant 32\text{mm}) \geqslant P_s\\
&P(\text{public symphysis force, } F \leqslant 4.0\text{kN}) \geqslant P_s\\
&P(\text{velocity of B-pillar at middle point} \leqslant 9.9\text{mm / ms}) \geqslant P_s\\
&P(\text{velocity of front door at B-pillar} \leqslant 15.7\text{mm / ms}) \geqslant P_s\\
&\boldsymbol{d}_l \leqslant \boldsymbol{d} \leqslant \boldsymbol{d}_u, \boldsymbol{d} \in \mathbf{R}^9 \text{ and } \boldsymbol{X} \in \mathbf{R}^{11}
\end{aligned}
$$

在车辆侧面碰撞的设计优化中使用了 9 个设计参数。设计参数是厚度（$d_1 \sim d_7$）和关键零件的材料特性（$d_8, d_9$）。如表 7－13 所示，所有厚度设计变量（单位：mm）都是连续的；但是，两个材料设计变量（单位：$\times 10^3$ MPa）是离散的，这种材料可以是低碳钢或高强度钢。两个非设计变量随机参数是障碍物高度和击球位置，根据物理测试，其范围为－30～30 mm。在侧面碰撞 CAE 模型中，假定所有随机变量均在其标称值附近正态分布。在概率约束中，可以从表 7－12 中列出的最高安全等级的性能值中放宽性能要求，因为实际上可能无法实现最高安全等级。

**表 7－13　车辆侧面碰撞模型的设计参数和随机参数的性质**

| 随机变量 | 标准差 | 分布类型 | $d_i$ | $d_l$ | $d$ | $d_u$ |
|---|---|---|---|---|---|---|
| B 柱内侧 | 0.030 | 正态分布 | 1 | 0.500 | 1.000 | 1.500 |
| B 柱加固侧 | 0.030 | 正态分布 | 2 | 0.500 | 1.000 | 1.500 |
| 地板内侧 | 0.030 | 正态分布 | 3 | 0.500 | 1.000 | 1.500 |
| 交叉部分 | 0.030 | 正态分布 | 4 | 0.500 | 1.000 | 1.500 |
| 门梁 | 0.030 | 正态分布 | 5 | 0.500 | 1.000 | 1.500 |
| 门带线 | 0.030 | 正态分布 | 6 | 0.500 | 1.000 | 1.500 |
| 车顶导轨 | 0.030 | 正态分布 | 7 | 0.500 | 1.000 | 1.500 |
| B 柱内垫 | 0.006 | 正态分布 | 8 | 0.192 | 0.300 | 0.345 |
| B 柱加固垫 | 0.006 | 正态分布 | 9 | 0.192 | 0.300 | 0.345 |
| 障碍物高度 | 10.0 | 正态分布 | 障碍物高度和障碍物撞击速度不作为设计变量考虑 | | | |
| 障碍物撞击速度 | 10.0 | 正态分布 | | | | |

在 RBDO 中使用具有 HMV 方法的 PMA、具有 AMV 方法的 PMA 和具有 HL－RF 方法的 RIA 来执行具有车辆防撞性的 RBDO。为了满足对可靠工程系统的各种要求，针对两个目标可靠性 $P_s = 90\%$ 和 $P_s = 99.87\%$（3-$\sigma$ 设计）解决了用于车辆防撞性的 RBDO。对于 $P_s = 90\%$，使用不同方法和方法的优化历史显示在表 7－14 至表 7－19 中。对于 $P_s = 99.87\%$，使用 AMV 和 HMV 方法的优化结果显示在表 7－20 和表 7－21 中。使用不同方法的 RBDO 程序被证明是一致的，因为它们产生非常接近的最佳设计结果。就分析总数而言，采用 HMV

方法的 PMA 比其他方法效率更高。在此示例中，分析表示有限元分析和设计敏感性分析。为了更好地解释结果，在此示例中，将用于确定关键概率约束的 e-active 设置标准设置为相对较大。

表 7–22 将使用 MCS 方法的 RBDO 结果与使用 PMA 方法的 RBDO 结果进行了比较。具有 90%目标可靠性的 PMA 的 RBDO 结果使车辆的质量减小了更多，而这种车辆设计的安全性却比其他车辆低。具有更高的目标可靠性（99.87%）的 PMA 的 RBDO 结果可提供更安全的车辆设计，但会导致车辆质量增大。结果发现，使用 MCS 方法获得的 RBDO 结果达到了最高的安全评分，但由于 MCS 方法误导了 RBDO 过程，因此生成了不可行的设计。换句话说，与可靠性分析或输出概率分析不同，MCS 方法由于不准确性和效率低下，不足以用于 RBDO。

如表 7–23 所示，检查了使用 MCS 方法和 PMA 获得的 RBDO 结果的约束状态。对于 MCS 方法的 RBDO 结果，第 2、第 4 和第 10 个约束的安全可靠性必须小于目标可靠性，即 90%，因为不满足不等式约束。但是，PMA 的 RBDO 结果满足 90%和 99.87%可靠性的概率约束，如表 7–14 所示。对于 PMA 的 RBDO 结果，第 4、第 8、第 10 个约束在 90%可靠的最佳设计中生效，第 4、第 8、第 9 和第 10 个约束在 99.87%的最佳可靠性设计中生效。因此，PMA 的 RBDO 可实现具有目标可靠性的非常安全的车辆设计，同时使车辆的质量最小。

比较四种设计：初期设计 1，确定性设计优化设计 2，目标可靠性 90%的 PMA–RBDO 设计 3 和目标可靠性 99.87%的 PMA–RBDO 设计 4。四种不同设计的安全等级评分 CDF 证明了车辆侧面碰撞对人体安全的分布水平。初始设计在车辆侧面碰撞时的安全性评分最高偏差最大，确定性最佳设计偏差较小，基于可靠性的最佳设计偏差最小。因此，设计 4 在所有概率水平上都获得最高的安全评分，并同时达到最高的目标可靠性。总之，基于可靠性的最佳设计不仅提高了车辆侧面碰撞的耐撞性，而且还通过降低安全性评分的随机性获得了可靠而坚固的设计。

**表 7–14　90%的 RBDO 和车辆侧面碰撞的耐撞性（采用 HMV 的 PMA）**

| 迭代次数 | 花费 | $d_1,X_1$ | $d_2,X_2$ | $d_3,X_3$ | $d_4,X_4$ | $d_5,X_5$ | $d_6,X_6$ | $d_7,X_7$ | $d_8,X_8$ | $d_9,X_9$ | $X_{10}$ | $X_{11}$ |
|---|---|---|---|---|---|---|---|---|---|---|---|---|
| 0 | 29.05 | 1.000 | 1.000 | 1.000 | 1.000 | 1.000 | 1.000 | 1.000 | 0.300 | 0.300 | 0.000 | 0.000 |
| 1 | 23.51 | 0.500 | 1.277 | 0.500 | 1.174 | 0.561 | 1.500 | 0.500 | 0.345 | 0.198 | 0.000 | 0.000 |
| 2 | 24.08 | 0.500 | 1.308 | 0.500 | 1.237 | 0.610 | 1.500 | 0.500 | 0.345 | 0.192 | 0.000 | 0.000 |
| 3 | 24.05 | 0.500 | 1.308 | 0.500 | 1.237 | 0.609 | 1.500 | 0.500 | 0.345 | 0.192 | 0.000 | 0.000 |
| 4 | 24.10 | 0.500 | 1.310 | 0.500 | 1.243 | 0.614 | 1.500 | 0.500 | 0.345 | 0.192 | 0.000 | 0.000 |
| 5 | 24.07 | 0.500 | 1.309 | 0.500 | 1.240 | 0.610 | 1.500 | 0.500 | 0.345 | 0.192 | 0.000 | 0.000 |
| 优化结果 | 24.07 | 0.500 | 1.309 | 0.500 | 1.240 | 0.610 | 1.500 | 0.500 | 0.345 | 0.192 | 0.000 | 0.000 |

**表 7–15　90%的 RBDO 概率约束车辆侧面碰撞的耐撞性（采用 HMV 的 PMA）**

| 迭代次数 | $G_{p1}^{PMA}$ | $G_{p2}^{PMA}$ | $G_{p3}^{PMA}$ | $G_{p4}^{PMA}$ | $G_{p5}^{PMA}$ | $G_{p6}^{PMA}$ | $G_{p7}^{PMA}$ | $G_{p8}^{PMA}$ | $G_{p9}^{PMA}$ | $\lambda_C$ | 分析次数 |
|---|---|---|---|---|---|---|---|---|---|---|---|
| 0 | 0.299 | −2.070 | 2.496 | 0.120 | 0.098 | 0.113 | 0.045 | −0.071 | 0.206 | 0.357 | 29 |
| 1 | 0.336 | −0.313 | 2.781 | 0.951 | 0.075 | 0.094 | 0.025 | −0.034 | 0.234 | −0.066 | 32 |
| 2 | 0.384 | 0.003 | 3.042 | 1.090 | 0.076 | 0.094 | 0.025 | 0.000 | 0.282 | 0.003 | 35 |
| 3 | 0.381 | −0.013 | 3.027 | 1.081 | 0.076 | 0.094 | 0.025 | −0.001 | 0.280 | −0.003 | 35 |
| 4 | 0.385 | 0.005 | 3.040 | 1.083 | 0.076 | 0.094 | 0.025 | 0.001 | 0.283 | 0.005 | 35 |
| 5 | 0.384 | 0.000 | 3.039 | 1.088 | 0.076 | 0.094 | 0.025 | 0.000 | 0.282 | 0.000 | 36 |
| 优化结果 | 0.384 | 0.000 | 3.039 | 1.088 | 0.076 | 0.094 | 0.025 | 0.000 | 0.282 | 0.000 | 202 |

**表 7–16　90%的 RBDO 和车辆侧面碰撞的耐撞性设计（采用 AMV 的 PMA）**

| 迭代次数 | 花费 | $d_1,X_1$ | $d_2,X_2$ | $d_3,X_3$ | $d_4,X_4$ | $d_5,X_5$ | $d_6,X_6$ | $d_7,X_7$ | $d_8,X_8$ | $d_9,X_9$ | $X_{10}$ | $X_{11}$ |
|---|---|---|---|---|---|---|---|---|---|---|---|---|
| 0 | 29.05 | 1.000 | 1.000 | 1.000 | 1.000 | 1.000 | 1.000 | 1.000 | 0.300 | 0.300 | 0.000 | 0.000 |
| 1 | 23.50 | 0.500 | 1.278 | 0.504 | 1.173 | 0.555 | 1.500 | 0.500 | 0.345 | 0.192 | 0.000 | 0.000 |
| 2 | 24.02 | 0.500 | 1.308 | 0.500 | 1.237 | 0.608 | 1.500 | 0.500 | 0.345 | 0.192 | 0.000 | 0.000 |
| 3 | 24.05 | 0.500 | 1.308 | 0.500 | 1.237 | 0.609 | 1.500 | 0.500 | 0.345 | 0.192 | 0.000 | 0.000 |
| 4 | 24.07 | 0.500 | 1.309 | 0.500 | 1.239 | 0.610 | 1.500 | 0.500 | 0.345 | 0.192 | 0.000 | 0.000 |
| 优化结果 | 24.07 | 0.500 | 1.309 | 0.500 | 1.239 | 0.610 | 1.500 | 0.500 | 0.345 | 0.192 | 0.000 | 0.000 |

**表 7–17　90%的 RBDO 概率约束车辆侧面碰撞的耐撞性（采用 AMV 的 PMA）**

| 迭代次数 | $G_{p1}^{PMA}$ | $G_{p2}^{PMA}$ | $G_{p3}^{PMA}$ | $G_{p4}^{PMA}$ | $G_{p5}^{PMA}$ | $G_{p6}^{PMA}$ | $G_{p7}^{PMA}$ | $G_{p8}^{PMA}$ | $G_{p9}^{PMA}$ | $G_{p10}^{PMA}$ | 分析次数 |
|---|---|---|---|---|---|---|---|---|---|---|---|
| 0 | 0.299 | −2.070 | 2.496 | 0.120 | 0.098 | 0.113 | 0.045 | −0.071 | 0.206 | 0.357 | 82 |
| 1 | 0.334 | −0.313 | 2.825 | 2.227 | 0.076 | 0.094 | 0.025 | −0.033 | 0.233 | 0.130 | 83 |
| 2 | 0.384 | 0.003 | 3.042 | 1.090 | 0.080 | 0.090 | 0.025 | 0.000 | 0.282 | 0.002 | 84 |
| 3 | 0.381 | −0.013 | 3.027 | 1.081 | 0.076 | 0.094 | 0.025 | −0.001 | 0.280 | −0.003 | 80 |
| 4 | 0.384 | 0.000 | 3.039 | 1.088 | 0.076 | 0.094 | 0.025 | 0.000 | 0.282 | 0.000 | 80 |
| 优化结果 | 0.384 | 0.000 | 3.039 | 1.088 | 0.076 | 0.094 | 0.025 | 0.000 | 0.282 | 0.000 | 409 |

**表 7-18　90%的 RBDO 和车辆侧面碰撞的耐撞性（采用 HL-RF 方法的 RIA）**

| 迭代次数 | 花费 | $d_1,X_1$ | $d_2,X_2$ | $d_3,X_3$ | $d_4,X_4$ | $d_5,X_5$ | $d_6,X_6$ | $d_7,X_7$ | $d_8,X_8$ | $d_9,X_9$ | $X_{10}$ | $X_{11}$ |
|---|---|---|---|---|---|---|---|---|---|---|---|---|
| 0 | 29.05 | 1.000 | 1.000 | 1.000 | 1.000 | 1.000 | 1.000 | 1.000 | 0.300 | 0.300 | 0.000 | 0.000 |
| 1 | 24.00 | 0.500 | 1.374 | 0.500 | 1.164 | 0.500 | 0.920 | 0.500 | 0.345 | 0.192 | 0.000 | 0.000 |
| 2 | 25.03 | 0.500 | 1.325 | 0.500 | 1.303 | 0.947 | 1.255 | 0.500 | 0.345 | 0.257 | 0.000 | 0.000 |
| 3 | 24.09 | 0.500 | 1.312 | 0.500 | 1.202 | 0.681 | 1.497 | 0.500 | 0.345 | 0.331 | 0.000 | 0.000 |
| 4 | 24.22 | 0.500 | 1.309 | 0.500 | 1.239 | 0.696 | 1.500 | 0.500 | 0.345 | 0.327 | 0.000 | 0.000 |
| 5 | 24.15 | 0.500 | 1.309 | 0.500 | 1.239 | 0.653 | 1.500 | 0.500 | 0.345 | 0.267 | 0.000 | 0.000 |
| 6 | 24.15 | 0.500 | 1.309 | 0.500 | 1.239 | 0.654 | 1.500 | 0.500 | 0.345 | 0.266 | 0.000 | 0.000 |
| 7 | 24.17 | 0.500 | 1.309 | 0.500 | 1.239 | 0.657 | 1.500 | 0.500 | 0.345 | 0.264 | 0.000 | 0.000 |
| 8 | 24.17 | 0.500 | 1.309 | 0.500 | 1.239 | 0.667 | 1.500 | 0.500 | 0.345 | 0.258 | 0.000 | 0.000 |
| 优化结果 | 24.17 | 0.500 | 1.309 | 0.500 | 1.239 | 0.667 | 1.500 | 0.500 | 0.345 | 0.258 | 0.000 | 0.000 |

**表 7-19　90%的 RBDO 概率约束车辆侧面碰撞的耐撞性（采用 HL-RF 方法的 RIA）**

| 迭代次数 | $G_{p1}^{PMA}$ | $G_{p2}^{PMA}$ | $G_{p3}^{PMA}$ | $G_{p4}^{PMA}$ | $G_{p5}^{PMA}$ | $G_{p6}^{PMA}$ | $G_{p7}^{PMA}$ | $G_{p8}^{PMA}$ | $G_{p9}^{PMA}$ | $G_{p10}^{PMA}$ | 分析次数 |
|---|---|---|---|---|---|---|---|---|---|---|---|
| 0 | 5.423 | −1.792 | 1.549 | 1.835 | 6.014 | 11.72 | 3.300 | −2.145 | 0.703 | 2.275 | 90 |
| 1 | 11.21 | 0.984 | 1.990 | 4.129 | 6.351 | 18.82 | 4.063 | −1.410 | 3.546 | −2.425 | 96 |
| 2 | 7.261 | 0.193 | 1.670 | 1.549 | 4.381 | 12.30 | 4.913 | 0.126 | 0.946 | 1.607 | 185 |
| 3 | 4.520 | 0.041 | 1.207 | 0.256 | 4.297 | 13.54 | 5.694 | −1.014 | 0.995 | −0.009 | 50 |
| 4 | 4.671 | 0.002 | 1.219 | 0.309 | 4.327 | 13.67 | 5.632 | −0.008 | 0.996 | 0.020 | 56 |
| 5 | 4.521 | 0.000 | 1.478 | 1.206 | 4.869 | 16.04 | 4.943 | 0.003 | 0.996 | −0.087 | 95 |
| 6 | 4.519 | 0.000 | 1.480 | 1.213 | 4.870 | 16.05 | 4.870 | 0.003 | 0.995 | −0.084 | 190 |
| 7 | 4.503 | 0.000 | 1.511 | 1.316 | 4.889 | 16.15 | 4.889 | 0.000 | 0.995 | −0.029 | 190 |
| 8 | 4.500 | −0.001 | 0.152 | 1.340 | 4.888 | 16.15 | 4.888 | 0.002 | 0.995 | −0.001 | 190 |
| 优化结果 | 4.500 | −0.001 | 0.152 | 1.340 | 4.888 | 16.15 | 4.888 | 0.002 | 0.995 | −0.001 | 1 142 |

**表 7-20　99.87%的 RBDO 和车辆侧面碰撞的耐撞性**

| 迭代次数 | 花费 | $d_1,X_1$ | $d_2,X_2$ | $d_3,X_3$ | $d_4,X_4$ | $d_5,X_5$ | $d_6,X_6$ | $d_7,X_7$ | $d_8,X_8$ | $d_9,X_9$ | $X_{10}$ | $X_{11}$ |
|---|---|---|---|---|---|---|---|---|---|---|---|---|
| 0 | 29.05 | 1.000 | 1.000 | 1.000 | 1.000 | 1.000 | 1.000 | 1.000 | 0.300 | 0.300 | 0.000 | 0.000 |
| 1 | 29.72 | 0.952 | 0.867 | 0.867 | 1.047 | 0.937 | 1.300 | 0.903 | 0.340 | 0.300 | 0.000 | 0.000 |
| 2 | 25.22 | 0.500 | 0.500 | 0.500 | 1.251 | 0.825 | 1.428 | 0.500 | 0.345 | 0.192 | 0.000 | 0.000 |
| 3 | 25.41 | 0.566 | 0.500 | 0.500 | 1.336 | 0.651 | 1.495 | 0.500 | 0.345 | 0.192 | 0.000 | 0.000 |
| 4 | 25.39 | 0.511 | 0.500 | 0.500 | 1.352 | 0.658 | 1.473 | 0.500 | 0.345 | 0.192 | 0.000 | 0.000 |
| 优化结果 | 25.39 | 0.511 | 0.500 | 0.500 | 1.352 | 0.658 | 1.473 | 0.500 | 0.345 | 0.192 | 0.000 | 0.000 |

表 7-21　99.87%的 RBDO 概率约束车辆侧面碰撞的耐撞性

| 迭代次数 | $G_{p1}$ | $G_{p2}$ | $G_{p3}$ | $G_{p4}$ | $G_{p5}$ | $G_{p6}$ | $G_{p7}$ | $G_{p8}$ | $G_{p9}$ | $G_{p10}$ | 分析次数 |
|---|---|---|---|---|---|---|---|---|---|---|---|
| 0 | 0.214 | 4.065 | 0.274 | 0.147 | 0.076 | 0.097 | 0.021 | 0.124 | 0.300 | 0.121 | 47 |
| 1 | 0.296 | 0.335 | 2.662 | 1.151 | 0.083 | 0.104 | 0.050 | 0.035 | 0.000 | 0.195 | 100 |
| 2 | 0.346 | 0.067 | 0.936 | 1.121 | 0.054 | 0.088 | 0.014 | 0.029 | 0.034 | 0.175 | 46 |
| 3 | 0.348 | 0.002 | 1.141 | 1.473 | 0.063 | 0.091 | 0.014 | 0.000 | 0.001 | 0.002 | 97 |
| 4 | 0.383 | 0.001 | 0.921 | 1.230 | 0.059 | 0.088 | 0.013 | 0.000 | 0.000 | 0.000 | 50 |
| 优化结果 | 0.383 | 0.001 | 0.921 | 1.230 | 0.059 | 0.088 | 0.013 | 0.000 | 0.000 | 0.000 | 340 |

表 7-22　基于可靠性最佳设计的安全评分

| 性能 | 最高安全评价分数 | 90%可靠度 | | | | 99.87%可靠度 | |
|---|---|---|---|---|---|---|---|
| | | 采用 MCS 的 RBDO | | 采用 PMA 的 RBDO | | 采用 PMA 的 RBDO | |
| | | 结果 | 得分 | 结果 | 得分 | 结果 | 得分 |
| 重量 | | 25.60 | | 24.07 | | 25.39 | |
| 腹部载荷 | ≤1.0 | 0.456 | 4.000 | 0.510 | 4.000 | 0.401 | 4.000 |
| 上挠度 | ≤22 | 27.30 | | 29.92 | | 29.59 | |
| 中挠度 | | 29.20 | | 26.79 | | 26.03 | |
| 下挠度 | | 29.90 | 2.563 | 31.17 | 2.333 | 30.05 | 2.536 |
| VC 上 | ≤0.32 | 0.222 | | 0.233 | | 0.231 | |
| VC 中 | | 0.196 | | 0.220 | | 0.217 | |
| VC 下 | | 0.260 | | 0.286 | | 0.287 | |
| 耻骨联合力 | ≤3.0 | 3.800 | 2.933 | 3.975 | 2.700 | 3.909 | 2.788 |
| 头部受伤标准 | ≤650 | 229.4 | 4.000 | 211.3 | 4.000 | 211.7 | 4.000 |
| B 柱速度 | N.A. | 9.280 | N.A. | 9.258 | N.A. | 9.142 | N.A. |
| 门框速度 | | 15.31 | | 15.56 | | 15.51 | |
| 总得分 | 16.0 | 13.496 | | 13.033 | | 13.324 | |

表 7-23　基于可靠性的设计优化的概率约束值

| 编号 | 性能 | 约束 | 90%可靠度 | | 99.87%可靠度 |
|---|---|---|---|---|---|
| | | | MCS | PMA | PMA |
| 1 | 腹部载荷 | ≤1.0 | 0.50 | 0.616 | 0.617 |
| 2 | 上挠度 | ≤32.00 | 34.31 | 30.91 | 30.77 |
| 3 | 中挠度 | | 31.43 | 28.69 | 31.08 |
| 4 | 下挠度 | | 33.67 | 32.00 | 32.00 |

续表

| 编号 | 性能 | 约束 | 90%可靠度 | | 99.87%可靠度 |
|---|---|---|---|---|---|
| | | | MCS | PMA | PMA |
| 5 | VC 上 | ≤0.32 | 0.250 | 0.244 | 0.261 |
| 6 | VC 中 | | 0.230 | 0.226 | 0.232 |
| 7 | VC 下 | | 0.295 | 0.295 | 0.307 |
| 8 | 耻骨联合力 | ≤4.00 | 4.000 | 4.000 | 4.000 |
| 9 | 头部受伤标准 | ≤10.00 | 9.618 | 9.618 | 9.900 |
| 10 | B 柱速度 | ≤15.70 | 15.70 | 15.70 | 15.70 |

## 7.9 本章小结

本章首先给出了结构可靠性优化设计的模型，根据不确定性参数和度量的不同，分别介绍了概率模型、模糊模型和凸模型。然后针对不同模型，阐明了其可靠性指标的定义，以及将相关非正态变量转化为独立标准正态变量的 Nataf 变换、Rosenblatt 变换和 HL－RF 方法。接着详细介绍了可靠性指标法、功能度量法、直接采样法即蒙特卡洛法和一次二阶矩法等可靠性分析方法。为了进行优化设计，又介绍了嵌套方法、单环方法和序列方法等结构可靠性优化求解策略，并在最后给出了几个算例以供理解。

# 参考文献


[1] Choi S K，Grandhi R V，Canfield R A. 结构可靠性设计［M］. 北京：国防工业出版社，2014.

[2] 张明，金峰. 结构可靠度计算［M］. 北京：科学出版社，2015.

[3] 罗阳军. 基于多椭球凸模型的结构非概率可靠性优化设计［D］. 大连：大连理工大学，2009.

[4] Mourelatos Z P，Zhou J. A design optimization method using evidence theory［C］. ASME，International Design Engineering Technical Conferences & Computers and Information in Engineering Conference，2005.

[5] 吴帅兵，李典庆，周创兵. 结构可靠度分析中变量相关时三种变换方法的比较［J］. 工程力学，2011，28（5）：41－48.

[6] 朱作. 基于功能度量法的概率结构优化设计［D］. 大连：大连理工大学，2016.

[7] Shan S Q，Wang G G. Reliable design space and complete single-loop reliability-based design optimization［J］. Reliability Engineering and System Safety，2008，93：1218－1230.

[8] Liu H B，Chen W，Sheng J，et al. Application of the sequential optimization and reliability assessment method to structural design problems［C］. ASME，Design Engineering Technical Conferences and Computers and Information in Engineering Conference，2003.

［9］刘卫军. 基于区间模型的可靠性指标求解及稳健性优化设计［D］. 武汉：华中科技大学，2013.
［10］阎京妮. 基于证据理论的多学科可靠性优化设计方法［D］. 长沙：湖南大学，2013.
［11］Youn B D，Choi K K，Yang R J，et al. Reliability-based design optimization for crashworthiness of vehicle side impact［J］. Industrial applications and design case study，2004，26：272－283.
［12］段宝岩. 柔性天线结构分析、优化与精密控制［M］. 北京：科学出版社，2005.
［13］邱志平，王晓军，许孟辉. 工程结构不确定优化设计技术［M］. 北京：科学出版社，2013.
［14］姜潮，韩旭，谢慧超. 区间不确定性优化设计理论与方法［M］. 北京：科学出版社，2017.

# 第 8 章
# 多材料拓扑优化设计

## 8.1 引言

在本书第 6 章中，主要介绍了面向汽车结构设计的单材料拓扑优化方法，有利于在汽车初始设计阶段给出新的概念拓扑构型。目前，考虑汽车结构刚度、强度、NVH 和碰撞安全的单材料拓扑优化设计可在大部分的商业软件平台上完成。“将合适的材料布置在合适的位置”，有利于最大限度地利用不同材料的优势，是汽车结构发展的趋势，其核心是发展多材料的拓扑优化技术。目前，采用两种或两种以上材料的拓扑优化技术仍处于研究的初期阶段。为此，本章主要介绍多材料拓扑优化相关理论基础及应用情况。

本章首先详细介绍了基于变密度法的双材料拓扑优化算法的推导过程，其中包括灵敏度求解、灵敏度过滤、灵敏度和应变能关系的建立；其次将等截面制造约束和多工况引入优化问题中，并对灵敏度进行改进设计；再次详细地探讨了所提出的优化算法有效性以及如何解决经典问题和复杂工程问题；最后介绍了基于序列的多材料拓扑优化设计方法。

## 8.2 基于变密度法的双材料拓扑优化算法

### 8.2.1 双材料密度插值模型

前面章节已经详细介绍了基于 SIMP 方法建立的单一材料插值模型，本章在此基础上介绍由单材料 SIMP 扩展的考虑两种材料的材料插值模型。对于双材料插值模型，每个单元由标准的一个密度变量增加到两个独立密度变量描述。其中，一个变量表示拓扑变量，另一个变量则表示材料选择变量。对于两种各向同性材料，其插值模型可表示为

$$E(\rho^1,\rho^2)=(\rho^1)^p((\rho^2)^p E_1+(1-\rho^2)^p E_2) \tag{8-1}$$

式中，$E(\rho^1,\rho^2)$ 是对应的弹性模量，其值会根据单元密度的变化而变化；$E_1$ 和 $E_2$ 分别代表了第一种和第二种材料的弹性模量。如图 8-1 所示，$\rho^1$ 代表了拓扑变量，决定单元是否被赋予材料；而 $\rho^2$ 代表了材料选择变量，决定被赋予何种材料。这里的惩罚因子 $p$ 与单一材料插值模型具有相同的意义。

通过多材料插值模型，可将离散拓扑优化问题转换为连续优化问题。与单材料拓扑优化方法类似，中间密度单元不可避免地存在于最优拓扑结构中。相比于单材料拓扑优化方法，尽管多材料拓扑优化引入了一个材料选择变量 $\rho^2$，仍可以根据实际需求对灰度单元的拓扑结构进行工程化处理。对于单一材料 SIMP 插值模型，单元密度与材料弹性模量之间，依据惩

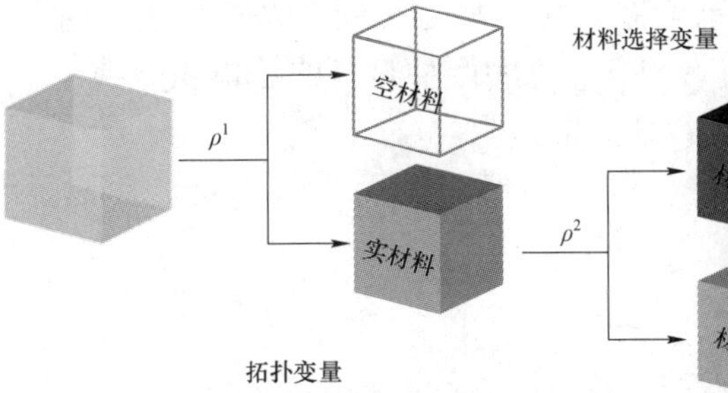


**图 8-1　密度变量的含义**

罚因子取值的不同，呈现线性、二次、三次以及更高阶的指数关系。对于两种材料拓扑优化 SIMP 插值模型，单元密度变量和弹性模量之间则是一个三维映射关系。图 8-2 是单元弹性模量与单元密度变量的映射关系示意图。

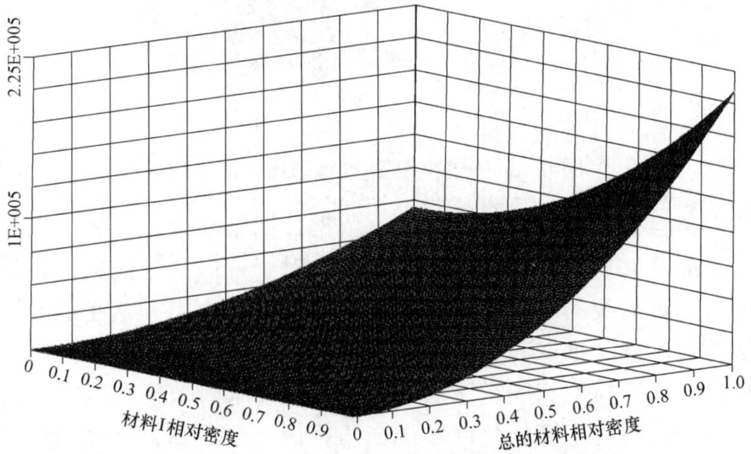


**图 8-2　插值后的杨氏模量同密度变量之间的示意关系**

（$\rho^1$：总的材料相对密度；$\rho^2$：材料 I 相对密度）

### 8.2.2　优化模型

典型的优化目标包括但不局限于寻求质量最小、成本最低、结构刚度最大。同单一材料的拓扑优化类似，本节仍以柔度最小化（即刚度最大化）为目标，材料的体积分数作为约束条件（即质量约束）来详细讨论多材料的拓扑优化问题。图 8-3 为一般连续弹性体的拓扑优化问题示意图。

包含两种材料的拓扑优化问题的数学描述可表示为

$$
\begin{aligned}
\min \quad & C(\boldsymbol{\rho}_1,\boldsymbol{\rho}_2) \\
\text{s.t.} \quad & \boldsymbol{K}(\boldsymbol{\rho}_1,\boldsymbol{\rho}_2)\boldsymbol{U}=\boldsymbol{F} \\
& \sum_{i=1}^{N}\rho_1^i v^i \leqslant V_{\text{Total\_Max}} \\
& \sum_{i=1}^{N}\rho_1^i\rho_2^i v^i \leqslant V_{1\_\text{Max}} \\
& 0<\rho_{\min}\leqslant\rho_1^i\leqslant 1 \quad (i=1,2,\cdots,i,\cdots,N) \\
& 0\leqslant\rho_2^i\leqslant 1 \quad (i=1,2,\cdots,i,\cdots,N)
\end{aligned}
\tag{8-2}
$$

式中，$C$为结构的柔度；$\boldsymbol{U}$表示位移矢量；$\boldsymbol{F}$ 表示外力矢量；$\boldsymbol{K}$是整体刚度矩阵；$\boldsymbol{\rho}_1$和$\boldsymbol{\rho}_2$分别为拓扑变量和材料选择变量；$V_{\text{Total_Max}}$为两种材料的总体积分数；$V_{\text{1_Max}}$为只包含材料 1 的体积分数；$\rho_{\min}$是相对密度设计变量的下限。

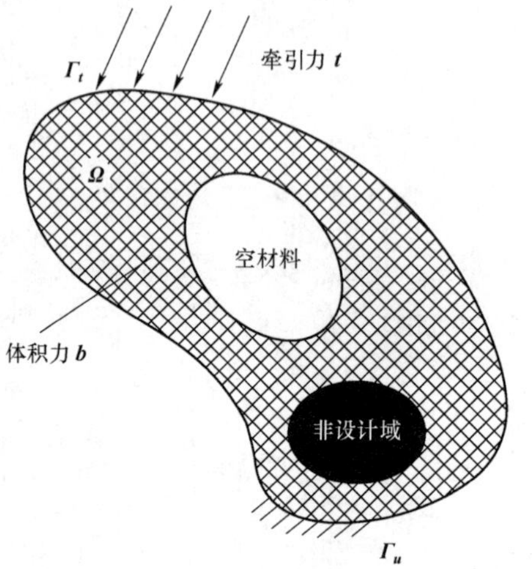


图 8-3　一般连续弹性体的拓扑优化问题

基于密度的多材料拓扑优化问题的关键是依据目标或约束识别每个设计域单元的材料状态，本质上是一个涉及大量变量的离散优化问题。对于一般工程问题，设计域可能被离散化成数以十万甚至百万数量级的单元，对优化算法的效率提出了非常高的要求。枚举法、遗传算法、粒子群法等优化方法难以有效求解诸如此类的大规模优化设计问题。

目前，基于材料插值模型和变密度法的拓扑优化在求解效率上具有更高的工程应用可行性，将离散优化问题转换为连续优化问题，在拓扑优化中大部分密度设计变量会逐步趋向于 0 和 1，也即空材料和实材料。

### 8.2.3　优化准则法（OC 法）

Karush-Kuhn-Tucker（KKT）优化准则法是解决拓扑优化等一般性优化问题较为有效的非线性优化求解方法，通过构造拉格朗日函数并引入广义拉格朗日算子，将有等式和不等式约束的非线性优化问题松弛为无约束条件的优化问题。针对两种材料的拓扑优化问题所构建的拉格朗日函数如式（8-3），与单一材料拓扑优化构造的拉格朗日函数相比，两种材料的拉格朗日乘子增加了 $2n+1$ 个。

$$\begin{aligned}L=&C(\rho_1^i,\rho_2^i)+\Lambda^1\Big(\sum_{i=1}^{N}\rho_1^i\rho_2^i v^i-V_1\Big)+\Lambda^2\Big(\sum_{i=1}^{N}\rho_1^i v^i-V\Big)+\boldsymbol{\lambda}^{\mathrm{T}}(\boldsymbol{KU}-\boldsymbol{F})+\\&\sum_{i=1}^{N}\lambda_i^1(\rho_{\min}-\rho_1^i)+\sum_{i=1}^{N}\lambda_i^2(\rho_1^i-1)+\sum_{i=1}^{N}\lambda_i^3(0-\rho_2^i)+\sum_{i=1}^{N}\lambda_i^4(\rho_2^i-1)\end{aligned}\tag{8-3}$$

式中，$\Lambda^1$，$\Lambda^2$，$\boldsymbol{\lambda}^{\mathrm{T}}$，$\lambda_i^1$，$\lambda_i^2$，$\lambda_i^3$和$\lambda_i^4$为拉格朗日算子。该拉格朗日函数对第 $i$ 个单元密度变量 $\rho_1^i$ 和 $\rho_2^i$ 的灵敏度可表达为

$$\begin{cases}\dfrac{\partial L}{\partial \rho_1^i}=-\boldsymbol{U}^{\mathrm{T}}\dfrac{\partial \boldsymbol{K}}{\partial \rho_1^i}\boldsymbol{U}+\Lambda^1\rho_2^i v^i+\Lambda^2 v^i-\lambda_i^1+\lambda_i^2 \\ \dfrac{\partial L}{\partial \rho_2^i}=-\boldsymbol{U}^{\mathrm{T}}\dfrac{\partial \boldsymbol{K}}{\partial \rho_2^i}\boldsymbol{U}+\Lambda^1\rho_1^i v^i-\lambda_i^3+\lambda_i^4\end{cases}\quad i=1,2,\cdots,N \tag{8-4}$$

根据对偶可行性和互补松弛性准则，拉格朗日算子以及等式和不等式约束需满足如下关系：

$$\begin{aligned}&\begin{cases}\Lambda^1\geqslant 0\\ \Lambda^1\left(\sum\limits_{i=1}^{N}\rho_1^i\rho_2^i v^i-V_1\right)=0\end{cases} &&\begin{cases}\Lambda^2\geqslant 0\\ \Lambda^2\left(\sum\limits_{i=1}^{N}\rho_1^i v^i-V\right)=0\end{cases}\\ &\begin{cases}\lambda_i^1\geqslant 0\\ \lambda_i^1(\rho_{\min}-\rho_1^i)=0\end{cases} &&\begin{cases}\lambda_i^2\geqslant 0\\ \lambda_i^2(\rho_1^i-1)=0\end{cases}\quad i=1,2,\cdots,i,\cdots,N\\ &\begin{cases}\lambda_i^3\geqslant 0\\ \lambda_i^3(0-\rho_2^i)=0\end{cases} &&\begin{cases}\lambda_i^4\geqslant 0\\ \lambda_i^4(\rho_2^i-1)=0\end{cases}\quad i=1,2,\cdots,i,\cdots,N\end{aligned} \tag{8-5}$$

为了满足驻点条件，式（8-4）则满足如下条件：

$$\begin{aligned}\frac{\partial L}{\partial \rho_1^i}&=-\boldsymbol{U}^{\mathrm{T}}\frac{\partial \boldsymbol{K}}{\partial \rho_1^i}\boldsymbol{U}+\Lambda^1\rho_2^i v^i+\Lambda^2 v^i=-\boldsymbol{u}_i^{\mathrm{T}}\frac{\partial \boldsymbol{k}_i}{\partial \rho_1^i}\boldsymbol{u}_i+\Lambda^1\rho_2^i v^i+\Lambda^2 v^i=0\\ \frac{\partial L}{\partial \rho_2^i}&=-\boldsymbol{U}^{\mathrm{T}}\frac{\partial \boldsymbol{K}}{\partial \rho_2^i}\boldsymbol{U}+\Lambda^1\rho_1^i v^i=-\boldsymbol{u}_i^{\mathrm{T}}\frac{\partial \boldsymbol{k}_i}{\partial \rho_2^i}\boldsymbol{u}_i+\Lambda^1\rho_1^i v^i=0\end{aligned} \tag{8-6}$$

式中，$\boldsymbol{k}_i$ 为第 $i$ 个设计单元的单元刚度矩阵。与单材料拓扑优化的密度更新机制一致，双材料拓扑优化可根据式（8-7）和式（8-8）关系进行迭代：

$$(\rho_1^i)^{(k+1)}=\begin{cases}\max\left\{(1-\varsigma)(\rho_1^i)^{(k)},\rho_{\min}\right\} & \text{if } (\rho_1^i)^{(k)}({}_1B_k^i)^{\eta}\leqslant\max\left\{(1-\varsigma)(\rho_1^i)^{(k)},\rho_{\min}\right\}\\ \min\left\{(1+\varsigma)(\rho_1^i)^{(k)},1\right\} & \text{if } \min\left\{(1+\varsigma)(\rho_1^i)^{(k)},1\right\}\leqslant(\rho_1^i)^{(k)}({}_1B_k^i)^{\eta}\\ (\rho_1^i)^{(k)}({}_1B_k^i)^{\eta} & \text{其他}\end{cases} \tag{8-7}$$

$$(\rho_2^i)^{(k+1)}=\begin{cases}\max\left\{(1-\varsigma)(\rho_2^i)^{(k)},0\right\} & \text{if } (\rho_2^i)^{(k)}({}_2B_k^i)^{\eta}\leqslant\max\left\{(1-\varsigma)(\rho_2^i)^{(k)},0\right\}\\ \min\left\{(1+\varsigma)(\rho_2^i)^{(k)},1\right\} & \text{if } \min\left\{(1+\varsigma)(\rho_2^i)^{(k)},1\right\}\leqslant(\rho_2^i)^{(k)}({}_2B_k^i)^{\eta}\\ (\rho_2^i)^{(k)}({}_2B_k^i)^{\eta} & \text{其他}\end{cases} \tag{8-8}$$

式中，${}_1B_k^i=\dfrac{\boldsymbol{u}_i^{\mathrm{T}}\dfrac{\partial \boldsymbol{k}_i}{\partial \rho_1^i}\boldsymbol{u}_i}{\Lambda^1\rho_2^i v^i+\Lambda^2 v^i}=\dfrac{-\dfrac{\partial C}{\partial \rho_1^i}}{\Lambda^1\rho_2^i v^i+\Lambda^2 v^i}$，${}_2B_k^i=\dfrac{\boldsymbol{u}_i^{\mathrm{T}}\dfrac{\partial \boldsymbol{k}_i}{\partial \rho_2^i}\boldsymbol{u}_i}{\Lambda^1\rho_1^i v^i}=\dfrac{-\dfrac{\partial C}{\partial \rho_2^i}}{\Lambda^1\rho_1^i v^i}$，$k$ 代表第 $k$ 迭代步数，$\eta$ 代表阻尼系数，$\varsigma$ 代表迭代步长。自变量的迭代更新由 $\eta$ 和 $\varsigma$ 来控制。对于复杂程度不同的优化问题，$\eta$ 和 $\varsigma$ 的取值需要进行调整来保证优化效率。

### 8.2.4 灵敏度求解

#### 8.2.4.1 标准灵敏度求解

柔度最小化的优化问题通常是具有设计变量规模较大和约束条件较少的问题，伴随灵敏度法通常可以高效地求解此类问题。包含两种材料的柔度最小化问题的灵敏度求解如式（8－9）：

$$\begin{aligned}\frac{\partial C}{\partial \rho_j^i}&=\frac{\partial \boldsymbol{F}^{\mathrm{T}}\boldsymbol{U}}{\partial \rho_j^i}\\&=\frac{\partial(\boldsymbol{F}^{\mathrm{T}}\boldsymbol{U}-\boldsymbol{\lambda}^{\mathrm{T}}(\boldsymbol{K}\boldsymbol{U}-\boldsymbol{F}))}{\partial \rho_j^i}\\&=(\boldsymbol{F}^{\mathrm{T}}-\boldsymbol{\lambda}^{\mathrm{T}}\boldsymbol{K})\frac{\partial \boldsymbol{U}}{\partial \rho_j^i}-\boldsymbol{\lambda}^{\mathrm{T}}\frac{\partial \boldsymbol{K}}{\partial \rho_j^i}\boldsymbol{U}\\&=-\boldsymbol{\lambda}^{\mathrm{T}}\frac{\partial \boldsymbol{K}}{\partial \rho_j^i}\boldsymbol{U}\quad 当\ \boldsymbol{F}^{\mathrm{T}}=\boldsymbol{\lambda}^{\mathrm{T}}\boldsymbol{K}\quad \boldsymbol{\lambda}=\boldsymbol{U}\\&=-\boldsymbol{U}^{\mathrm{T}}\frac{\partial \boldsymbol{K}}{\partial \rho_j^i}\boldsymbol{U}\quad i=1,2,\cdots,N;\ j=1,2\end{aligned}\tag{8-9}$$

式中，$\boldsymbol{\lambda}$ 为伴随因子矢量；$\boldsymbol{F}$ 为外载荷矢量；$\boldsymbol{U}$ 为结点位移矢量；$\boldsymbol{K}$ 是刚度矩阵；$N$ 为设计变量总数量。结合多材料插值公式，式（8－9）给出的灵敏度可进一步展开为

$$\begin{aligned}\frac{\partial C}{\partial \rho_1^i}&=-\boldsymbol{U}^{\mathrm{T}}\frac{\partial \boldsymbol{K}}{\partial \rho_1^i}\boldsymbol{U}=-\boldsymbol{u}_i^{\mathrm{T}}\frac{\partial \boldsymbol{k}_i}{\partial \rho_1^i}\boldsymbol{u}_i=-p(\rho_1^i)^{p-1}[(\rho_2^i)^p\boldsymbol{u}_i^{\mathrm{T}}\boldsymbol{k}_i^1\boldsymbol{u}_i+(1-(\rho_2^i)^p)\boldsymbol{u}_i^{\mathrm{T}}\boldsymbol{k}_i^2\boldsymbol{u}_i]\\\frac{\partial C}{\partial \rho_2^i}&=-\boldsymbol{U}^{\mathrm{T}}\frac{\partial \boldsymbol{K}}{\partial \rho_2^i}\boldsymbol{U}=-\boldsymbol{u}_i^{\mathrm{T}}\frac{\partial \boldsymbol{k}_i}{\partial \rho_2^i}\boldsymbol{u}_i=-(\rho_1^i)^p[p(\rho_2^i)^{p-1}\boldsymbol{u}_i^{\mathrm{T}}\boldsymbol{k}_i^1\boldsymbol{u}_i-p(\rho_2^i)^{p-1}\boldsymbol{u}_i^{\mathrm{T}}\boldsymbol{k}_i^2\boldsymbol{u}_i]\end{aligned}\tag{8-10}$$

式中，$\boldsymbol{k}_i^1$ 是包含材料 1 的单元刚度矩阵；$\boldsymbol{k}_i^2$ 是包含材料 2 的单元刚度矩阵；$\boldsymbol{u}_i$ 为第 $i$ 个设计单元的位移矢量。

为克服 SIMP 插值模型所带来的棋盘格现象和网格依赖性，对于多材料拓扑优化仍可采用灵敏度过滤策略消除棋盘格现象和网格依赖性。类似于单材料拓扑优化，针对柔度最小化的双材料拓扑优化问题，其基于过滤半径的灵敏度算法可表示为

$$\begin{aligned}\frac{\partial \hat{C}}{\partial \rho_1^i}&=\frac{1}{\rho_1^i\sum_{e=1}^{Q}\hat{H}_e}\sum_{e=1}^{Q}\hat{H}_e\rho_1^e\frac{\partial C}{\partial \rho_1^e}\\\frac{\partial \hat{C}}{\partial \rho_2^i}&=\frac{1}{\rho_2^i\sum_{e=1}^{Q}\hat{H}_e}\sum_{e=1}^{Q}\hat{H}_e\rho_2^e\frac{\partial C}{\partial \rho_2^e}\\\hat{H}_i&=r_{\min}-\mathrm{dist}(i,e),\quad \{e\in Q\mid \mathrm{dist}(i,e)\leqslant r_{\min}\}\end{aligned}\tag{8-11}$$

式中，$r_{\min}$ 为灵敏度过滤的搜索半径；单元 $i$ 作为灵敏度过滤的目标单元；单元 $e$ 是位于第 $i$ 个单元搜索半径内的相邻单元；$\mathrm{dist}(i,e)$ 表示目标单元 $i$ 和相邻单元 $e$ 之间的欧式距离。利用固定的搜索半径来过滤目标单元的灵敏度对于计算几何规则、网格高度一致的二维问题通常效

率较高。对于实际工程问题，特别是对借助商业软件求解器问题而言，搜索固定半径内的单元将耗费额外的大量的计算时间。结合一般工程模型的特性，本章采用相邻单元层数来替换敏度过滤中的搜索半径的方法。图 8-4 所示为目标单元（黑色）和相邻单层单元（深灰色和浅灰色）。

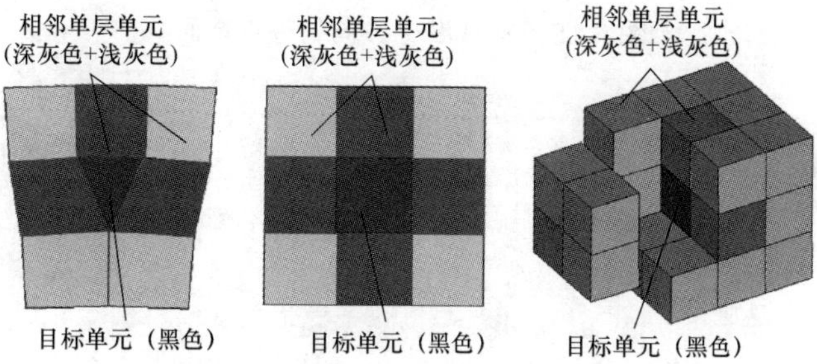


**图 8-4　目标单元及其相邻单层单元**

根据相邻单元层数，将式（8-11）的灵敏度过滤表达式重写为

$$\begin{aligned}
&\frac{\partial \hat{C}}{\partial \rho_1^i}=\frac{1}{\rho_1^i\sum\limits_{e=1}^{Q}\hat{H}_e^{L_e}}\sum_{e=1}^{Q}\hat{H}_e^{L_e}\rho_1^e\frac{\partial C}{\partial \rho_1^e}\\
&\frac{\partial \hat{C}}{\partial \rho_2^i}=\frac{1}{\rho_2^i\sum\limits_{e=1}^{Q}\hat{H}_e^{L_e}}\sum_{e=1}^{Q}\hat{H}_e^{L_e}\rho_2^e\frac{\partial C}{\partial \rho_2^e}\\
&\hat{H}_e^{L_e}=L_e,\ \left\{e\in Q\,|\,L_e\leqslant L_{\max}\right\}
\end{aligned}\tag{8-12}$$

式中，$L_{\max}$ 为目标单元的过滤层数；$Q$ 为过滤层数内包含的所有单元数量；$L_e$ 代相邻单元 $e$ 所在的层数编号。例如，如果过滤层数 $L_{\max}=2$，第一层的所有单元权重系数 $\hat{H}_e^1=1$，第二层的所有单元权重系数 $\hat{H}_e^2=1$。

### 8.2.4.2　等截面约束的灵敏计算

实际的工程设计中会采用等截面的零部件，其外部结构尺寸和几何形状需要保持装配关系和连接要求，需要优化后的结构仍保证截面尺寸和几何形状的相似性。此类结构的拓扑可行域被等截面约束进一步限制，往往结构是三维的，但设计域通常是二维的。在进行优化问题构建时，需要着重解决两个问题：① 将沿截面主轴方向的单元归为同一组；② 控制同一组单元具有相同的灵敏度值。基于此，使得在拓扑优化中同一组单元密度具有相同的密度值。本节先讨论如何求解双材料、等直截面零件的灵敏度，然后再进一步探讨曲截面材料灵敏度的求解。

图 8-5 为一简单的长方体结构，其主轴方向为 $Y$ 方向，即 $Y$ 方向需要保证截面设计的相似性。对于此类等直截面结构，在进行有限元离散的过程中，较容易控制单元形状、尺寸并保证每一截面上获得完全一致的网格结构。图 8-6（a）为离散化的单元网格，主轴方向上每一截面有一致的六面体单元，因此，可采用直接投影法来搜索主轴方向上的单元。对于此模型，首先将每个单元的形心坐标投影到 $X-Z$ 平面上，如图 8-6（b），具有同样投影形心坐标的单元则被放置在同一组，如图 8-6（c）所示，相同组的单元标记为同一颜色。

图 8-5　主轴沿 Y 方向的等直截面

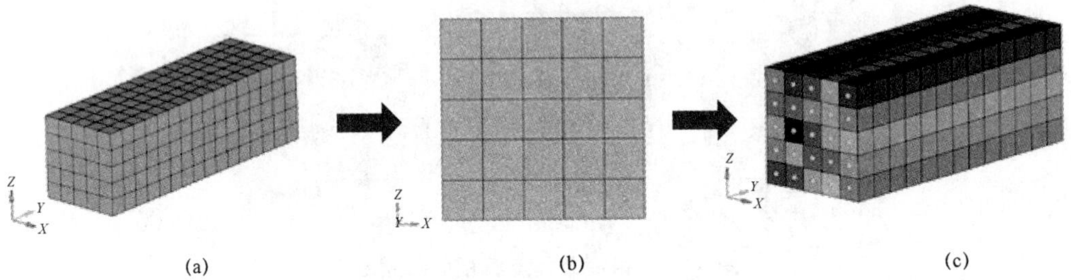


图 8-6　单元沿主轴分组过程

对于结构主轴为曲线情况，上述直接投影法将不再适用，如图 8-7 所示，为一具有 S 形主轴的等截面结构。对于截面主轴为曲线的结构，可采用分段投影法将单元沿主轴方向进行逐层搜索。截面间的方向矢量 $\boldsymbol{n}$ 由定义主轴的单元节点确定，如图 8-8（a）所示，目标截面上的某一单元和方向矢量上的相邻单元的形心构成了另一个形心矢量 $\boldsymbol{c}_1\boldsymbol{c}_2$，如图 8-8(b) 所示。方向矢量和形心矢量之间存在一个夹角 $\theta$，该夹角可由两个矢量 $\boldsymbol{n}$ 和 $\boldsymbol{c}_1\boldsymbol{c}_2$ 得出，其表达式为

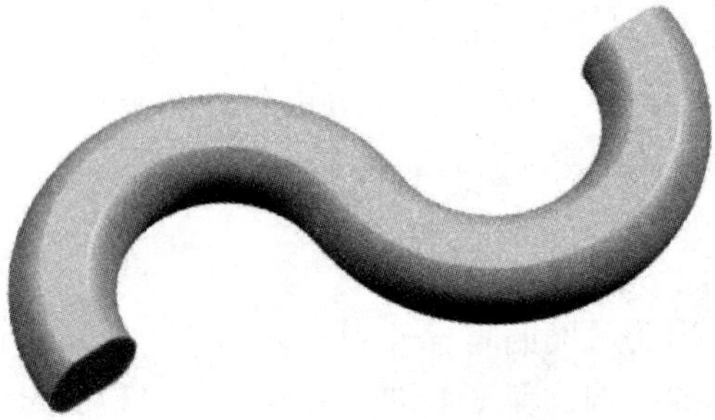

图 8-7　主轴为 S 形的截面

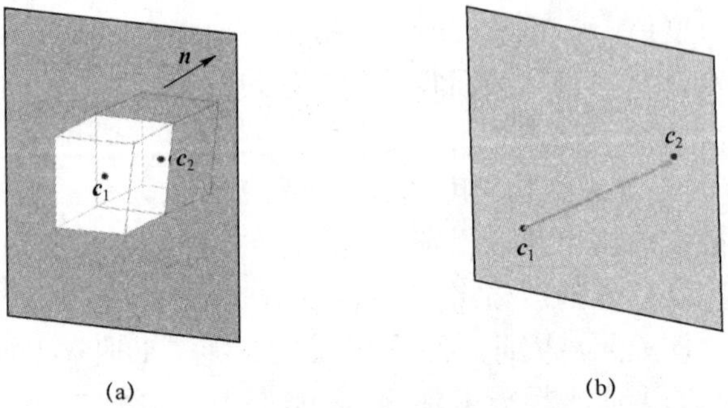


图 8-8　截面沿主轴的方向矢量以及单元形心矢量

（a）分段方向矢量；（b）形心矢量

$$\theta = \arccos\frac{\boldsymbol{n}\cdot\boldsymbol{c}_1\boldsymbol{c}_2}{|\boldsymbol{n}|\boldsymbol{c}_1\boldsymbol{c}_2} \tag{8-13}$$

对该目标截面上的该目标单元来讲，沿主轴方向的下一截面上可能有许多与该单元相邻的单元，而能够被确定与该目标单元同一组的单元则必须满足夹角 $\theta(\boldsymbol{n},\boldsymbol{c}_1\boldsymbol{c}_2)$ 最小。

沿主轴方向的同一组单元其灵敏度将按照式（8－14）进行平均化处理。

$$\frac{\partial\hat{C}}{\partial\rho_{i,k}^1} = \frac{\sum_{j=1}^{N_k}\frac{\partial\hat{C}}{\partial\rho_{i,k}^1}}{N_k},\quad \frac{\partial\hat{C}}{\partial\rho_{i,k}^2} = \frac{\sum_{j=1}^{N_k}\frac{\partial\hat{C}}{\partial\rho_{i,k}^2}}{N_k} \tag{8-14}$$

式中，$\rho_{i,k}^1$ 为第 $k$ 组的拓扑设计变量；$\rho_{i,k}^2$ 为第 $k$ 组的材料选择变量；$N_k$ 为第 $k$ 组的所包含的单元综述；$\frac{\partial\hat{C}}{\partial\rho_{i,k}^1}$ 表示第 $k$ 组第 $j$ 个单元针对拓扑设计变量 $\rho_i^1$ 过滤后的灵敏度；$\frac{\partial\hat{C}}{\partial\rho_{i,k}^2}$ 表示第 $k$ 组第 $j$ 个单元对材料选择变量 $\rho_i^2$ 过滤后的灵敏度。$\frac{\partial\hat{C}}{\partial\rho_{i,k}^1}$ 和 $\frac{\partial\hat{C}}{\partial\rho_{i,k}^2}$ 将被应用于具有等截面约束的双材料拓扑优化中。

#### 8.2.4.3　多工况问题灵敏度的计算

实际工程中多数结构设计需要满足多工况下的性能要求，对于多工况下的拓扑构型设计，往往通过权重法将其融合为一个目标函数。考虑目标函数的融合，则在每一迭代步的灵敏度也需根据权重系数进行加权平均。对于多材料、多工况、柔度最小化的灵敏度可表示为

$$\frac{\partial\hat{C}}{\partial\rho_i^1} = \sum_{t=1}^{N_{LS}} w_t\left(\frac{\partial\hat{C}}{\partial\rho_i^1}\right)_t,\quad \frac{\partial\hat{C}}{\partial\rho_i^2} = \sum_{t=1}^{N_{LS}} w_t\left(\frac{\partial\hat{C}}{\partial\rho_i^2}\right)_t \tag{8-15}$$

式中，$w_t$ 表示第 $t$ 个工况，$N_{LS}$ 表示该结构设计工况数。$\frac{\partial\hat{C}}{\partial\rho_i^1}$ 和 $\frac{\partial\hat{C}}{\partial\rho_i^2}$ 是第 $i$ 个设计单元对所有工况加权平均后的灵敏度。$\left(\frac{\partial\hat{C}}{\partial\rho_i^1}\right)_t$ 为第 $t$ 个工况针对拓扑变量 $\rho_i^1$ 过滤后的灵敏度，$\left(\frac{\partial\hat{C}}{\partial\rho_i^2}\right)_t$ 为第 $t$ 个工况针对拓扑变量 $\rho_i^2$ 过滤后的灵敏度。$\frac{\partial\hat{C}}{\partial\rho_i^1}$ 和 $\frac{\partial\hat{C}}{\partial\rho_i^2}$ 将被应用于针对多工况设计的双材料拓扑优化中。

### 8.2.5　工程算例

下面通过两个简单的例子来验证上述算法求解等截面问题的有效性。

#### 8.2.5.1　算例一：等直截面矩形梁

图 8－9 所示的简单等直截面矩形梁，被离散成 88 641 个节点和 80 000 个六面体单元，底部两边节点全部约束，顶面受大小为 1 MPa 的压力。两种任意材料 1 和 2 作为双材料拓扑优化的自变量，定义材料 1 的杨氏模量和密度高于材料 2 的 3 倍。被赋予材料的所有单元所占体积分数上限为 30%，其中被赋予材料 1 的体积分数上限为 15%。惩罚因子 $p=2$，过滤层数 $L_{\max}=2$，采用直接投影法求解等截面的灵敏度。图 8－10（a）所示为该等直截面矩形梁双材料拓扑优化的结果（黑色区域代表材料 1，灰色区域代表材料 2），图 8－10（b）为截面的

拓扑结构。

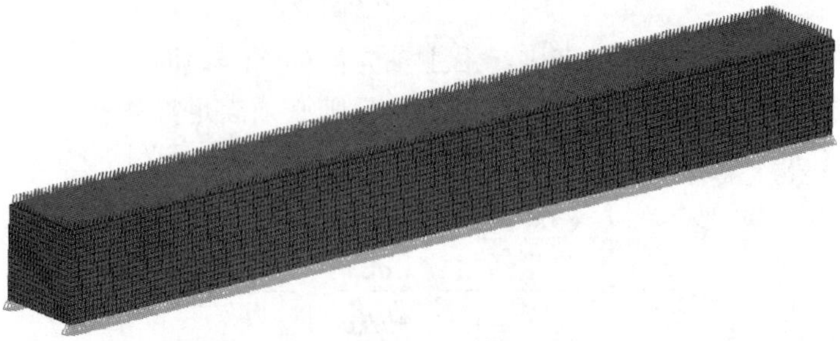

图 8-9　等直截面矩形梁有限元模型

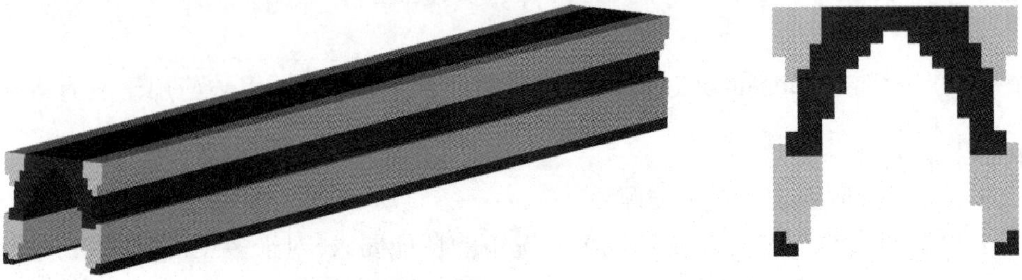

（a）　（b）

图 8-10　采用双材料的等直截面矩形梁最优拓扑结构

（a）整体拓扑结构；（b）截面拓扑结构

#### 8.2.5.2　算例二：S 形曲截面梁

如图 8-11 所示为以主轴方向为S形曲截面梁的有限元模型，包含22 616个节点和19 824个六面体单元。其底面的所有自由度均被约束，顶面受大小为 1 MPa 的压力，采用两种材料开展拓扑优化，其中材料 1 的杨氏模量和密度高于材料 2 的 3 倍。所有材料占用体积分数上限为 30%，其中被赋予材料 1 的体积分数上限为 15%。惩罚因子 $p=2$，过滤层数设为 $L_{max}=1$，采用分段投影法求解等截面的灵敏度。图 8-12（a）所示为采用双材料的 S 形曲截面梁的最优拓扑结构，黑色代表了材料 1，灰色代表了材料 2。图 8-12（b）为截面的拓扑结构。作为对比，图 8-13 给出了没有考虑等截面约束的最优拓扑结构。

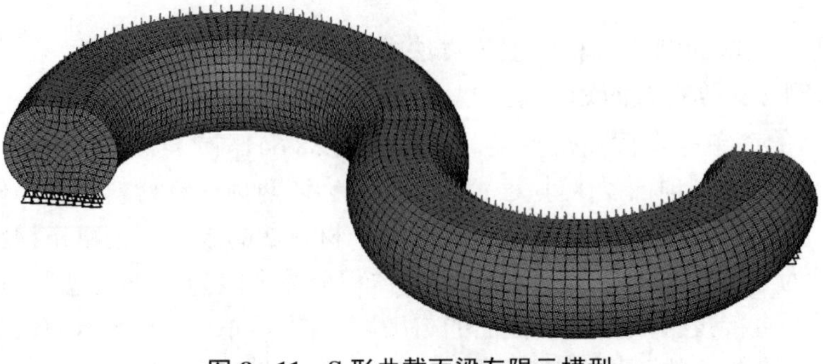

图 8-11　S 形曲截面梁有限元模型

(a) (b)

图 8-12 采用双材料的 S 形曲截面梁最优拓扑结构

(a) 整体拓扑结构；(b) 截面拓扑结构

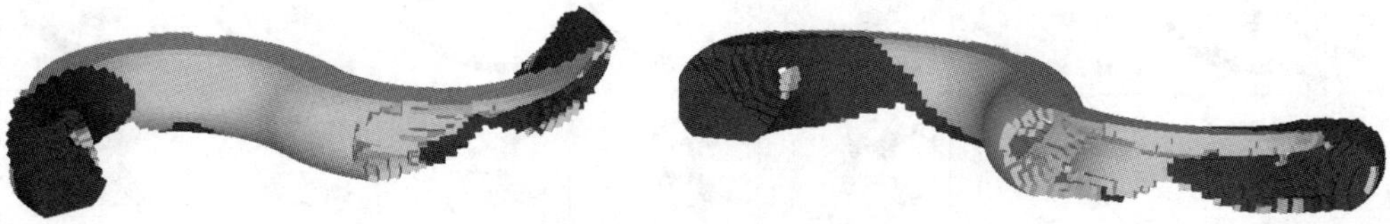

图 8-13 未采用等截面约束的最优拓扑结构

#### 8.2.5.3 双材料拓扑优化在三个经典拓扑优化问题上的验证

为了验证上述双材料拓扑优化算法的可行性，下面将讨论三个经典的拓扑优化问题：① 二维悬臂梁；② 二维 MMB 梁；③ 三维悬臂梁。对于双材料拓扑优化设计，各向同性的均质材料 1 和 2 可以根据实际要求进行选择，在本节中假定材料 1 的弹性模量和密度高于材料 2 的 3 倍。这三个问题都以柔度最小化为优化目标，被赋予材料的所有单元所占体积分数上限为 50%，其中被赋予材料 1 的体积分数上限为 25%。惩罚因子 $p=2$，过滤层数 $L_{\max}=1$。

**算例一：二维悬臂梁问题**

图 8-14（a）所示为二维悬臂梁问题的有限元模型。左侧边上所有节点的自由度被固定，方向向下的集中载荷作用于右侧边的中点。该模型被离散成 4 800 个二维平面应力四边形单元。图 8-14（b）所示的为采用双材料的二维悬臂梁的最优拓扑结构，其中黑色代表了材料 1，深灰色代表了材料 2。图 8-15 给出了前 14 个迭代步的双材料拓扑演变过程。

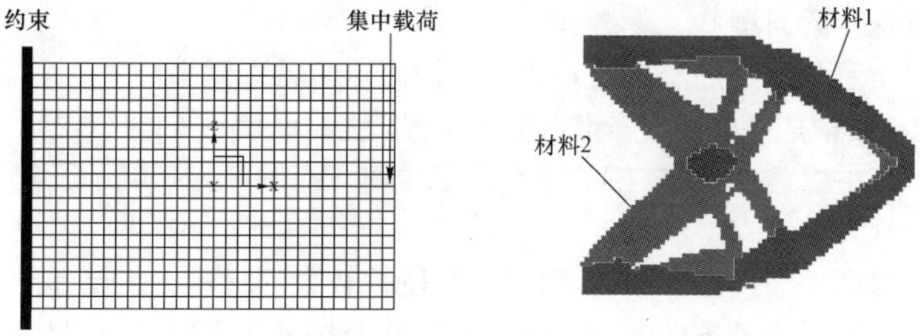


(a) (b)

图 8-14 二维悬臂梁双材料拓扑优化问题

(a) 有限元模型；(b) 最优拓扑结构

**算例二：二维 MBB 梁问题**

图 8-16（a）所示为经典的二维 MBB 梁，其结构关于中平面对称，故取其一半进行研

究。半个梁结构被离散成有 2 500 个二维平面应力四边形单元。图 8－16（b）所示的为采用双材料的 MBB 梁的最优拓扑结构。

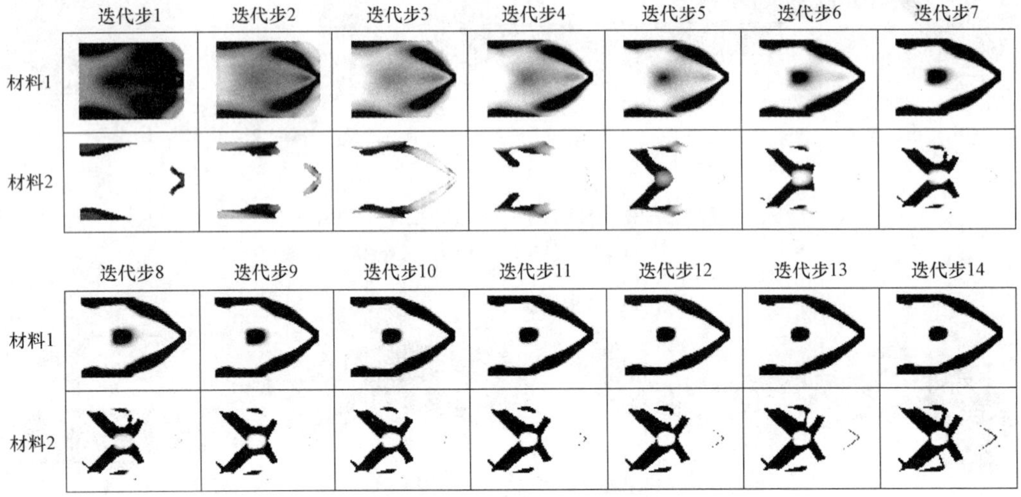


**图 8－15　二维悬臂梁双材料拓扑优化历程（前 14 迭代步）**

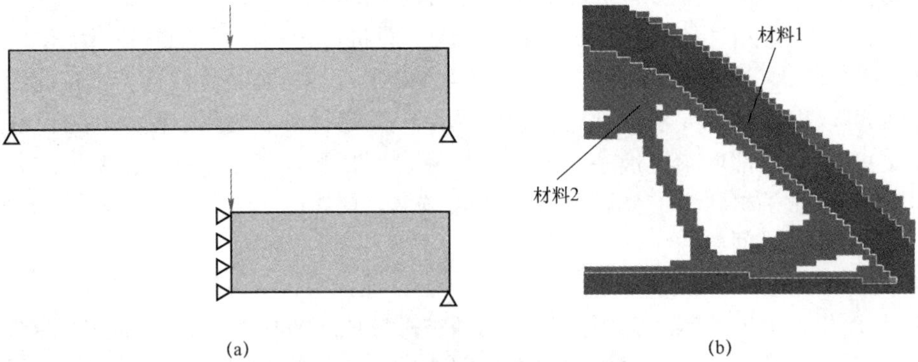


**图 8－16　二维 MBB 梁双材料拓扑优化问题**

（a）几何模型；（b）最优拓扑结构

**算例三：三维悬臂梁问题**

图 8－17（a）所示为三维的悬臂梁结构，一侧固定，另一侧底边中点受集中载荷，左右方向向下。该模型被离散成 2 000 个三维六面体单元。优化迭代了 64 步得出了如图 8－17（b）所示的拓扑结构，其中黑色代表材料 1，灰色代表材料 2。图 8－18 展示了前 14 个迭代步的双材料拓扑演变过程。

通过上述三个问题的最优拓扑结构，可以发现刚性较大的材料 1 主要起承接载荷的作用，其材料一般分布于载荷和边界条件附近，而刚性较弱的材料 2 主要起传递载荷的作用，其材料一般分布于材料 1 所构成的拓扑轮廓的内部。

### 8.2.5.4　双材料拓扑优化在工程拓扑优化问题上的验证

1）双材料拓扑优化在小规模工程优化问题上的验证

下面先讨论三个简单的工程算例，其双材料拓扑优化设计都是通过图 8－19 所示的优化

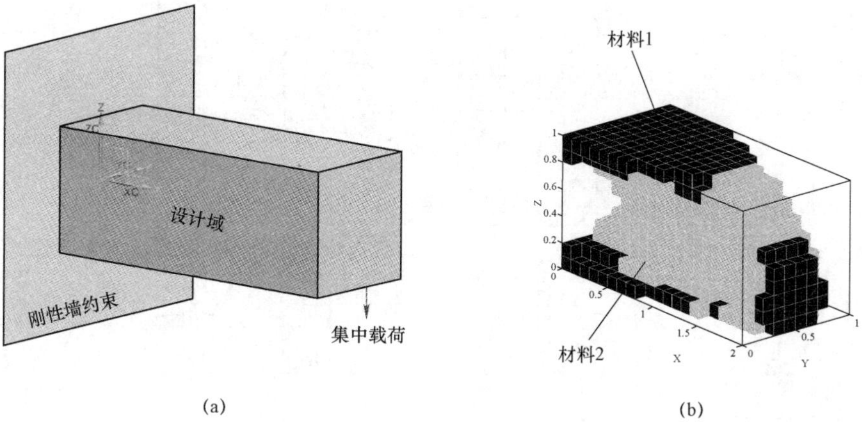


**图 8－17　三维悬臂梁双材料拓扑优化问题**

（a）几何模型；（b）最优拓扑结构

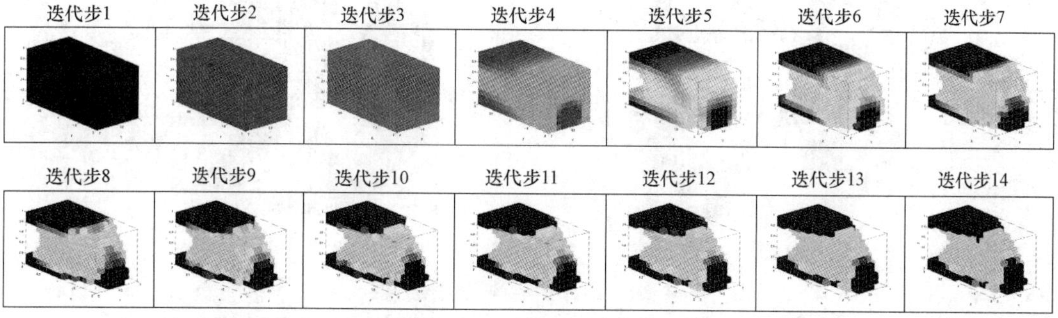


**图 8－18　三维悬臂梁双材料拓扑演变过程（前 14 迭代步）**

流程来实现。同样地，各向同性材料 1 和 2 可以根据实际要求进行选择，这里只对上述双材料优化流程进行可行性验证。材料 1 的杨氏模量和密度被定义为材料 2 的三倍。这三个问题仍以柔度最小化为优化目标。惩罚因子 $p=2$，过滤层数 $L_{max}=1$。

**算例一：C-clip 结构**

图 8－19 所示为一个类似于 C 形的三维壳单元结构。该结构在 *A*、*B* 和 *C* 三点受不同的约束。*A* 点只受 Z 方向平动自由度的约束；*B* 点受 *X*、*Y*、和 *Z* 三个方向的平动自由度的约束；*C* 点只受 *Y* 方向平动自由的约束。两个大小相等、方向相反的集中力载荷分别施加在 *E* 点和 *F* 点。该 C-clip 结构厚度为 1 mm，被离散成 1 120 个三角形和四边形壳单元。作为对比，在对该结构进行双材料拓扑优化之前，首先利用商业软件开展了单材料拓扑优化，所获得的最优拓扑结构用来验证本章所阐述方法获得的拓扑优化结果。图 8－20（a）所示为商业软件得出的单材料（材料 1）最优拓扑结构。单材料的体积分数上限为 50%，获得的最小柔度值为 4.146 N • mm。双材料拓扑优化可退化为单材料拓扑优化问题进行与商业软件结果对比，可设置两种材料的总体积分数为 50%，材料 1 的体积分数同样为 50%，材料 2 的体积分数则为 0。图 8－20（b）给出了基于双材料拓扑优化得出的只包含材料 1 的最优拓扑结构，获得的最小柔度值为 4.152 N • mm。对比可发现，两个最优拓扑结构基本一致，最小柔度值的误差约为 1%。

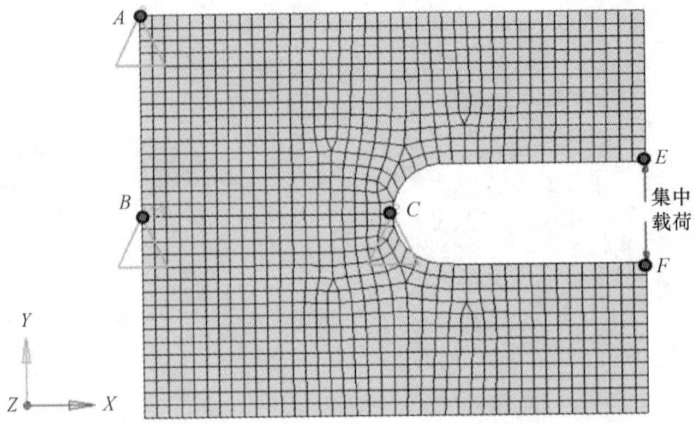


图 8-19　C-clip 结构有限元模型

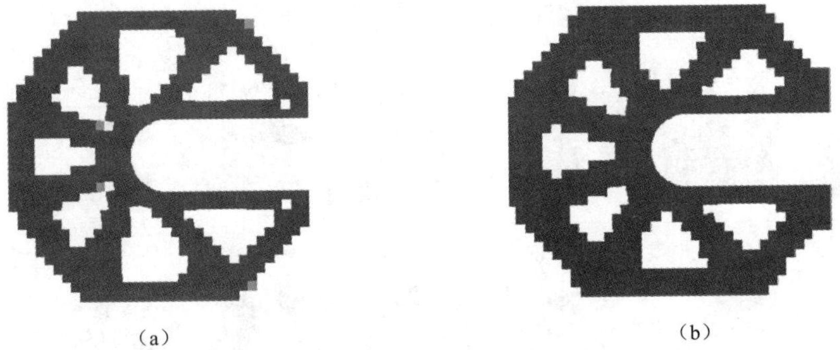

图 8-20　C-clip 结构最优拓扑结构

（a）商业软件结果（单材料拓扑优化）；（b）双材料优化算法结果（只包含材料 1）

在本测试中，针对 C-clip 结构进行双材料拓扑优化设计，为与单材料获得的拓扑构型进行定量比较，通过控制双材料的体积分数，使两种材料最优拓扑结构的总质量与商业软件获得的单材料拓扑结果质量保持一致。图 8-21 给出了三个具有不同材料体积分数的拓扑结果，黑色代表材料 1，灰色代表材料 2。尽管其总质量相等，均为 27.8 kg，但两种材料的最优拓扑结构呈现了较大的差异性。此外，图 8-21（a）～（c）的最小柔度值分别为 4.041 N·mm、3.925 N·mm 和 3.796 N·mm。由此可以发现：多材料结构的最小柔度值均低于单材料的柔度值，即引入另一种轻量化材料能够在保证质量一致的前提下获得刚度更高的拓扑结构。随着轻量化材料体积分数的增加，最优拓扑结构的整体刚度也在增强。

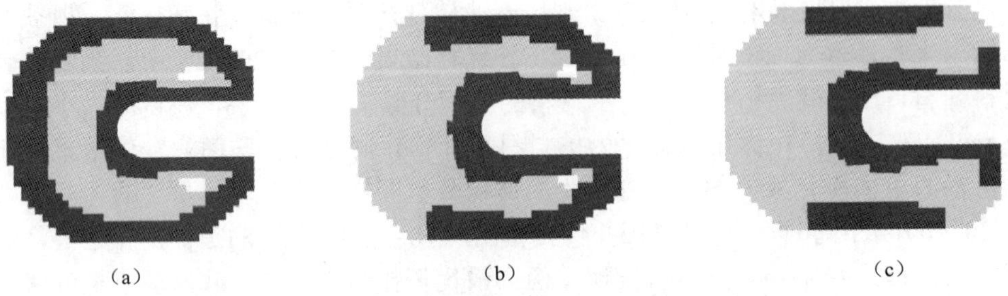

图 8-21　C-clip 结构最优拓扑结构（包含材料 1 和材料 2）

（a）材料 1 体积分数=40%；（b）材料 1 体积分数=35%；（c）材料 1 体积分数=30%

**算例二：包含非设计域的悬臂结构**

图 8－22 所示为一个包含设计域和非设计域的悬臂结构。该结构的左侧节点的 6 个自由度全部被约束，右侧受集中载荷力作用在负 *Y* 方向上。该悬臂结构厚度为 1 mm，离散成 1 768 个四边形壳单元。其中，中间灰色区域设置为拓扑优化的设计域，包括 1 064 个壳单元，其余部分则为非设计域。类似地，首先将单材料的拓扑结果与商业软件的结果进行对比，然后再根据不同的材料体积分数进行双材料的拓扑优化。只包括材料 1 的最优拓扑结构对比如图 8－23 所示，商业软件得到的最小柔度值为 19.947 N • mm，双材料优化算法得出的最小柔度值为 19.981 N •mm。可以发现，两个最优拓扑结构构型基本相似，且最小柔度误差少于 0.2%。图 8－24 给出了三个具有不同材料体积分数的最优拓扑结果，总质量为 1.651 kg。图 8－24（a）～（c）的最小柔度值分别为 19.696 N • mm、19.531 N • mm 和 19.317 N • mm。采用双材料的拓扑结构比单材料拓扑结构提高了刚度，最优拓扑结构的刚度随着轻量化材料占比增加而增加。

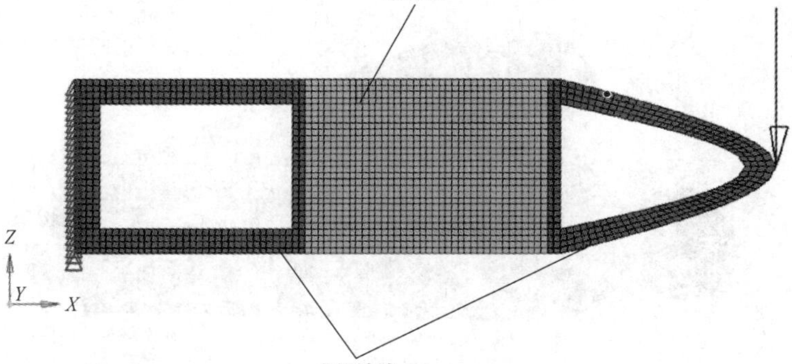


**图 8－22　包含非设计域的悬臂结构**

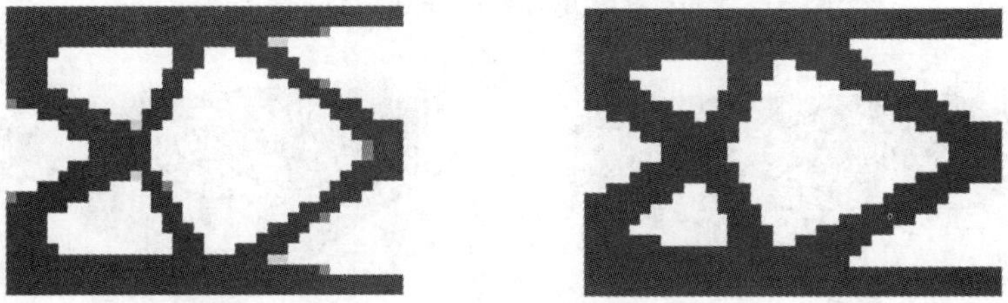

（a）　（b）

**图 8－23　悬臂结构最优拓扑结构**

（a）商业软件结果（单材料拓扑优化）；（b）双材料优化算法结果（只包含材料 1）

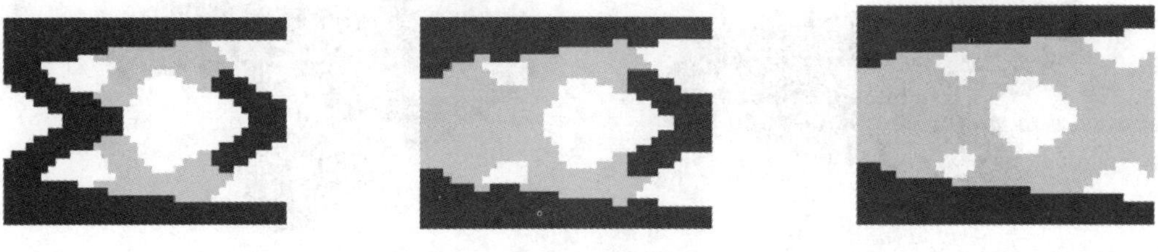

（a）　（b）　（c）

**图 8－24　悬臂结构最优拓扑结构（包含材料 1 和材料 2）**

（a）材料 1 体积分数=45%；（b）材料 1 体积分数=40%；（c）材料 1 体积分数=35%

**算例三：控制臂**

图 8－25 所示为一个包含设计域和非设计域的控制臂结构，离散成包含 99 307 个一阶六面体和五面体混合单元的有限元模型。其中黑色区域为非设计域，三个孔内径自由度分别受刚性单元 RBE2 约束，其中 *A*、*B* 两点的 3 个平动自由度全部被约束，*C* 点只有 *Z* 方向的平动自由度被约束。三个方向上的集中载荷分别施加在刚性单元的控制节点 *D* 上。同样，我们将单材料的拓扑结构与商业软件所得出的结果进行对比，如图 8－26 所示，商业软件得到的最小柔度值为 4.48 N・mm，双材料优化算法得出的最小柔度值为 4.47 N・mm。不但最优拓扑结构相似，最小柔度值也几乎一致。图 8－27 展示了三个具有不同体积分数的最优拓扑结果，总质量均为 22.85 kg。图 8－27（a）～（c）的最小柔度值分别为 4.4 N・mm、4.39 N・mm 和 4.39 N・mm。同样地，采用双材料的拓扑结构比单材料拓扑结构提高了刚度。但该最优拓扑结构的刚度没有明显地随轻量化材料占比的增加而提高，图 8－27 所示的三个最优拓扑结构的柔度值几乎一致。

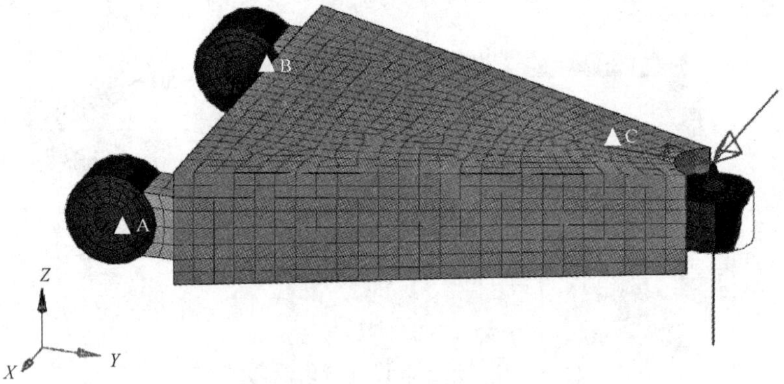


**图 8－25　包含非设计域的控制臂有限元模型**

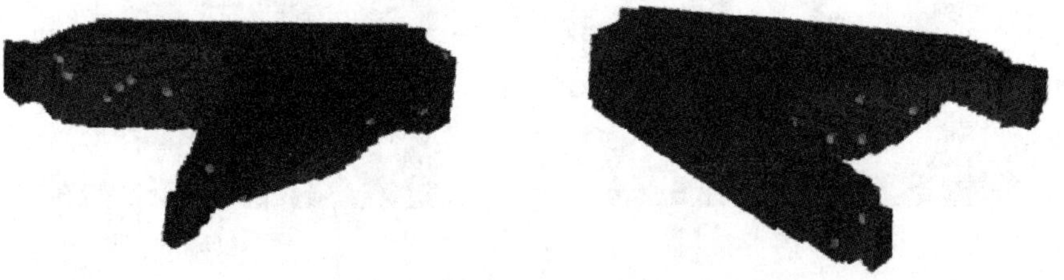

(a)

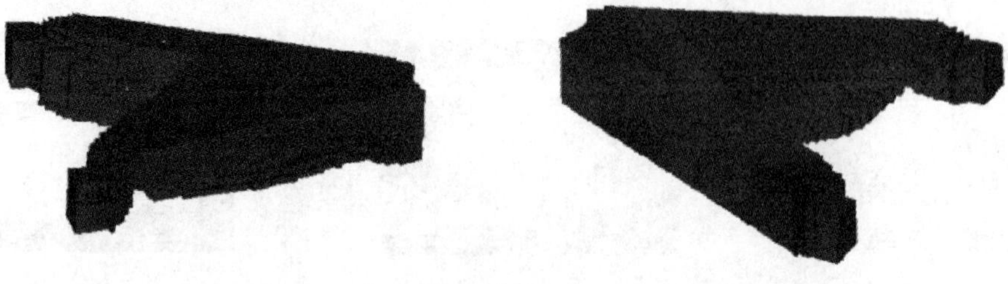

(b)

**图 8－26　控制臂结构最优拓扑结构**

（a）商业软件结果（单材料拓扑优化）；（b）双材料优化算法结果（只包含材料 1）

(a)

(b)

(c)

**图 8 – 27 控制臂结构最优拓扑结构（包含材料 1 和材料 2）**

（a）材料 1 体积分数=45%；（b）材料 1 体积分数=40%；（c）材料 1 体积分数=35%

通过对上述三个小规模工程问题的探讨，可以证明双材料拓扑优化算法有效性以及优化流程应用于工程问题的可行性。对比于单一材料最优拓扑结构，在最终结构质量一致的情况下，引入轻量化材料能够提高结构的刚度。换句话讲，如果结构最终达到一样的刚度，采用多材料的结构具有进一步减轻质量的可能性，从而达到结构轻量化的目的。

2）双材料拓扑优化在两个大规模工程问题上的应用

本节将讨论两个复杂的工程优化问题，这两个问题具有较为复杂的几何形状、多种单元类型混合，同时具有设计和非设计域，另外具有较为复杂的边界和载荷条件等。此外，制造约束也被引入优化设计中。两种材料的选取同上述小规模算例一样，材料 1 的弹性模量和密度为材料 2 的三倍。这两个工程优化问题仍以柔度最小化（刚度最大化）为优化目标。惩罚因子 $p=3$，过滤层数 $L_{\max}=2$。

**算例一：车架横梁**

图 8 – 28 所示为一个轻卡车车架的部分有限元模型，其中两个沿 $X$ 方向的纵梁（闭合结构件）为非设计区域，沿 $Y$ 方向的横梁为设计区域，该优化目标为获得横梁拓扑结构的最大刚度。纵梁两端节点的所有自由度均被约束，两个沿负 $X$ 方向和负 $Z$ 方向的集中力分别施加在指定的 $A$ 点。该有限元模型共包括了 177 829 个节点和 163 633 个单元。单元类型包括：三角形和四边形壳单元，四面体、五面体和六面体单元，以及刚性单元。其中，设计域共有

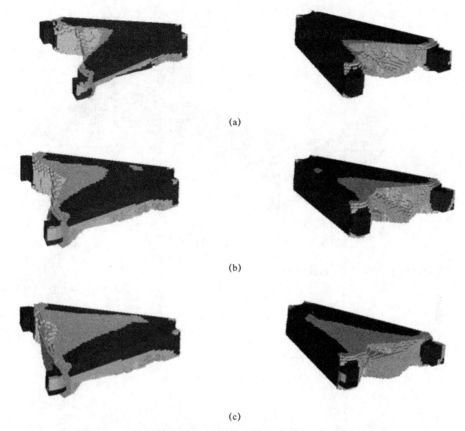

116 086 个体单元，也就是说双材料拓扑优化问题的设计变量总数为 232 172 个。

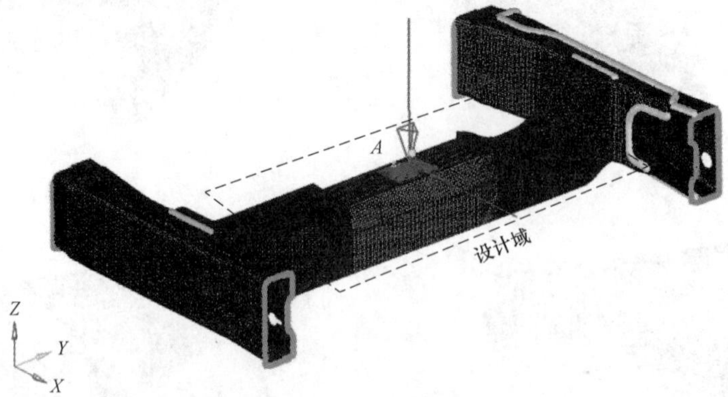


图 8-28　轻卡车车架的部分有限元模型

该车架横梁结构的双材料拓扑优化模型表示如下：

$$\begin{aligned} &\min\ C(\boldsymbol{\rho}^1,\boldsymbol{\rho}^2) \\ &\text{s.t. } \boldsymbol{K}(\boldsymbol{\rho}^1,\boldsymbol{\rho}^2)\boldsymbol{U}=\boldsymbol{F} \\ &\sum_{i=1}^{N}\rho_i^1 v_i \leqslant 14\% V_{\text{Designspace}} \\ &\sum_{i=1}^{N}\rho_i^1\rho_i^2 v_i \leqslant 5\% V_{\text{Designspace}} \\ &0<\rho_{\min}\leqslant\rho_i^1\leqslant 1\quad(i=1,2,\cdots,N) \\ &0\leqslant\rho_i^2\leqslant 1\quad(i=1,2,\cdots,N) \end{aligned} \tag{8-16}$$

在该优化问题中，材料 1 和 2 的总体积分数为 14%，材料 1 的体积分数为 5%。材料 1 的刚度高于材料 2 的刚度。为了能够对比等截面约束对拓扑结构的影响，接下来将对两种优化设计方式进行对比。图 8-29 为两种材料赋予整个设计域且无等截面约束时获得的最优拓扑结果，柔度值为 62.5 N·mm。黑色区域代表材料 1，灰色区域代表材料 2。由此可以发现：由于材料 1 具有更高的刚度，其材料分布在最优拓扑结构的外部轮廓，起主要承载作用；材料 2 主要分布在横梁中间和两侧并将载荷传递给材料 1 和非设计域的纵梁闭合件。图 8-30 为中段采用等截面约束的最优拓扑结果，柔度值为 83.57 N·mm。横梁中段获得了等截面拓扑结构。由于引入等截面约束，设计变量的可行域变小，因而获得的最小柔度值要高于无制造约束的最优值。

图 8-29　无等截面约束的双材料拓扑优化结果

图 8－30　含等截面约束的双材料拓扑优化结果

对于上述两个优化问题，每一迭代步有限元计算部分约占总时间的 78%，剩余的时间则是消耗在灵敏度计算以及优化迭代部分。对于复杂的工程分析问题，有限元计算的效率是整个优化历程的主要瓶颈。

**算例二：副车架**

图 8－31 所示为一个副车架结构的可行设计空间。发动机、悬架等其他机械系统需要连接到副车架上，因此这些安装点的位置需要被独立出来。图 8－32 中浅灰色代表非设计域，深灰色则为多材料拓扑优化的设计域。该副车架结构被离散成 129 万个单元，集中设计域的单元共有 120 万个，也就是双材料拓扑优化问题的设计变量总数高达 240 万个。该模型共有 10 个载荷施加位置，每一个位置分别受 $X$、$Y$、$Z$ 三个方向集中载荷的大小，如图 8－33 所示。每一个载荷位置和每一个方向上的集中载荷构成一个独立分析工况。以此，这个有限元计算和优化问题共涉及 30 个分析工况。此外，等截面约束同样被引入该优化问题，并施加到如图 8－34 所示的位置。双材料拓扑优化问题中材料 1 和 2 的总体积分数上限为 30%，材料 1 的体积分数上限为 10%。材料 1 的刚度高于材料 2 的刚度。

图 8－31　副车架拓扑优化设计空间

该优化问题包含了之前讨论的所有情况，多材料、多工况、复杂的几何形状、设计域和非设计域、大规模有限元模型、多种有限元单元类型、超大规模优化变量，以及等截面约束条件。双材料拓扑优化的结果如图 8－35 所示，其中黑色区域为空材料，灰色区域为实材料。

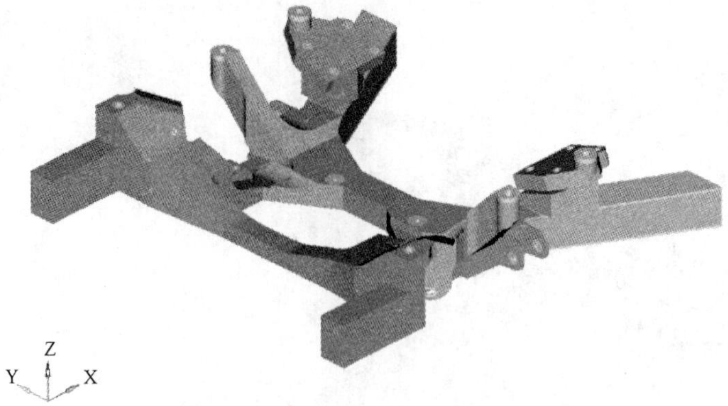


图 8-32　副车架拓扑优化设计域和非设计域

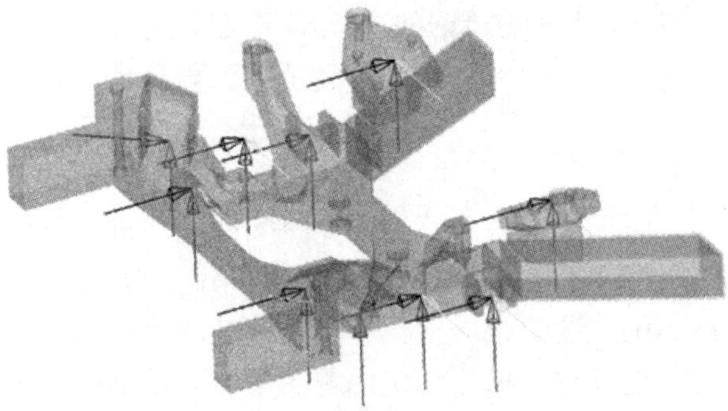

图 8-33　副车架载荷条件

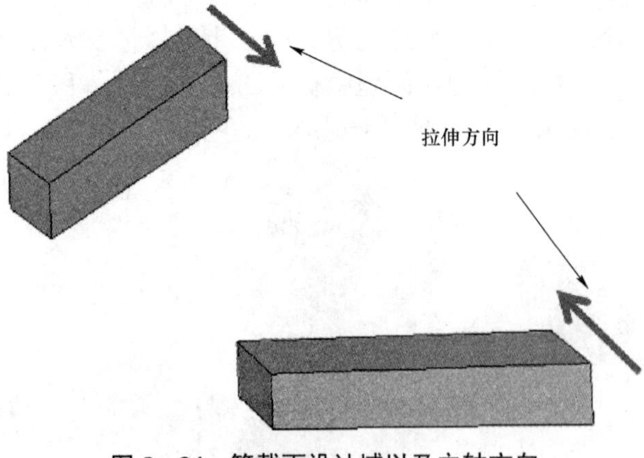


图 8-34　等截面设计域以及主轴方向

图 8-36 给出了几个关键区域的拓扑细节，黑色区域代表材料 1，灰色区域代表材料 2，该最优拓扑结构获得的最小柔度值为 640.63 N·mm，总质量为 32.4 kg。

为了能够更加直观地进行对比，同样的优化问题另外采用商业优化软件进行优化。由于目前商业优化软件只能解决单一材料的拓扑优化问题，材料 1 被选择作为优化变量。为了确保最终拓扑结构具有同样的质量，材料 1 的体积分数上限设定为 16.8%。图 8-37 所示为只含有材料 1 的拓扑结构，其中黑色区域材料为空，灰色区域为材料 1。图 8-38 给出了单材料

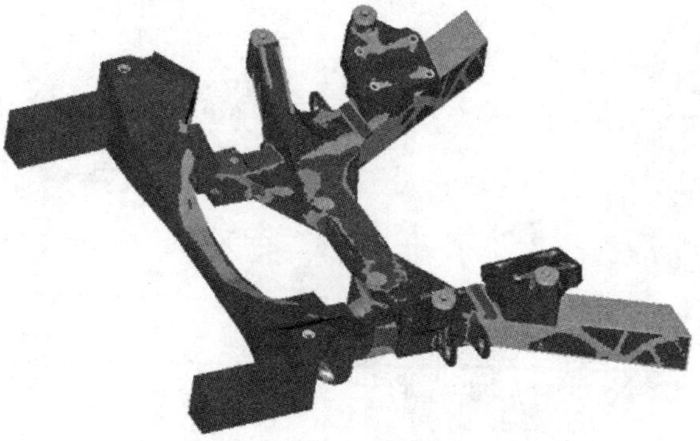

图 8-35　副车架双材料最优拓扑结构

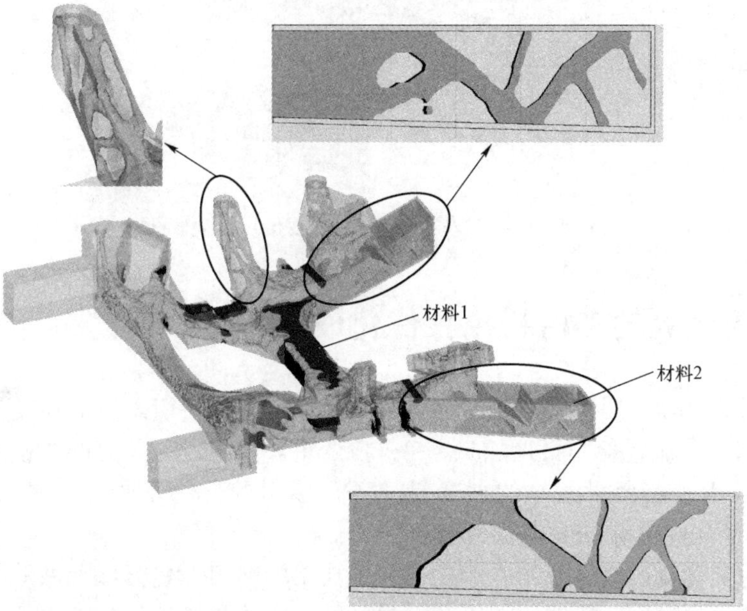


图 8-36　副车架双材料最优拓扑结构细节

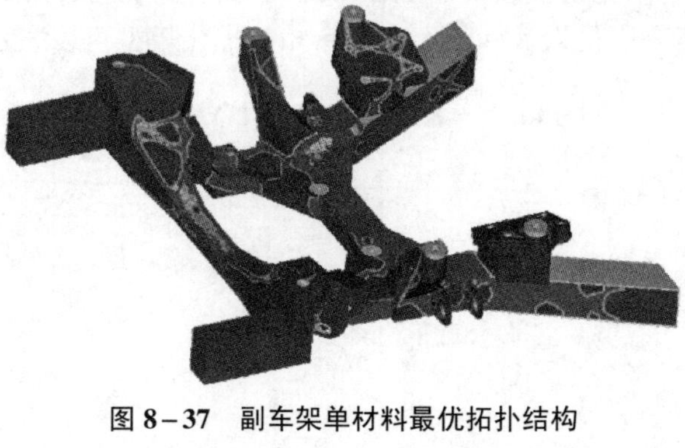

图 8-37　副车架单材料最优拓扑结构

最优拓扑结构的细节。采用单材料 1 的最优拓扑结构获得的最小柔度值为 835.47 N·mm。对比于双材料结构的最小柔度值 640.63 N·mm，单材料最优拓扑结构的刚度要低于双材料的最优拓扑结构。

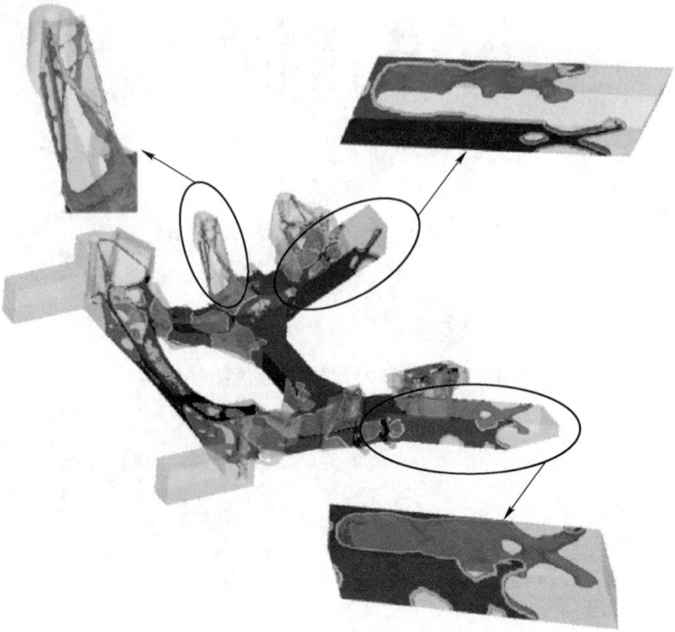

图 8-38　副车架单材料最优拓扑结构细节

## 8.3　基于序列的多材料拓扑优化设计方法

将单一材料的 SIMP 插值模型拓展为多材料模型，难免会引入新的自变量。如果拓扑优化中有 $m$ 种材料，采用优化则会增加$(m-1)$个自变量。如果设计单元的规模庞大，优化效率则会大大降低。为了避免引入新的自变量，下面将讨论一种基于序列的多材料插值模型（ordered multi-material SIMP interpolation）。

基于序列的多材料插值模型本质上仍是在经典单材料 SIMP 方法上做的一种延伸。自变量依旧是材料的相对密度，插值模型仍是对材料的杨氏模量进行插值。只不过这里的相对密度取值区间不在 0～1 之间完全连续，而是在不同的材料区间分段连续。

基于序列的、柔度最小化为目标的、多材料拓扑优化模型可以表示为

$$\min \ c = \boldsymbol{U}^{\mathrm{T}}\boldsymbol{K}\boldsymbol{U} = \sum_{e=1}^{NE} E_e \boldsymbol{U}_e^{\mathrm{T}} \boldsymbol{K}_e \boldsymbol{U}_e$$

$$\text{s.t.} \quad \begin{cases} E_e = E_e(\rho_e) \\ C_e = C_e(\rho_e) \\ \boldsymbol{KU} = \boldsymbol{F} \\ M = \sum_{e=1}^{NE} V_e \rho_e \\ C = \sum_{e=1}^{NE} V_e \rho_e C_e \\ M \leqslant \varepsilon_M M_0 \\ C \leqslant \varepsilon_C C_0 \end{cases} \tag{8-17}$$

式中，$c$ 是结构的柔度；$\boldsymbol{K}$ 是整体刚度矩阵；$\boldsymbol{U}$ 是位移矢量；$\boldsymbol{F}$ 是外力矢量；$\boldsymbol{K}_e$ 是单元刚度矩阵；$\boldsymbol{U}_e$ 是单元位移矢量；$\rho_e$ 是单元相对密度；$E_e$ 是材料的弹性模量。材料的成本 $C$ 作为约束条件也被引入优化问题中，$\varepsilon_M$ 和 $\varepsilon_C$ 分别是材料的质量和成本约束分数。

### 8.3.1　基于序列的多材料插值模型

基于序列的多材料插值模型可以表示为

$$E_e(\rho_e) = A_{\mathrm{E}}\rho_e^{(p)} + B_{\mathrm{E}} \tag{8-18}$$

式中，$A_{\mathrm{E}}$ 是缩放系数；$B_{\mathrm{E}}$ 是平移系数，可分别表示为

$$A_{\mathrm{E}} = \frac{E_i - E_{i+1}}{\rho_i^p - \rho_{i+1}^p} \tag{8-19}$$

$$B_{\mathrm{E}} = E_i - A_{\mathrm{E}}\rho_i^p \tag{8-20}$$

式中，$E_i$ 和 $E_{i+1}$ 分别是插值后升序排列的材料弹性模量

$$\rho_i = \rho_{\mathrm{T}}^i / \rho_{\max}\ (i = 1, 2, 3, \cdots, NE) \tag{8-21}$$

式中，$\rho_i$ 是正则化后的材料密度，且按照大小进行升序排列；$\rho_e$ 为单元的相对密度，其取值区间为分段连续，$\rho_e \in [\rho_i, \rho_{i+1}]$。插值后的弹性模量同密度变量之间的示意关系如图 8-39 所示。

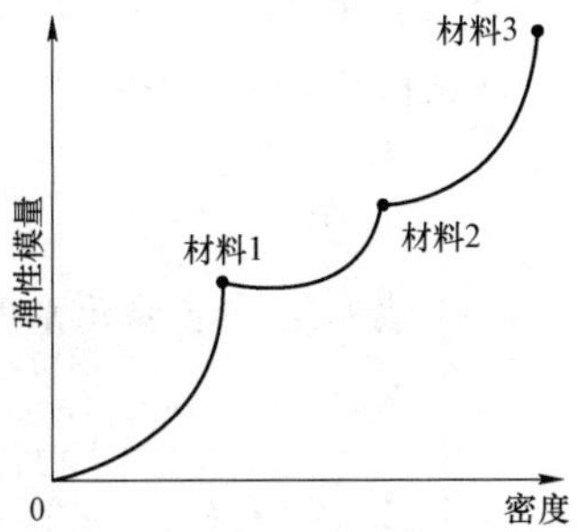


**图 8-39　插值后的弹性模量同密度变量之间的示意关系**

实际问题中不仅仅需要考虑轻量化和结构强度之间的关系，材料的成本也有着重要作用。材料的成本和单元相对密度之间需要建立一种关系，且满足材料的拓扑质量越大，则所需的成本越高。类似地，可参考弹性模量的插值模型构造材料成本的插值模型如下：

$$C_e(\rho_e) = A_{\mathrm{C}}\rho_e^{(1/p)} + B_{\mathrm{C}} \tag{8-22}$$

$$\rho_e \in [\rho_{\min}, 1], 且 p > 1 \tag{8-23}$$

式中，$A_{\mathrm{C}}$ 是缩放系数；$B_{\mathrm{C}}$ 是平移系数，可分别表示为

$$A_{\mathrm{C}} = \frac{C_i - C_{i+1}}{\rho_i^{(1/p)} - \rho_{i+1}^{(1/p)}} \tag{8-24}$$

$$B_{\mathrm{C}} = C_i - A_C\rho_i^{(1/p)} \tag{8-25}$$

插值后的材料成本同密度变量之间的示意关系如图 8-40 所示。

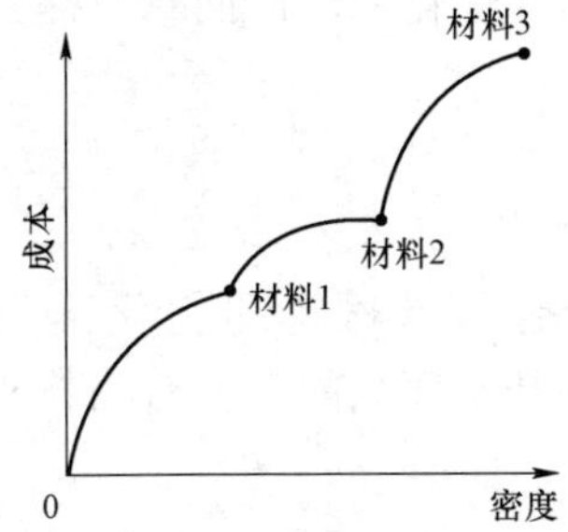


**图 8-40　插值后的材料成本同密度变量之间的示意关系**

同单材料的 SIMP 方法一样，为了使得插值后的材料参数具有物理意义，插值模型需要满足 Hassin-Shtrikman 边界条件：

$$E_{\mathrm{Lower}}^{\mathrm{HS}} \leqslant E_e(\rho_e) \leqslant E_{\mathrm{Upper}}^{\mathrm{HS}} \tag{8-26}$$

假设所有材料的泊松比均为 0.33，则插值后的弹性模量上下边界可以表示为

$$\begin{cases} E_{\text{Upper}}^{\text{HS}}=E_{i+1}\dfrac{\rho_e E_{i+1}+(3-\rho_e)E_i}{(3-2\rho_e)E_i+2\rho_e E_i} \\ E_{\text{Lower}}^{\text{HS}}=E_i\dfrac{(2+\rho_e)E_{i+1}+(1-\rho_e)E_i}{2(1-\rho_e)E_{i+1}+(1+2\rho_e)E_i} \end{cases} \tag{8-27}$$

进而，可以得出惩罚因子 $p$ 的下边界：

$$\text{如果 } E_{i+1}>E_i\text{ , } p>\frac{3E_{i+1}}{E_{i+1}+2E_i} \tag{8-28}$$

$$\text{如果 } E_{i+1}<E_i\text{ , } p>\frac{E_{i+1}+2E_i}{3E_{i+1}} \tag{8-29}$$

### 8.3.2 灵敏度求解

对基于序列的多材料应变能灵敏度的求解，可以参照基于 SIMP 的单材料灵敏度求解方法，只是材料的插值模型稍有不同。应变能的灵敏度如下式所示：

$$\frac{\partial C}{\partial \rho_e}=-\frac{\mathrm{d}E_e(\rho_e)}{\mathrm{d}\rho_e}\boldsymbol{U}_e^{\mathrm{T}}\boldsymbol{K}_e\boldsymbol{U}_e \tag{8-30}$$

其中，弹性模量关于单元密度的导数为

$$\frac{\mathrm{d}E_e(\rho_e)}{\mathrm{d}\rho_e}=A_{\mathrm{E}}p\rho_e^{p-1} \tag{8-31}$$

单元质量的灵敏度如下式所示：

$$\frac{\partial M}{\partial \rho_e}=V_e \tag{8-32}$$

材料成本的灵敏度如下式所示：

$$\frac{\partial C}{\partial \rho_e}=V_e C_e+V\rho_e\frac{\mathrm{d}C_e(\rho_e)}{\mathrm{d}\rho_e} \tag{8-33}$$

其中，材料成本关于单元密度的导数为

$$\frac{\mathrm{d}C_e(\rho_e)}{\mathrm{d}\rho_e}=A_{\mathrm{C}}p\rho_e^{p-1} \tag{8-34}$$

同样地，棋盘格现象作为一种数值缺陷仍会出现在多材料拓扑优化中。前面章节提到的敏感度过滤法仍然适用该基于序列的多材料拓扑优化方法。

### 8.3.3 优化准则法（OC 法）

对基于序列的多材料拓扑优化问题的求解，可以参照基于单材料的优化准则法（Optimality Condition）中的 Karush-Kuhn-Tucker（KKT）条件。基于序列的多材料拓扑优化的拉格朗日函数可以表述为

$$\begin{aligned} L=&C+\lambda_u(\boldsymbol{KU}-\boldsymbol{F})+\lambda_M(M-\varepsilon_M M_0)+\lambda_C(C-\varepsilon_C C_0)+\sum\nolimits_{e=1}^{NE}\lambda_e^+(\rho_e-1)+\\ &\sum\nolimits_{e=1}^{NE}\lambda_e^-(\rho_{\min}-\rho_e) \end{aligned} \tag{8-35}$$

式中，$\lambda_u$，$\lambda_M$，$\lambda_C$，$\lambda_e^+$和$\lambda_e^-$分别为拉格朗日乘子。优化准则法需要满足的条件为

$$\frac{\partial c}{\partial \rho_e}+\lambda_M\frac{\partial M}{\partial \rho_e}+\lambda_C\frac{\partial C}{\partial \rho_e}+\lambda_e^+ +\lambda_e^- =0 \tag{8-36}$$

$$\lambda_e^+ \geqslant 0,\ \lambda_e^- \geqslant 0,\ \lambda_e^+(\rho_e-1)=0,\ \lambda_e^-(\rho_{\min}-\rho_e)=0 \tag{8-37}$$

关于 OC 准则法的求解过程前面章节已经进行多次详细的阐述，这里不再赘述。

### 8.3.4　数值算例

本节将通过 2 个算例来验证基于序列的多材料拓扑优化算法的有效性。

**1. 柔度最小化拓扑优化问题**

以图 8－41 所示的桥梁结构为例，桥梁下侧一端固定，另一端铰支，中间受向下的单位集中载荷作用。该模型被离散成 5 000 个二维平面应力单元。该优化问题在空材料之外引入了三种不同的材料，正则化的相对密度以及正则化的杨氏模量和材料成本见表 8－1。惩罚因子 $p=4$。

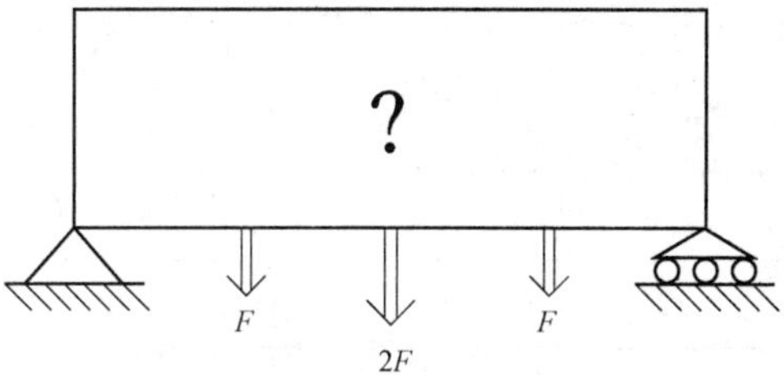

图 8－41　桥梁结构

图 8－42 展示了 4 组包含不同材料的拓扑演变过程。其中，包含全部三种材料的拓扑结构（图 8－42（a））获得最小的柔度值，而只包含一种材料 C 的拓扑结构（图 8－42（d））则获得最大的柔度值。图 8－43 给出了各种材料组合下目标值的优化迭代曲线。可以看出，无论哪种材料组合，在经历 20 次左右的迭代后，都优化收敛达到一个相对稳定的阶段。

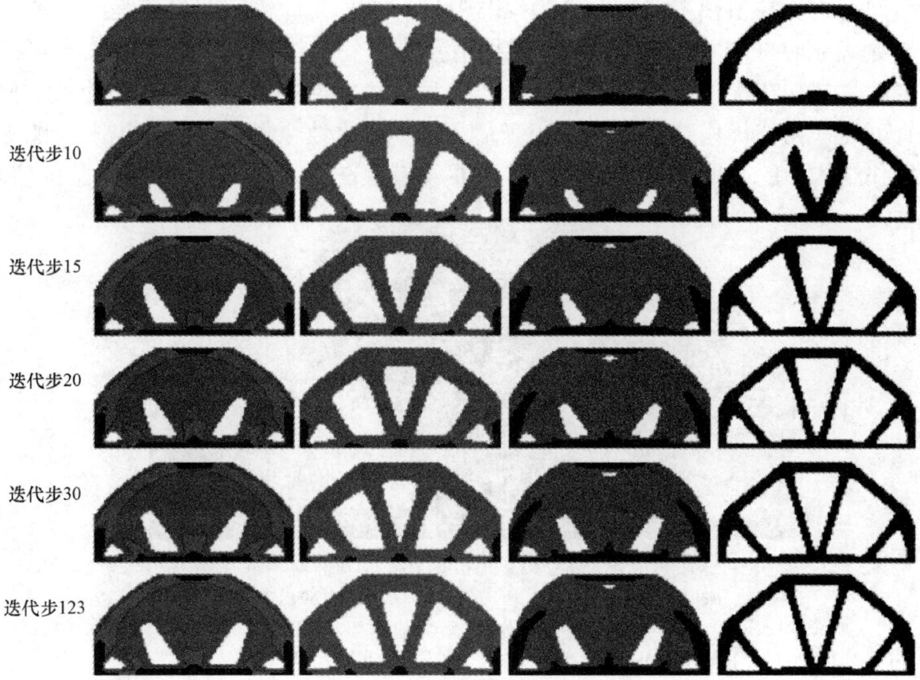

图 8－42　桥梁结构拓扑演变过程

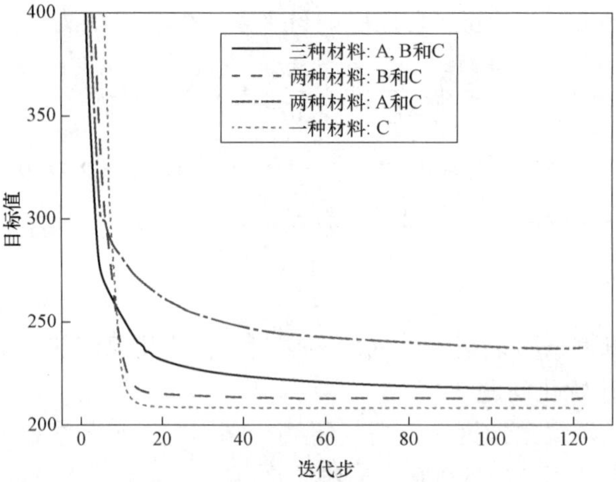


图 8-43 优化目标历程曲线对比

表 8-1 材料参数

| 材料 | 正则密度 | 正则弹性模量 | 正则材料成本 |
|---|---|---|---|
| 空 | 0 | 0 | 0 |
| A | 0.4 | 0.2 | 0.5 |
| B | 0.7 | 0.6 | 0.8 |
| C | 1.0 | 1.0 | 1.0 |

基于序列的材料插值模型式（8-18）和式（8-22）在优化空间虽然是连续的，但是它们的一阶导数式（8-31）和式（8-34）在插值点上并不连续。而这种不连续有可能会导致数值不稳定性。然而在优化实际问题过程中，这种不稳定性并没有造成优化的收敛问题。其中的原因有可能在拓扑优化过程中，设计变量几乎不会收敛至材料的插值点上。图 8-44 给出了最优拓扑结构下的密度变量的值，这些值并没有落在 0、0.4、0.7 和 1 这些插值点上。

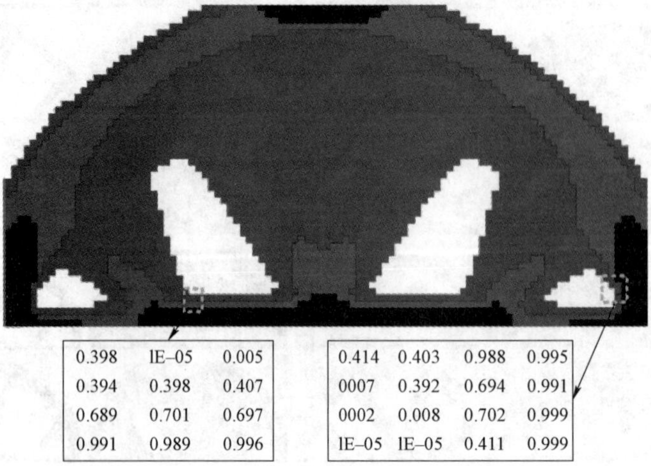


图 8-44 最优拓扑结构下的密度变量值

**2. 柔性结构拓扑优化问题**

图 8－45 所示为具有对称边界条件的柔性结构。该模型被离散成 500 个二维平面应力单元。拓扑优化的目标为在满足质量约束的条件下取得位移最大化。该优化问题可以用下式来描述：

$$\min u_{\text{out}}$$
$$\text{s.t.}\begin{cases}\boldsymbol{KU}=\boldsymbol{F}\\ \sum_{e=1}^{N}V_e\rho_e\leqslant\varepsilon_M M_0\end{cases}\tag{8-38}$$

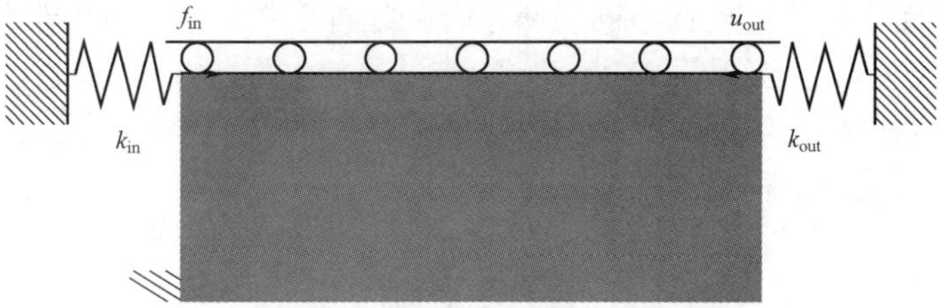


**图 8－45 具有对称边界条件的柔性结构**

图 8－46 展示了 4 组包含不同材料的拓扑演变过程。在这 4 组算例中，包含全部三种材料的拓扑结构（图 8－46（a））获得最大的柔性位移 1.033 mm。

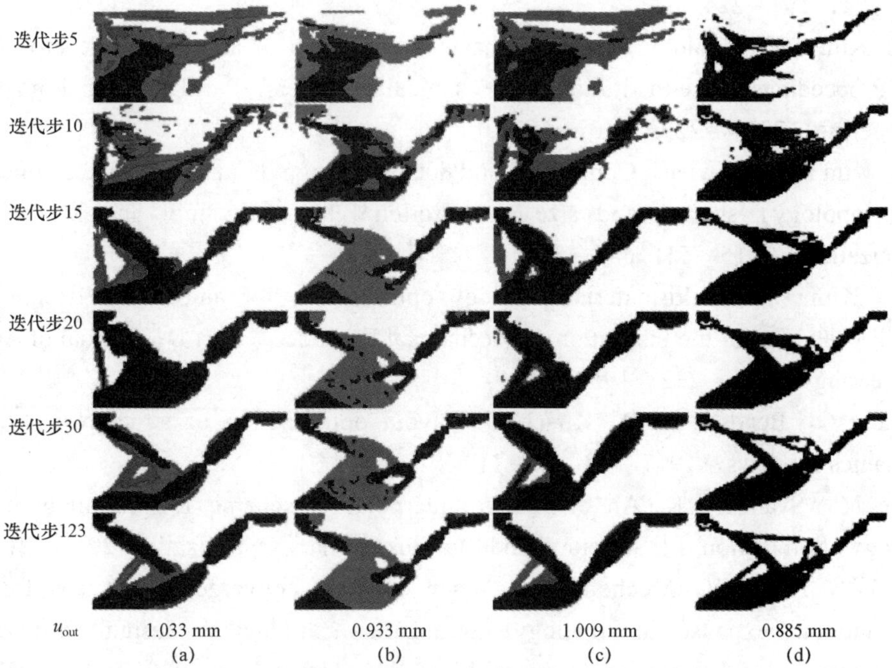


**图 8－46 柔性结构拓扑演变过程（总质量分数 $\varepsilon_M=0.4$，总成本分数 $\varepsilon_C=0.3$）**

（a）A、B、C 三种材料；（b）B、C 两种材料；（c）A、C 两种材料；（d）只包含 C 单种材料

## 8.4 结论

本章首先详细地阐述了基于密度法的多材料拓扑优化算法、数值推导和验证，及其工程应用。算法的有效性在解决复杂大规模工程问题上得到了充分的验证。相对比于单材料拓扑结果，在同等质量约束的条件下，采用多种材料的最优拓扑结构普遍具有更高的结构刚度。概括性地介绍了基于序列的多材料拓扑优化设计方法，并通过经典的数值算例验证了算法的有效性。

多材料拓扑优化设计仍处于基础研究阶段，实际工程问题很难避免讨论的问题就是制造可能性。如何将最优的拓扑结构在不同材料结合处进行连接将会是一个制造难题。目前比较可行的方法有机械连接、摩擦焊、3D 打印、粉末结烧等。如何在概念设计阶段，将可能的连接约束引入优化问题过程，同时考虑多材料以及多材料的连接位置以及连接关系，将会是拓扑优化设计的一个比较有工程意义的研究方向。

## 参考文献


［1］ Bendsøe M P，Sigmund O. Topology optimization：Theory，methods and applications［M］. New York：Springer，2003.

［2］ Bendsøe M P，Kikuchi N. Generating optimal topology in structural design using a homogenization method［J］. Computer Methods in Applied Mechanics and Engineering，1988，71：197－224.

［3］ Li C，Kim I Y. Topology，size and shape optimization of an automotive cross car beam［J］. Proceedings of the Institution of Mechanical Engineers，Part D，Journal of Automobile Engineering，2014，229：1361－1378.

［4］ Li C，Kim I Y，Jeswiet J. Conceptual and detailed design of an automotive engine cradle by using topology，shape，and size optimization［J］. Structural and Multidisciplinary Optimization，2015，51：547－564.

［5］ Li C，Kim I Y. Multi-material topology optimization for automotive design problems［J］. Proceedings of the Institution of Mechanical Engineers，Part D：Journal of Automobile Engineering，2018，232：1950－1969.

［6］ Rozvany G，Bendsøe M P，Kirsch U. Layout optimization of structures［J］. Applied Mechanics Reviews，1995，48：41－119.

［7］ Stolpe M，Svanberg K. An alternative interpolation scheme for minimum compliance topology optimization［J］. Structural and Multidisciplinary Optimization，2011，22：116－124.

［8］ Kim S Y，Kim I Y，Mechefske C. A new efficient convergence criterion for reducing computational expense in topology optimization：reducible design variable method［J］. International Journal for Numerical Methods in Engineering，2012，90：752－783.

［9］ Ramani A. A pseudo-sensitivity based discrete-variable approach to structural topology optimization with multiple materials. Structural and Multidisciplinary Optimization，2010，

41：913－934.

[10] Saxena A. Topology design of large displacement compliant mechanisms with multiple materials and multiple output ports [J]. Structural and Multidisciplinary Optimization, 2005, 30: 477－490.

[11] Han S Y, Lee S K, Development of a material mixing method based on evolutionary structural optimization [J]. JSME International Journal Series A, 2005, 48: 132－135.

[12] Stegmann J, Lund E. Discrete material optimization of general composite shell structures [J]. International Journal for Numerical Methods in Engineering, 2005, 62: 2009－2027.

[13] Yin L, Ananthasuresh G K. Topology optimization of compliant mechanisms with multiple materials using a peak function material interpolation scheme [J]. Structural and Multidisciplinary Optimization, 2001, 23: 49－62.

[14] Zuo W, Saitou K. Multi-material topology optimization using ordered SIMP interpolation [J]. Structural and Multidisciplinary Optimization, 2017, 1: 477－491.

[15] Thomsen J. Topology optimization of structures composed of one or two materials [J]. Structural Optimization, 1992, 5: 108－115.

[16] Diaz A R, Sigmund O. Checkerboard patterns in layout optimization [J]. Structural Optimization, 1995, 10: 40－45.

[17] Jog C S, Haber R B. Stability of finite element model for distributed parameter optimization and topology design[J]. Computer Methods in Applied Mechanics and Engineering, 1996, 130: 203－226.

[17] Haber R B, Jog C S, Bendsøe M P. A new approach to variable topology shape design using a constraint on perimeter [J]. Structural optimization, 1996, 11: 1－12.

[19] Sigmund O, Petersson J. Slope constrained topology optimization[J]. International Journal for Numerical Methods in Engineering, 1998, 41: 1417－1434.

[20] Sigmund O. On the design of compliant mechanisms using topology optimization [J]. Journal of Structural Mechanics, 1997, 25: 495－526.

[21] Sigmund O. Design of multiphysics actuators using topology optimization-Part Ⅱ: Two-material structures [J]. Computer methods in applied mechanics and engineering, 2001: 6605－6627.